독일현대정치사

아데나워에서 메르켈까지, 기민련을 통해 본 정당국가 독일

독일현대정치사 —아데나워에서 메르켈까지, 기민련을 통해 본 정당국가 독일

1판 2쇄 발행 2024년 10월 20일
1판 1쇄 발행 2023년 5월 3일

지은이 문수현
펴낸이 정순구
책임편집 정윤경
기획편집 조원식 조수정
마케팅 황주영

출력 블루엔
용지 한서지업사
인쇄 한영문화사
제본 한영제책사

펴낸곳 (주) 역사비평사
등록 제300-2007-139호 (2007. 9. 20)
주소 10497 : 경기도 고양시 덕양구 화중로 100(비전타워21) 506호
전화 02-741-6123~5
팩스 02-741-6126
홈페이지 www.yukbi.com
이메일 yukbi88@naver.com

© 문수현, 2023
ISBN 978-89-7696-580-6 93920

독일현대정치사

—— 아데나워에서 메르켈까지, 기민련을 통해 본 정당국가 독일 ——

문수현 지음

역사비평사

독일현대정치사

노년을 바쳐 중년의 딸이 공부할 수 있게 해주시는

문재수, 정영숙 두 분 부모님께

서문

정치사 중심의 역사 서술이 퇴조하고 언어학적 전환, 문화로의 전환, 감정으로의 전환, 디지털 역사학으로의 전환, 공간으로의 전환, 동물로의 전환 등 무수한 역사학의 '신무기'들이 널리 활용되고 있는 이 시대에, '정당의 역사'라는 주제는 새봄의 진열장에 놓인 겨울 상품처럼 느껴지기도 한다. 그러나 러시아, 미얀마, 아프가니스탄, 시리아, 홍콩, 헝가리, 튀르키예 등 수많은 나라에서 민주주의의 결여가 물 부족만큼이나 큰 고통을 안겨주고 있는 것 또한 21세기의 또 다른 현실이다. 심지어 오랜 전통의 민주주의 국가일지라도 보편적 인권을 부정하고 위협하는 극우 정당의 득세, 포퓰리즘의 가속화 등 여러 병리적 현상들로 인해 민주주의 체제 자체에 대한 불신으로부터 자유롭지 못한 상황이다.

그럼에도 불구하고 이러한 상황의 주요한 책임 주체가 되어야 할 정당들은 정당의 이익과 국익을 뒤섞어 혼란을 가중시키기 일쑤다. 독일 역사가 우테 다니엘(Ute Daniel)이 지적하듯이, 당원 수 16만에 불과한 보수당 내의 파벌 싸움에서 "카드를 새롭게 섞으려"고 했던 데이비드 캐머런(David Cameron) 전 총리의 정치적 계산으로 인해 결국 브렉시트에 이르러버린 의회민주주의의 본산 영국이 그 대표적 사례다. 2016년 데이비드 캐머런 전 총리는 보수당에 대한 통제를 강화하는 과정에서 유럽연합 탈퇴를 국가 차원의 정치적 이슈로 만들었고, 이후 영국 국가는 "극적인 규모의 정치적 그로테스크"를 겪어야 했다. 그러나 정작 이 모든 혼란을 유발한 보수당은 2019년 선거에서 브렉시트로 인한 노동당의 분열 덕분에 10여 년 만에 가장 강력한 다수 정부를 만들어내는 데 성공했다.[01]

이처럼 정당의 논리가 통치의 논리로 위장되는 현실로 인한 고통은 물론 현재 한국의 문제이기도 하다. 다시 의회민주주의에 대해, 의회민주주의 제도 아래서 국가와 일반 국민을 연결해주는 매개인 정당의 작동 방식에 대해 절박한 마음으로 고민할 시간이다.

100년 전, 독일의 대표적인 정치철학자인 칼 슈미트(Carl Schmitt) 역시 의회민주주의에 대한 절망을 품고 있었다. 1923년 「오늘날 의회민주주의의 이념사적인 상황(Die geistesgeschichtliche Lage des heutigen Parlamentarismus)」이라는 저서에서 그는 의회민주주의 통치는 허구적인 외양일 뿐이고 의원들은 결국 국민의 대표라기보다 정당의 하수인이며, 겉으로는 토론하는 척하지만 막후에서는 흥정을 할 뿐, 안정적인 근대국가 운영에 절실한 의사결정 능력을 결여하고 있다고 주장했다.[02]

이런 문제의식에 일부 공감한다 해도, 슈미트가 구상했던 '제국대통령'과 같은 강력한 정치지도자가 의회민주주의의 모든 문제를 일거에 해소해주기를 기대할 수는 없다. 결국 저명한 영국 보수당 총리인 벤자민 디즈레

01 Ute Daniel, *Postheroische Demokratiegeschichte*, Hamburger Edition, 2020, pp. 143~144.

02 Justin Collings, *Democracy's Guardians: A history of the German Federal Constitutional Court, 1951~2001*, Oxford University Press, 2015, p. xxxiv.

일리(Benjamin Disraeli)가 1848년 하원 연설에서 언급한 것처럼 "정당민주주의 없는 의회민주주의는 불가능"하다는 지점으로부터 후퇴할 길은 없기 때문이다.[03]

정당은 (원래) 어떤 역할을 담당해야 하는가. 20세기 이후 '민주주의 체제 내에서 정당의 역할'이나 '국가, 정당, 시민의 관계'를 치열하게 고민한 사람들 가운데, 독일 헌법재판소 재판관들도 둘째가라면 서러울 것이다. 그들은 정당에 대한 국고 지원 문제에 대해 판결을 내리느라 지난 수십 년간 정당의 역할에 대해 끝없이 고민하고 문장을 가다듬었다. 1992년 판결에서 내려진 독일 헌법재판소의 '정당의 역할'에 대한 정의는 현재까지도 널리 통용되고 있다. 그에 따르면 정당은 "국민의 정치적 의사를 형성하는 데 참여하는" 여러 단체들 가운데 하나지만, "선거와 관련하여 주로 역할을 한"다는 점에서 다르다. 이처럼 "선거 준비를 하는 단체라는 점에서 민주적 질서에 없어서는 안 되는" 존재이지만, 한 걸음 더 나아가 정당에 중요한 것은 "정치적인 목표를 구성하고 그것을 시민들에게 전달하며, 사회 및 개개 시민들에게 해당되는 문제들이 인지되고, 언급되고, 적합한 해결책이 마련될 수 있도록 하는 데 참여"하는 것이다. 결국 민주주의 국가에서 정당은 국가기구와 국민을 연결시키는 역할을 담당하며, 그 과정은 선거뿐만 아니라 보다 다양하고 일상적인 방식으로도 이루어져야 한다는 것이었다.[04]

이러한 역할들을 잘 감당하기 위해 정당은 두 개의 시간관을 가질 수밖에 없다. 독일 기민련 출신으로 연방대통령을 지낸 리하르트 폰 바이체커

03　Ulrich von Alemann/Philipp Erbentraut/Jens Walther, *Das Parteiensystem der Bundesrepublik Deutschland*, Springer VS, 2018, p. 3에서 재인용.

04　BVerfG, 9. 4. 1992~2 BvE 2/89. Zur Parteienfinanzierung, *Juristen Zeitung*, Vol. 47, No. 15/16. August 1992, pp. 794~801.

(Richard von Weizsäcker)가 명징한 언어로 표현했던 바와 같이, 한편으로 선거 승리를 위해 "정당은 다음 선거를 염두에 두어야" 하지만, 한 걸음 더 나아가 "이러한 시간의 한계를 넘어서 생각하고 행동하는 정당만이 다음 선거에서 승리할 기회를 잡을 수 있다."[05]

그러나 다이어트의 굳은 결심에도 불구하고 야식의 유혹을 무시하기 쉽지 않은 것처럼, 대부분의 정당들은 거의 언제나 순간의 욕망을 넘어서지 못한다. 그리하여 민주주의를 포기할 수 없는 것만큼이나 정당을 포기할 수 없으면서도 정당정치에 대한 불신이 그득한 것이 우리의 현실이다. 물론 우리'만'의 현실은 아니다. 전후의 독일인들 역시 '정당'에 고개를 젓고 돌아서고 싶은 마음이 굴뚝같았다. 그 마음은 이 책에서 다루고자 하는 기민련의 명칭 자체에 이미 반영되어 있다. 'CDU'를 '기민당'으로 번역하는 경우도 흔하지만 '당(Partei)'이 아닌 '연합(Union)'을 당명으로 내건 기민련 창당 세대의 염원은 존중되어야 한다. 그 선택에는 '정당(Partei)'이 당파, 혹은 정치적 혼돈과 동일시되다가 나치로 귀결되고만 바이마르공화국의 정치를 재연하지 않겠다는 결연한 의도가 반영되어 있었다.

독일의 정당, 그중에서도 기민련을 다루고자 할 때, 한국의 독자들이 왜 먼 나라 독일 정당, 그것도 2023년 현재 야당인 기민련의 역사를 들춰봐야 하는지에 대한 답을 찾기가 아주 쉬웠던 시절도 꽤 길었다. 대표적으로 이스라엘의 지식인 유발 하라리(Yuval Harari)는 2022년 '푸틴전쟁' 발발 직후 한 인터뷰에서, 파시즘이 다시 나타나지 않을 지구상 유일한 국가가 있다면,

---

05 Martin Steber, "A better Tomorrow. Making sense of Time in the Conservative party and the CDU/CSU in the 1960s and 1970s", *Journal of Modern European History*, Vol. 13, Issue 3, 2015, p. 317에서 재인용.

바로 이 문제에 대해 오랫동안 고민해온 독일이라고 언급함으로써 '독일연 방공화국'에 대한 신뢰를 표명했다.[06] 1949년에 건국한 '독일연방공화국'이 내적인 자신감을 넘어서서 이웃과 세계로부터 더 이상 우려의 대상이 아니 라 신뢰의 대상으로 새롭게 자리매김할 수 있게 된 기저에는 독일 정당정 치의 성공이 놓여 있다고 해도 과언은 아닐 것이다.

기실 독일은 정당정치 연구자들에게 매우 편리한 연구 대상이다. 2023년 현재 독일 여당인 사민당은 이미 19세기 후반부터 체계적 조직과 강령을 갖 춘 유럽 최대 규모의 이념 정당이었다. 기민련과 자유민주당은 전후에 창당 된 정당이기는 하지만, 독일제국까지 거슬러 올라가는 분명한 뿌리를 갖고 있다. 또한 2023년 현재 이탈리아, 프랑스 등 이웃 나라들에서 기존의 집권 정당들이 와해되고 신생 포퓰리즘 정당들이 공고해지고 있지만, 독일의 경 우 1949년 이후 집권해온 기민련, 사민당, 자유민주당 등 전통적인 정당들이 아직까지 건재하고, 극우는 여전히 주변적인 세력으로 남아 있다. 기본적으 로 전후 서독은 "정당에 공공의 정치적 의지를 형성하는 핵심 기관의 지위 를 부여하는 '정당국가'"로 구상되었고, 그렇게 작동했다.[07]

그중에서도 기민련은 1949년 최초 선거 이래 2021년 선거까지 70년간 20

---

06 〈The War in Ukraine Could Change Everything | Yuval Noah Harari | TED〉, https://www.youtube. com/watch?v=yQqthbvYE8M&t=1866s.

07 신진욱에 따르면 독일 정치는 "정당이 집단적 이해와 의지를 조직하고 대표하는 사실상 유 일한 정치적 채널이라고 간주"하고 있고, 이로써 "많은 정치학자들이 '정당국가'라고 부르 는 특성을 갖추게" 되었다. 그러나 이처럼 정당민주주의를 중심에 둠과 동시에 권력집중과 남용을 막기 위한 장치로서 협력적 연방주의 체제, 강력한 상원, 헌법재판소 등 세 가지 제도 를 통해 상호 견제하면서 합의를 찾아갈 수 있도록 한 것 역시 독일 정치의 큰 특징이었다. 신진욱, 「헌법국가에 착근된 민주주의—독일 기본법의 형성과 체계를 중심으로」, 『한독사회 과학논총』 26(3), 2016, 98~99쪽.

번 치러진 연방의회 선거 가운데 1972년, 1998년, 2002년, 2021년을 제외한 16
번의 선거에서 집권 여부와 무관하게 제1당이었다. 서방통합을 넘어선 유
럽통합, 사회적 시장경제, 독일통일 등 독일 현대사의 굵직한 틀이 기민련
집권 시기에 만들어졌다. 그러니 기민련이 당사(黨史) 머리말에서 "독일연방
공화국은 기민련적인 창조력의 작품"이라고 주장해도[08] 크게 타박할 게 못
되는 상황인 것이다.

독일의 중견 정치학자들인 요제프 슈미트(Josef Schmid)와 우도 졸레이스
(Udo Zolleis)는 2013년에 출간된 『정당 연구 편람(Handbuch Parteienforschung)』에서 기
민련에 대해 다음과 같이 평가했다. 기민련은 특정 지역, 이데올로기, 종교
등의 분파적 구분을 넘어선 "국민정당(Volkspartei)의 전형"이 되었다는 점에
서 당 조직상 혁신적이었고, 중도우파 진영에서 정당 체제를 안정화시켰다
는 점에서 정치 전략상 성공적이었으며, 정치 강령의 측면에서 집합정당
(Sammlungspartei)으로서 상이한 정치적 경향들을 묶어서 사회 내 이데올로기적
인 대립을 완화시켰다는 점에서 결정적이었다고[09] 큰 틀에서 보자면 딱히
반박하기 어려운 내용이다.

그러나 기민련의 역사를 전혀 다르게 바라볼 소지도 다분하다. 기민련
의 가장 두드러진 특징이 '장기집권'임을 고려할 때 특히 그렇다. 1950년 창
당된 이래 아데나워 총리가 14년, 에어하르트와 키징어 총리가 6년, 헬무트
콜 총리가 16년, 그리고 다시 앙겔라 메르켈 총리가 16년간 재직하면서, 기
민련은 '독일연방공화국' 73년 역사 중 도합 52년간 집권당이었다. 총리직

---

08 Annegret Kramp-Karrenbauer, "Grußwort der Vorsitzenden der CDU Deutschlands", in: Norbert
    Lammert(ed.), *Christlich Demokratische Union*, Siedler, 2020, p. 9.

09 Udo Zolleis/Josef Schmid, "Die Christlich Demokratische Union Deutschlands(CDU)", in: Oskar
    Niedermayer(ed.), *Handbuch Parteienforschung*, Springer, 2013, pp. 415~416.

의 지속성보다 더 놀라운 것은 당대표직의 지속성이었다. 기민련 당대표직은 아데나워가 16년(1950~1966), 콜이 25년(1973~1998), 메르켈이 18년(2000~2018) 동안 역임하는 등 60년 가까운 세월 동안 세 명의 당대표가 독식하는 구도였다. 이처럼 기민련은 강력한 지배자를 허용할 뿐만 아니라 선호하는 것처럼 보인다.

이 카리스마 넘치는 지도자들과 달리, 지방분권이 강력한 독일에서 매우 큰 영향력을 지니는 주지사들, 청년연합(Junge Union) 등 강력한 기민련 연계 단체들의 영향력을 억제하고, 보수주의, 자유주의, 기독교 사회주의를 망라하는 이질적인 이데올로기 등으로 인한 당내 대립과 갈등을 조정해내지 못한 당대표들은 고작 1년 남짓 자리를 지키는 경우도 있었다. 기민련의 스타 플레이어들과 전혀 다른 길을 걸어간 당대표들로 루드비히 에어하르트(Ludwig Erhard), 쿠어트 게오르그 키징어(Kurt Georg Kiesinger), 라이너 바르첼(Rainer Barzel), 볼프강 쇼이블레(Wolfgang Schäuble), 안네그레트 크람프-카렌바우어(Annegret Kramp-Karrenbauer), 아르민 라쉐트(Armin Laschet) 등이 있다.

이처럼 총리 겸 당대표의 개인기가 중요하게 작용했다는 점에서 하나의 정당으로서 기민련의 취약성을 읽어낸다 해도 무리는 아닐 것이다. 기민련 전문가인 프랑크 뵈쉬(Frank Bösch)에 따르면, 초대 총리 아데나워는 기민련 당사를 딱 한 번 방문했고, 다음 총리인 에어하르트는 그나마 한 번도 방문한 적이 없으며, 비교적 기민련 정당에 친화적인 인물이었던 키징어나 바르첼 역시 당이 아닌 원내교섭단체를 중심으로 정치를 했다. 아데나워에 반기를 든 소장 정치가 시절에 당대표직과 총리직을 분리해야 한다고 주장했던 콜은, 정작 자신이 총리가 되었을 때는 당대표직과 총리직을 동전의 양면으로 여겼다. 콜 자신이 쿠어트 비덴코프(Kurt Biedenkopf), 하이너 가이슬러(Heiner Geißler)를 발탁하여 당사무총장으로 임명했지만, 그들이 당 조직 강화를 주장했을 때 내쫓다시피 몰아냈다. 메르켈 총리 역시 충실한 측근들을 당 사무총장에 임명하고 다시금 총리청에서 기민련 정부의 정책들을 주도함으로써 아데나워와 콜의 궤적을 따라갔다. 정당의 목표가 집권이라면 기민련은 놀라운 성공을 거둔 셈이지만, 당 자체의 독자적 존립이라는 측면에서 보자면 매우 취약했고, 특히 공고한 당조직을 갖춘 경쟁상대 사민당과 비교할 때 현저히 기대에 못 미친다고 볼 수 있다.

그런가 하면 최근 들어 기민련을 넘어서서 독일의 정당정치 자체가 쇠퇴를 가속화하고 있다고 해석될 만한 현상들도 빈번히 관찰되고 있다. 시간 속에 존재하는 모든 것이 역사성을 가질 수밖에 없으며, 정당, 더 나아가 정당 체제 자체도 예외일 수 없을 것이다. 현재 독일의 정당 체제 자체가 격변 혹은 쇠퇴기에 접어든 것은 분명해 보인다. 2022년 5월 15일 북부 노르트라인 베스트팔렌(Nordrhein-Westfalen, 이하 NRW) 선거에서 두이스부르크-막스로흐(Duisburg-Marxloh) 선거구의 유권자 명부에는 총 561명이 기록되어 있었는데, 고작 51명의 유권자가 선거에 참여하여 선거 참여율 8.99%를 기록했다. 2021년 이 지역의 연방의회 투표율도 25%에 머물렀다. 인구에 회자되는 바대로 '민주주의 짜증(Demokratieverdruss)'이 만연한 가운데, "정치나 민주주의에 대한 극도로 깊은 회의의 벽을 포퓰리스트들조차 뚫어내지 못하고 있다."[10] 물론 2021년 연방의회 전체 투표율은 76.6%였지만,[11] 문제는 두이스부르크-막스로흐 같은 사례가 그리 드물지 않다는 것이다.

그리고 이는 긴 세월에 걸쳐 점진적으로 진전된 현상이었다. 기존 정

---

10 Kristian Frigelj, "Abschied von der Demokratie", *Die Welt*, Ausgabe Berlin, 2022. 6. 21.

11 https://de.statista.com/themen/175/wahlbeteiligung/#dossierKeyfigures. 이는 독일통계청(Statistisches Bundesamt) 자료이다.

당 체제의 붕괴가 시작된 시점에 대해서는 논란이 있지만, 독일 정당 체제의 교과서 같은 『독일연방공화국 정당 체제(Das Parteiensystem der Bundesrepublik Deutschland)』의 저자들은 2차 대전 이후 존재해온 독일 정당 체제 붕괴의 시점을 2005년으로 잡고 있다. 사민당, 기민련/기사련의 지지율이 도합 50%대에 머무르고, 사민당이 좌파당과 경쟁하게 되었으며, 단일 이슈 정당인 해적당이 대두하고, 극우 정당인 '독일을 위한 대안'이 부상하는 등, 과거 독일 정당 체제의 안정적인 작동을 가능케 하던 여러 요소들이 해체되기 시작했다는 것이다.[12] 심지어 2022년 12월에는 독일제국을 부활시키려는 쿠데타 음모에—비록 사전에 발각되기는 했지만—상당수의 전·현직 군인이 가담했음이 드러나 섬뜩함을 안겨주었다. 독일의 극우 전문가가 언급한 대로 "민주주의에 매우 심각한 위협을 가하는 데는 고도로 훈련되고 동기부여된 무장 군인들이 그렇게 많이 필요하지도 않다는 것"을 독일인들도, 그리고 우리 한국인들도 이미 잘 알고 있다.[13]

과거의 영광이 어땠건, 이처럼 쇠퇴기, 혹은 적어도 혼란기에 접어든 독일 정당사를 들춰보는 데는 어떤 의미가 있을까. 작금의 상황, 즉 사회학자 신진욱의 표현에 따르면 "민주주의의 외양을 유지한 채 집권 세력과 그들의 지배하에 있는 국가권력이 민주주의와 법치주의를 심각하게 훼손"하고 있는 "결손 민주주의 국가"가 확산되고 있으며 이로써 "민주주의가 회화화"되는 현상이 독일을 넘어 의회민주주의 전반에서 나타나는 현상이라

---

12 Ulrich von Alemann/Philipp Erbentraut/Jens Walther, *Das Parteiensystem der Bundesrepublik Deutschland*, Springer VS, 2018, pp. 96~111.

13 Katya Adler, "Germany coup plot: The extremists who tried to topple the state", *BBC*, 2022. 12. 10. https://www.bbc.com/news/world-europe-63916809.

고 해서[14] 위안 삼을 일은 아닐 것이다. 이 난감한 상황에 대한 힌트를 독일 역사가 우테 다니엘(Ute Daniel)의 최근작 『탈영웅적인 민주주의사(Postheroische Demokratiegeschichte)』에서 찾을 수 있다. 그는 "현존하는 정치적 지향의 스펙트럼의 모든 부문에서 실재하는 민주주의에 대한 비판이 커져가고 있고", "의회적인 정부 체제가 더 이상 자명하지 않고 점차 의문시되고 있는" 상황이며, "이러한 운명은 언젠가는 모든 정치 체제에 닥칠 수밖에 없다"고 진단한다. 그리고 이러한 상황에서 필요한 것은 민주주의의 역사를 "후진이 아닌 전진 방향으로" 살펴보는 것임을 강조한다. 현재 우리가 가진 민주주의의 제도를 완결된 것으로 보고 그 역사를 영웅담으로 그려내는 것, 즉 현재 의회민주주의 체제에서 가치 있다고 판단되는 제도들의 기원을 밝히기 위해 과거로 소급해가는 것이 아니라, "당대의 정치적 현실에서 발생한 매우 구체적인 문제 상황들"을 살펴보는 방식으로 의회민주주의의 역사에 접근해야 한다는 것이다.[15]

이 책도 우테 다니엘의 전제를 공유하며, 1950년 창당한 기민련 72년의 역사를 조롱도 찬양도 없이 묵묵히 지켜보고자 한다. 정당의 변화는 장기적으로건 단기적으로건 사회 변화를 반영할 수밖에 없다. 그러나 정당은 자체의 구조와 동력을 가지기 때문에 정당의 변화를 사회 변화로만 귀결시킬 수는 없다. 기민련 당사는 기민련이 때로는 당내 세력 관계의 변화에 따라 사회 변화를 선도하기도 했지만, 당내의 모순으로 말미암아 사회 변화를 쫓아가기 바쁜 시절도 길었음을 우리에게 보여준다.

---

14 신진욱, 「헌법국가에 착근된 민주주의—독일 기본법의 형성과 체계를 중심으로」, 『한독사회과학논총』 26(3), 2016, 83~85쪽.

15 Ute Daniel, *Postheroische Demokratiegeschichte*, Hamburger Edition, 2020, p. 9.

결국 기민련 정당 자체의 변화와 사회 변화를 동시에 바라볼 경우에만 기민련의 특성, 혹은 기민련과 독일 사회의 관계를 파악할 수 있다. 독일연방공화국의 정치는 이 정당이 느리게 움직이는 속도만큼만 앞으로 나아갔다. 당대인들, 특히나 기대에 찬 당대인들에게는 극히 미진했고, 때로 질식할 듯한 답보 상태에 머물렀던 시간도 길었을 것이다. 그러나 많은 나라의 경우에 비추어 볼 때 결국 이만한 정치도 드물었다는 것 역시 분명한 사실이다.

어떻게, 그럴 수, 있었던 것일까. 역사적으로 흥미로운 많은 질문들에 대해 역사학적으로 만족스러운 답을 제시할 수 있는 경우는 거의 없다. 그리하여 독일사가 김학이가 잘 표현했듯이 "역사가들이 가장 어려워하는 질문"은 "왜"이다.[16] 이 책의 경우처럼, 기민련 당사를 그저 연대기 순으로 따라가 본다는 것은 기민련의 성패와 부침을 설명하는 기본적인 방법이면서 동시에 한계가 뚜렷한 방법이다. 그럼에도 불구하고 가지 않을 수 없는 길인 것도 분명했다.

기독교민주주의연합, 기민련은 어떻게 탄생한 정당이며, 바이마르 시기 부르주아 정당들과는 어떤 차이점과 공통점을 갖고 있었는가. 당대표들은 어떤 인물이었으며 당내 세대 교체는 어떤 방식으로 어떤 갈등 끝에 이루어졌는가. 장기적으로 당이 나아갈 방향은 어떻게 결정되었으며, 이 결정을 담은 당의 강령들은 어떻게 실행되었는가, 혹은 실행되지 못했는가. 선거전은 어떻게 치렀으며 어떤 선거에서 왜 어떻게 국민의 지지를 얻거나 잃었는가, 사람을 모아야 가능한 정치에서 돈이 가지는 위험성을 어떻게 다스릴 수 있었는가, 혹은 다스리지 못했는가라는 동일한 질문을 각 장마다 견지하

---

16 김학이, 「서독인들의 공포와 새로운 감정 레짐」, 『역사와 세계』 62권, 2022, 86쪽.

고자 했다.

이 책에서 다루고 있는 대상은 독일연방공화국 대부분의 시기 동안 여당으로 지낸 기독교민주연합(Christliche Demokratische Union)의 역사이다. 무수한 말들을 쏟아냈고 엄청난 주목을 받을 수밖에 없기 때문에 가장 자료가 많은 역사 연구 분야라 할 현대 정치사를 다루고 있음에도, 아이러니하게도 프랑스 근대사학자 권윤경의 말처럼 "사료로 잘 증명된 익숙한 역사적 서사의 바깥쪽에 (…) 사라진 과거의 세계가 깊이를 알 수 없는 산맥처럼 도사리고 있"다고 느꼈다.[17] 얼마나 읽고 또 읽어야 그 산맥을 드러낼 수 있을지 가늠할 수도 없었다. 결국 '독일 현대 정치사에서 한국 정치가 배워야 할 한 수가 무엇일지'를 기대하는 시선에 침묵으로 답할 수밖에 없다는 것이 분명한데도 책을 낼 의욕을 접지 못한 것은, 책의 제목에 '기민련'을 넣지 못할 정도로 한국 사회에서 독일 정치가 멀고도 낯선 대상으로 남아 있기 때문이다. 우리 정치에서 주로 언급되는 '새 정치', '낡은 정치' 등은 우리가 반(半)-반도에서 경험한 정치의 시간적 지평만을 담고 있을 뿐이다. 공간을 달리하는 '다른 정치'의 언어들이 우리 정치에 스며들도록 하는 것이 절실한 상황이다.

누구도 한국의 정치가 나날이 발전하는 한국 사회의 다른 부문과 상응하는 수준에 도달해 있다고 생각하지 않을 것이다. 우리는 소자, 공정, 설계, 테스팅 등 다양한 분야에서 엄청난 전문성이 필요한 반도체 생산국이면서도, 매년 열리던 거리 축제에 대비하지 못해 159명이 "질식으로 인한 심정

---

17 줄리어스 스콧 지음, 권윤경 옮김, 『모두의 바람』, 서울대학교출판문화원, 2022, 13쪽.

지"로 유명을 달리하는 믿을 수 없는 일을 경험한 나라이기도 하다.[18] 사회의 다른 부문에서 목도할 수 있는 전문성과 직업의식을 한국 정치에서도 볼 수 있길 기대한다. 그리고 전혀 다른 시공간의 경험이기는 하지만, 70년 기민련의 정당사가 보다 나은 정치에 대한 감각을 제고하는 데 기여할 수 있기를 희망한다.

나날이 가속화되는 디지털화와 초저출산으로 인해 지식의 생산 여건도 소비 여건도 현저히 달라져가고 있다. 나아가야 할 방향이 도통 보이지 않는 '어려운 시절'에 책을 내는 마음이 무겁고도 애틋하다. 학생 시절부터 친숙한 '역사비평사'에서 출판할 기회를 갖게 된 것에 대해 기쁘게 생각하며, 그 과정에 동행해주신 편집부 여러분에게 감사드린다. 책에 사용된 사진들을 정리해서 보내주신 기민련 산하 콘라드 아데나워 재단(Konrad Adenauer Stiftung)에도 감사드린다. 학문 공동체는 호기심 공동체이자 고통 공동체인 듯하다. 처음 독자가 되어주셨던 노서경, 최재인 선생님을 위시하여 같은 호기심과 같은 고통을 나누고 계신 서양사학계의 동료들, 특히 '독일'이라는 대상을 함께 연구하고 계신 여러 길벗들께 감사와 연대를 표하고 싶다.

---

18 「이태원 사고—사망자 대다수는 '질식으로 인한 심정지'」, 『BBC 뉴스 코리아』 2022. 10. 30. https://www.bbc.com/korean/news-63411059.

01 아데나워의 가부장적 민주주의 (1949~1963)

1. 총리 민주주의

총리 민주주의와 아데나워

'총리'에 해당하는 '칸츨러(Kanzler)'라는 직위는 독일에서 중세 이래로 존재해왔다. 신성로마제국 시기에 '칸츨러'는 황제를 보필하는 측근이라는 의미였다. 신성로마제국이 해체된 1806년 이후 사라졌던 이 총리 직위는 통일독일의 전신인 북독일연방과 더불어 부활했다. 바이마르공화국의 경우 국민이 직접 선출하는 대통령, 그리고 취약했던 의회 다수에 의해 선출되어 제국대통령의 임명을 받는 총리, 양자 간에 권력이 분산된 정치 구조를 갖고 있었고, 연방의회와 연방대통령이라는 이원적 구조는 바이마르 몰락의 한 원인으로 꼽히곤 했다.[01]

---

01 그러나 헌법학자 송석윤은 "바이마르 헌법의 정부 형태에서 의원내각제적 요소와 대통령제적 요소의 이원적 구조"가 바이마르공화국 실패를 노정했다고 볼 수는 없다는 입장이다. 바이마르공화국의 실패와 관련된 최근의 연구 결과를 정리한 글에서, 그는 바이마르공화국은 여러 요인으로 "과부화된 공화국"으로서 그 실패의 원인을 바이마르의 제도 그 자체에서 찾

이 시기에는 내각에 참여한 정당만 7개가 넘을 정도로 정당 체제가 안정적이지 못했던 탓에 총리의 권력이 매우 취약했고, 평균 수개월씩만 권력을 유지할 수 있었다.[02] 바이마르공화국 14년간 총리는 12명에 달했고 평균 재직 기간은 14개월이었다.[03] 쿠어트 폰 슐라이허(Kurt von Schleicher) 총리는 두 달을 채우지 못함으로써 최단명 총리로 기록에 남았지만, 앞서 구스타프 슈트레제만(Gustav Stresemann)이 109일, 프란츠 폰 파펜(Franz von Papen)이 169일간 재직했음을 감안하면 극단적인 사례도 아니었다.[04] 1920년, 1923년, 그리고 1932년에는 일 년 동안 세 명의 총리가 선출되기도 했다.[05] 정치 체제의 안정을 최우선시했던 2차 대전 이후 헌법 제정 과정에서 총리직을 강화하여 정부 안정성을 꾀하는 방향으로 제도 개혁이 나타난 것은 자연스러운 일이었다.

그리하여 2차 대전 후 서독의 총리는 헌법상 서열로는 연방대통령 아래였지만 바이마르 시기 총리와 달리 기본법을 통해 강력한 권한을 보장받았다.[06] 정부 안정성을 보장하고 활동 여지를 넓히기 위해서였다. 그런 맥락에서 먼저 총리 선출 제도 자체가 변경되었다. 과거 바이마르 시기에는 연방

을 수는 없으며, 바이마르공화국이 실패로 귀결되는 과정 속에서 "전환점마다 대안이 존재"했고, 이는 공화국의 마지막 순간까지 마찬가지였다고 본다. 송석윤, 「독일 바이마르헌법에서의 연방대통령」, 『세계헌법연구』 28권 1호, 2022, 1~39쪽.

02 바이마르공화국의 헌법 제정 과정에 대한 법제사적인 분석은 송석윤, 「바이마르헌법과 경제민주화」, 『헌법학연구』 19권 2호, 2013, 41~47쪽.

03 Bernd Braun, *Die Reichskanzler der Weimarer Republik*, Kohlhammer Verlag, 2012, p. 10.

04 쿠어트 폰 슐라이허 총리는 1932년 12월 3일부터 1933년 1월 28일까지 재임하여 채 두 달을 채우지 못했다.

05 Bernd Braun et.al., op. cit., 2012, p. 10.

06 독일 총리의 권위와 권한에 대해서는 유진숙, 「독일의 수상 리더십과 정당—제도와 전략」, 『국제정치논총』 48집, 2008. 6, 217~237쪽.

대통령이 총리를 임명했으나, 전후 독일의 총리는 연방의회의 비밀선거를 통해 선출되었다. 이는 총리가 의회의 과반수를 차지하는 정당 소속이라야 한다는 의미였다. 보수당 당수가 자동으로 총리가 되는 영국과 달리, 독일 총리는 이처럼 의회 선출 절차를 거침으로써 지위를 공고히 할 수 있었다. 의회 과반수의 지지를 얻는 총리가 등장하지 못할 경우 연방대통령이 의회를 해산하고 새로 선거를 실시할 수 있었다. 행정부의 안정화를 위해 만들어낸 가장 중요한 장치는 '건설적인 불신임(Konstruktives Misstrauensvotum)' 제도였다. 이는 의회에서 행정부를 불신임하고자 할 경우, 동시에 새로운 정부 수반을 선출해야만 하도록 한 제도였다. 이렇게 하면 새로운 총리의 선출과 기존 내각의 해산이 동시에 일어나기 때문에, 정부가 표류하는 일이 없게 되었다.[07] 연정이 일상적인 독일 정치에서 연방의회 선거 이후 연정 협정이 체결되기까지 길게는 수개월씩 걸리는 일이 다반사임에도, 이러한 장치를 통해 행정 공백을 피할 수 있었다.—바이마르 시기에는 새로운 정부 선출이 이루어지지 않은 채 내각이 먼저 해산되기도 했다.—아울러 의회가 장관 불신임을 의결할 수 있도록 한 바이마르헌법과 달리, 총리가 장관 임면에 대해 독자적인 결정을 내릴 수 있을 뿐만 아니라 독자적으로 새로운 내각 부처를 만들 권한도 갖게 되었다.

이처럼 헌법이 광범위하게 보장하고 강화해준 총리의 권위를 가장 철저하게 활용한 총리로 아데나워를 꼽을 수 있다. 아데나워가 총리로 재직하던 14년간의 기민련사, 더 나아가 서독사를 설명하는 핵심어는 '총리 민주주의

---

07 전후 독일의 정치 체제에는 바이마르 민주주의를 반례 삼아 만들어졌고, 건설적 불신임 제도는 대표적인 경우였다. "바이마르공화국의 총리가 의회에서 다수파의 지지를 얻기 힘들 때 입법을 위해 할 수 없이 대통령의 명령권에 의존해야 했던" 사태를 방지하기 위해 만들어진 제도였다. 메리 풀브룩 지음, 김학이 옮김, 『분열과 통일의 독일사』, 개마고원, 2000, 323쪽.

(Kanzlerdemokratie)'였다. 이 총리 민주주의 체제의 특징으로 칼하인츠 니클라우스(Karlheinz Niclauss)는 다섯 가지 요소를 언급했다. 헌법상으로나 정치적 맥락상으로나 강력한 총리의 지위를 가능케 하는 원칙이 존재할 것, 총리가 여당에서 주도적인 역할을 담당할 것, 정부와 야당 간의 선명한 차이가 나타날 것, 총리가 외정을 좌우할 것, 정치적 논란이 총리 개인과 결부되는 것으로 나타날 것 등이었다.[08] 이러한 틀에 비추어 역대 총리들의 통치를 분석한 그는 총리 민주주의가 가장 전형적으로 발현된 시기는 아데나워 재임기였다고 주장했다.[09]

아데나워는 이 '총리 민주주의'를 실현하기 위한 제도적 장치를 마련해 냈다. 각 정부 부처에 해당하는 부서들로 구성되며 차관(Staatssekretär) 또는 장관이 수장이 되는 총리청(Bundeskanzleramt)이 그것이었다. 총리청은 기본법 제정 과정에서 논의된 바 없는 아데나워 자신의 작품으로, 아데나워는 이 총리청을 통해 내각에 대한 통제를 확고히 할 수 있었다.[10]

---

08 Karlheinz Niclauss, "III. Konturen der Kanzlerdemokratie", *Kanzlerdemokratie 3. Auflage*, Springer, 2014, pp. 67~100.

09 칼 하인츠 니클라우스(Karlheinz Niclauss)는 빌리 브란트가 이 특징들을 충족시킨 것처럼 보이지만, 이후의 총리들은 총리 민주주의의 특징들을 재임 기간 내내 보여주지는 못했다고 본다. 예컨대 헬무트 콜 총리 1기에는 정치가 총리 개인에게 집중되는 현상이 나타나지 않았고, 에어하르트 총리는 당을 장악하지 못했으며, 헬무트 슈미트 총리의 경우에도 빌리 브란트가 당대표로 남아 있었기 때문에 아데나워만큼 당을 장악하지 못했다는 것이다.

10 총리청은 현재 7개 부서 산하에 600명이 넘는 공무원이 일하는 대규모 조직이다. https://www.bpb.de/kurz-knapp/lexika/handwoerterbuch-politisches-system/511477/regierungszentrale-bundeskanzleramt/.

콘라드 아데나워

독일 초대 총리 콘라드 아데나워(Konrad Adenauer)는 1876년 쾰른에서 프로이센 군인 출신 관리의 아들로 태어나 뮌헨, 프라이부르크, 본대학에서 법학을 공부했다. 쾰른 검찰청의 시보로 활동하는 등 원래 법조계에 투신하고자 했지만, 가톨릭중앙당의 후원으로 1906년 쾰른시 행정공무원으로 선출되면서 정치적 행보를 시작했다. 1차 대전 발발 직후 전시 생필품 조달 업무를 맡게 되었을 때 시민들을 위한 시영 빵공장을 세울 정도로 적극적인 시행정을 펼쳤고, 그 과정에서 자연스럽게 시장 후보로 부상하여 1차 대전이 끝나기 직전인 1917년 쾰른 시장으로 선출되었다.[11]

프로이센에서 유래하여 바이마르 때도 지속되었던 바대로, 쾰른 시장직은 시 행정을 담당할 뿐만 아니라 동시에 시의회 의장을 겸하는 중책으로서 한번 선출되면 12년간 재직하도록 되어 있었다.[12] 아데나워는 이 막강한 권한을 활용하여 굵직한 업적들을 쌓아가며 16년간 쾰른 시장으로 활약했다. 나폴레옹전쟁 시기에 폐교했던 쾰른대학이 1919년 다시 문을 열었고, 1925년 이래 쾰른박람회가 개최되었으며, 1932년 쾰른과 본을 연결하는 독일 최초의 아우토반 건설이 이루어졌던 것은 그의 대표적인 업적이었다. 또한 중앙당의 대표적 정치가이기도 했던 그는 쾰른시장 재직 중이던 1921년, 1926년, 그리고 1928년, 총 세 차례에 걸쳐서 제국총리 물망에 오르기도 했다.[13] 내각 구성의 자율권 확보 등 그가 내건 총리직 수락 조건이 받아들여지지 않아서 실제로 제국 총리가 되지는 못했지만, 그가 바이마르 시기 중앙

---

11 Werner Biermann, *Konrad Adenauer: Ein Jahrhundertleben*, Rowohlt, 2022, pp. 78~100.

12 Ibid., pp. 129~130.

13 Ibid., p. 134.

당의 대표적인 정치가였다는 점은 분명하다.

나치와 아데나워의 관계는 적대적이었다. 프로이센 상원(Preußischer Staatsrat) 의장이던 아데나워는 나치가 요구한 상원 해산을 거부했으며, 1933년 선거 에서 나치가 집권했을 때 시청사에 나치 깃발을 거는 것도 거부했다. 뿐만 아니라 쾰른을 방문한 히틀러를 공항에서 영접하기를 거부함으로써 나치 의 반발을 샀다. 나치당은 1933년 쾰른 시의회 선거에서 공산당 표를 무효 표로 만듦으로써 시의회 다수를 확보했고, 선거 직후 임기가 남은 아데나워 를 직위해제시켰다. 아데나워는 쾰른 시청사의 열쇠를 죽을 때까지 간직했 다고 한다.[14]

이후 전쟁이 끝날 때까지 직업 활동 금지를 명령받았기 때문에 그는 연 금생활자로 살아갈 수밖에 없었다. 이 시기에는 정원 가꾸기나 발명 등을 소일거리로 삼았을 뿐, 나치에 대한 저항운동과는 거리를 두었다. 그럼에도 불구하고 나치 지배층이 볼 때 그는 반정부 세력임이 분명했다. 1944년 7월 20일에 있었던 히틀러 암살 음모 한 달 후 체포되어 감옥에 보내졌다가 그 해 11월 방면되기도 했다.

전쟁 직후인 1945년 3월 중순 미군이 쾰른 지역에 도달했을 때, 아데나워 는 나치에 저항한 인물로 알려져 즉시 쾰른 시장 제의를 받았다. 몇 주간 망 설이다 이 자리를 수락했지만, 미군 대신 영국군이 이 지역을 점령하자 쾰 른 시장에서 해임되는 등 영국 군정과는 원만한 관계를 유지하지 못했다.[15]

---

14 Ibid., pp. 171~193.
15 당시 영국 군정은 아데나워가 고령이라 재건에 나서기에 부적합하다는 이유로 그를 쾰른 시 장에서 해임시키는 등, 아데나워와 적대적인 관계였다. 영국 군정 당국은 노동당이 집권하 고 있던 영국 내정 상황 탓에 독일에서 사민당을 지지한다는 의혹을 사고 있었다. Daniel E. Rogers, *Politics after Hitler*, MacMillan, 1995, p. 71. 하지만 대니얼 로저스(Daniel E. Rogers)는 영국

그는 노르트라인-베스트팔렌(NRW) 지역 기민련 조직이 창설되었을 때 지역 대표를 맡으면서 기민련 창설에 발을 내디뎠다. 가톨릭중앙당의 대표적인 명망가이자 전 '가톨릭대회(Katholikentag)' 의장으로서 기민련의 핵심 기반인 가톨릭 세력의 구심점이었던 상황을 고려하면, 너무도 자연스러운 행보였다.[16] 뒤이어 1947년 1월 영국군과 미군 점령 지역이 양지구(Bizone)로 통합되었을 때, 이 지역에서 행정부와 의회 역할을 하던 경제평의회(Wirtschaftsrat)를 주도했다.[17] 한 걸음 더 나아가 1948년 기본법 제정을 위한 제헌의회(Parlamentarischer Rat)의 의장이 됨으로써, 이후 총리가 되기 위한 중요한 정치적 발판을 마련할 수 있었다.

자유민주당 출신으로 초대 연방대통령을 지낸 테오도어 호이스(Theodor Heuss)는 "아데나워는 기본법에 콤마 하나 덧붙이지 않았다"고 폄하했지만,[18] 아데나워가 기본법 제정 과정에서 중요한 기여를 한 것은 분명하다. 그는 제헌의회 대표로서 기본법을 승인하게 될 군정 당국과의 접촉을 맡았으며, 교회와 국가의 관계, 양육권 등 논란이 되는 여러 쟁점들에서 타협점을 찾

군정이 베를린의 기민련 지도자였던 야콥 카이저를 환영했음을 볼 때, 기민련에 적대적이었다기보다는 아데나워 개인에게 적대적인 것이었다고 평가했다. 한편 아데나워의 경쟁자였던 야콥 카이저는 프랑스 군정과 우호 관계를 맺지 못했다. 프랑스 군정은 군정 지역들 간의 경계를 넘어서는 정치 활동에 반감을 보이고 있었다. 그들은 야콥 카이저를 지지하는 프랑스 점령 지역 기민련 지도자들이 베를린에서 열린 기민련 모임에 참석하는 것을 금지하기도 했다. Ibid., p. 116.

16 아데나워는 1922년 가톨릭대회 의장을 지냈다. Hugo Stehkämper, *Konrad Adenauer als Katholikentagspräsident 1922: Form u. Grenze polit. Entscheidungsfreiheit im kath. Raum*, https://www.deutsche-digitale-bibliothek.de/item/UCG7LILWCE2GFQXSLXWQ537GATBZJ5KG.

17 '양지구', '경제평의회'라는 번역어는 김학이의 번역을 따랐다. 메리 풀브룩 지음, 김학이 옮김, 『분열과 통일의 독일사』, 개마고원, 2000, 309쪽.

18 Marie-Luise Recker, *Konrad Adenauer: Leben und Politik*, C.H.Beck, 2010, p. 40.

아낼 수 있도록 조절했다. 아데나워는 이 제헌의회 대표 지위를 통해 전국적인 정치가로서 위상을 높여간 끝에, 73세에 독일 총리로 선출될 수 있었다. 2023년 현재까지도 독일 최장수 총리 기록을 가진 오토 폰 비스마르크(Otto von Bismarck)가 1871년부터 1890년까지 20년간 제국 총리로 재직하다가 퇴임했던 나이인 75세와 엇비슷한 고령이었음에도, 모두의 예상과 달리 총리직의 경우 87세까지, 당대표직은 90세까지 유지했다.

물론 아데나워가 기민련 창당 초기 유일한 당대표 후보였던 것은 아니다. 1888년생으로 아데나워보다 12년 연하였으며 당내 사회주의 및 노조 세력을 대변하던 야콥 카이저(Jakob Kaiser)는 누구보다 강력한 라이벌이었다. 이를 잘 알고 있던 아데나워는 기민련의 전국 조직이 갖추어져 당대표 후보들 간의 권력 다툼의 장이 마련되는 상황을 가능한 한 저지하고자 노력했다. 초대 연방의회가 이미 구성된 이후인 1950년에야 최초의 기민련 전당대회가 고슬라(Goslar)에서 소집되어 전국 정당으로서 기민련이 탄생했던 것은 이러한 배경에서였다. 이 최초의 전당대회에서 아데나워가 당대표로, 야콥 카이저가 부대표로 선출되었을 때,[19] 아데나워는 이미 독일연방공화국 총리로 선출된 상태였다. 아데나워는 이처럼 총리 자리의 후광을 등에 업는 방식으로 강력한 라이벌 야콥 카이저를 제치고 쉽게 당대표가 될 수 있었다.

아데나워가 매우 권위주의적인 통치 스타일을 가졌다는 것은 논란의 여지가 없는 사실이다. 그가 기민련 내 2인자이던 루드비히 에어하르트에게 보낸 편지에서 그런 스타일이 더할 나위 없이 잘 드러난다. "당신의 모든 행동은 다 믿을 수 없을 정도요 연방정부의 정체에 대해서 완전히 잘못 알고

---

19 https://www.kas.de/de/web/geschichte-der-cdu/kalender/kalender-detail/-/content/1-bundesparteitag-der-cdu-in-goslar-unter-dem-motto-einigkeit-und-recht-und-freiheit.

있소 내각의 장관에게는 중요한 정치적인 문제를 나름의 방식으로 해결하거나 내각의 결정 혹은 총리의 기조에 반대할 권리가 없소."[20] 기본적인 편지 형식도 갖추지 않은 이 서신은 무례에 가까웠다.

그는 이처럼 개인적인 서신을 통해 당을 장악했으며, 기민련의 공식 조직이나 해당 부서 관료 조직이 아니라 총리청 보좌진과의 논의를 통해 중요한 결정들을 내린 것으로 알려져 있다. 정부부처와 기관에 상응하는 각각의 부서가 총리청에 설치되어 있었고, 아데나워는 초기부터 당이나 행정부의 공식 기구들을 거치기보다는 이 총리청의 비서관들을 중심으로 통치를 해 나갔다. 또한 측근인 하인리히 크로네(Heinrich Krone)를 원내 대표로 앉힘으로써 당과 행정부와 의회를 동시에 장악하는 강력한 권력을 확보할 수 있었다. 이처럼 아데나워의 권력 장악에는 빈틈이 없었다. 그가 당대표이던 시절 기민련 전당대회는 그저 당의 단합을 과시하는 자리였을 뿐 논쟁적인 주제에 대해 표결을 하는 일은 거의 없었다. 그리하여 아데나워를 매우 높이 평가하는 독일 역사가 한스-울리히 벨러(Hans-Ulrich Wehler)조차 아데나워의 통치 방식에 대해서는 "반-전제주의적인(semi-autokratisch) 특징"을 지닌다고 인정할 수밖에 없었다.[21]

그가 기민련을 철저히 장악할 수 있었던 것은 내각 및 주요 당직자를 임명할 때—공식적인 할당까지는 아니더라도—나름의 안배를 통해 당의 여러 분파 대표자들의 충성을 확보할 수 있었기 때문이었다.[22] 그가 연정에 참

---

20   Marie-Luise Recker, *Konrad Adenauer: Leben und Politik*, C.H.Beck, 2010, p. 50.

21   Hans-Ulrich Wehler, *Deutsche Gesellschaftsgeschichte 1949~1990*, C.H.Beck, 2008, p. 237.

22   Frank Bösch/Ina Brandes, "Die Vorsitzenden der CDU. Sozialisation und Fuhrungsstil", in: Daniela Forkmann/Michael Schlieben (eds.), *Die Parteivorsitzenden in der Bundesrepublik Deutschland 1949~2005*, VS Verlag für Sozialwissenschaftenchaften, 2005, pp. 25~32.

여한 정당들을 통제하는 방식도 이와 비슷했다. 연정에 참여한 정당들의 이권을 보장하기 위해 내각 부처를 만들 권한을 십분 활용했고, 그 결과 원래 14개 부서로 출발했던 아데나워 내각의 장관직은 2기 내각에서 20여 개에 달했다.[23]

이와 같은 아데나워의 권위적인 가부장주의는 기민련의 구조에도, 그리고 1950년대의 시대적인 조류에도 잘 맞았다. 급격한 산업화로 인한 사회적 혼란, 혁명, 인플레이션, 폭력이 수반되는 극단주의적 이데올로기들, 독재, 전쟁의 참화를 겪은 후 독일인들이 절실하게 필요로 했던 것은 평화와 안정이었다. 그리고 히틀러보다 13세 연상으로 종전 당시 이미 70세에 가깝던 아데나워는 바로 이러한 안정을 줄 수 있는 인물로 여겨졌다. 나치 시기를 특징짓던 "다그치는 수사, 동원에의 호소, 유토피아적인 약속" 등에 지친 독일인들은 그들이 그토록 그리던 "고요, 안정, 적당한 수입"을 제공하는 아데나워의 가부장제에서 안온함을 느꼈다.[24] 물론 1950~1965년 동안 산업노동자의 소득을 237% 수직상승시킨 '라인 강의 기적'이야말로 이러한 안정을 가능하게 만들어준 배경이었다.[25]

2. 기민련 창당 과정

오늘날까지도 분명한 기민련의 핵심적인 특징은 그 이질성이다. 창당

---

23 https://de.wikipedia.org/wiki/Kabinett_Adenauer_II.

24 Franz Walter et.al., *Die CDU*, Nomos, 2011, p. 16.

25 Hans-Ulrich Wehler, op.cit., 2008, p. 54.

초기 기민련을 구성하던 세력들은 시장자유주의자들, 보수주의 세력들, 그리고 기독교 사회주의자들 등 세 분파였다.[26] 이처럼 이질적인 구성으로 말미암아 기민련은 "이데올로기적인 패치워크" 상태일 수밖에 없었다. 기민련이 만들어질 당시 한 프랑스인은 다음과 같이 그 이질성을 표현했다. 기민련이 "베를린에서는 사회주의적이고 급진적이었으며, 쾰른에서는 교회에 가깝고 보수적이었으나, 함부르크에서는 자본주의적이고 반동적이었고, 뮌헨에서는 반혁명적이고 지역적"이었다는 것이다.[27]

이러한 이질성이 향후 어떤 정치적 방향성을 가리킬지는 불분명했으며, 기민련이 현재 자리한 궤도에 들어설 필연성은 전혀 없었다. 기민련 공식 홈페이지에도 이 시기와 관련하여 "제3제국이 남긴 정신적·물질적 재난 상황에 대한 '즉자적인' 반응"으로 기민련이 구성되었다고 쓰여 있다.[28] 바이마르 시기 중앙당 혹은 네덜란드와 스위스에서 그랬듯 가톨릭 신자들만의 정당이 될 수도 있었고, 비 마르크스주의적인 기독교 사회주의자들의 베를린 조직이 주가 되는 조직이 만들어졌을 수도 있었다. 여러 상이한 분파들 간의 관계를 어떻게 풀어가느냐에 따라 전혀 다른 조직이 만들어질 수 있는 상황에서, 기민련은 결국 반공주의, 서방통합, 시장경제, 신·구교의 융합이라는 아데나워 노선을 중심으로 통합된 조직으로 자리매김했다.

---

26   Udo Zolleis/Josef Schmid, "Die Christlich Demokratische Union Deutschlands(CDU)", in: Oskar Niedermayer (ed.), *Handbuch Parteienforschung*, Springer, 2013, p. 417.

27   Geoffrey Pridham, *Christian Democracy in Western Germany*, Routledge, 1977, p. 23.

28   https://www.kas.de/de/web/geschichte-der-cdu/gruendungsphase-der-cdu-1945-1949-.

기민련 초기 가톨릭과 개신교의 관계

1946년 3월 24일 쾰른대학에서 행한 아데나워의 연설은 전후의 폐허를 마주한 당대 독일인들에게 기독교와 전후 복구가 어떻게 결부되고 있었는지를 잘 보여준다. "우리 이것을 기독교 민주주의라고 합시다. 기독교적인 서양의 세계관 안에서, 그리고 기독교적인 자연법 안에서, 또한 기독교 윤리라는 근본 가치들 가운데 뿌리내린 민주주의만이 독일 국민들을 위한 위대한 교육적 과업을 달성할 수 있고, 독일 국민들의 재도약을 이끌 수 있기 때문입니다."[29] 총리로서 마지막으로 참석한 1962년 기민련 11차 전당대회에서도, 아데나워는 "기독교적인 정신에 근거하고 기독교적인 토대에 서 있는 사람들이 우리 당에서 통합시키고자 하는 사람들"이라고 선언했다.[30]

기실 국민 다수가 기독교 신자였던 당시 상황에서, 이는 딱히 선택이라고 보기도 어려운 선택이었다. 전쟁으로 인한 혼란을 겪으면서, 마르크스주의도 자본주의도 아닌 기독교적 가치를 체현하는 정당만이 전후의 많은 문제들을 해결하고 전적으로 새로운 공동체를 만들어낼 수 있으리라는 공감대가 기독교도인 국민들 사이에 광범위하게 자리하고 있었다.[31]

---

29   Marie-Luise Recker, *Konrad Adenauer: Leben und Politik*, C.H.Beck, 2010, p. 33에서 재인용.

30   이 전당대회에서 아데나워는 기독교가 기민련의 "핵심 내용(Lebensinhalt)"이라고 선언했다. https://www.kas.de/c/document_library/get_file?uuid=71e5e6c1-101a-ea75-776a-772011cedb37& groupId=252038. 12차 기민련 전당대회는 아데나워가 퇴임한 후인 1964년에 개최되었다.

31   프랑스의 '기독교 문명 운동'과 독일의 '서구 운동'이라는 보수주의적인 운동이 유럽통합에 어떻게 연루되어 있었는지를 보여주는 박혜정의 논문은 유럽통합, 반공산주의, 기독교가 당대 유럽인들에게 서로 어떻게 긴밀히 엮여 있었는지를 보여준다. 유럽통합론자들의 입장에서 보자면 "유럽의 분단과 서유럽 중심의 통합"은 냉전 시대에 가장 합리적이고 현실적인 대안이었다. 그 때문에 1950년대 초반 독일 중립화론은 설 자리를 찾지 못했으며, 서독 재무장이 쉽게 수용될 수 있었다. 박혜정, 「유럽통합의 반자유주의적 기원」, 『한국사학사학보』 35권, 2017, 165~196쪽.

그러나 실제로 하나의 기독교 정당을 만들어내는 것은 간단한 일이 아니었다. 2차 대전 이전 독일 사회에서 가톨릭과 신교는 명백히 분리되어 있었다. 기독교 전통이 150년 정도인 한국 사회에서도 가톨릭과 개신교가 하나의 기독교 조직을 만들어내는 것을 생각하기 어려운 상황이고 보면, 기독교 내부 분열로 종교전쟁을 치렀고 이 시기 종교 지형이 고스란히 살아남은 독일의 경우 더 말할 나위도 없다. 독일 사회에서 가톨릭과 신교는 별개의 교회뿐만 아니라 별도의 사회 조직, 언론, 정당, 학교, 심지어 별도의 빵집과 정육점으로 분리되어 있었다. '사회정서적 공동체(Sozialmilieu)' 개념으로 유명한 사회학자인 라이너 렙시우스(Rainer Lepsius)에 따르면, 독일통일이 이루어진 1871년 이후 독일 사회에는 사회주의자, 보수주의자, 가톨릭과 신교 등 네 가지 분리된 별개의 '사회도덕적 공동체(sozialmoralische Milieu)'가 존재했다.[32] 근대 독일사에 대한 여러 저서들은 사회주의, 보수주의, 가톨릭 세력 각각의 집단적인 문화가 1960년대까지 지속되었다고 평가한다. 따라서 1950년에 신교와 구교를 아우르는 기독교 정당인 기민련이 탄생한 것은 자연스러운 현상이 아니라 인위적이고 적극적인 노력의 결과일 수밖에 없었다. 기민련과 동시대에 유럽에 존재하던 여타의 기독교 민주주의 정당들이 대부분 가톨릭 정당에 머물렀다는 점을 고려할 때, 개신교와 가톨릭을 아우르는 기독교 정당의 생성은 어느 정도 전후 독일사의 '특수한 길'이기도 했다.

물론 개신교와 가톨릭을 아우르는 기독교 정당을 만들어내려는 노력은 2차 대전 이후에 새롭게 나타난 현상은 아니었다. 바이마르 시기에 이미 공

---

32 렙시우스의 구분에 따라 이들 각각을 다룬 4권짜리 전집이 출간되기도 했다. 사회주의, 보수주의, 가톨릭에 이어 신교를 다룬 책이 2008년에 마지막으로 발간되었다. 마지막 권의 서지는 다음과 같다. Hans Manfred Bock et.al. (eds.), *Das evangelische Intellektuellenmilieu in Deutschland, seine Presse und seine Netzwerke(1871~1963)*, Peter Lang, 2008.

동의 적인 자유주의, 자본주의, 사회주의, 특히 사회주의에 맞서서 기독교적 세계관을 가진 통합 정당을 창립할 필요성이 중앙당의 노동운동 세력을 대표하던 아담 슈테거발트(Adam Stegerwald) 등 소수의 중앙당 지도층 사이에서 논의되기 시작했던 것이다. '기독교노동조합(Christliche Gewerkschaften Deutschlands, CGB)'을 통해서 최초로 초교파적 기독교 노동 조직을 마련하는 데 성공한 슈테거발트는 초교파적인 기독교 국민정당을 창설하고자 1920년 '에센 연설(Essener Rede)'을 발표했다. 그는 사민당에 필적할 정도로 강력한 중도 정당을 통해서만 정당 체제의 안정화가 가능하다는 전제하에, "특정한 경제적, 정치적인 주장을 내세우는 정당 혹은 의회정치상 경험 많은 개인들의 능력에만 기초한 정당"이 아니라 "유권자들의 의식 속에 깊고 넓은 토대"를 가지는 정당을 만들어내야 한다고 보았다. 그 토대는 결국 도덕이나 종교일 수밖에 없었다.[33] 그러나 바이마르 시기에 있었던 이러한 범기독교 정당 창설 논의는 구체적인 성과 없이 유야무야되고 말았다.

7개 이상의 주요 정당으로 분열된 가운데 동서남북 어느 방향으로도 나아갈 수 없었던 바이마르공화국이 나치 독재로 귀결된 뼈아픈 경험을 한 후, 전후 기민련 창당 주역들은 너무나 당연하게도 바이마르 시기 존재했던 가톨릭중앙당으로 회귀하기보다 개신교도까지 아우르는 기독교 정당을 창

---

33 Ulrich Bösl, "Entwurf einer christlichen Volkspartei: Vor einhundert Jahren entwickelte der Gewerkschafter Adam Stegerwald den interkonfessionellen Unionsgedanken", *Die Politische Meinung* Vol. 65, No. 565, November/Dezember 2020, p. 115에서 재인용. 이 글은 아데나워재단의 웹사이트에서 볼 수 있다. https://www.kas.de/documents/258927/10554422/112_ERINNERT_B%C3%B6sl. pdf/0be0bccf-218e-6add-10c6-21a84cb2cc57?t=1605525002209; https://www.kas.de/de/web/die-politische-meinung/artikel/detail/-/content/entwurf-einer-christlichen-volkspartei. 이 연설의 원문을 정리하고 있는 글로는 다음을 참조. https://www.bundestag.de/resource/blob/849342/e42cc6f9a 40d9c48f04d975c27cac780/WD-1-021-20-pdf-data.pdf.

설하고자 하는 뚜렷한 목표를 갖게 되었다. 이러한 의지는 특히 대도시 지역의 기독교 노조 세력들, 교육 및 소득 수준이 높은 부르주아 시민층 사이에서 강력하게 표출되었다. 아데나워 역시 옛 가톨릭중앙당에서 유래한 보수주의 정당이 아니라 전적으로 새롭고 민주적이며 교파를 초월한 정당을 만들겠다는 강한 의지를 피력했다. 어느 정도 과장이 섞였다고 볼 수 있지만, 아데나워 측은 기민련이 독일 정계에서 "근본적으로 새로운 양상"을 보이는 "유일한 정당"이라는 입장이었다.[34]

이 시기 가톨릭 고위 성직자들 또한 기독교 연합 정당을 만드는 안에 찬성함으로써, 교파를 초월하는 가톨릭 정당 탄생의 버팀목이 되었다. 가톨릭 성직자들은 공산주의자도 사민주의자도 모두 마르크스주의 정당으로 간주하면서, 이들의 위협에 맞서 싸울 거대 기독교 정당이 필요하다고 생각하고 있었다.

아울러 가톨릭으로 한정된 정당이 될 경우 선거 승리를 기대하기 어렵다는 실제적인 고려 역시 중요하게 작용했다. 1950년대 가톨릭은 독일 인구 중 44%를 차지할 뿐이었다.[35] 예컨대 1951년 후 최초로 치러진 신교 지역 니더작센(Niedersachsen)주의 선거에서 기민련은 독일당과 연계하여 23.7%의 지지를 얻었다. 사민당의 지지율인 33.7%에 정확히 10% 뒤진 상태였다. 가톨릭

---

34 Noel D. Cary, *The Path to Christitan Democracy*, Harvard University Press, 1996, p. 181.

35 Frank Bösch, "German`s Christian Democrats: Survivors in a Secular Society", in: Kay Lawson/Peter H. Merkl (eds.), *When parties prosper: The uses of electoral success*, Lynne Rienner, 2007, p. 142. 1871년 통일된 독일제국에서는 신교 비율이 압도적이었다. 국민의 2/3가 신교도였고, 가톨릭은 소수파에 머물렀다. 전후 인구 비율상 가톨릭이 늘어난 것은, 서부와 남부 독일이 가톨릭의 중심지였던 반면 신교 중심 지역들 상당 부분이 동독이 되었고, 이에 더해 수백만 명에 달하는 가톨릭 피난민들이 새롭게 이주해왔기 때문이었다.

세력의 지지만으로는 집권당이 될 수 없다는 것이 너무도 분명했다.[36]

초교파적 기독교 정당의 필요성에 대해서는 쉽게 합의가 이루어졌지만, 이질적인 두 종교 분파의 결합이 현실 정치에서 유지되기 위해서는 매우 구체적인 장치가 필요했다. 엄격한 비례의 원칙을 적용한 인사 정책은 현재까지 지속되고 있는 기민련의 주요한 작동 원리이다. 예컨대 함부르크 지역 기민련의 경우 "11명의 지도부 가운데 3명 이상의 가톨릭을 두지 않는다"는 규정을 통과시키는 등,[37] 당 지도부에서 신교와 구교 간의 비율을 맞추기 위한 인사 원칙을 세웠다. 이처럼 명백한 비율을 수치로 할당하지 않은 경우에도 기민련 조직 내에서 이러한 할당 원칙은 불문율로 남아 있다. 이 비례의 원칙은, 물론 정도차가 있지만, 당 조직뿐만 아니라 정부나 의회의 직위들에도 마찬가지로 적용되었다. 구체적으로 아데나워 총리 당시 연방대통령 테어도어 호이스(Theodor Heuss),[38] 그리고 국회의장을 지낸 정치가들인 에리히 쾰러(Erich Köhler), 헤르만 엘러스(Hermann Ehlers), 오이겐 게어슈텐마이

---

36 그보다 앞서 마찬가지로 신교 지역인 슐레스비히-홀슈타인 지역에서는 19.8%의 지지를 얻어서 추방민동맹(Bund der Heimatvertriebnen und Entrechteten, BHE)보다 뒤지는 성과를 거두었다. https://de.wikipedia.org/wiki/Landtagswahl_in_Schleswig-Holstein_1950. 역시 신교도의 세가 더욱 강했던 헤센에서는 18.8%의 지지로 사민당과 자유민주당에 현저히 뒤지는 3위를 기록했다. https://de.wikipedia.org/wiki/Landtag swahl_in_Hessen_1950.

37 Frank Bösch, *Die Adenauer-CDU*, DVA, 2001, p. 55.

38 현재까지 10명의 연방대통령 가운데 하인리히 뤼프케(Heinrich Lübke)와 크리스티앙 불프(Christian Wulff)를 제외하고는 모두 신교도였다. 아데나워를 이어 장기집권한 콜이 다시 가톨릭이었기 때문에, 연방대통령이 대체로 신교도였다는 사실은 신구교 간의 균형을 맞추려는 기민련 정책의 연장선상에서 해석할 수 있을 것이다. "Nur zwei Katholiken im höchsten Amt: Die zehn bisherigen Bundespräsidenten im Überblick", *Sonntagsblatt* 2018. 1. 18. https://www.sonntagsblatt.de/artikel/menschen/nur-zwei-katholiken-im-hoechsten-amt-die-zehn-bisherigen-bundespraesidenten-im.

어(Eugen Gerstenmaier)는 모두 신교도였다. 야심이 있는 신교도라면, 이후 앙겔라 메르켈이 그러했듯이, 기민련에서 쉽게 정치적 경력을 만들 수 있었다.

콘라드 아데나워의 보수주의 vs 야콥 카이저의 기독교 사회주의

신교와 구교를 통합하는 것뿐만 아니라 야콥 카이저로 대변되는 기독교 사회주의 세력들과 아데나워를 위시한 당내 우파 세력들을 통합해내는 것 역시 기민련 창당 초기의 중요한 과제였다.

아데나워와 카이저의 대립은 첫째로 사회주의에 대한 입장차에 기인했다. 기독교 노동운동가 출신으로서 바이마르 시기 중앙당에서 활동했으며 레지스탕스 경력을 갖고 있던 야콥 카이저(Jakob Kaiser)가 주도하던 베를린 지역의 기민련은 '기독교 사회주의'를 근간으로 했다. 1946년 소련군 점령 지역 기민련 1차 당대회에서 그는 "기독교적인 책임에 근거한 사회주의(Sozialismus christlicher Verantwortung)"의 시대가 왔다고 주장했다. 카이저의 사회주의는 마르크시즘과는 구분되는 것이었다. 그에게 사회주의란 "경제 자유주의가 낳은 문제들에 경제 계획 및 사회적 정의로 맞서는 실용적인 사회경제적 합의"를 의미했다.[39] 카이저를 위시한 기독교 사회주의 세력은 1946년 6월에 조직된 기독교 민주주의 노동자사회위원회(Sozialausschüsse der christlich-demokratischen Arbeitnehmerschaft, 이하 CDA)를 통해 기민련의 대주주로 자리 잡았다.[40]

반면 아데나워를 위시한 당내 보수파들에게, 기독교와 사회주의는 공존할 수 없고 상호 경쟁하는 세계관일 뿐이었다. 1946년 야콥 카이저가 경제

---

39 Noel D. Cary, *The Path to Christian Democracy*, Harvard University Press, 1996, p. 196.

40 카이저 자신이 1949년부터 1958년 사이 이 위원회의 의장으로 활동했거니와, 이 위원회의 의장을 지낸 한스 카처(Hans Katzer), 노버트 블륌(Norbert Blüm) 등은 이후 연방 노동부장관을 지냈다.

적 종속(Wirtschaftliche Abhängigkeit)과 인민화(Vermassung)의 압력이라는 두 위험, 즉 자본주의 시장경제와 공산주의 양자 모두에 맞서기 위해 "기독교적인 책임감을 가진 사회주의를 지지한다"고 선언했을 때,[41] 이에 맞서 아데나워는 "사회주의라는 단어를 사용할 때 다섯 명의 지지자를 얻는 반면 스무 명은 도망가버린다"는 말로 카이저와 자신의 차이를 분명히 했다.[42]

기독교 사회주의적 경향은 특히 당내 개신교 세력들의 반발을 샀다. 이는 기민련에 참여한 신교 세력들 중 다수가 자영업에 종사하는 중간계급이었던 것과 밀접한 관련이 있었다. 비교적 사회주의적인 색채를 띤 것으로 꼽히던 노르트라인-베스트팔렌(NRW)주 부퍼탈(Wuppertal) 지역에서도 34명의 기민련 창설자 중 15명이 공장 소유주이거나 기업에서 주도적인 위치를 맡고 있었고, 나머지 다수가 관리이거나 학자였던 반면, 노동자는 단 한 명 참여하고 있었다.[43]

가톨릭이 중심이 된 기민련 내에서 개신교도들의 입지를 확보할 수 있을지에 대한 우려가, 이제는 사회주의적인 요소가 기민련 강령으로 자리하게 될지에 대한 우려와 결부되고 있는 상황이었다. 기민련의 개신교 세력들은 '기독교 사회주의'라는 용어 자체를 거부했다. 예컨대 한 기민련 활동가는 야콥 카이저에게 쓴 편지에서 '사회주의'라는 용어를 사용함으로써 많은 잠재적 지지자들이 자유민주당을 지지하게 된다고 불평하기도 했다.[44]

---

41 Parteitag der "Union" und der sowjetisch besetzten Zone, Entschliessung des parteitages zum Sozialismus christlicher Verantwortung, 17. Juni, 1946, https://www.kas.de/documents/268877/268926/7_file_storage_file_3565_1.pdf/282aa9f1-cf47-591d-5538-030f2ec98540?version=1.0&t=1539630499261.

42 Maria D. Mitchell, *The Origins of Christian Democracy*, University of Michigan Press, 2012, p. 132.

43 Frank Bösch, *Adenauer-CDU*, DVA, 2001, p. 44.

44 Maria D. Mitchell, op.cit., 2012, p. 138.

두 번째로 아데나워와 카이저의 대립은 전후 독일의 국제적 위치와도 관련되는 것이었다. 카이저는 독일이 동유럽과 서유럽 간의 '교량(Brücke)' 역할을 담당해야 한다는 입장이었다. 사회주의적인 목표와 자본주의 생산 체제를 결합하고자 했던 그는 서독을 동서 냉전 대립을 넘어서는 교량으로 인식하고 독일을 통일하기 위한 노력을 적극적으로 펼쳤다. 구체적으로 카이저가 주도하던 베를린의 기민련 조직은 1947년 3월 각 점령 지역의 문제와 더불어 "전체 독일 인민 대표의 첫단계"로서 각 정당 대표들로 구성된 국민 대표 기구를 창설하고자 기민련뿐만 아니라 다른 정당 대표들까지 참여하는 회의를 구상하기도 했다. 그러나 이러한 시도는 공산주의자들과 협상하는 것에 대한 사민당(SPD) 쿠어트 슈마허(Kurt Schumacher)의 반대를 넘어서지 못해 실패로 돌아갔다.[45]

이와는 달리 냉전 체제가 본격화되는 가운데 독일은 서방 측에 설 수밖에 없으며, 독일의 통일보다도 '서방통합'을 우선시할 수 있다는 것이 아데나워의 구상이었다. 아데나워가 "흔들림 없이 추진했던 서방통합 정책은, 서유럽을 공산주의에 대한 경제적, 정치적, 군사적 보루로 통합시키려던 당시 미국의 정책과 일치"하는 것이기도 했다.[46] 독일사학자인 이동기에 따르면, 아데나워의 이러한 서방 편입은 두 가지 측면에서 자명하지 않았다. 역사적으로 볼 때 동유럽과 서유럽 사이의 균형을 추구해오던 비스마르크 이후 "독일 외교사의 '전환'"이었으며, 냉전 초기뿐만 아니라 1960년대 후반까지도 독일 사회에 강고하게 존재하던 "중립주의" 또는 "민족 화해주의"와

---

45 Werner Conze, "Kaiser, Jakob", *Neue Deutsche Biographie* 11, 1977, pp. 41~43, [Online-Version] URL: https://www.deutsche-biographie.de/pnd11855946X.html#ndbcontent.

46 메리 풀브룩 지음, 김학이 옮김, 『분열과 통일의 독일사』, 개마고원, 2000, 312쪽.

전면 배치되는 선택이었다는 것이다.[47] 신종훈도 이와 유사하게 비스마르크가 "중부 유럽에서 독일 민족 국가의 권위를 다시 회복"하고자 했으며, 이러한 경향이 슈트레제만에서 히틀러에 이르기까지 지속되었다는 점에 주목한다. 그 역시 아데나워의 서방통합이 중부유럽 지향인 독일의 전통적 외교노선에서 이탈한 것이라는 입장이다.[48] 냉전 체제를 자명한 질서로 간주하고 빨려들어가지 않기 위해서라도 멈춰서서 곱씹어볼 만한 해석들이다.

아데나워는 여러 측면에서 매우 실용적인 책략가였지만 반공주의의 경우만큼은 달랐다. 기민련 연구자 노엘 캐리(Noel D. Cary)에 따르면, 아데나워는 초기부터 냉전적인 사고를 가지고 있었다는 점에서 다른 기민련 신교 정치가들과 차이를 보였다. 예컨대 기민련의 사회주의 세력이던 칼 아놀트(Karl Arnold)는 아데나워를 지지하면서도 1947년 자신이 주지사로 있던 노르트라인-베스트팔렌에서 사민당과의 대연정을 구성했지만, 아데나워 자신은 이미 1945년부터 공산주의에 맞서는 기독교도들끼리의 동맹으로서 기민련을 구상하고 있었다. 아데나워에게 사민당은 영국의 노동당과 같은 정당이 아니라 공산주의자들의 부속물이 될 수 있는 위험천만한 정당이었다.[49]

이미 1949년에 그는 사민당이 "철천지 원수"임을 선언했고, 1952년 말 야콥 카이저가 기민련 당무위원회(Bundesvorstand)에서 사민당과의 관계 개선을 요청했을 때 "사민당과의 관계라면 선거에서 이기는 일뿐"이라고 맞서기도

47   이동기, 『비밀과 역설—10개의 키워드로 읽는 독일 통일과 평화』, 아카넷, 2020, 52쪽.

48   신종훈, 「서독과 서방통합의 문제—콘라드 아데나워의 외교 정책」, 『독일연구』 15권, 2008, 144쪽.

49   Noel D. Cary, *The Path to Christian Democracy*, Harvard University Press, 1996, pp. 189~193.

했다.[50] 심지어 1952년 슈마허가 사망했을 때는 장례식에도 참석하지 않았을 정도로 사민당에 대한 적대감이 깊었다.[51]

야콥 카이저를 위시한 기독교 사회주의와 아데나워를 중심으로 한 당 내 보수 세력들의 갈등은 기민련 내에서 지역 갈등, 즉 영국군 점령 지역과 소련군 점령 지역 간의 주도권 다툼 양상으로 나타나기도 했다. 아데나워가 영국군 점령 지역의 기민련 대표로서 부상하고 있었지만, 독일 전역을 아우르는 당 조직을 만들어내고 그 대표가 되는 일이 간단치는 않았다. 기독교 노동자 세력을 대표하던 야콥 카이저, 옛 중앙당의 사무총장이던 하인리히 크로네(Heinrich Krone), 그리고 바이마르 시기 농업부 및 재무부장관이던 안드레아스 헤르메스(Andreas Hermes) 등 쟁쟁한 인물들이 모여 있던 베를린의 기민련 조직에서는 독일 전체를 관할하는 기민련 지도부가 베를린에 자리하기를 원했다. 전체 독일을 대표하는 기민련 조직력을 활용하여 소련 군정의 압력에 맞설 수 있기를 희망하고 있었던 것이다. 그러나 아데나워를 위시하여 가장 당원 수가 많던 영국군 점령 지역의 기민련 대표자들은 베를린을 중심으로 기민련을 조직할 경우 당 조직이 소비에트의 영향력 아래 들게 될까봐 우려했다.

실제로 동독 지역 기민련 세력들은 점차 강화되는 러시아의 통제하에서 운신의 폭이 점점 더 협소해지고 있었다. 이미 1945년 말에 소비에트 점령 지역 기민련의 초대 대표이던 안드레아스 헤르메스가 소련 군정의 토지개혁을 반대했다가 대표직을 박탈당하면서 연합군 점령 지역으로 이주하

---

50   Karlheinz Niclauss, *Kanzlerdemokratie 3. Auflage*, Springer, 2014, p. 78.

51   Mark E. Spicka, *Selling the economic Miracle*, Berghahn Books, 2007, p. 159.

는 일이 있었다.[52] 1945년 12월에는 베를린 지역 기민련 대표자들이 바트 고데스베르크(Bad Godesberg)에서 처음으로 개최된 기민련 전국회의에 참여하지 못했다. 당시 소련 군정이 여행 허가를 내주지 않았기 때문이었다. 야콥 카이저와 주도권 경쟁을 벌이던 아데나워로서는 권력 다툼에서 대단히 유리한 고지를 점하게 된 셈이었다.

결국 소련군 점령 지역에서 정치 활동을 금지당한 야콥 카이저 자신의 운명과 더불어 베를린이 당의 중심이 될 가능성도 사라지고 말았다. 1947년 소련 점령 지역에서 숙청당한 야콥 카이저는 연합군 점령 지역으로 와서 아데나워 내각의 전독일부장관(Minister für gesamtdeutsche Fragen)을 지냈다.[53] 한때 21만 8천 명의 당원을 자랑하던[54] 동독 지역의 기민련은 주요 인물들의 서독 이주, 추방 등을 거치며 축소되었고, 동독 국가가 몰락할 때까지 동독 공산당인 '사통당(SED)의 맹장(盲腸)'으로 남아 있다가 통일 직후 서독 기민련과 합당했다.[55]

---

52 Heinz Haushofer, "Hermes, Andreas", *Neue Deutsche Biographie* 8, 1969, pp. 670~671 [Online-Version] URL: https://www.deutsche-biographie.de/pnd118703730.html#ndbcontent.

53 야콥 카이저는 소련 군정이 자유를 제한하는 것을 공공연히 비판함으로써 군정과 거리를 두었고, 1947년 12월에 열린 '독일인민위원회(Deutschen Volkskongreß)'에 참여하기를 거부함으로써 정당 활동을 금지당했다. 이로써 카이저 개인뿐만 아니라 소련 군정하 기민련의 활동이 금지되었다. 이후 그는 서독으로 이주하여 에센(Essen) 지역 연방의회 의원이 되고 기민련/기사련의 CDA를 맡게 되었다. 1949년부터 1957년까지 통일부, 공식적으로는 '전독일문제부'장관을 역임하기도 했다. Werner Conze, "Kaiser, Jakob", *Neue Deutsche Biographie* 11, 1977, pp. 41~43, [Online-Version] URL: https://www.deutsche-biographie.de/pnd11855946X.html#ndbcontent.

54 Uwe Müller/Grit Hartmann, *Vorwärts und vergessen! Kader, Spitzel und Komplizen: Das gefährliche Erbe der SED-Diktatur*, rowohlt, 2009, p. 111.

55 동독 기민련은 동독 체제가 몰락할 때까지 사통당 체제에 긴밀히 협조했다. Ute Schmidt, "Von

3. 기민련의 정치적 목표

서독 개국 이래 1968혁명 직후인 1969년까지 20년간 지속적으로 집권 여당이었던 기민련의 정치적 목표가 무엇이었는가를 밝히는 일은 예상 외로 간단치 않다. 사민당의 경우 1869년 사민주의노동자당(Sozialdemokratische Arbeiterpartei) 창립을 선언한 '아이제나흐 강령(Eisenacher Programm)'을 필두로,[56] 일 반독일노동협회(Allgemeiner Deutscher Arbeiterverein)와의 통합을 통해 독일사회주 의노동자당(Sozialistische Arbeiterpartei Deutschlands) 창당을 선언한 1875년 '고타 강 령(Gothaer Programm)',[57] 칼 카우츠키 주도하에 마르크스주의 이론으로의 회귀 를 강조하고 있는 전반부와 선거권, 8시간 노동, 노동자 보호 등 실제적인 사회 정책적 목표를 다루고 있는 후반부 간의 선명한 대조로 유명한 1891 년 '에어푸르트 강령(Erfurter Programm)',[58] 그리고 1957년 연방의회 선거 참패 이 후 민주주의적 사회주의로의 전환을 인정한 '고데스베르크 강령(Godesberger Programm)'에 이르기까지 지속적인 이념 논쟁을 통해 변모해갔다.

반면 기민련은 '서류 정당'이 아니었다. 실제로 기민련은 전국 정당으로 조직된 뒤에도 당 강령 마련에 집중하지 않았다. 그보다 더 많은 유권자들 의 지지를 얻을 수 있도록 실제적 이슈를 다룬 선거공약들을 만드는 데 관 심을 가졌다. 그 원인은 이질적인 요소들의 집합으로 출발한 기민련의 역사 자체에서 찾을 수 있다. 바이마르공화국의 정치 세력 분포상으로 보자면,

---

der Blockpartei zur Volkspartei? Die Ost-CDU im Umbruch 1989~1994", *German Studies Review* Vol. 20, No. 1, 1997, p. 105.

56 https://www.marxists.org/deutsch/geschichte/deutsch/spd/1869/eisenach.htm.

57 https://germanhistorydocs.ghi-dc.org/docpage.cfm?docpage_id=2844&language=german.

58 https://www.marxists.org/deutsch/geschichte/deutsch/spd/1891/erfurt.htm.

가톨릭중앙당의 가톨릭 세력에 더해 독일민족국민당(DNVP)의 보수주의자들, 독일민주당(DDP)과 독일국민당(DVP)의 자유주의자들이 한데 어울려 만들어낸 이 폭넓은 스펙트럼의 정당에서, 통일적인 정치적 목표에 도달한다는 것은 근본적으로 불가능에 가까운 일이었다.[59] 이처럼 이질적인 세력들이 한데 모여 만들어진 기민련이 입장차가 분명해질 수 있는 이론적인 논쟁에 몰입했다면 창당 직후 일찌감치 분당 사태를 맞았을지도 모를 일이다.

그리하여 창당 직후의 기민련은 정치적 목표를 담은 포괄적이고 공식적인 정치 강령을 만들어내지 않기로 결정했다. 그보다는 '알렌 강령(Ahlener Programm)', '뒤셀도르프 정강(Düsseldorfer Leitsätzen)', '함부르크 강령(Hamburger Programm)' 등 각각의 정치적 국면에서 필요한 문건들이 만들어졌을 뿐이다. 단기적으로 보자면 각각의 강령들은 각 정치적 국면에서의 즉자적인 요구를 반영하고 있을 뿐이지만, 중장기적으로 보자면 이 시기의 선언들은 '독일연방공화국'의 초기 경로가 어떻게 만들어졌는지를 분명히 보여주고 있었다. 아데나워와 야콥 카이저의 대결 결과가 처음부터 분명했던 것이 아니었듯이, 전후 독일 사회가 '사회적 시장경제'의 길을 선택하게 되리라는 것도 처음부터 자명하지는 않았다. 알렌 강령에서 뒤셀도르프 정강으로, 함부르크 강령으로 이어지는 길은 곧게 뻗은 고속도로가 아니라 행선지를 알기 어려운 구불구불한 산길 같았다. 그리고 그 길은 결국 자유시장경제도 사회주의 계획경제도 아닌 제3의 길, 즉 '사회적 시장경제'의 길로 이어졌다.

---

59 지리적으로 보더라도 초기 기민련에는 쾰른, 프랑크푸르트, 베를린 등 세 중심 지역이 있었을 뿐 당의 구심점이 존재하지 않았고, 노선에 있어서도 기독교 노조운동의 영향력이 강했던 라인란트 지역에서는 평등주의적인 임금 정책을 요구하는 동시에 베를린 기민련 조직은 기간산업에 대한 국유화를 주장할 정도였지만, 아데나워 등 당내 보수주의자들은 시장자유주의를 중시하고 있었다. Mark E. Spicka, *Selling the economic Miracle*, Berghahn Books, 2007, p. 52.

알렌 강령(1947)

비록 영국군 점령 지역으로 한정되기는 하지만 기민련의 사회·경제 정책이 최초로 하나의 강령으로 제시된 것은 '알렌 강령'이었다. 노르트라인-베스트팔렌은 당시 인구가 가장 많은 지역이기도 했거니와, 아데나워가 이 지역 기민련 지도자가 됨으로써 총리가 될 수 있었다는 점에서도 매우 중요한 지역이었다. 1946/47년의 "굶주린 겨울(Hunger Winter)"을 지나고 난 후 영국군 점령 지역인 노르트라인-베스트팔렌(NRW) 주의회 선거를 두 달 앞둔 1947년 2월 3일에 의결된 알렌 강령은, 2차 대전 직후 독일 사회에서 사회주의가 대중에게 얼마나 호소력 있는 이데올로기였는지를 잘 보여주고 있다.

> 자본주의 경제 체제는 독일인들의 국가적이고 사회적인 삶의 이해관계에 걸맞지 않는다. 범죄적인 권력 정치의 결과로 말미암은 참혹한 정치적·경제적·사회적 붕괴 이후, 재건은 근본을 새롭게 해야만 이루어질 수 있다. 이 새로운 사회적·경제적 질서의 내용과 목표는 더 이상 자본주의적인 이윤과 권력 추구가 아니라, 우리 국민의 복지라야만 한다.[60]

이처럼 기민련 내 가톨릭 사회주의의 목소리를 충실히 반영한 서문을 지나고 나면, 구체적인 결의 사항들이 제시된다. 1부에서는 과거 독일 산업경제의 문제를 분석하고, 2부에서는 미래 독일 산업경제의 새로운 구조를 제시했다. 3부에서는 '노사관계의 새로운 구성'에 대해 설명하고, 4부에서는 '경제의 계획과 지도'가, 그리고 5부에서는 이러한 분석에 근거한 6가지 구

---

60 https://www.kas.de/c/document_library/get_file?uuid=76a77614-6803-0750-c7a7-5d3ff7c46206&
    groupId=252038.

체적인 요구사항이 제시되었다. 먼저 석탄, 철강 및 화학 분야의 독과점 구조 철폐, 둘째로 광산업 분야를 국유화하는 등 경제 부문의 소유와 권력 구조 변경, 셋째로 공동결정권을 도입하는 등 노사관계 변경, 넷째 경제 계획과 지도를 위해 노사와 소비자로 구성된 조직체를 만들 것, 다섯째 광산, 철강 및 화학 분야 대기업의 소유 구조를 공개할 것 등이었다.[61]

광산업의 국유화, 철강 대기업의 "공동경제적 토대(Gemeinwirtschaftliche Grundlage)"에서의 재조정과 더불어 "전체 경제의 목표가 국민적 필요의 충족"이기 때문에, 정상적인 경제 상황에서도 계획경제가 어느 정도 불가피하다고 선언한 문장을 접하면, 알렌 강령이 과연 보수당인 기민련의 강령이 맞는지 고개를 갸웃거리게 된다. 하지만 이는 자본주의 경제의 물질주의와 세속주의가 프로이센의 국가주의 전통과 맞물려 나치즘을 낳았다고 여겨지던 전후의 분위기를 고려하면 쉽게 이해될 대목이기도 하다.[62]

'알렌 강령'은 차라리 '아데나워 강령'이라고 불러야 한다는 주장이 있을 정도로,[63] 이 강령이 의결되는 데는 아데나워의 영향력이 컸다. 당시 영국 군정의 지지를 얻은 노조 지도자이자 이후 1947~1957년 NRW의 주지사를 역임하게 될 칼 아놀트는 석탄과 철강 분야를 국유화하지 않을 경우 기민련을 탈퇴하겠다고 나설 정도로 아데나워를 압박하고 있었다. 이런 상황에

---

61 여섯 번째는 '이러한 요구조건들을 실현하는 데 있어 독일인들이 스스로 결정할 수 있도록 할 것'이라는 군정에 대한 요구였다. https://www.kas.de/c/document_library/get_file?uuid=76a77614-6803-0750-c7a7-5d3ff7c46206& groupId=252038.

62 기독교 사회주의의 입장과 영향력을 살펴보기 위해서는 Mark E. Spicka, *Selling the economic Miracle*, Berghahn Books, 2007, p. 52.

63 "Von Grund auf neu", *Die Zeit*, 2000. 2. 3에서 재인용. https://www.zeit.de/2000/06/Von_Grund_auf_neu/seite-4.

서 알렌 강령은 기민련의 기독교 사회주의 세력이 주도권을 쥐는 것도, 그들이 탈당하는 것도 막을 수 있는 타협책이었다. 예컨대 '사회주의'라는 단어를 사용하지 않았고, "기민련이 자본주의와 마르크스주의를 극복했다"라고 주장했으며, 경제의 권력 분산 원칙을 강조하는 방식으로 칼 아놀트가 주장하던 국유화에 맞섰던 것이다.[64]

이렇게 알렌 강령은 기민련 노조 세력의 목소리를 충분히 반영하여 그들을 당에 묶어두는 데 성공했을 뿐, 실제로 이를 실현하기 위한 노력은 이루어지지 않았다. 6가지 요구사항 가운데 노동자의 공동결정권에 대한 요구가 이후 기민련 논의에서 이어졌을 뿐, 광산업 분야 국유화 등 다른 주장들은 뒤셀도르프 정강, 함부르크 강령 등에서 더 이상 언급되지 않는 방식으로 기민련의 정치에서 사라졌던 것이다. 기민련 내 좌파 세력인 기독교 사회주의의 영향력을 제어하고 보수주의 및 자유주의 세력들을 당에 묶어두고자 했던 아데나워 및 당내 부르주아 자유주의 세력의 원래 구상에 비추어볼 때 놀라운 일도 아니다.

그럼에도 2014년 기민련 좌파를 대변하는 하이너 가이슬러(Heiner Geißler)가 이 강령이 칸트적인 의미에서 "Sapere Aude(사고하는 데 적극 나서기)"를 위한 문서가 되었다고 언급했듯이, 알렌 강령이 기민련의 주요한 뿌리가 되었음은 분명하다.[65] 알렌 강령에서 선언했던 바, 시장의 경쟁 원칙이 공동체를 구성하는 윤리를 결여하고 있다는 지적은 가톨릭 사회 비판 이론의 기저를 이루는 목소리였다. 그리고 이는 "사유재산의 사회적 구속성(Sozialpflichtigkeit des

64 Mark E. Spicka, op.cit., 2007, p. 53.

65 https://www.kas.de/de/web/geschichte-der-cdu/kalender/kalender-detail/-/content/die-cdu-in-der-britischen-zone-spricht-sich-in-ihrem-ahlener-programm-fuer-die-ueberwindung-von-kapitalismus-und-marxismus-aus.

Eigentums)"이라는 문구와 더불어 기본법에 자리 잡았고, 이후 '독일 모델(Modell Deutschland)'의 기틀이 될 수 있었다.

뒤셀도르프 정강(1949)[66]

'뒤셀도르프 정강'은 서독이 건국되기 이전 연합국 점령 지역에서 행정부와 의회 역할을 담당하던 경제평의회(Wirtschaftsrat)가 시장경제에 근거한 경제 정책을 펴기 시작한 이후인 1949년 7월, 한 달 뒤로 예정된 연방의회 선거 캠페인을 위해 발표되었다. 정강의 키워드는 '사회적 시장경제'였고, 그 주인공은 루드비히 에어하르트였다. 불과 1년 반 전에 발표된 '알렌 강령'이 계획경제, 국유화 등을 키워드로 했음에 비해, '뒤셀도르프 정강'이 에어하르트의 '사회적 시장경제'를 선포한 것은 큰 변화였다. 1947~1949년 사이 독일 사회의 분위기가 급격하게 변모했음을 잘 보여주는 대목이다.

아데나워는 '뒤셀도르프 정강'을 발표한 기자회견에서 자신은 뒤로 물러서고 성공적인 화폐 개혁 신화를 쓴 루드비히 에어하르트에게—그는 아직 기민련 당원으로 가입하지도 않은 상태였음에도—이를 상세히 발표하도록 했다.[67] 그리고 '사회적 시장경제'라는 개념은 이 '뒤셀도르프 정강'을 통해 최초로 정치적으로 의미 있는 개념으로 활용되기 시작했다.

뒤셀도르프 정강이 정의한 '사회적 시장경제'란 "최선의 경제적 이익과 모두를 위한 사회 정의를 동시에 제공"하는 것을 목표로 했으며, 이를 위해 "참된 경쟁 및 독점 통제"가 이루어져야 했고, 어떤 방식으로건 계획경제는

---

66 https://www.kas.de/c/document_library/get_file?uuid=e96f38a1-b923-a79e-c5a3-11569de3f64e& groupId=252038.

67 Mark E. Spicka, op.cit., 2007, pp. 62~64.

지양해야 했다. 얼핏 자유방임 자본주의자들이 말하는 자유시장경제와 마찬가지로 시장 중심적인 것처럼 보이지만, "국가 및 준국가 기구가 경제 혹은 개별 시장에 직접적인 영향력을 행사하지 못하는 것과 마찬가지로 개인이나 민간 기구가 영향력을 행사하지 못하도록 독점을 통제"함으로써 경쟁이 실제로 가능케 해야 한다고 보았다는 점에서 차이를 발견할 수 있다. 즉, 시장이 작동하기 위한 국가 개입을 강조했던 것이다. 그리고 이를 위해서는 "화폐, 채권, 무역, 관세, 조세, 투자와 사회 정책 등의 합당한 조합"이 필수적이었다.

구체적으로 시장경제적인 기본 원칙의 실현이 경제 부흥의 본질적인 추동력일 수밖에 없다고 전제하는 가운데, "성과 경쟁이 법에 의해 보호되어야 한다"는 1항을 포함하여[68] 총 16개 항 중 10개 항목이 시장경제에 할애되었다. 개인 소유의 촉진, 보다 공정하고 자유로운 업적 경쟁 체제, 시장에 합치되는 가격, 계획경제의 종식, 독점 통제, 화폐 가치 보호를 위한 화폐의 중앙 통제, 영업 자유, 과도한 소득세 인하와 더불어서, 경제 약자에 대한 사회적 안전망 제공, 임금 협상을 통한 임금 협의 등이 그 주요한 내용이었다. 또한 국가는 자유시장경쟁을 보장하고 공공투자 등을 통해 실업에 맞설 책임이 있음을 선언하기도 했다.[69]

기독교 노조 세력의 목소리를 대변했던 '알렌 강령'과 사회적인 요소를 강조하되 기본적으로 시장경제를 지향하는 '뒤셀도르프 정강'의 불연속성은 당시에도 이미 논쟁거리였다. 이 정강의 논의 과정에서 기민련의 노조

---

68 https://www.kas.de/c/document_library/get_file?uuid=e96f38a1-b923-a79e-c5a3-11569de3f64e& groupId=252038.

69 Armin Grunbacher, *The Making of German Democracy*, Manchester University Press, 2010, pp. 79~80.

세력인 CDA를 대변하던 요하네스 알베르스(Johannes Albers)가 에어하르트가 말하는 자유로운 경제는 '알렌 강령'과 배치되지 않는가 하는 질문을 던지기도 했다. 이에 대한 아데나워의 답변은 현실정치적인 책략가의 면모를 잘 보여준다. 그에 따르면 정치적 강령은 "영원한 가치를 가지지 않으며", "현재 절실한 쟁점들을 다뤄야만" 하고, "다가오는 선거 캠페인에서 절실한 문제는 계획경제냐 시장경제냐"의 문제라는 것이었다.[70] 즉 기민련 내부의 차이를 덮어두고 상대편인 사민당과의 차이를 부각시켜야 한다는 논지였다.

함부르크 강령(Hamburger Programm)(1953)[71]

공식 기록을 따지자면 기민련 최초의 정치 강령은 알렌 강령도, 뒤셀도르프 정강도 아닌 '함부르크 강령'이었다. 하나의 정당으로서 기민련이 1950년 고슬라(Goslar) 당대회에서 만들어졌기 때문이다. 실제로 알렌 강령이나 뒤셀도르프 정강은 경제 체제에 대해 주로 논하고 있을 뿐, 사회정치적인 문제 전반을 다루지는 않았다. "통합된 유럽 내 사회적 복지국가, 독일(Deutschland, sozialer Rechtsstaat im geeinten Europa)"이라는 모토로 1953년에 만들어진 함부르크 강령은 1968년 새로운 강령이 제정될 때까지 15년 동안 최초이자 유일한 기민련의 강령이었다.

하지만 이 역시 근본적인 정당 활동 원칙 선언이 아니라 선거를 위한 행동 강령에 지나지 않았다. "아데나워 총리의 지도하에 기민련이 지난 4년 동안 독일 국민들을 굶주림과 난관, 절망으로부터 구했"음을 주장하는 서문

---

70 https://www.kas.de/de/einzeltitel/-/content/das-ahlener-programm-und-die-duesseldorfer-leitsaetze.

71 https://www.kas.de/c/document_library/get_file?uuid=f72d77e5-7581-4e80-80cd-652518392fdb&
    groupId=252038.

을 지나고 나면, 1부에서 법치국가, 징병제, 직업공무원제, 다수결 등 국가정 치적인 기초를 논하고, 2부에서는 추방민과[72] 난민들의 사회통합 문제를 다루고 있다. 경제 정책과 사회 정책을 다루는 3부는 '사회적 시장경제'의 원칙을 다시 선언했다. 사회적 시장경제를 통해 "강제 경제의 마비로부터 국민의 생산적인 힘을 해방시키고 성과 경쟁의 원리를 통해 이를 발전시켜야" 한다는 것이었다. 구체적으로 생산성 증대 및 생활 수준 개선, 실업자와 환자 등 사회적 약자를 보호함으로써 사회적 평화 확보, 가족 보호, 전쟁 희생자를 돌볼 것 등과 함께 노동자의 '공동결정권'을 강조했다. 4부에서는 "모두를 위한 소유(Eigentum für alle Schichten des Volkes)"를 다루는 가운데 '공동결정권'과 더불어 국가가 '공동소유(Miteigentum)'를 촉진하기 위해 노력할 것을 강조하고 있다. "개인적인 소유가 인간과 그 가족으로 하여금 책임 있는 인생을 살게 한다"는 전제하에, 주택 소유 및 사업장에서의 소유 양자 모두를 촉진할 필요성을 강조했다. 뒤이어 청년을 위한 직업 교육 등을 약속하는 5부와 독일의 외교 정책을 논하는 6부 등 총 6부로 구성되어 있었다.

함부르크 강령의 문구가 무엇을 의미하는지는 그것이 의결되던 당시 당사무처(Bundesgeschäftsstelle)의 논의를 통해 잘 드러난다. 이에 따르면 "기민련 정

---

[72] 패전 이후 동유럽 지역에 흩어져 살던 독일 국적자와 독일인들로서 서독 지역으로 이주한 경우를 지칭한다. 동독 지역의 경우 '이주 정착자(Umsiedler)'라는 단어가 통용되었지만, 서독에서 이들 추방민들은 스스로를 "하이마트에서 추방된 자(Heimatvertriebene)"로 지칭했다. 권형진에 따르면 서독의 연방법이 인정하는 추방민의 범위는 스스로를 '하이마트 추방민'으로 인식하는 사람들 대부분을 배제하는 방식으로 협소하게 규정되었다. 권형진, 「하이마트(Heimat)를 잃은 사람들, 하이마트로 돌아온 사람들」, 『독일연구』 38집, 2018, 94쪽, 83~137쪽. 이들은 1950년에 설립된 '추방민동맹(BHE)'을 발판으로 1953년에는 기민련과 연정에 참여했으며, 1961년에 독일당(Deusche Partei, DP)과 합당했다. https://www.bpb.de/kurz-knapp/lexika/politiklexikon/17209/bund-der-heimatvertrie benen-und-entrechteten-bhe/.

치의 원칙은 강령을 통해 분명해지지 않으며, 이는 고유명사들이 그것을 대변하고 있기 때문"이었다. "콘라드 아데나워는 독일연방공화국의 내정과 외정을 서구 자유주의 및 법치국가 전통과 연결시키고, 에어하르트는 사회적 시장경제를 통해 가능해진 경제적 상승과 복지를 대변하고 있"었다."[73] 강령은 강령일 뿐이었다.

결과적으로 함부르크 강령은 별다른 구체적인 계획 없이 모두에게 모든 것을 약속한다 싶을 정도로 사회 복지 정책에 대한 논의가 상세했고, 모든 계층에게 소유를 가능케 함으로써 사회적인 조화에 이르는 길이 마련될 수 있다고 강조하고 있었다. 이처럼 장밋빛 그림으로 점철된 이유는 이 강령이 선거 캠페인 과정에서 만들어졌다는 점을 통해 이해될 수 있을 것이다. 약속의 실현 방법에 대한 구체적 언급이 없는 이 강령은 이후 기민련 내부 논의에서조차도 잊혀진 장에 속하게 되었다.

이후 기민련의 정치 활동은 구체적인 정치적 강령 없이 기민련에 연계된 각종 협회들을 통해 사회 각 부문의 이익을 대변하는 선에 머물렀다. 기민련이 당 강령의 모색에 주춤주춤 나서게 된 것은 1961년경이었다. 이때 비로소 아데나워 퇴임 이후를 생각할 상황에 이르렀거니와, 사민당이 1959년 고데스베르크 강령을 발표함으로써 기민련의 변화를 견인한 탓도 있었다. 무엇보다 1961년 선거에서 직전 선거보다 4.9% 감소한 지지율을 얻어 패배로 보아도 무방한 성적을 거두었던 것이 중요한 배경이 되었다. 그러나 이 시기의 모색은 산발적인 노력에 머물렀을 뿐 가시적인 성과로 이어지지 못했고, 본격적인 정치 노선의 변화는 독일 사회를 넘어 유럽 사회 전체를 뒤흔든 1968혁명과 더불어 나타났다. 기민련 초기 당사는 가히 '이론의 빈

---

73   Yvonne Kuhn, *Professionalisierung der deutschen Wahlkämpfe*, Deutscher Universitätsverlag, 2007, p. 63.

곤'으로 특징지어진다고 해도 무방하다.

4. 기민련의 당 조직

아데나워 시기 기민련의 조직

앞서 살펴본 대로 기민련은 뚜렷한 정치적 목표를 갖고 이를 실현하기 위해 헌신하는 정치가들의 노력으로 중앙당 중심에서 지구당 하부 조직으로 뻗어나가는 방식으로 조직되지 않았다. 전후 풀뿌리 시민운동 조직들이 각 지역 차원에서 만들어지고, 이 지역 조직들의 느슨한 연합체로서 중앙당이 조직되었으며, 그나마 창당 이후 20년 정도는 선거 시에 나타났다가 선거 후에 사라지는 듯한 '헤쳐모여' 형식의 조직이었다. 1947년에 40만에 달하던 기민련 당원은 서독 건국 초기인 1954년 21만 명으로 급감했다가 점차 다시 증가하여 1964년에는 28만 명에 이르렀다. 하지만 이는 사민당원 수의 1/4 정도에 불과한 규모였다.[74] 1949년부터 1957년 사이 기민련 지지율이 31%에서 50.2%로, 의석수는 139석에서 270석으로 두 배 가까이 증가했음에도 당원 수에는 큰 변함이 없었다.[75] 20년간 정체된 조직이었던 셈이다.

흥미롭게도 기민련 정권이 나라를 쥐락펴락하던 1950년대 내내 정당으로서 기민련은 독자적인 정치적 비중을 갖지 못했다. 당원 수도 적었거니와 중앙당에 비해 상대적으로 강성한 지방 조직들의 느슨한 연합체가 총리 개

---

74 Robert Hofmann, *Geschichte der deutschen Parteien. Von der Kaiserzeit bis zur Gegenwart*, Verlag R. Piper, 1993, p. 216.

75 https://de.wikipedia.org/wiki/Bundestagswahl.

인에 대한 충성심으로 묶여 있는 형국이었다. 자연스럽게 공식 당 조직이 아니라 총리청이 기민련 정권의 권력 중심이 되었다. 아이러니하게도 창당 직후부터 집권당이었던 탓에 기민련의 유력자들은 대체로 당보다는 정부 와 의회에서 왕성한 활동을 보여주었다. 1950년대 말까지도 기민련은 주로 명사들의 정당이었으며, 선거 시기에만 모습을 드러내는 것으로 유명해 '총 리선거협회(Kanzlerwahlverein)'라고 불릴 정도였다. 아데나워 자신도 1959년 기 민련 개혁 논의가 계속될 당시 중앙당 사무처(Bundesgeschäftsstelle)는 아무 권력이 없고, 지구당 조직과의 연결 고리는 약하며 기민련의 명운은 정부의 성공에 달려 있을 뿐이라고 평가했다.[76]

아데나워 시기 기민련에서 결정력을 가진 기구는 전당대회와 중앙위원 회(Bundesparteiausschuss), 그리고 당무위원회의(Bundesvorstand)였다. 형식상 최고의결 기구인 기민련 전당대회의 경우 이미 선택된 대표단을 추인하는 역할일 뿐 이었고, 당의 중요 강령들에 대해 논의하는 역할도 부여되지 않았다. 연설 순서나 토의 주제 역시 미리 설정된 상태로, 당대회는 단지 단합을 과시하 는 자리에 불과했다.

전당대회 회기 외의 기간에 주요 결정을 내리던 중앙위원회는 연방주의 전통을 반영하여 기민련 지구당 조직의 사무국장 및 대표와 연방주의회 원 내교섭단체 대표 등 지역 대표자들 외에, 기민련 소속 장관, 각 전문위원회 대표 등으로 구성되어 있었다. 1959년까지는 213명의 대표가 참여하여 작은 전당대회라 불릴 정도였던 탓에 제대로 된 논의가 불가능했고, 실제로 의사 결정기구가 되지도 못했다. 단지 지역 정치가들을 한자리에 모아서 당의 단 합을 도모하는 효과가 있었을 뿐이다. 원래는 1년에 세 차례 회의를 열도록

76   Frank Bösch, *Die Adenauer-CDU*, DVA, 2001, p. 236.

되어 있었으나, 아데나워 정권 말기에는 매년 한 차례만 열렸다.

당무위원회도 초기에는 10명 정도가 참여했지만 지역 대표, 각종 협회 대표들이 참여하게 되면서 점차 50명에 달하는 성원을 갖게 되었다. 규모상 제대로 된 논의가 불가능했을뿐더러, 두세 달에 한 번씩 열린 이 회의가 기민련 당사가 아닌 총리청에서 모였다는 사실은 이 기구가 얼마나 총리에게 종속적이었는지를 잘 보여준다.

따라서 기민련의 권력은 이 공식 기구들이 아니라 아데나워와 긴밀한 관계였던 개별 정치가들로 구성된 소규모 지도부에 있었다. 그 결과 1959년 연방대통령 선거 문제로 아데나워의 지도력이 흔들리기 전까지, 기민련의 정책은 아데나워 정부의 정책과 일치했다는 것이 대체적인 평가이다. 1958년 기민당 전당대회에서 NRW주의 당대표이자 이후 주지사를 지낸 프란츠 메이어스(Franz Meyers)가 "총리의 이름이 우리 당의 강령이다"라고 말한 것은 대표적인 예라 할 것이다.[77] 당의 유지를 위해 가장 중요한 총리 후보 문제조차 1960년대 초반 아데나워가 직접 퇴임 의사를 밝히기 전까지 자체적으로 논의하지 못했을 정도로, 당은 아데나워에게 종속되어 있었다.

물론 기민련 당 조직과 아데나워 정부 간에 힘겨루기가 전혀 없지는 않았다. 1962년 기민련 전당대회에서 90.8%의 지지를 얻어 '사무대표(Geschäftsführende Vorsitzende)'로 선출된 요제프 두프후에스(Josef Dufhues)가 당의 독립성을 확보하고자 노력한 바 있었다. 일례로 그는 아데나워의 외유 중에 기민련 최고위원회의(CDU-Präsidiumssitzung)를 개최함으로써 당과 총리, 혹은 당과 정부의 갈등을 표면화시켰으나, 결국 이 갈등에서 승리를 거둔 것은 아

---

77 Karlheinz Niclauss, *Kanzlerdemokratie*, UTB, 2004, p. 84.

데나워였다.[78]

아이러니라고 표현할 수밖에 없는 것은, 이처럼 기민련을 전적으로 장악하고 있었던 아데나워 자신은 '아웃사이더 전략'을 추구하고 있었다는 사실이다. 그는 표면적으로는 기민련과 거리를 두면서 초당파적인 정치가의 이미지를 가지려고 노력했다.[79] 그는 연륜 덕분에 다른 총리들과 달리 당파를 초월하는 지도자, 아버지의 이미지를 구축할 수 있었다. 아데나워가 독일 여론에서 오랫동안 애증을 담은 칭호인 "영감(Der Alte)"으로 통했다는 점은 이를 더할 나위 없이 잘 보여준다.

집권당의 정당 조직이 이토록 허약했던 것을 어떻게 설명할 수 있을까? 무엇보다 기민련을 주도하던 명사 정치가들이 원칙상으로나 실제적으로나 강령한 중앙집권적인 당 조직이 나타나는 것을 꺼렸다는 점에 주목해야 한다. 1955년 당시 당사무처장(Bundesgeschäftsführer)이던 브루노 헥(Bruno Heck)이 중앙위원회 회의에서 "사민당에서 나타나는 바와 같은 조직 양식은 우리 당에 적합하지 않으"며, "기민련 내에 당 관료들의 자리는 없다"고 선언했던 것은 대표적인 예이다.[80]

기민련의 지역 대표자들은 중앙당의 권력이 커지는 것에 대해 거부감을 표하고 있었다. 중앙조직이던 당사무처(Bundesgeschäftsstelle)는 1960년대까지도 선거 전략을 협의하는 기구 정도에 머물렀고, 지역 당 조직들은 사민당과 달리 자율성이 높았다. 이는 1945년 종전 직후 기민련 지구당 조직들이 먼

---

78 Ibid., p. 85.

79 이는 미국 대통령들이나 영국의 대처 총리에게서 마찬가지로 발견되는 '아웃사이더 전략'이었다고 설명되고 있다. Ibid., pp. 80~81.

80 Volker Hetterich, *Von Adenauer zu Schröder: Der Kampf um Stimmen*, Springer, 2000, p. 109.

저 만들어지고 한참 후인 1950년에야 중앙당이 창당되었고, 1967년에야 당의 운영을 총괄하는 사무총장 자리를 만들 수 있었던 데서 더욱 분명하게 드러난다.

이러한 중앙집중화에 대한 저항은 중앙당 차원으로만 국한되지 않았다. 니더작센(Niedersachsen)주의 경우 가톨릭 세력이 주류이던 올덴부르크(Oldenburg) 지역과 신교 지역인 하노버(Hannover) 지구당이 분열되어 있었고, 어느 하나의 세력에 의해 주도되는 니더작센주 전체의 기민련 조직이 생겨나는 것에 대한 내부적인 반대가 강했다. 비교적 일찌감치 지역 조직을 갖추었던 노르트라인-베스트팔렌 지역에도 1986년까지 라인란트 기민련(CDU Rheinland)과 베스트팔렌-리페 기민련(CDU Westfalen-Lippe) 등 두 개의 기민련 지역 조직이 별도로 존재했던 것은 이러한 상황을 잘 보여준다.[81]

이처럼 기민련에서 각 지역 조직의 독립성이 인정되었던 것은 나치의 경험 탓이었다. 독일사가 한스-울리히 벨러의 표현에 따르면 "토마스 홉스가 울고 갈" 정도의 리바이어던(Leviathan)이었던[82] 제3제국을 겪은 후 등장한 서독 국가에서, 권력의 탈중앙집중화가 가장 중요한 정치적 목표 가운데 하나였다는 것은 놀라운 일이 아니었다. 상원이던 분데스랏(Bundesrat)의 구성원을 선거로 뽑지 않고 연방주에서 임명하는 주정부 대표로 구성했던 것은 그 대표적인 예이다. 전후 많은 정치인들이 지역 정치의 사다리를 올라 전국적인 지명도를 지닌 인물로 부상할 수 있었던 것도 지구당의 높은 위상에서 비롯된 것이었다. 바덴-뷔르템베르크 주지사로 연방총리가 된 쿠어트

---

81 두 조직의 합당은 1986년에야 이루어졌다. https://www.kas.de/de/web/geschichte-der-cdu/nordr hein-westfalen.

82 Hans-Ulrich Wehler, *Deutsche Gesellschaftsgeschichte 1949~1990*, C.H.Beck, 2008, p. 240.

게오르크 키징어, 라인란트-팔츠 총리로서 지명도를 높인 헬무트 콜, 바이에른 기사련의 지도자 프란츠-요제프 슈트라우스(Franz Josef Strauß) 등 기민련/기사련 정치의 주역들 가운데 상당수가 지역 맹주 출신이었다.

이처럼 연방주의적인 구조를 보장하여 독립적인 지역 조직들이 세를 유지할 수 있도록 한 것 외에, 당과 연대한 여러 협회들이 당 내부 논의에서 특정한 그룹의 정치적 이해를 대변하고 정책 결정 과정에 영향을 미치고 있었다는 점이 기민련 조직의 주요한 특징으로 꼽힌다. 예컨대 여성연합(Frauen Union), 노동자위원회 CDA와 더불어 대표적인 조직으로 기민련의 청년 조직인 청년연합(Junge Union)을 들 수 있다. 청년연합은 회원 수가 기민련 구성원의 1/4에 달할 정도로 기민련 산하 사회 조직들 중 가장 큰 규모를 자랑했다.[83] 그러나 이 청년연합은 조직상 기민련으로부터 분리되어 있었고, 청년연합의 대표단이 기민련에 자동가입되도록 함으로써 조직적 연결을 유지하고 있을 뿐이었다.[84]

아이러니하게도, 사민당처럼 뚜렷한 정치적 입장이나 지지 세력을 갖지 못한 기민련으로서는 이처럼 조직 구조가 느슨하고 당의 강령이 불투명했기 때문에 외연을 넓힐 수 있었다는 평가를 받기도 한다. 기민련과 연계된 여러 단체들과의 네트워크를 통해 조직력과 동원력을 확보할 수 있었으며,

---

83 기민련이 조직될 당시 기민련 출신 정치가들뿐만 아니라 기민련 지지자들 및 당원들의 연령도 모두 높았다. 사민당의 청년 조직은 30세 이하로 자격을 제한했지만, 기민련은 40세 이하라면 가입할 수 있게 했기 때문에 청년 조직조차 연령대가 높았다.

84 기존 연구에서 기민련의 청년 조직은 기민당 노선을 충실히 추종했다고 기술되고 있으나, 기민련 전문가인 프랑크 뵈쉬의 설명은 다르다. 그는 기민련의 청년 조직이 재정적 독립성을 누릴 수 있었기 때문에 기민련으로부터 분리될 수 있었다고 주장한다. 실제로 청년연합 지역 조직에 대한 기민련 중앙 조직의 재정적 기여는 미미했고, 국가의 지원과 청년연합 구성원의 회비로 운영되었다고 한다. Frank Bösch, *Adenauer-CDU*, DVA, 2001, pp. 312~320.

이러한 네트워크는 다양한 층위의 유권자들을 지지 세력으로 만들어낼 수 있었다는 것이다. 초기 기민련이 "작은 보트들의 연합 함대",[85] 혹은 당원 정당이 아니라는 점에서 "링크-당(Linkage-Partei)"이라고 묘사되었던 것은 이러한 상황을 반영한다.[86]

아데나워재단이 발행한 공식 당사인 『기민련 소사(Kleine Geschichte der CDU)』 역시 이와 같은 '개방성'으로 인해 여러 상이한 당의 노선들, 지역들, 종교들, 사회 구조들이 충돌하지 않고 하나의 거대 정당에 모여 서독 사회의 정치적 안정성을 이루어낼 수 있었다고 주장한다. 그러나 이 공식 당사도 아데나워 시기 기민련은 아직 생성 중이었을 뿐이며, 1960년대 중반 이후 서서히, 본격적으로는 야당이 된 이후에야 강령상으로나 조직상으로나 당의 모습을 갖추게 되었다는 자평을 빠뜨리지 않았다.[87]

이처럼 느슨하고 다양한 조직 구도는 의사결정 과정에도 영향을 미칠 수밖에 없었다. 사민당과 달리 강력하고 구심력 있는 조직 정체성이 없는 가운데 다수결을 통한 의결을 하게 될 경우 소수 그룹의 의사를 충분히 반영하기 어렵기 때문에, 기민련은 다수결보다는 매우 복잡한 할당제를 통해 소수 그룹의 의사를 반영하고자 했다. 다수결을 통해 승리자와 패배자가 분명해질 경우 패자들이 당에 남고자 할지 미지수였기 때문에, 각 그룹의 명사들이 교섭단체뿐만 아니라 내각에서 각각의 집단을 대변하고 중요한 문제들에 대한 논의에 참여하는 방식이었다. 기독교 사회주의 세력의 대표자

---

85 Udo Zolleis/Josef Schmid, "Die Christlich Demokratische Union Deutschlands(CDU)", in: Oskar Niedermayer (ed.), *Handbuch Parteienforschung*, Springer, 2013, p. 423.

86 Ibid., p. 424.

87 Konrad-Adenauer-Stiftung (ed.), *Kleine Geschichte der CDU*, DVA, 1995, p. 55.

가 노동부장관을 차지하거나 신교도가 반드시 내각 및 교섭단체에 충분한 비율로 포함될 수 있도록 했던 것은 그 대표적인 사례로 꼽힌다.

기사련과 기민련

기민련과 기사련이 연대할 뿐 통합하지 않는 상황은 중앙집권적인 정치 체계에 익숙한 한국인들에게는 매우 낯선 모습이지만, 지방분권의 전통이 강한 독일, 특히 남부 독일 바이에른인들에게는 매우 자연스럽다. 1871년 독일이 통일된 이후에도 바이에른의 경우 특별법인 유보법(Reservatrechte)을 통해 우편·전신·철도 및 각종 세금과 행정뿐만 아니라 군대까지 별도로 편성되어 바이에른 왕의 지휘하에 있었고, 독자적으로 외교사절을 파견하는 것도 인정되었다. 별개의 나라였다 해도 과언이 아닐 정도다. 1919년 바이마르헌법이 바이에른에 대한 이 특별법을 철폐하기로 한 이후, 바이에른 주정부는 나치 집권 시기까지도 이 특별권을 되찾기 위해 노력하고 있었다.[88]

이러한 바이에른의 정치적 독립성은 정당 활동에도 고스란히 반영되었다. 1871년 가톨릭중앙당이 창당되기 2년 전인 1869년에 이미 바이에른애국당(Bayerische Patriotenpartei)이 창당되어 1887년 중앙당과 합당하기 전까지 16년간 별도의 정당으로 존재했을 정도로 독립적인 정치적 전통이 뿌리 깊었다.[89]

이러한 상황은 기민련의 전신이라 할 가톨릭중앙당의 단일성을 매우 위태롭게 하는 요소였다.[90] 실제로 프로이센에 대한 전통적인 반감에 더해,

---

88 https://www.historisches-lexikon-bayerns.de/Lexikon/Reservatrechte.

89 https://www.kas.de/de/web/geschichte-der-cdu/bayerische-volkspartei-bvp-.

90 중앙당은 정치적 가톨릭주의를 표방하는 가운데 민족주의를 강조하는 오토 폰 비스마르크(Otto von Bismarck)의 문화 투쟁의 대상이 되어 박해를 받았지만, 수적으로는 독일제국 시기 내내 의회의 2인자 자리를 놓치지 않았다. 바이마르 시기에도 1920년 13.9%, 1932년 11.9%

전쟁을 거치며 점차 강화되던 중앙집권화 경향에 대해 비판적이던 바이에른주의 중앙당 의원들이 바이에른의 특별권이 사라지는 것에 대한 반발로 1918년 '바이에른인민당(Bayerische Volkspartei)'을 창설하여 중앙당으로부터 떨어져 나가기도 했다. 이 '바이에른 인민당'은 "참된 바이에른의 정신으로 충만하되 국민 전 계층을 포괄하는 정당" 구성을 목표로 삼고 있었다.[91] 중앙당으로부터의 분당 후에도 함께 하나의 원내교섭단체를 이루며 협력을 지속하기는 했지만, 제국의회 팔츠 지역구 선거에서 따로 후보를 내서 경쟁했는가 하면, 1925년 최초로 열린 제국대통령 선거에서 중앙당의 빌헬름 막스(Wilhelm Marx)가 아니라 독일민족국민당(DNVP)을 등에 업은 파울 폰 힌덴부르크(Paul von Hindenburg)를 지지하여 당선에 기여하는 등 갈등을 빚기도 했다.

2차 대전의 혼란을 거치며 바이에른 지역에서 기사련 조직이 최초로 조직되기 시작한 것은 1945년이었다. 기민련 전국 조직의 일부가 되어야 할지 바이에른 지역의 독립된 정당으로 남을지에 대해서는 초기부터 논란이 있었다. 히틀러에 맞선 저항운동의 일원이던 요제프 뮐러(Josef Müller), 바이마르 시기부터 신구교파를 아우르는 기독교 정당을 창당하기 위해 노력해온 아담 슈테거발트(Adam Stegerwald)가 바이에른에서 기사련을 조직하는 데 나섰다. 슈테거발트가 1945년 12월 일찌감치 사망한 이후 기사련의 초대 당대표가 된 요제프 뮐러는 기민련과 마찬가지로 전국 정당의 일원으로서 기사련

의 지지를 얻는 등 전체 지지율은 10%를 살짝 넘는 정도였으나, 10명의 총리 가운데 네 명을 배출할 정도로 의회에서 적극적이었다. https://www.historisches-lexikon-bayerns.de/Lexikon/Deutsche_Zentrumspartei_(Zentrum,_1869/71-1933)#Regionale_Abgrenzung_von_Zentrum_und_BVP_in_der_Pfalz.

91 Renate Höpfinger, "Die Gründung der Bayerischen Volkspartei. Anmerkungen zu Sebastian Schlittenbauer", *Zeitschrift für bayerische Landesgeschichte* 63, 2000, p. 185. https://daten.digitale-sammlungen.de/0000/bsb00003254/images/index.html?fip=193.174.98.30&id=00003254&seite=189.

을 그리고 있었지만, 바이에른 전통주의자들은 독립된 바이에른당을 원했다. 또한 뮐러는 모든 계층과 종교를 초월하는 대중 정당을 원했던 반면, 바이에른주의자들은 가톨릭이 중심이 된 명사 정당을 구상하고 있었다. 이들 바이에른주의자들은 기본적으로 바이마르 시기에 있었던 바이에른인민당(Bayerische Volkspartei)을 부활시키고자 했다.

기사련의 당원 수가 1947년에 8만 2천 명에 달할 정도로 증가함에 따라 당 지도부들 간의 견해차도 불거지기 시작했다. 그러다 화폐 개혁 이후 당원 수가 3만 5천 명으로 감소하는 등 기사련이 약화되자, 대중 정당이 아닌 명사 정당으로서 자리를 굳히게 되었고, 전국적 대중 정당을 꿈꾸던 뮐러는 1949년 당대표 자리에서 물러났다. 이로써 기사련은 바이에른인민당 전통의 연장선상에서 기민련과 별도의 조직으로 남게 되었다.

기민련과 기사련은 바이마르 시기에 그랬던 것처럼 하나의 정당으로 합당에 나서지는 않았지만, 바이마르 시기에 그랬던 것처럼 일찌감치 공조에 나섰다. 1947~1949년 사이에는 프랑크푸르트의 경제평의회(Wirtschaftsrat)에서, 그리고 1948~1949년에는 제헌의회에서 느슨한 형태로 협력을 해 나갔다. 뒤이어 1949년의 1대 연방의회부터는 함께 원내교섭단체를 구성하기 시작해서 현재에 이르고 있다.

이처럼 기사련이 기민련과의 연대를 통해 초기부터 전국적인 정치 무대에서 중요한 역할을 담당했지만, 바이에른 지역 내에서 지위를 공고히 하기도 쉬운 일은 아니었다. 52.5%를 얻었던 1946년 선거와 달리, 1950년 선거에서는 바이에른의 독립을 주장하는 바이에른당(Bayernpartei)과 경쟁하느라 27.4%를 얻었을 뿐이다. 이 시기 28%의 지지율로 제1당이 된 사민당과 연정을 구성함으로써 가까스로 여당으로 남았으나, 1954년의 주의회 선거에서는 38%를 얻어 제1당이 되었음에도 사민당과 자유민주당, 추방민동맹(BHE)

등이 함께 연립 정부를 구성함에 따라 야당으로 밀려났다. 이처럼 기민련보다 10여 년 이르게 야당이 된 기사련은 일찍이 당 개혁에 착수했고, 그 결과 기민련보다 일찍 근대적인 대중 정당으로 변모할 수 있었다. 이미 1956년부터 당사무총장이 중요한 역할을 담당했으며, 당원 모집에도 노력하여 1954년에는 3만 5천, 1972년에는 10만 명에 달하는 대중 정당으로 탈바꿈했다. 또한 당 강령 제정에도 착수하여 이미 1957년에 당의 기본강령을 제정했다.[92] 기본강령 제정 시기로 따지자면 기민련보다 20여 년을 앞서간 셈이었다.

5. 정치자금[93]

"사민당은 부자이고, 기민련은 부자 친구가 많다"[94]

기민련에서 정치자금이 문제시되기 시작한 것은 기사련 당사, 더 나아

---

92 기사련 강령 서문은 기독교, 기독교적 가치, 신의 질서, 기독교도 등의 단어로 가득하다. 기사련의 기본 가치가 기독교에 있음을 분명히 한 것이다. "평화, 자유, 정의 안에서 인간의 공생이 국가의 목표"이며, 이를 위해 개별 시민들은 가족과 지역 공동체 등 소속 집단에서 자신에게 주어진 의무를 다해야 한다고 했다. 사회 정책을 다룬 1장에서 가족과 결혼의 유지 보호를 국가의 역할로 강조하는 등 보수적 색채를 보였지만, "모두를 위한 소유의 촉진", 공동체를 돌보기 위한 재산권의 제한이 필요하다고 보았으며, 노사 간의 계급 투쟁을 완화하여 사회적 평화를 보장해야 한다고 역설했다. 경제질서를 다룬 3장에서도 "경제적 사고와 행위가 그 자체로 목표가 아니라 개인 및 사회 전체의 복리에 기여하는 것"이라야 함을 강조하는 등, 자유주의 정당과 궤를 달리했다. 가치의 측면에서는 기민련보다 보수적이되 사회복지의 측면에서는 기민련보다 온정주의적이었다는 평가를 받고 있다. https://www.hss.de/fileadmin/user_upload/HSS/Dokumente/ACSP/Grundsatzprogramme/1957-Grundsatzprogramm.pdf.

93 이 부분은 다음 논문을 근간으로 하고 있다. 문수현, 「독일 정치자금 관련 법규들과 기민련의 재무 구조」, 『이화사학연구』 52집, 2016, 131~169쪽.

94 위의 글, 134쪽에서 재인용.

가 독일연방공화국의 역사만큼이나 오래된 일이다. 서독의 임시 수도로서 사민당 및 헤센 지역의 기민련, 기사련 출신의 여러 의원들이 지지하던 프랑크푸르트가 아니라 본(Bonn)이 선정되는 과정을 둘러싼 논란은 서독 최초의 국정조사로 이어진 바 있었다. 이 국정조사 과정에서 여러 정당 소속 의원들에게 현금 지원이 이루어진 것이 밝혀졌지만, 이에 대한 제도적 대응책이 마련되지는 못함으로써 이후에도 같은 문제가 반복되었다.[95]

이처럼 창당 초기부터 분명했던 기민련의 정치자금 문제는 여러 원인들이 중첩된 결과였다. 먼저 나치 집권과 더불어 빼앗긴 재산에 대한 보상금 명목으로 1961년까지 2천만 마르크의 보상금을 받을 수 있었던 사민당과 달리, 기민련은 중앙당의 후신이 아닌 신생 정당으로 간주되었기 때문에 보상금을 전혀 받지 못했다.[96] 또한 당시 20만 명에 달하던 당원들 중 절반만이 정기적으로 당비를 내고 있었고, 그들이 내는 당비는 당시 사민당 당원들이 내던 당비의 1/6에 불과했다. 그나마 당비 대부분은 중앙당으로 이관되지 못하고 지역 조직에 남아 있었다.[97] 1958년 함부르크 지역의 기민련 지구당이 그랬듯이 일정한 금액 이상을 매년 당비로 납부하도록 하는 시도도 있었지만, 그 결과 당원의 1/3이 탈퇴해버렸을 때 기민련 정치가들이 얻은 교

---

95 『슈피겔』의 보도에 따르면 정치자금 제공자는 기사련의 재무부장관 프리츠 쉐퍼(Fritz Schäffer), 그리고 아데나워의 재정 담당자인 은행가 로베르트 페르데멩에스(Robert Pferdemenges)였다. 개인당 수령액은 1,000마르크에서 20,000마르크까지 다양했다. 1951년 국정조사 결과 2,000페이지에 달하는 보고서가 발간되었고, 국정조사 과정에서의 위증 혐의로 여러 의원들에게 의원직을 내려놓으라는 권고가 내려지기도 했다. 그러나 결국 이 정치자금과 수도 선정을 위한 표결 간의 상관관계를 밝힐 수는 없었다. Thomas Ramge, *Die großen Polit-Skandale: Eine andere Geschichte der Bundesrepublik*, Campus, 2003, pp. 11~25.

96 문수현, 앞의 글, 136쪽.

97 Mark E. Spicka, *Selling the economic Miracle*, Berghahn Books, 2007, p. 163.

훈이 무엇이었을지 짐작하기란 어렵지 않다.[98] 당시 당 재정에서 당비와 기부금 비율이 사민당은 9 : 1, 기민련은 1 : 9에 달하는 것으로 추정되는 상황이었다.[99]

심지어 당 출신 국회의원이나 장관들마저 그들 급료의 일정 부분을 당에 납부하는 현재의 직책당비 시스템에 반대하고 있었다. 기민련은 사민당이 오래 전부터 받아들인 이 제도를 1950년대 내내 제도화시킬 수 없었다. 1953년 선거 직전 슐레스비히-홀슈타인주 의원들 전부가 당에 납부했던 금액 200마르크는 사민당 의원 한 사람이 매달 당에 내는 금액 정도에 불과했다.[100] 아울러 명사 정당으로서 기민련은 정부가 정치자금을 지원해주는 제도를 생각하기 어려웠다. 국고 지원을 받을 경우 정치적 독립성이 훼손되리라는 우려가—현재의 시각에서 보자면 이해하기 어려울 정도로—뿌리 깊었기 때문이다.

기민련 초기 정치자금 문제를 면밀하게 분석한 프랑크 뵈쉬에 따르면, 기민련의 가장 중요한 자금원은 여러 협회와 기업들의 기부였다. 선거비용도 이들을 통해 마련되고 있었다. 기민련은 주로 『비르트샤프츠빌트(Wirtschaftsbild)』[101]라는 기부용 잡지를 발행하고 '정치후원협회(Fördergesellschaft)'를 통해 기부를 받는 방식으로 당 운영자금을 확보했다. 그나마도 선거 직전에

---

98   Frank Bösch, *Die Adenauer-CDU*, DVA, 2001, p. 197.

99   Michael Koß, *Staatliche Parteienfinanzierung und politischer Wettbewerb*, VS, 2008, p. 120.

100   Frank Bösch, op.cit., 2001, p. 197. 『비르츠샤프트빌트』와 관련해서는 다음을 볼 것. Frank Bösch, *Macht und Machtverlust: Die Geschichte der CDU*, DVA, 2002, pp. 156~158; Frank Bösch, *Die Adenauer-CDU*, DVA, 2001, pp. 215~221.

101   "중간계급, 미디어, 견해 확산 매체(Magazin für Mittelstand, Medien, Meinungsmultiplikatoren)"라는 부제를 달고 있었다.

관련된 개인들을 통해 산발적으로 기부를 받던 바이마르공화국 시기의 방식으로부터 진일보한 셈이었다.

『비르트샤프츠빌트』는 기부 창구 노릇을 하던 기민련의 당보였다. 1949년에 창간된 이 잡지는 일반적인 경제적 사실만을 나열하는 몇 페이지짜리 잡지에 불과했다. 그러나 기업들은 이 잡지에 권당 50마르크를 지불했고, 이는 기업의 운영경비(Betriebsausgabe)로 간주되었기 때문에 세금 감면 대상이었다. 이 잡지가 정기간행물이었기 때문에 기민련의 입장에서 보자면 선거와 무관하게 지속적인 수입원이 될 수 있었다. 폴크스바겐이 100여 권을 구매하는 등 많은 기업들이 동시에 여러 권을 구독했고, 기민련은 이 잡지를 통해 1960년까지 매년 250만 마르크 이상을 기부받을 수 있었다.[102] 이 잡지를 구독하면 장관들, 특히 에어하르트 경제부장관과 소규모 모임에서 만나는 특전이 주어지기도 했기 때문에, 기부자에게는 대단히 매력적인 기부 방안이었다.[103]

그러나 이보다 중요한 기부 통로는 재계의 후원 단체였다. '바덴-뷔르템베르크 경제를 살리기 위한 협회', 혹은 '노르트라인-베스트팔렌주 시장경제촉진협회' 등의 이름을 가진 후원 단체들이 각 지역에 조직되어 있었다. 경제 단체와 기업들이 이 기부 조직들에 참여하여 정기적으로 기부금을 납

---

102 Frank Bösch, *Macht und Machtverlust: Die Geschichte der CDU*, DVA, 2002, p. 158.

103 이 자금은 먼저 중앙당 사무처(Bundesgeschäftsstelle)로 전달되었다가 이후 지역 조직으로 보내졌다. 2/3가 지역 조직에, 1/3이 전국 조직에 보내져 연방 선거 준비에 활용될 수 있도록 구성되었다. 이처럼 기민련 중앙당 조직을 통해 지구당에 기금이 전달되는 과정에서, 어느 지역이 어느 정도의 기금을 받게 될지를 결정하는 것이 아데나워였기 때문에, 이 제도를 통해 아데나워의 정치적 발언권이 신장될 수 있었다. 또한 이 잡지의 구독을 통한 수익률이 신교 지역에서 훨씬 높았기 때문에, 상대적으로 조직력이 약한 기민련 신교 지역 조직을 강화하는 데 크게 기여했다.

부했다. 매출액(Umsatz)과 피고용인의 수 등 회사 규모에 따라 차등 납부하는 방식이었다.

1954년에는 이들의 연합 조직인 국가시민협회(Staatsbürgerliche Vereinigung, SV)가 아데나워 및 독일 산업계의 지원으로 결성되었다.[104] 재계는 기민련 등 당에 이 조직을 맡기기보다 '독일산업가연맹(Bundesverband der Deutschen Industrie, BDI)'의 대표와 사무총장이 의장을 맡아서 직접 관할하는 방식을 택했다. 이 단체에는 기민련, 자유민주당, 그리고 독일당 등 부르주아 정당들도 함께 참여하여, 일정한 비율로 재계의 기부금을 나눠 가졌다.[105]

이 협회의 목표는 대규모 기부가 처음부터 세제 혜택을 받은 채 비밀리에, 그리고 정기적으로 이루어지도록 하고, 또한 군소 정당들에도 제공되도록 하는 것이었다. 선거가 가까워질수록 기부액은 늘어났다. 기부자들의 가장 큰 요구사항은 군소 정당들이 주정부 차원에서건 연방정부 차원에서건 사민당과 연정을 맺지 못하도록 하는 것이었다. 당시 자유민주당은 전체 금액의 1/3을, 독일당(DP)은 15%를 받았다. 사민당과 연합하려는 군소 정당들은 재정적 압박을 받았지만, 기민련과 공조하는 정당들은 특별 지원을 받았다. 만약 이 군소 정당들이 기민련에 맞서서 독자적인 행보를 하려 한다면 재정 압박을 각오해야 했다. 1956년 2월 NRW주의 자유민주당이 기민련 대신 사민당과 연정에 나섰을 때, 이 협회는 지원금 중단을 선언하기도 했

---

104   정당 기부 스캔들에 여러 번 연루되었던 이 단체는 결국 1990년에 해산되었다.

105   이미 1949년 여름부터 경영자 단체와 에어하르트의 경제 정책을 지지하는 정당들 간의 협약이 체결되어, 2백만 마르크의 정치자금을 기민련과 자유민주당, 독일당이 각각 65 : 25 : 10으로 나눈다는 합의가 이루어졌다. Frank Bösch, *Die Adenauer-CDU*, DVA, 2001, p. 199. '퓌르몬트협약(Pyrmonter Abkommen)'으로 불리는 이 협약은 에어하르트의 경제 정책, 즉 시장경제를 지지하는 정당들을 재정적으로 후원하는 것을 목표로 했다. Heinrich August Winkler, *Der lange Weg nach Western II*, C.H.Beck, 2002, p. 376.

다.[106]

이 정치후원협회가 기민련의 정책 결정에 영향력을 행사했음은 물론이
다. 슐레스비히-홀슈타인의 경우 정치후원협회가 연방의회 후보를 선출하
는 데 공동결정권을 가진다는 것이 서류로 보장되기도 했다.[107] 더 나아가
특정 기업 단체가 정치자금을 제공하면서 구체적인 정치적 요구를 내거는
경우도 있었다. 특정 후보가 당의 후보로 선출될 수 있도록 요구하는 것이
대표적인 예였다. 이 특정 후보가 당의 후보가 되지 못했을 경우, 정치자금
을 되돌려줄 것을 요구한 사례도 있었다.[108] 뿐만 아니라 특정한 법안이 제
정되도록 하는 것과 정치자금 후원이 결부되는 때도 있었다. 때로는 아데나
워를 포함하여 정부 관계자들과 만날 기회를 보장받기도 했다. 독일산업가
연맹(BDI)의 사무총장인 구슈타브 슈타인(Gustav Stein)은, 때에 따라 매주 아데
나워의 최측근이자 차관(Staatssekretär)이던 한스 글롭케(Hans Globke)와 면담을 하
기도 했다. 사민당이 "기업계의 수백만 마르크가 정치권력을 산다"고 언급
했던 것은 사실에 기반한 정확한 판단이었다고 볼 수 있을 것이다.[109]

아이러니하게도 이 정치후원협회들도 어느 정도 부패를 막는 역할을 하
기는 했다. 재계와 관련된 특정 인사가 아닌 당 조직이 기부금을 관리한다

---

106 또한 선거에 후보를 내세울 때도 기민련, 자유민주당, 독일당 등 세 부르주아 정당이 연합하
거나 협의하도록 요구받았다. 예컨대 특정 지역의 경우 기민련에 맞설 후보를 내세우지 말
것을 요구받기도 했다. 자유민주당이 앞장서서 국고 보조금을 요구하고 독자적인 후원 조
직을 유지하고자 했던 것도, 이와 같은 굴욕적인 상태에서 벗어나 기민련으로부터 독립성
을 유지하기 위해서였다.

107 Michael Koss, *Staatliche Parteienfinanzierung und politischer Wettbewerb*, Verlag für
Sozialwissenschaftenchaften, 2008, p. 120.

108 Frank Bösch, *Adenauer-CDU*, DVA, 2001, p. 226.

109 Mark E. Spicka, *Selling the economic Miracle*, Berghahn Books, 2007, p. 87.

는 점에서, 일정하게는 원칙의 지배를 받을 수밖에 없었기 때문이다. 또한 선거철이 아닌 회기 중에 지원을 받을 수 있게 한다는 점에서, 지속적이고 안정적인 정당 활동을 촉진하는 면도 있었다. 재계로서도 지원 규모를 비밀로 할 수 있었고, 기부금액이 세금 감면 혜택을 받는 데다가, 더 이상 정치권의 기부 압박을 받지 않을 수 있었으며, 단합하여 일관된 목소리를 낼 수 있다는 점에서 긍정적으로 받아들였다.

이러한 기부 체계는 당의 권력 구도에도 영향을 미쳤다. 무엇보다 비밀 유지를 위해 예산 내역을 공개하지 않았기 때문에, 재원 분할 과정에 권력이 자의적으로 개입하는 것은 피할 수 없는 일이었다. 기민련의 지방분권적 구도에도 불구하고, 이러한 기부 체계로 인해 본의 중앙당이 발언권을 키울 수 있었다. 본의 기민련 지도부가 기부를 받아서 지역 조직에 할당하는 역할을 했기 때문이다. 중앙당의 노선을 따르지 않는 지역 조직은 이 후원금을 통해 불이익을 받을 수 있었다.

무엇보다 이 기부 체계는 아데나워가 비공식적으로 당을 장악한 무기이기도 했다. 총리가 어느 지역 조직의 어떤 정치가나 어떤 협회가 어떤 조건에서 재정 지원을 받을지 결정했기 때문이다. 아데나워가 1953년부터 1963년까지 총리청의 장을 지낸 최측근 한스 글룹케를 통해 독자적으로 계좌를 관리했다는 것은 기민련의 공공연한 비밀이었다. 실제로 아데나워는 정당에 대한 기부금을 밝히도록 하는 내용의 정당법이 논의되던 시기에 "정당들이 자금원을 밝히고 재정 상태를 공개하도록 법적으로 못 박고자 하는 사람은 세상 물정을 전혀 모르는 사람임에 틀림없다"고까지 말했다.[110] 같은

---

110   Michael Koss, *Staatliche Parteienfinanzierung und politischer Wettbewerb*, Verlag für Sozialwissenschaftenchaften, 2008, p. 130에서 재인용.

시기 사민당이 자발적으로 관련 사실을 정기적으로 공표하고 있었던 것과 극명한 대조를 이루는 셈이다.

사실 이 기부 체계의 법적인 근거는 모호했다. 정치후원협회들은 세제 혜택을 정당화하고자 1952년 연방재정법원(Bundesfinanzhof)의 소견서를 받아 제출했는데, 이는 이후 십여 년간 기부금에 대한 유일한 법적 근거가 되었다. 그 내용은 소득세법 10항에 따라 직업 단체(Berufsverbände)의 경우 조합비 (Beitragsaufkommen)의 25%까지 당에 기부하는 것을 허용한다는 것이었다.[111] 그러나 실은 이조차 불분명했는데, 정치후원협회는 직업 단체가 아니라 사민당의 집권을 막는 것을 목표로 조직된 기부협회였기 때문이다.

게다가 기민련은 기본법에서 요구한 정당법 제정을 1967년까지 미룸으로써 결과적으로는 정당 기부에 대한 법적인 토대를 마련하지 못하도록 했다. 기민련 측은 정당법이 제정되어 당의 회계를 공개하게 될 경우 기부자가 줄어들 것을 우려했다.

그럼에도 불구하고 점차 국고 지원을 제도화하자는 목소리가 세를 얻었다. 1958년 초부터는 아데나워 자신도 국가가 당을 직접 재정적으로 지원할 필요가 있다고 역설했다. 아데나워가 무엇보다 두려워했던 것은 정권이 교체되거나 지도부가 바뀔 경우 기민련의 재정적 토대가 무너지는 것이었다.[112]

그러나 이는 동시에 기민련 내 양심적인 정치가들의 목소리이기도 했다. "우리는 국가를 짊어지는 사람들인데, 어떻게 하면 세금을 탈루할 수 있을지 그 형태에 대해 고민하고 있다"라는 양심의 목소리는, 다름 아닌 당

111   Frank Bösch, *Macht und Machtverlust: Die Geschichte der CDU*, DVA, 2002, p. 161.

112   Ibid., p. 162.

의 재무를 책임지고 이 모든 업무를 총괄하고 있던 중앙당 회계 책임자 (Bundesschatzmeister) 에른스트 바하(Ernst Bach) 자신의 목소리였다.[113] 그는 정당이 "이해관계의 더미에 의해 팔려 나가는 것"을 막기 위해 국고 지원이 필요하다고 역설했다.[114] 법적으로 문제가 될지도 모른다는 우려, 이미지 손실에 대한 우려, 특정 기업이나 단체가 지나치게 영향력을 행사하는 데 대한 우려, 그리고 기업가와 아데나워의 영향력이 점증함으로써 당 내부 민주주의가 손상될지 모른다는 우려 등 다양한 차원에서 민간 기부에 대한 문제제기가 이루어지고 있었고, 국고 지원이 그 해결책으로 떠오르고 있었다. 무엇보다도 청년연합(Junge Union)과 노동자 세력 측에서 당내 경제계의 영향력을 축소시키고자 국고 지원을 주장하고 나섰다. 선거에만 집중하기보다 당 조직을 강화하고자 했던 당 사무처 직원들이 국고 지원을 지지했던 것은 물론이다. 이렇게 해서 정당에 대한 국고 지원을 법제화하자는 목소리가 받아들여질 수 있는 당내 기반이 마련된 셈이었다.

정당에 대한 국고 지원

국가가 정당을 재정적으로 지원해야 하는지 여부에 대한 논의는 이미 1841년부터 존재했다. 빅토 에메 후버(Victor Aimé Huber)는 마르크스의 『공산당 선언』이 공표되기 7년 전인 1841년에 보수당 창당의 필요성을 강조했고, 이를 실현하기 위해 국고 지원의 필요성을 언급한 바 있었다.[115] 국고 지원을

---

113 Frank Bösch, *Adenauer-CDU*, DVA, 2001, p. 221.

114 Michael Koss, *Staatliche Parteienfinanzierung und politischer Wettbewerb*, Verlag für Sozialwissenschaften, 2008, p. 185에서 재인용.

115 Ulrich von Alemann/Philipp Erbentraut/Jens Walther, *Das Parteiensystem der Bundesrepublik Deutschland*, Springer VS, 2018, p. 15.

제도화하기 위한 본격적인 논의는 바이마르공화국에서 있었다. 바이마르 공화국 시기 노조가 사민당을 지원하는 데 맞서서, 칼 프리드리히 폰 지멘스(Carl Friedrich von Siemens)를 위시한 기업가들도 '독일 경제의 재건을 위한 협의회(Kuratorium für den Wiederaufbau des deutschen Wirtschaftslebens)'를 조직하여 좌파 자유주의자들인 독일민주당(DDP), 독일국민당(DVP), 독일민족국민당(DNVP), 중앙당 등 비사회주의 정당들에 기부하기 시작한 것이다.[116] 이 기업 기부금을 통해 정당에 대한 재계의 영향력이 확대되자, 1928년 외교부장관이자 독일국민당(DVP) 당수였던 구스타프 슈트레제만(Gustav Stresemann)이 기업으로부터 정당이 독립적일 수 있기 위해서 부분적으로나마 국가가 재정 지원에 나설 필요가 있다는 의견을 의회에서 개진하기도 했다.[117]

2차 대전 직후 제헌의회에서도 국가가 정당을 직접 지원하는 법안이 상정되었으나 기각되었다. 한 중앙당 의원이 정당법 제정과 관련하여 "재원의 공개를 통해 비민주적인 영향력을 차단한다"라는 법안을 발의했다가 한 차례 기각되었지만,[118] "정당은 그 재원의 근원에 대해서 공개해야 한다"는 문구로 수정되어 기본법 21조로 확정될 수 있었다.[119] 정당 재원의 공개가 어렵사리 명문화될 수 있었던 것은, 대기업들의 지원을 얻어 집권한 히틀러 체제의 비극이 너무 생생한 시점이었기 때문이었다.[120] 하지만 이 기본법 3항에 "자세한 것은 연방법으로 정한다"고 선언했음에도 이와 관련된 정당

---

116 Christof Biggeleben, *Das "Bollwerk des Bürgertums": die Berliner Kaufmannschaft 1870~1920*, C.H.Beck, 2006, p. 402.

117 Dimitris Th. Tsatsos (ed.), *Parteienfinanzierung im europäischen Vergleich*, Nomos, 1992, p. 94.

118 문수현, 「독일 정치자금 관련 법규들과 기민련의 재무 구조」, 『이화사학연구』 52집, 135쪽.

119 https://www.gesetze-im-internet.de/gg/art_21.html.

120 문수현, 앞의 글, 136쪽.

법 제정이 20년 동안 미뤄짐으로써 재정 공개의 원칙을 선언한 1항도 실제로는 큰 의미를 갖지는 못했다.

정당의 재정 문제가 다시금 논의된 것은 1950년대 세법과 관련해서였다. 1955년에 제정된 소득세법과 법인세법에 의거하여 정치자금을 기부한 경우 세제 혜택을 받을 수 있는가가 논란이 되었다. 이 논의에서 사민당은 정당에 대한 기부금에 세제 혜택을 주는 것을 반대했으며, 이와 맞물려서 정당에 대한 직접적인 정부 지원도 반대했다. 국민들을 대상으로 하는 정치 교육의 목적으로만 제한하는 방식으로 국고 보조가 가능하다는 입장이었다. 당시 여론도 정당 기부금 감세에 대한 비판이 높았다. 1954년 『도이체 차이퉁(Deutsche Zeitung)』의 기사에 따르면 "정당과 국가의 통합은 수상쩍"은 일이었다.[121] 그러나 기민련과 자유민주당 등은 종교적, 학문적, 그리고 정치적인 목적으로 개인 소득의 10%까지, 법인의 경우 매출액(Umsatz)의 2%까지는 세금을 감면받을 수 있다고 주장했다. 결국 사민당은 이 문제를 연방헌법재판소에 제소하기에 이르렀다.

이 논쟁은 1958년 헌재에서 정당 기부금에 대한 세제 혜택이 재계와 가까운 정당, 그리고 정당 기부자인 납세자에게만 이롭기 때문에 평등에 위배된다는 이유로 세제 혜택을 불법화하면서 일단락되었다.[122]

---

121 Michael Koss, *Staatliche Parteienfinanzierung und politischer Wettbewerb*, Verlag für Sozialwissenschaften, 2008, p. 186에서 재인용.

122 그럼에도 정치후원협회처럼 특정 정당과 직접적으로 결부되지 않은 경우 계속해서 세제 혜택을 받았다. 정치후원협회의 기부 관행이 위헌 판정을 받은 것은 1979년으로서, 이 단체는 1960년대와 70년대 내내 기민련 등에 대한 재정적 후원을 이어갔다. 일간지인 SZ는 1969~1980년 사이만 한정해서 봐도 부당한 세금 감면을 받은 금액이 수천억 마르크에 달한다고 추산했다. "Die Spendenwaschanlage der CDU", *Süddeutsche Zeitung*, 2010. 5. 11, https://www.sueddeutsche.de/politik/staatsbuergerliche-vereinigung-die-spendenwaschanlage-der-cdu-1.315650.

하지만 1958년 6월 24일의 이 판결문에서 연방헌법재판소는 "선거를 실시하는 것은 공적인 업무이고 이처럼 중요한 업무를 담당하는 데 있어서 정당에 결정적인 역할이 부여되기 때문에 선거 자체뿐만 아니라 선거를 담당하는 정치 정당들을 위해서 국가가 재정적인 지원을 제공하는 것은 허용된다"고 선언했다.[123] 정당에 대한 국고 지원을 시도할 경우 유권자들이 등을 돌릴 것이라는 우려 탓에 기민련 당원들 상당수가 국가의 재정 지원을 반대하고 있었는데, 연방헌법재판소의 판결은 정당에 대한 국고 지원 논의의 물꼬를 터준 셈이었다. 이 판결은 선거뿐만 아니라 일상적인 정당 활동에 대한 정부 지원 역시 합헌으로 간주했다는 점에서 혁신적이었다.[124]

그 결과 정당의 재원 마련 구조에 큰 변화가 나타났다. 이미 1955년에 내무부 산하에 정당법위원회가 만들어졌고, 이 위원회는 1958년 헌법재판소의 판결과 유사한 결과보고서를 제출했다. 정당은 "상당하는 수단 없이 정치적인 영향력을 유지할 수 없다"는 결론이었다. 이는 여타 사회 집단들과 다른 정당의 특권적 지위를 인정한 것으로 해석되었다.[125] 구체적으로 이 위원회는 직접적인 국고 지원과 기부금에 대한 감세 방식의 간접 지원 등 두 가지 국고 지원 방안을 제안했고, 실제로 이는 이후 독일 국고 지원의 두 축

---

123 https://www.servat.unibe.ch/dfr/bv008051.html.

124 당시 "예비입법부(Reservegesetzgeber)", "평행정부(Parallelregierung)"로까지 불렸던 헌법재판소는 정부와 의회가 논쟁적인 과업을 떠맡으려 하지 않을 때 스스로 정치적인 과업을 떠맡았다는 평가를 받을 정도로 독일 정치 시스템의 중요한 한 축을 이루고 있었으며, 정당법 관련 논의를 진전시키는 과정은 독일 정치 시스템 구축에서 헌재의 중요성을 극명하게 잘 보여주는 사례에 속한다. Hans-Ulrich Wehler, *Deutsche Gesellschaftsgeschichte 1949~1990*, C.H.Beck, 2008, p. 240.

125 Michael Koss, *Staatliche Parteienfinanzierung und politischer Wettbewerb*, Verlag für Sozialwissenschaften, 2008, p. 163.

이 되었다.

결국 1959년부터는 국가가 정당에 재정적 지원을 하는 제도가 마련되었다. 연방의회에 다수의 의원들을 거느린 정당들의 경우 '정당들의 정치적 교양 작업 촉진을 위한 보조금(Zuschüsse zur Förderung der politischen Bildungsarbeit der Parteien)' 등의 명목으로 연간 수백만 마르크의 재정 지원을 받게 되었다. 이웃인 프랑스가 1988년에야 정당에 대한 국고 지원을 도입한 점을 고려할 때 상대적으로 빠른 것이었다.[126] 전체 예산의 20%는 연방의회에 참여한 4개의 정당에 각각 5%씩 균일하게 지급되었고, 나머지 금액은 "당세"에 따라, 즉 각 정당별 직전 연방 선거 결과에 따라 분배하도록 했다.[127] 1964년까지 국고 지원 금액은 5백만 마르크에서 3천 8백만 마르크로 증가했다.[128]

6. 선거

한 정당의 사회적 영향력은 선거를 통해 가장 선명하게 드러난다. 아데나워 총리하의 기민련은 1949년, 1953년, 1957년, 1961년, 이렇게 네 차례 선거를 치렀다.[129] 결과적으로 아데나워가 14년간 장기집권을 했지만, 각각의 선

---

126 Dimitris Th. Tsatsos (ed.), *Parteienfinanzierung im europäischen Vergleich*, Nomos, 1992, p. 154.

127 1966년 헌재 판결에서 상세 내용을 볼 수 있다. https://www.servat.unibe.ch/dfr/bv020056.html.

128 짧은 시기 동안 국고 지원금이 이렇게 급증했던 것은 1959년 최초로 국고 지원을 청구할 당시 정당 지원에 대한 반발 여론을 우려하여 가능한 한 축소해서 설정한 탓이었다. 국고 지원금은 1960년 500만 마르크에서 1962년 2,000만 마르크, 1964년에는 3,800만 마르크로 급증했다. Ulrich Dübber, "Die Parteien - ausgehalten vom Staat?", *Die Zeit*, 1964. 11. 6, https://www.zeit.de/1964/45/die-parteien-ausgehalten-vom-staat/komplettansicht.

129 이 장은 다음 논문을 기반으로 작성되었다. 문수현, 「1949~1969 기민련(Christliche

거는 늘 예측 불가능한 접전이었으며, 매번 작게는 기민련, 크게는 '독일연방공화국'이 나아갈 방향을 결정하는 전투, 그것도 격전이었다. 이 전투에서 이기기 위해 기민련이 전가의 보도로 활용했던 것은 분단 상태를 활용한 공산주의에 대한 공포였다. 모든 형태의 사회주의가 안보에 위협적인 것으로 보이게 함으로써 사민당을 고립시키는 것이 이 시기 기민련의 항구적인 선거 전략이었다. 그리하여 '안보 이슈가 이처럼 중요한 비중을 차지하는 유럽 국가는 없었다'는 평가도 놀랍지는 않다.[130] 물론 그것만으로는 불충분했다. 각각의 선거에서 기민련은 상황에 맞는 절치부심의 무기를 준비하여 어렵사리 이겼고, 이기고 난 후에도 연정 파트너를 찾는 문제로 고심해야 했다.

1949년 선거, "시장이냐 계획이냐(Markt oder Plan)"

1949년 선거는 16개 정당이 참여하여 11개 정당이 연방의회에 입성함으로써 바이마르공화국 당시 마지막 제국의회 선거와 유사한 양상을 보였다. "마지막 바이마르 선거"라는 평가는 여기에 기인한다.[131] 1949년 8월 14일에 열린 최초의 연방의회 선거는 역사적으로 볼 때 "이정표가 되는 선거(Richtungswahl)"였지만, 전후의 혼란으로 인해 준비 기간이 4주 남짓밖에 되지 않았다. 텔레비전을 보유한 가정이 거의 없었던 시기였기에, 당시 선거운동은 주로 책자와 신문 기사, 플래카드와 집회를 중심으로 이루어졌다.[132]

Demokratische Union)의 선거 캠페인 분석」, 『사림』 61권, 2017, 403~430쪽.

130 Geoffrey Pridham, *Christian Democracy in Western Germany*, Routledge, 1977, p. 340.

131 Jürgen Falter, "Kontinuität und Neubeginn: Die Bundestagwahl 1949 zwischen Weimar und Bonn", *Politische Vierteljahresschrift*, Vol. 22, No. 3, 1981, p. 236에서 재인용.

132 사민당이 라디오를 선거운동에 활용한 것은 예외적인 일이었다. 독일에서 텔레비전이 선

19세기로 거슬러 올라가는 역사를 가진 사민당은 전전의 조직을 기반으로 충분히 조직을 정비하고 선거운동에 참여할 수 있었으나, 기민련은 14개 지역 조직이 연합한 상태일 뿐, 전국 정당이 조직되지도 않은 상태였다. 이러한 격차에 근거하여 당대의 관찰자들이 사민당의 선거 승리를 점치고 있었던 것은 무리한 일이 아니었다.[133]

더욱이 사민당의 승리가 점쳐진 것은 비단 사민당의 조직력 때문만은 아니었다. 전후 독일이 어떤 체제가 되어야 할지에 대한 사회적 합의가 존재하지 않던 가운데, 사민당이 주장하던 계획경제는 당시 사회에서 매우 폭넓은 지지를 받고 있었다. 1947년 '알렌 강령'을 둘러싼 논의에서 잘 드러나듯이, 기민련의 대주주 가운데 한 그룹인 기독교 사회주의 세력들 역시 사민당과 크게 다르지 않은 경제 정책을 지지할 정도였다.

이 최초의 연방의회 선거에서 기민련이 선거 모토로 내세운 것은 바로 이 부분에 집중한 "시장이냐 계획이냐"였다. 1949년 7월 21일 공식적인 선거 캠페인이 시작되었을 때는, 아직 사회적 시장경제의 구체적인 내용이 무엇이어야 할지에 대한 정교한 이론적인 체계가 갖추어진 상태는 아니었다. 군정하의 행정부이자 동시에 의회이기도 했던 경제평의회(Wirtschaftsrat) 내에서 기사련, 자유민주당과 더불어 주도적인 역할을 담당하던 기민련은 기민련의 '사회적 시장경제'만이 경제평의회의 경제적인 성과를 이어가고 궁극적으로 개인의 자유를 보장해줄 수 있음을 강조하는 데 집중했다.

이를 위해 아데나워는 경제평의회 산하 경제청의 수장(Direktor der Verwaltung

거에 중요한 영향을 미친 것은 1957년 선거부터이다. Christina Holz-Bache, "Wahlkämpfe in Deutschland", in: Andreas Dörner/Ludgera Vogt (eds.), *Wahl-Kämpfe*, Suhrkampf, 2002, p. 216.

133 Nikolaus Jackob (ed.), *Wahlkämpfe in Deutschland*, VS Verlag für Sozialwissenschaftenchaften, 2007, p. 108.

für Wirtschaft des Vereinigten Wirtschaftsgebiets)이던 에어하르트를 선거전의 전면에 내세웠다. '뒤셀도르프 정강' 발표에 에어하르트를 내세웠던 것도 그 일환이었다. 에어하르트는 연설의 달인으로 유명했고, 많은 청중을 끌어들여 연설 회장을 가득 채우곤 했다. 수백 회에 걸친 그의 연설 내용은 동일했다. 자유 시장경제와 정치적 자유는 한몸일 수밖에 없기 때문에 기민련의 사회적 시장경제 없이는 정치적 자유를 유지할 수 없으며, 사민당의 통제경제는 결국 동독식 사회주의로 귀결될 수밖에 없다는 것이었다.[134] 이 선거에서 보인 에어하르트의 열정에 대해서는 사민당 당수 쿠어트 슈마허(Kurt Schumacher)마저 "지치는 법이라곤 없이 전국 방방곡곡을 누빈다"며 경의를 표할 정도였다.[135]

이 시기에 활용된 선거 포스터는 한국식 반공 포스터에 가까워 보일 정도이다. 가장 널리 쓰인 〈경제의 교차로에서(Am Scheideweg der Wirtschaft)〉 포스터의 경우 기민련을 건설 세력 및 일자리를 줄 세력으로, 사민당을 강제경제 및 관료제와 결부된 세력으로 그려냈으며, 사민당을 몽고 침략 세력의 이미지와 결부시키고 구원은 기민련에 있을 뿐이라는 메시지를 전달하고 있다.

이처럼 1949년 선거전이 경제 정책 및 이데올로기에 집중되었던 것은 독일 선거의 역사에서 예외적이었다. 이후의 선거에서는 미국식 선거 캠페인의 영향을 받아, 정당보다 총리 후보 개인에 집중하는 양상을 보였던 것이다.[136] 이후의 선거 관련 보도들에서 총리 후보자들 개인에 대한 보도의

134   Mark E. Spicka, *Selling the economic Miracle*, Berghahn Books, 2007, p. 64.

135   Anette Koch-Wegener, "Der Bundestagswahlkampf 1949 von CDU und SPD", in: Nikolaus Jackob (ed.), *Wahlkämpfe in Deutschland*, VS Verlag für Sozialwissenschaftenchaften, 2007, p. 104.

136   Mark E. Spicka, *Selling the economic Miracle*, Berghahn Books, 2007, p. 51.

**1949년 연방의회 선거 포스터
〈경제의 교차로에서〉**
기민련을 선택할 경우 재건과 노동이 가능하고, 사민당을 선택할 경우 강제경제와 관료제가 기다리고 있다는 메시지를 전달했다. KAS/ACDP-10-001.

비율이 60%에 육박했던 것과 달리, 1949년 선거만 예외적으로 아데나워와 쿠어트 슈마허에 대한 보도 비율이 13%에 그쳤다.[137]

　　1949년 8월 14일 선거 결과 기민련과 기사련이 31%를 얻어 어렵사리 제1당이 되었지만, 사민당은 29.2%를 얻었고, 11개에 달하는 군소 정당이 연방의회에 입성함으로써 바이마르 시기와 유사한 선거 결과를 보였다. 기민련/기사련이 절대과반을 차지하지 못했기 때문에 연정이 불가피했지만, 어떤 방식으로 연정을 구성할지에 대한 당내 합의는 존재하지 않았다. 또한

137　Jürgen Wilke/Carsten Reinemann, *Kanzerkandidaten in der Wahlkampfberichterstattung*, Böhlau, 2000, p. 81.

아데나워가 총리가 될 것에 대한 당내 합의도 아직 존재하지 않았다. 이 최초의 선거가 열릴 무렵 아데나워는 영국군 점령 지역의 당대표였을 뿐, 전국 정당으로서 기민련 자체가 존재하지 않는 상황이었고, 이미 73세에 접어든 그는 총리보다는 연방대통령처럼 상징적인 지위에 어울리는 것처럼 보이기도 했다.

1949년 선거 이후 두 가지 연정 가능성이 점쳐지고 있었다. 먼저 기민련/기사련과 자유민주당 및 독일당(Deutsche Partei)이 함께하는 연정 가능성이 있었다. 그러나 이 정당들을 합한 의석수가 전체 402석 중 208석으로 간신히 과반을 넘기는 상태였던 데다가, 개개 의원들이 투표할 때 당론을 준수하리라는 보장도 없었다. 다음으로 사민당과의 대연정이 논의되고 있었다. 야콥 카이저, 칼 아놀트(Karl Arnold) 등 기민련의 많은 정치가들과 언론인들이 대연정에 지지를 보냈던 것은, 전후의 폐허 속에서 신속한 재건에 나서는 데 대연정이 유리하리라는 생각 때문이었다. 실제로 니더작센, NRW 등 가장 인구가 많던 5개 연방주에서 이미 대연정이 실시되고 있기도 했다.[138] 사민당 내에서도 대연정을 지지하는 목소리가 높았다.[139]

그러나 강경한 반공주의자였던 아데나워는 사민당을 포함하는 사회주의 세력과의 연대에 강경하게 반대했다. 당시 에어하르트는 사민당과 연정이 이루어질 경우 내각에 참여하지 않겠다고 선언했고, 기사련의 실력자이던 프란츠 요제프 슈트라우스(Franz Josef Strauß) 역시 사민당과의 연정에 참여할 수 없다고 선언하는 등 아데나워의 연정 구상을 지원했다.

---

138 Kathleen Bawn, "The logic of institutional preferences", *American Journal of Political Science*, Vol. 37, No. 4, 1993, p. 969f.

139 Edgar Wolfrum, *Die Bundesrepublik Deutschland 1949~1990*, Klett-Cotta, 2005, p. 82.

결국 아데나워는 당시 바이에른 지역에 위치한 자매당인 기사련과의 연대에 더해, 경제평의회(Wirtschaftsrat)에서 이미 이루어진 바 있었던 형태의 연정, 즉 사민당을 배제한 채 보수적 자유주의 정당으로서 11.9%의 지지를 얻었던 자유민주당 및 독일당과[140] 연정을 만들어냈다.

이처럼 스스로 연정을 구성하고 주도한 아데나워는 최초의 연방의회 선거 한 달 뒤, 1949년 9월 15일 연방의회에서 어렵사리 총리로 선출될 수 있었다. 연방의회 총리 선거에서 그는 재적의원 402명 가운데 202명의 지지를 얻어 1표 차이로 과반 득표에 성공했는데, 이후 그가 즐겨 강조했듯이 이 한 표는 바로 그 자신의 표였다.[141] 기민련, 기사련 내부에서도 5명의 의원이 그를 지지하지 않았을 정도였다. 총리로 선출된 1년 후인 1950년 10월 아데나워는 기민련 대표로 선출되었고, 1966년 90세 고령이 될 때까지 당대표 자리를 유지했다.

1953년 선거, "사회주의로의 모든 길은 모스크바로 통한다"[142]

1950년 말부터 1953년 초까지 여론조사에 따르면 사민당은 기민련에 대

---

140 독일당(Deutsche Partei, DP)은 북독일 신교 세력들이 보수적인 신교 정당을 표방하며 만든 정당이었다. 정치적인 스펙트럼으로 볼 때 바이마르 시기에 존재하던 보수적인 독일민족국민당(DNVP)에 가까울 수 있었지만, 그보다는 하노버 지역 정당에 좀 더 가까웠다. 이 하노버 지역 정당은 원래 가톨릭중앙당과 긴밀한 연대가 있었고, 이로써 DP가 기민련에 통합될 수 있었을 것이다.

141 아데나워는 자신을 찍었느냐는 물음에 그렇게 하지 않았다면 '위선'이었을 것이라고 인정했다. https://www.kas.de/de/web/geschichte-der-cdu/kalender/kalender-detail/-/content/der-deutsche-bundestag-waehlt-konrad-adenauer-zum-ersten-bundeskanzler.

142 독일어 원문은 "Alle Wege des Marxismus führen nach Moskau"로서, 가장 널리 알려진 반공 선거 포스터로 꼽히고 있다. 이 책 90쪽 도판 참조.

하여 많게는 15%, 적게는 3%의 우위를 점하고 있었다. 실제로 이 시기 사민당은 연방주 선거에서 연이어 좋은 성적을 거두었다. 1949년부터 53년 사이의 주정부 선거에서 기민련/기사련의 인기는 대체로 쇠퇴하는 중이었고, 사민당은 NRW 등 일부 지역을 제외하고는 지지율을 높여가고 있었다.[143] 1953년 2월까지도 아데나워의 정치에 대한 만족도는 30%대에 머물렀고, 사민당의 지지율은 기민련보다 높았다.[144]

그러나 결국 선거 결과를 좌우했던 것은 선거에 임박해서 가시화된 독일 분단과 냉전 대립이었다. "계획경제냐 시장경제냐"라는 모토로 경제 정책을 중심으로 이루어진 1949년 선거와 달리, 1953년 선거에서는 국제정세가 중요한 내용으로 등장했다.

먼저 독일의 재무장이 중요한 쟁점이 되었다. 유럽 국가들, 특히 프랑스는 2차 대전을 주도한 독일의 재무장을 받아들이기 어려웠지만, 1950년 한국전쟁 발발을 계기로 독일의 재무장 논의가 본격화될 수밖에 없었다. 1951년 1월부터 독일군의 나토 가입을 위한 협상이 시작되었고, 불과 1개월 후인 1951년 2월 유럽석탄철강공동체 조약을 협상 중이던 6개국 사이에서 유럽방위공동체(European Defense Community) 창설 협상이 시작되었다.[145] 이 방위공동체에 동등한 파트너로 독일을 참여시키기 위해 독일의 주권을 인정하는

---

143 Gerhard A. Ritter/Merith Niehuss, *Wahlen in Deutschland, 1946~1991*, Beck, 1991, pp. 158~181에서 1940년대 후반과 1950년대 초반 선거 지지율 그래프의 기울기를 볼 것.

144 Mathias Friedel, "Die Bundestagswahl 1953", in: Nikolaus Jackob (ed.), *Wahlkämpfe in Deutschland*, VS Verlag für Sozialwissenschaftenchaften, 2007, p. 133.

145 이 시기 독일의 여러 일간지들을 분석한 최형식에 따르면, 한국전쟁 발발 이전까지 독일의 재무장에 철저히 부정적이던 독일 언론이 한국전쟁을 거치며 입장을 바꿈으로써 독일의 재무장이 가능해졌다. 최형식, 「독일 재무장에 대한 언론의 동향—한국전쟁을 중심으로」, 『서양사론』 52권, 1997, 65~100쪽.

일반협약에 대한 논의가 구체화된 끝에, 결국 1952년 서독의 주권을 인정하는 독일조약(Deutschlandvertrag)이 체결되고 프랑스가 마지막으로 비준함으로써 1954년에 마무리되기에 이르렀다. "재무장을 주권 회복의 도구로 썼다"고 해도 과언이 아닌 것이다.[146] 아데나워는 독일조약을 통해 "패전이 청산된 셈"이라고 언급하기도 했다.[147] 이 유럽방위공동체 자체는 프랑스 의회에서 부결됨으로써 사장되었지만, 독일군을 나토에 가입시키는 안이 받아들여짐으로써 독일의 재무장이 이루어질 수 있었다.[148]

당시 사민당은 아데나워의 서방통합 정책이 독일을 냉전의 도구로 만들어 분단을 영속화시킬 것이라고 비판했고, 서독은 '철의 장막' 어느 편에 완전히 속하기보다 4강대국과 협상을 지속해야 한다는 입장이었다. 『슈피겔』역시 서방 세계로의 군사적 통합이 독일의 통일을 불가능하게 만든다는 이유로 유럽방위공동체를 일관되게 반대했다.[149] 반대로 기민련은 4대 강국의 동의를 통해 통일을 추구하려는 사민당의 정책은 결국 소비에트의 정치적 입장을 받아들이는 것으로서, 이는 독일의 정치적 자결권을 팔아넘기는 일이며 독일 국민에 대한 배신 행위라고 주장했다.[150] 당시 재무장을 둘러싸고 독일 여론이 얼마나 분열되어 있었는지를 잘 보여준다 할 것이다.

독일의 재무장 및 통일에 대한 입장차로 사회적 긴장이 높아지는 가운데, 1953년 선거 두 달여 전인 6월 17일 동독 최초이자 최후의 대중 봉기가

---

146   Mathias Friedel, op.cit., 2007, p. 114.

147   Ibid., p. 115에서 재인용.

148   신종훈, 「유럽방위공동체(EDC) 창설과 독불 관계의 역설」, 『독일연구』 48권, 2021, 65~96쪽.

149   위의 글, 85쪽.

150   Mark E. Spicka, *Selling the economic Miracle*, Berghahn Books, 2007, pp. 170~171.

발발했다. 백만 명에 달하는 동독 시민들이 '사회주의 건설'의 속도를 높여 가는 과정에서 발생한 소비재 부족 문제로 인해 시위를 벌이자, 소련 군대 가 개입하여 이 시위를 진압하고 그 과정에서 50명이 사망하고 15,000명이 투옥되었다. 이 사건은 냉전 체제의 엄혹함을 선명하게 보여주기에 충분했 다.[151] 일주일 후 서베를린의 시청 앞에서 열린 추모 행사에 참여한 12만 5천 명의 군중 앞에서 아데나워는 "독일이 다시 평화와 자유 가운데 통일될 때 까지 쉴 수 없다"고 약속했다. 이로써 그는 "맹목적인 반공주의자"의 이미지 를 털어낼 수 있었다.[152] 1953년 9월 선거 사흘 전, 미 국무장관 존 포스터 덜 레스(John Foster Dulles)가 "아데나워 정부의 패배는 독일통일 전망을 위태롭게 할 것"이라고 논평했던 것도 기민련 선거 승리에 크게 기여했다고 평가된 다.

당시 기민련은 1953년 연방의회 선거가 사회적 시장경제와 기독교, 그 리고 공산주의 사이의 갈림길에서 독일의 미래를 결정할 선거라고 주장했 다. 임박한 소비에트의 위협에 맞서서 서방통합, 특히 미국과의 연계를 강 조하는 한편, 사민당을 서독의 위협 세력으로 낙인찍었다. 당시 널리 활용 되었던 선거 포스터의 문구 "사회주의로의 모든 길은 모스크바로 통한다" 는 냉전 대립 구도가 독일 내정에 얼마나 큰 영향을 미쳤는지를 잘 보여준 다. 1953년 선거는 결국 서방통합, 재무장, 공산주의의 위협이 결합된 '동풍' 이 좌우한 선거였다. 선거 직전인 1953년 7월의 설문조사에서 "러시아로부 터의 안전 혹은 독일통일" 가운데 무엇이 더 중요한지 묻는 질문에 52%가

151 "17. Juni 1953-Volksaufstand", Lebendiges Museum Online, https://www.hdg.de/lemo/kapitel/geteiltes -deutschland-gruenderjahre/weg-nach-osten/17-juni-1953-volksaufstand.html.

152 https://www.kas.de/de/web/geschichte-der-cdu/kalender/kalender-detail/-/content/wahlen-zum-2. -deutschen-bundestag.

안전, 36%가 통일을 선택했던 것은 상징적인 예였다.[153]

집권 여당이던 기민련은 '동풍'을 확산시키는 데 매우 유리한 고지를 점하고 있었다. 1949년 '연방언론정보국(Bundespresse-und Informationsamt)'을 신설한 것을 비롯하여 여론에 영향을 미칠 수 있는 여러 협회들이 조직되었다. 공공 혹은 준공공 기구인 이 협회들은 '정부' 정책 홍보를 목적으로 했지만, 정부 정책과 기민련의 정책을 구분해내기는 당연히 불가능했다. 선거 캠페인 구상이 총리청에서 이루어지고 있다 해도 과언이 아닌 상황으로, 후일의 기

---

153   Mathias Friedel, op.cit., 2007, p. 131.

준으로 보자면 불법적인 요소가 다분했다.

여론조사가 광범위하게 응용되기 시작한 것도 이 선거부터였다. 미국에서는 이미 1930년대에 여론조사가 시작되었지만, 독일의 경우 2차 대전 이전에는 여론조사가 이루어진 바 없다가, 1950년 초 15개에 달하는 연구 조사 기관이 창설되었다.[154] 이 여론조사 결과는 구체적인 선거공약으로 이어졌다. 1953년 초 담배세, 커피세, 차세 인하 등 선심성 공약이 뿌려졌던 것도 이 여론조사 덕분이었다.[155]

그 외에도 기민련은 언론인들을 선거 열차에 동행시켜 인터뷰를 하고 선거전을 취재하게 하는 등, 아데나워 개인에 집중한 홍보에 많은 노력을 기울였다. 또 아데나워는 영국군 포로가 수감 중이던 베를(Werl) 감옥, 비스마르크 묘지 등을 방문하기도 했다. 우파 민족주의자들을 기민련 지지 세력으로 끌어들이기 위해서였다.[156]

이 선거에서 기민련/기사련은 45.2%의 지지를 얻었고, 사민당 지지율은 28.8%에 불과했다.[157] 선거 이후 기민련/기사련은 자유민주당(Freie Demokratische Partei, FDP), 독일당(Deutsche Partei, DP), 추방민동맹(BHE)과 연정을 이루었다. 선거 결과로만 따지자면 반드시 필요한 것은 아니었는데도, 자유민주당뿐만 아니라 독일당, 추방민동맹까지 연정에 참여시킴으로써 세를 강화했다. 이러한 전략의 성공은 1957년 선거에서 분명하게 드러났다. 1957년 선거에서 군소 정당 지지율은 10%로, 1949년의 28%에 비해 현저히 줄었고, 이는 군소 정

---

154   Ibid., p. 117.

155   Ibid., p. 127.

156   Mark E. Spicka, *Selling the economic Miracle*, Berghahn Books, 2007, p. 159.

157   https://www.bundeswahlleiter.de/bundestagswahlen/1953.html.

01 아데나워의 가부장적 민주주의 [1949~1963] 89

당 지지자들이 기민련 지지로 옮겨간 덕분이었다.[158]

1955년 추방민동맹(GB/BHE)이 자르협약(Saarabkommen) 문제로 분열되었을 때도, 기민련은 당을 떠나기로 결정한 장관들을 내각에 남겨두는 방식으로 그 지지자들을 흡수할 수 있었다. 1956년 자유민주당이 NRW에서 사민당과 연정에 참여하는 문제로 분열되었을 때 역시 기민련은 자유민주당을 탈당한 장관들을 고스란히 내각에 남겨둠으로써 그 지지자들을 끌어들였다.[159]

1953년 선거는 서독 정치 체제의 발전에서 하나의 분기점으로 평가된다. 1949년 선거에서는 10여 개에 달하는 정당들이 난립했지만, 1953년 선거에서는 기민련/기사련과 사민당이 맞서고 자유민주당이 균형추가 되는 정당 체제가 갖추어졌던 것이다.[160] 거대 양당인 기민련/기사련, 사민당으로만 한정해서 보면 1949년에는 60.2%의 지지를 얻었지만, 1953년의 지지율은 74%에 달할 정도로 집중화가 나타났다.[161] 이런 상황을 다양하게 해석할 수 있겠지만, 최소한 정당체제의 안정화를 의미한다고 볼 수 있을 것이다.

연금 개혁과 1957년 선거

1957년 선거는 아데나워의 정치적 이력에서 정점을 찍은 선거였다. 기민련/기사련이 얻은 지지율인 50.2%는 독일연방공화국 역사상 전무후무했다.

---

158 Mark E. Spicka, op.cit., 2007, p. 206.

159 Karlheinz Niclauss, *Kanzlerdemokratie*, UTB, 2004, pp. 37~38.

160 1949년 선거에서 1933년 이전부터 존재해온 사회 구조적 갈등 요소가 고스란히 드러났고, 두 번째 선거인 1953년 선거부터 그러한 경향이 극복된다는 점에서 독일 선거 분석으로 유명한 정치학자 위르겐 팔터(Jürgen Falter)는 바이마르에서 본으로의 이행을 보여주는 선거라고 평가하기도 했다. Christina Holz-Bache, "Wahlkämpfe in Deutschland", in: Andreas Dörner/ Ludgera Vogt (eds.), *Wahl-Kämpfe*, Suhrkampf, 2002, p. 216.

161 Mark E. Spicka, op.cit., 2007, p. 143.

사민당이 1959년 '고데스베르크 강령'을 통해 사회주의와의 단절을 선언한 것도 결국 이 극적인 패배 탓이었다. 지지율만 보자면 사민당도 이전 선거에 비해 2.6% 정도 증가한 31.8%의 지지율을 기록했지만, 기민련/기사련이 지지율을 높인 탓에 양당의 격차는 메울 수 없을 정도로 커졌다. 단독으로도 집권이 가능했으나 기민련은 아데나워의 정책에 비판적이던 자유민주당은 배제하고 독일당(DP)과 연정하는 편을 택했다.[162]

이처럼 기민련에 유리한 선거 결과가 처음부터 자명했던 것은 아니었다. 선거 전 설문조사에 따르면 아데나워와 기민련의 인기는 점차 사그라들고 있었고, 야당의 지지율은 매우 높았다. 특히 전쟁 직후부터 매우 공고했던 재무장 자체에 대한 반감에 더해 1956년 7월 제정된 병역법(Wehrpflichtgesetz)에 대한 반감이 매우 컸다.[163] 병역법이 공표된 직후인 1956년 8월부터 1957년 초까지 사민당의 지지율은 기민련/기사련의 지지율을 능가하고 있었고, 기민련의 지지율이 사민당을 앞서게 된 것은 4월부터였다.[164]

이 반전에 대한 가장 개연성 높은 설명은 연금 개혁이다. 아데나워가 "우리 정치 전체에서 가장 본질적인 것은 다음 선거에서 좋은 성적을 내도

---

162 기민련과 자유민주당의 관계는 1955년부터 점차 악화되고 있었다. 법무부장관이자 자유민주당의 외교 전문가이던 토마스 델러(Thomas Dehler)가 자르협약을 비판했을 때, 자유민주당이 무조건적으로 아데나워를 지지하지 않을 경우 자유민주당과 더 이상 연정을 하지 않겠다고 할 정도로 기민련의 태도는 고압적이었다. 한 걸음 더 나아가 정당명부식 비례대표제를 없애는 방식으로 선거법을 개편하겠다고 나섬으로써 자유민주당을 위협하기도 했다. 그에 따라 자유민주당과의 관계는 1950년대 말부터 1960년대 초까지 지속적으로 악화되었다. Ronald Irving, *Adenauer: profiles in Power*, Pearson, 2002, pp. 176~177.

163 https://www.bgbl.de/xaver/bgbl/start.xav?start=//*%5B@attr_id=%27bgbl156s0651.pdf%27%5D#__bgbl__%2F%2F*%5B%40attr_id%3D%27bgbl156s0651.pdf%27%5D__1679375471865

164 Mark E. Spicka, op.cit., 2007, p. 211.

록 하는 데 있다"고 단언한 것은 그의 정치를 이해하는 데 핵심적인 실마리다. 인기 없는 법안들은 집권 초기에 제정하여 집권 말기에는 잊혀질 수 있도록 하고, 인기를 끌 만한 정책들은 선거 직전에 공표되었다. 1953년 선거 직전에 단행했던 커피세 인하 정책이 선거에 도움이 되었다고 판단한 아데나워는 1957년에 다시금 "선심공약이라는 따뜻한 비가 국가 전역에 내리도록 했다."[165] 연금 개혁안이 선거를 앞두고 제정된 것 역시 마찬가지 이유에서였다. 실제로 이 연금 개혁은 1957년 1월 1일부터 적용되도록 했기 때문에 많은 연금소득자들이 1957년 봄에 일시불로 현금을 지급받을 수 있었다.

물론 연금 개혁만으로 기민련의 선거 승리를 설명할 수는 없다.[166] 1957년 선거 승리는 효과적인 선거 캠페인 덕분이기도 했다. 기민련은 1953년 선거 직후부터 1957년 선거를 준비하기 시작했다. 이 선거에서 산업계의 기부액이 증가한 덕분에 기민련이 선거 자금으로 지출한 금액은 총 3천 5백만 마르크에 달했다. 사민당의 8백만 마르크와 비교되지 않을 정도의 거액이었다. 다음 선거가 치러진 1961년에 기민련이 3,000~3,500만, 사민당이 2,800~3,000만 마르크를 지출한 데는[167] 1957년 선거의 영향도 있었을 것이다.

앞서 언급했다시피 이미 1953년부터 선거에 통계적 요소를 도입했던 아데나워는 1957년 선거에서도 여론조사 결과를 토대로 선거 전략을 세웠다. 독일의 대표적인 통계 회사인 알렌스바흐 여론조사 연구소(Institut für

---

165 Franz Walter et.al., *Die CDU*, Nomos, 2011, p. 53에서 재인용.

166 원래 사회보장 정책에 대한 포괄적인 개혁을 제안하고 기민련의 연금 개혁안을 지지했던 사민당은 1957년 선거에서 이 연금 개혁안으로 인한 반사 효과를 기대했으나, 여론은 연금 개혁안의 공을 기민련에 돌렸다.

167 Michael Koss, *Staatliche Parteienfinanzierung und politischer Wettbewerb*, Verlag für Sozialwissenschaften, 2008, p. 121.

**1957년 연방의회 선거 포스터
〈실험은 노−콘라드 아데나워〉**

Keine Experimente!
Konrad Adenauer CDU

Demoskopie Allensbach) 등 여러 기관을 통해 포괄적인 여론조사를 실시했고, 이
에 근거하여 특정 사회 집단에 호소할 수 있는 맞춤형 전략들을 짜서 캠페
인의 효율성을 극대화했다. 그리고 선거 캠페인 진행 과정에 광고대행사를
투입하여 선거 캠페인 아이디어가 효과적인 프로파간다가 될 수 있도록 했
다. 원래 1957년 선거의 슬러건은 "통일"이었지만, 여론조사 결과를 토대로
"실험은 노(!)─콘라드 아데나워"가 선택되었다. 후보자 개인에 집중하는 경
향도 1953년 선거보다 더욱 뚜렷해졌다. 국민 절반 정도가 아데나워를 군주

처럼 존경한다는 당시의 여론조사 결과가 반영된 선거 캠페인이었다.[168] 반면 당시 사민당 후보였던 에리히 올렌하우어(Erich Ollenhauer)는 "전임자 쿠어트 슈마허 같은 강한 도덕성도, 후임자 빌리 브란트(Willy Brandt)의 젊은 카리스마도 갖지 못한" 상태였다.[169]

특히 이 선거 슬로건은 코카콜라 광고를 만든 광고 전문가에 의해 탄생했다.[170] 이러한 전례 없는 전문성을 통해 기민련의 선거 전략은 독일인들의 일상에 깊이 침투할 수 있었다. 전국 방방곡곡에 천만 장 이상의 포스터가 배포되었고, 선거 직후의 여론조사에서는 응답자의 53%가 기민련의 선거 홍보물을 접했다고 답했다.[171] 사민당의 경우 1961년 선거에서야 비로소 이처럼 상업적인 선거 캠페인을 실시하기 시작했다.[172]

1961년 선거, 아데나워와 '팀' vs "브란트와 함께 앞으로"

1961년 선거 캠페인은 전문화된 선거 기법을 동원했던 이전 선거와 다른 예외적인 선거로 기록될 수 있다. 1961년 9월 17일 선거 딱 한 달 전인 1961년 8월 13일에 베를린 장벽이 세워졌던 것이다. 미리 준비했던 여러 홍

---

168 Geoffrey Pridham, *Christian Democracy in Western Germany*, Routledge, 1977, p. 340. 이는 아데나워의 나이를 단점이 아니라 오히려 장점으로 부각시키는 슬로건이기도 했다. 당시 아데나워는 82세 고령이었다. "실험은 노(Keine Experiment)", "앞으로도 그렇게"라는 선거 구호들에서 아데나워 총리는 안정을 상징하는 인물로 부각되었다. 실제로 선거 후의 연구에 따르면 부동층 유권자들을 선거장으로 끌어내는 데 기여했던 것은 경제 분야에서의 성공과 더불어 아데나워 개인에 대한 지지였다. Lars Rosumek, *Die Kanzler und die Medien*, Campus, 2007, p. 69.

169 Ronald Irving, *Adenauer: profiles in Power*, Pearson, 2002, p. 173.

170 Mark E. Spicka, op.cit., 2007, p. 210.

171 Ibid., p. 222.

172 Geoffrey Pridham, *Christian Democracy in Western Germany*, Routledge, 1977, p. 341.

보물들은 무용지물이 되었다. 당시 브란트는 대규모 서베를린 시위를 주도하고 동독을 결연히 비판했으며, 소련의 책임을 추궁하고 동독에 대한 경제제재를 국제사회에 호소하는 등 "서베를린을 서독에 단단히 결속시키려고 노심초사했다."[173]

브란트와 달리, 아데나워는 8월 22일에야 장벽을 방문했다. 장벽이 세워진 지 6일 만인 8월 19일에 미국 부대통령 린든 존슨(Lyndon Johnson)이 베를린 장벽을 방문하고도 사흘이 더 지난 뒤였다.[174] 아데나워로서는 즉각 베를린을 방문하여 위기를 고조시키기를 원치 않았기 때문이었지만, 여론은 그가 동독인들보다 자신의 선거운동을 중시한다고 생각했다. 기사련의 슈트라우스가 '나는 이 국면에서 아데나워가 물러나야 한다고 느꼈다'고 말하는 등, 이 사건은 아데나워의 이미지를 크게 실추시켰다.[175] 베를린 장벽이 세워지기 전 49%에 달하던 기민련의 정당 지지율은 35%로 급감했다.[176]

이 시기 사민당은 미국식 선거운동 방식을 적극 도입했다. 사민당의 선거 담당자들은 1959년 영국 선거와 1960년 미국 대통령 선거를 면밀히 분석

---

173 노명환, 「베를린 장벽 설치에 대한 빌리 브란트의 반응과 동방 정책 구상」, 『역사학연구』, 77권, 2020, 434쪽. 베를린 시장의 이러한 적극성이 중요한 의미를 가질 수밖에 없었던 것은, 서방 측이 베를린 장벽 설치를 두고, 소련이 서베를린을 침략할 의도가 없다는 것을 보여준 사건으로 간주하고 선뜻 적극적인 대응에 나서지 않았기 때문이다. 최영태에 따르면, 1963년 케네디가 직접 방문하여 베를린을 수호하겠다는 연설을 하고서야 비로소 베를린 시민들의 동요를 진정시킬 수 있었다. 최영태, 「W. 브란트의 동방 정책에서 평화의 문제」, 『독일연구』 34권, 2017, 172~178쪽.

174 https://www.konrad-adenauer.de/seite/bau-der-berliner-mauer-13-august-1961/.

175 Ronald Irving, *Adenauer: profiles in Power*, Pearson, 2002, p. 180.

176 Hans-Peter Schwarz, "Die CDU/CSU -Fraktion in der Ära Adenauer, 1949~1963", in: Hans-Peter Schwarz (ed.), *Die Fraktion als Machtfaktor*, Pantheon, 2009, p. 43.

1961년 연방의회 선거 포스터
〈흐루쇼프는 아데나워를 무너뜨릴
것을 요구한다〉
KAS/ACDP 10-031: 50206 CC-BY-
SA 3.0 DE.

하고,[177] 그 결과 텔레비전에 주목하게 되었다. 쟁점보다는 후보자 개인에게 집중하는 선거운동을 펼쳤다. 당시 85세였던 아데나워와 달리 48세의 젊은 나이로 케네디를 떠올리게 하는 빌리 브란트의 인기를 활용하여, 사민당 역사상 처음으로 개인에 집중하는 선거전을 펼쳤다. "브란트와 함께 앞으로 (Voran mit Willy Brandt)"가 이 시기 사민당의 선거 슬로건이었다.

한편, 1961년 당시 기민련의 선거 캠페인은 전통적으로 기민련의 구심

---

177 텔레비전이 최초로 중요한 역할을 담당했던 1960년 선거에서, 케네디는 TV 토론에서 승리함으로써 선거 승리를 거둘 수 있었다.

점이 되었던 반(反)사회주의였다. "흐루쇼프는 아데나워를 무너뜨릴 것을 요구한다"는 선거 포스터는 냉전시대 반공 문법에 매우 충실했다. 슬로건으로는 "아데나워, 에어하르트, 그리고 팀"을 내세웠다. 아데나워에 집중해 온 기존의 경향에서 현저히 후퇴한 선거전을 펼친 것이다.

이 선거는 기민련으로서는 특히 힘겨운 선거였다. 1960년대 초반부터 사민당 후보 빌리 브란트(Willy Brandt)의 인기가 아데나워나 에어하르트를 능가하고 있었기 때문이다. 베를린 장벽으로 인한 위기조차 아데나워의 기민련이 아니라 당시 47세였던 서베를린 시장 브란트의 인기를 높여줄 뿐이었다.[178] 기민련은 수세에 몰려 있었다. 빌리 브란트가 혼외자였다거나 나치 시기에 노르웨이로 망명했다가 노르웨이 군복을 입고 독일로 귀국한 사람이라고 주장하는 등, 아데나워가 직접 나서서 브란트에 대한 인신공격을 해야 한다고 느꼈을 정도였다.

이 선거가 어려웠던 또 하나 이유는 사민당이 다각도로 외연을 확장했기 때문이었다. 이즈음 사민당은 기민련의 주요한 지지 기반이었던 교회와 관계를 개선하고 있었다. 대표적인 신교 출신 정치가이자 나치 시기 고백교회의 변호인으로 활동했던 법률가 구스타프 하이네만(Gustav Heinemann)이 아데나워의 재무장 정책에 맞서 1950년 내각을 탈퇴하고 독자적인 신교 정당인 전독일국민당(Gesamtdeutsche Volkspartei, GVP)을 창당했다가 1953년 선거 패배 이후 사민당과 합당하면서, 사민당은 신교적이고 좌파 중간계급적인 색채

---

178 1957년부터 1966년까지 10년간 베를린 시장을 역임했던 빌리 브란트를 비롯하여, 서베를린 시는 대체로 사민당이 장악하고 있었다. 통일 이전에 기민련 소속 시장이 재직한 기간은 1953~55년, 1957년, 1981~89년 등 10년 정도에 불과했다. https://de.wikipedia.org/wiki/Liste_der_B%C3%BCrgermeister_von_Berlin#Regierender_B%C3%BCrgermeister_von_Berlin_(seit_1951).

를 얻을 수 있었다.[179]

그 결과 1961년 선거에서 기민련은 절대과반을 잃고 45.3%의 지지를 얻어—5%의 득표 감소를 기록했다—가까스로 여당의 자리를 지킬 수 있었다. 기민련의 지지율 감소로 인한 최대 수혜자는 자유민주당으로서, 1957년 선거보다 5% 이상 올라간 12.8%의 득표율을 기록했다.[180] 반대로 1959년 '고데스베르크 강령'을 통해 마르크스주의적인 색채를 탈각한 사민당은 젊은 유권자들을 흡수하여 역시 5% 가까운 득표율 증가를 기록하며 1919년 제국의회 선거 이후 가장 좋은 성적인 36.3%의 지지율을 기록했다.

아데나워에 대한 지지가 흔들리고 베를린 장벽 건설로 인해 베를린 시장 빌리 브란트의 인기가 치솟았음에도 이 시기에 정권교체가 이루어지지 못한 것은 결국 분단 상황 탓으로 분석된다. 냉전과 베를린 장벽 건설 등의 외정적 불안 요소에 더해 정권교체를 통한 내정의 혼란까지 나타나는 것을 피하고 싶은 심리가 지배적이었다는 것이다. 더욱이 1957년에 사민당이 노동자 정당에서 대중 정당으로 선회하기는 했지만, 기존 기민련 유권자들을 끌어올 정도로 분명한 변화가 나타나지는 않았다는 점도 지적되고 있다.[181]

이러한 상황하에서 정부 구성은 대단한 난제였다. 1961년 선거 당시 자

---

179 하이네만은 재무장을 통해 독일의 분단이 공고해지리라는 민족주의적인 우려 때문에 재무장 계획을 반대했다. 재무장과 서방통합을 포기하고 독일통일의 가능성을 유지해야 한다는 것이 하이네만의 주장이었다. 냉전이 지속되는 동안 하이네만의 이런 태도는 별반 지지를 얻지 못했으나, 1960년대 들어서 긴장 완화 국면에 접어들자 그에 대한 사회적 지지도 높아졌다. 그는 1957년 사민당에 가입했고, 1959년 '고데스베르크 강령'이 제정되는 과정에서 그와 측근이던 요하네스 라우(Johannes Rau) 등이 심대한 영향을 미쳤다. 이로써 사민당과 개신교의 관계는 현저히 개선될 수 있었다.

180 https://www.bundeswahlleiter.de/bundestagswahlen/1961.html.

181 Ulrich Herbert, *Geschichte Deutschlands im 20. Jahrhundert*, C.H.Beck, 2014, p. 757.

유민주당이 "아데나워 없는 연정"을 선거 모토로 내걸고 에어하르트에 대한 지지를 표명했기 때문이다. 아데나워는 한편으로 임기 끝까지 총리직에 머무르지 않을 것을 약속함으로써 지지를 얻었고, 다른 한편으로는 당시 불가능한 것으로 여겨졌던 사민당과의 연정 카드를 만지작거리며 자유민주당을 압박한 끝에 51일 만에 결국 항복을 받아냈다.[182] 대연정 가능성에 위축된 자유민주당이 항복할 수밖에 없는 분위기를 조성했던 것이다. 아데나워가 그동안 일관되게 고수해왔던 반-사민당 투쟁을 생각할 때, 놀랍기 그지없는 일이었다.

이처럼 어렵사리 자유민주당과의 연정 체결에 성공했지만, 아데나워 역시 비싼 대가를 치러야 했다. 자유민주당의 반대로 하인리히 폰 브렌타노(Heinrich von Brentano) 외무장관을 물러나게 하고 그 자리에 미국에 친화적인 게하르트 슈뢰더(Gerhard Schröder)를 임명해야 했던 것이다. 자유민주당 측은 프랑스와의 연대를 강조해온 아데나워의 기존 외교 전략과 달리 미국과의 연대를 강화하는 외교 정책을 주장했다. 또한 아데나워는 자신의 퇴임 시기를 명시해야 했다. 임기 중에 아데나워가 퇴임하는 것이 자유민주당의 연정 참여 조건이었던 탓이다. 그는 1962년 크리스마스에 즈음하여, 1963년 가을까지는 퇴진하겠다고 선언할 수밖에 없었다. 이 선거 결과는 결국 '상처뿐인 영광'을 의미하는 "피로스의 승리(Pyrrhic victory)"였다는 평가를 받았다.[183]

---

182 자유민주당이 1년 후 슈피겔 사건으로 인해 내각 탈퇴에 나섰을 때도 아데나워는 사민당과의 연정을 통해 정권을 이어가고자 했다. 결국 사민당의 원내교섭단체가 아데나워가 주도하는 대연정을 받아들일 수 없다고 결의함으로써 아데나워의 계획은 실패로 돌아갔다. Frank Bösch, *Die Adenauer-CDU*, DVA, 2001, p. 395.

183 Ronald Irving, *Adenauer: profiles in Power*, Pearson, 2002, p. 175.

7. 아데나워 집권기의 정책들

아데나워 총리 시기 기민련 당 조직은 극히 허약했고 사민당의 강령들에 견줄 만한 분명한 권위를 지닌 당 강령도 존재하지 않았다. 때문에 이 시기 기민련의 정책이란 결국 아데나워 행정부의 정책일 수밖에 없었다. 아데나워 정권의 내정과 외정상 주요 정책들을 따라가보면, '사회적 시장경제'와 '서방통합'이라는 두 가지 이정표를 만날 수 있다.

내정

아데나워 시기 내정을 주도하는 원리는 '사회적 시장경제'였다. 사회적 시장경제의 철학에 따르면 "개체는 인격적 주체이며 공동체는 자기실현을 위한 존재 양식"으로서, "개인의 인격성"과 공동체를 통해 자아를 실현해야 한다는 "개인의 사회성"을 동시에 강조할 필요가 있었다.[184] 경제 정책의 측면에서 볼 때 '사회적 시장경제'는 기본적으로 경제 과정에 대한 직접적인 정부 개입을 반대한다는 점에서 자유주의적이었지만, 재능에 따른 출세를 보장하기 위해 평등한 기회를 강조하고, 재산권을 가능한 한 많은 사람들이 누릴 수 있도록 하며, 대규모 콘체른에 맞서 중소 규모 기업을 보호하고, 도시화에 맞서 농촌 환경 보호를 중시한다는 점, 그리고 질병과 장애 등으로 시장 체계에 포함될 수 없는 이들의 최소한의 생활 여건을 보장해줄 사회적 네트워크를 중시한다는 점에서 자유방임 자본주의와 궤를 달리했다.[185]

---

184 정용교, 「기업 내 공동결정권을 둘러싼 쟁점과 핵심 내용—독일의 사업장평의회를 중심으로」, 『담론 201』 9권 3호, 2006, 88쪽.

185 A. J. Nicholls, *Freedom with Responsibility*, Clarendon Press, 2004, p. 323.

이처럼 자본주의적인 요소와 사회주의적인 요소를 아우르는 것을 기민련의 목표로 삼은 이상, 사유재산의 좀 더 균형 잡힌 분배가 필요하다는 점은 분명했다. 하지만 구체적으로 어떤 조치가 있어야 할지에 대해서는 기독교 사회주의 세력과 에어하르트를 위시한 자유주의 세력들이 맞서는 가운데 쉽사리 합의가 이루어지지 못하고 있었다. 공동소유, 공동결정권, 연금개혁 등은 당내 기독교 사회주의 세력들이 주장하던 바였고, 카르텔금지법은 에어하르트를 위시한 당내 자유주의 세력이 중시하던 내용이었다. 1950년대 기민련의 정치는 이들 양대 세력의 대립이 교섭단체와 정부를 통해 조정되는 방식으로 이루어졌다. 그 결과 독일 자본주의는 냉전 체제하 분단국이었음에도 영미권 자본주의와 사뭇 다른 길을 갈 수 있었다.

경제 정책: 공동소유법안

개인의 소유에 사회 구성적인 의미를 부여하는 것은 기민련의 근본 원칙이었다. 개인의 소유란 개인의 중심적인 일부이며 자유와 자기책임을 위한 전제이기 때문에, 개인의 재산을 지켜주어야 할 뿐만 아니라 한 걸음 더 나아가 가능한 한 많은 사람들이 개인적 소유물을 가질 수 있도록 소유를 분산시켜야 한다는 것이 가톨릭 사회주의의 근간이었다. '사회적 시장경제'를 경제의 원칙으로 천명한 '뒤셀도르프 정강'은 이 구상을 분명히 표현했다. 뒤셀도르프 정강에 따르면 "사회적 시장경제는 사유재산을 긍정하고 촉진해야" 하며, "경제적 산물의 합당한 분배와 사회적인 법률들을 통해 국민들 가운데 소유가 없는 계층을 소유하는 계층으로 만들어내야" 했다.[186]

아데나워 역시 사적 소유가 경제적이고 사회적인 자유를 유지하기 위한

---

186   https://www.kas.de/de/einzeltitel/-/content/duesseldorfer-leitsaetze-vom-15.-juli-1949.

가장 확실한 보호막이라고 보았다. 적절한 사유재산을 확보한 노동자는 더 이상 위험한 혁명 세력이 아니라 사유재산을 유지하는 데 관심을 기울이는 국가 시민이 될 수 있다는 것이었다. 예컨대 아데나워는 1957년 취임연설에서 자가주택 소유를 촉진하겠다는 목표를 설명하는 가운데 "꽃이 자라는 곳에서 아이들이 자라고, 아이들이 자라는 곳에서 문화가 자라며, 그곳에서 자유 역시 자란다"라는 말로 소유와 자유주의 체제의 관계에 대한 그의 입장을 분명히 한 바 있었다.[187]

문제는 사회 안에서 개인들, 특히 노동자들의 소유를 촉진할 방법이었다. 개인의 재산 소유를 촉진하기 위한 구체적인 방안으로 아데나워 시기 기민련에서 논의되었던 것은 공동결정과 결부되는 공동소유(Miteigentum), 그리고 사회보장의 일환인 재산형성법안(Vermögensbildung)이었다.

기민련의 노동계 세력인 CDA는 이미 1920년대부터 기독교 사회주의의 주요 요구사항이던 우리사주 형태의 '공동소유'를 강조하고 있었다.[188] 그들은 기본적으로 절약을 통해 사유재산을 늘려야 한다는 당내 경제계의 입장을 수용하지 않았으며, 화폐 개혁 이후 기업의 자본 형성을 돕기 위해 세금 감면 혜택을 주었던 것처럼 생산성 증대에 기여한 노동자들에게도 상응하는 조치가 있어야 한다고 보았다. "경제 활동의 이익은 노동, 자본, 경영진 간 협업의 결과이기 때문에 노동자들이 기업의 이윤에서 합당한 몫에 대한 권리를 가진다"는 '뒤셀도르프 정강'은 CDA의 입장을 충실히 반영했다.[189]

---

187 "Bürger im Grünen", *Der Spiegel* 29, 1958. https://www.spiegel.de/politik/buerger-im-gruenen-a-f379 86ce-0002-0001-0000-000041761883.

188 William L. Patch, *Christian Democratic Workers and the Forging of German Democracy, 1920~1980*, Cambridge University Press, 2018, p. 188.

189 https://www.kas.de/de/einzeltitel/-/content/duesseldorfer-leitsaetze-vom-15.-juli-1949.

이와 더불어 노동자들이 소유에 참여함으로써 자본가들이 기업 내에서 과도한 권력을 쥐는 것을 막을 수 있다는 입장이었다.

기민련 내에서 노조 세력을 대변하던 정치가 칼 아놀트(Karl Arnold)는 1950년 기민련 전당대회에서 이 '공동소유' 개념을 '투자임금(Investivlohn)' 개념으로 정교화하기도 했다. 시간당 임금을 2페니히 인상시키고 노동자 측에서도 2페니히를 적립하여 투자를 위한 기금을 마련하자는 것이었다. 그러나 이 제안은 구체적인 정책 토론으로 이어지지 못했다.[190]

1953년 선거를 앞두고 선거공약에 공동소유(Miteigentum) 개념이 다시 포함되었지만, 선거에서 예상치 못하게 승리한 이후 더 이상 논의되지 못했다. 이 선거에서 기민련은 노동자들의 지지를 끌어올리는 데 성공했지만, 이는 일반적인 경제 정책의 성공 탓이지 공동소유에 대한 공약 때문은 아니었다고 분석되었던 탓이었다.

이 계획은 이후 정치적 논의의 대상이 되지 못하다가 1957년 CDA가 '노동자 주주 참여(Mitarbeiterbeteiligung)'와 관련된 독자적인 법안을 제시함으로써 다시 논의되기 시작했다. 100명 이상 사업장의 경우 자본 참여에 비례하여 이익과 손실을 나누도록 하고, 그 구체적인 내용은 사업장협약(Betriebsvereinbarung) 혹은 임금협약(Tarifvertrag)을 통해 결정하도록 하는 법안이었다. 그러나 이 안은 원내교섭단체 논의 단계에서 이미 사라졌기 때문에 연방의회의 논의를 거칠 필요도 없었다. "조용한 죽음"이라는 평도 무리는 아니었다.[191] 기민련 내의 반대 세력은 물론 기업가 대변 그룹이었지만, 기민련

---

190 Matthias Zimmer, "Wohlstand für alle durch Miteigentum? Die Adenauer-Jahre", in: Heinrich Beyer/ Hans-Jörg Naumer, *CSR und Mitarbeiterbeteiligung: Die Kapitalbeteiligung Im 21. Jahrhundert – Gerechte Teilhabe Statt Umverteilung*, Springer, 2018, p. 39.

191 Ibid., p. 40.

내 기독교 사회주의 분파를 넘어서서 다른 집단의 지지를 얻지 못했던 것도 사실이었다. 독일노총은 노동자 주주 참여를 통해 노동자들이 자신의 임금에 대한 충분한 권리를 누리지 못하게 될 뿐만 아니라 회사의 리스크에 함께 노출되고, 한 회사에 매이게 된다는 점에서 비판적이었다.

이처럼 우리사주 형태의 공동소유 계획은 점차 사라지고, 1957년 전당대회에서부터 '모두를 위한 복지(Wohlstand für Alle)'라는 모토 아래 '국민주(Volksaktien)' 계획이 부각되었다. 기민련의 경제 정책을 주도하던 에어하르트는 한 기업 내에서 노동자들의 경제적 영향력을 높이기보다는 국민주를 발행하여 보다 많은 국민들을 주주로 만드는 편이 바람직하다고 보았다. 간단히 말해 '우리사주보다 국민주'라는 입장이었다. 그에 따라 아데나워는 1957년 취임 선언에서 "자본을 폭넓은 범위에서 분배함으로써 가능한 한 많은 국민들에게 자존감과 더불어 공동체 전체에 대한 소속감을 부여하겠다"고 선언했고,[192] 가족주택 소유 촉진과 더불어 국민주 도입을 3기 아데나워 정부의 가장 중요한 국정 과제로 삼았다.[193]

구체적으로는 1959년 거대 여행 관련 기업이던 프로이삭(Preussag)의 주식을 저소득층 대상으로 부분적으로 민영화했고, 그 결과 21만 명의 소액주주가 탄생했다. 1961년에는 폭스바겐, 1965년에는 베바(Vereinigten Elektrizitäts- und Bergwerks-AG, VEBA)의 민영화를 통해 각각 150만과 250만 마르크의 주식이 소액주주들의 수중으로 들어갔다.[194]

---

192 https://www.konrad-adenauer.de/seite/29-oktober-1957/.

193 "Bürger im Grünen", *Der Spiegel* 29, 1958. https://www.spiegel.de/politik/buerger-im-gruenen-a-f37986ce-0002-0001-0000-000041761883.

194 "Zum Dauerbesitz weiter Bevölkerungskreise", *Deutschlandfunk*, 2023. 4. 11. https://www.deutschlandfunk.de/zum-dauerbesitz-weiter-bevoelkerungskreise-100.html.

이후에도 기민련 노동자 세력의 발의로 재산형성법(Vermögensbildungsgesetz)
이 1961년에 제정되기도 했다. 이 법에 따르면, 사용자들은 매년 312마르크
까지 노동자들에게 증여하여 노동자들의 재산 형성에 기여할 경우 임금세
(Lohnsteuer)와 사회보험기여분(Sozialversicherungsbeiträge) 계산에서 혜택을 받을 수 있
었다.[195] 노동자들의 경우 주택 건설 촉진 기금, 주택 대출, 혹은 회사의 주식
획득 중에서 선택할 수 있었다. 이 법은 실제 적용되는 과정에서 기대에 현
저히 미치지 못하는 결과만을 낳았지만, 이 시기 '사회적 시장경제' 실현에
대한 사회적 열망이 얼마나 높았는지 보여주는 상징적인 사례였다.

공동결정권

개별 사업장 노조 중심의 탈중앙집권화된 영국 노동자 세력과는 달리,
17개 산업 분야 전체를 총괄하는 독일노총(DGB)은 1950년대에 전체 노동자
의 30%를 망라하는 거대 조직이었다. 아데나워 시기 독일노총은 연금 개혁
과 더불어 가장 중요한 의제 중 하나로 공동결정권을 내세우고 있었다.

공동결정권(Mitbestimmung)은 영어 번역어를 찾기 어려울 정도로 독일에
특유한 현상으로서, 19세기 중반으로 올라가는 긴 역사를 갖고 있다. 실패
했을망정 이미 1848년 혁명기 프랑크푸르트 국민의회(Nationalversammlung)에 제
출된 '영업조례(Gewerbeordnung)' 관련 법안에서 민주화의 도구로서 공동결정
권이 반영된 바 있었다. 그리고 이 '공동결정'이라는 아이디어 자체는 질긴
생명력으로 살아남아 여러 상이한 역사적 국면에서 그 모습을 드러냈다. 19

---

195 Matthias Zimmer, "Wohlstand für alle durch Miteigentum? Die Adenauer-Jahre", in: Heinrich Beyer/
Hans-Jörg Naumer, *CSR und Mitarbeiterbeteiligung: Die Kapitalbeteiligung Im 21. Jahrhundert - Gerechte
Teilhabe Statt Umverteilung*, Springer, 2018, p. 41.

세기 말 이후 사민주의와 노조의 영향력을 축소시키고 노동자들을 기업에 통합시키기 위해 이를 자발적으로 제도화하는 기업이 나타났는가 하면, 1차 대전 당시 노동자들의 협력을 얻기 위해 50인 이상 사업장에 강제적으로 노동자들을 포함하는 위원회를 만들도록 하는 '조국봉사법(Gesetz über den vaterländischen Hilfsdienst)'이 제정되기도 했다.[196] 실현되지는 못했지만, 바이마르 헌법 165조에서—'공동결정'이라는 단어는 아닐지라도—공동결정에 해당하는 내용이 명문화된 바도 있었고,[197] 1920년에는 이후 1952년에 제정된 '경영조직법'과 흡사한 틀을 가진 사업장평의회법(Betriebsrätegesetz)이 제정되기도 했다. 이 법은 선출된 사업장평의회가 경영에 대해 협의하는 것과 대기업 감사회에 두 명의 노동자 대표를 임명할 것을 중요 내용으로 삼고 있었다.[198]

이러한 단계를 거친 '공동결정'이라는 아이디어는 2차 대전 이후 사회적 시장경제의 원칙을 노사관계에서 실현하기 위한 장치로서 중시되었다. 공동결정을 수용할지 여부뿐만 아니라 공동결정이 이루어지는 방식도 논쟁거리였다. 1920년대 이래 일반독일노동자연맹(Allgemeine Deutsche Gewerkschaftsbund, ADGB)은 개별 사업장을 넘어서는 공동결정권을 경제민주주의의 중요한 구

---

196 공동결정권을 제도화하기 위한 여러 시도들은 다음을 참조. Wilhelm Adamy/Johannes Steffen, *Handbuch der Arbeitsbeziehungen*, Westdeutscher Verlag, 1985, pp. 137~140.

197 바이마르헌법 165조의 내용은 다음과 같다. "Die Arbeiter und Angestellten sind dazu berufen, in gleichberechtigter Gemeinschaft mit den Unternehmern an der Regelung der Lohn- und Arbeitsbedingungen sowie an der gesamten wirtschaftlichen Entwicklung der produktiven Kräfte mitzuwirken. Die beiderseitigen Organisationen und ihre Vereinbarungen werden anerkannt." https://www.gewerkschaftsgeschichte.de/downloads/e_05_dok_4_verfassung.pdf.

198 William L. Patch, *Christian Democratic Workers and the Forging of German Democracy, 1920~1980*, Cambridge University Press, 2018, p. 119. 사업장평의회 활동에 대한 자세한 내용은 다음을 참조. 방준식, 「독일 공동결정 제도의 성립과 발전」, 『법학논총』 24(1), 2007, 221~223쪽.

성 요소로 주장해왔고,[199] 뒤이어 1949년 조직된 독일노총(DGB) 역시 개별 사업장을 넘어서는 공동결정권을 주장했으며 사민당이 이를 적극 지지했다. 이와는 달리 기민련의 노동자 세력인 CDA는 사업장별로 감사회(Aufsichtsrat)를 노사 동수로 구성하는 방식의 상대적으로 소규모인 공동결정권을 주장했다.[200]

공동결정권이 노조의 희망 사항을 넘어서 사회 전반에서 광범위하게 논의되고 제도화될 수 있었던 것은 매우 중요한 2차 대전 이후의 변화였다. 그 이유를 분석하기란 어렵지 않다. 먼저 공동결정권은 탈나치화의 일환으로 이해되었다. 거대 기업들이 극단주의적이고 비민주적인 정당인 나치를 지지했던 탓에, 노조의 영향력을 증대시키는 공동결정권은 독일 기업 경영에서 나타나는 군사주의적 경향을 완화시킬 장치로 이해되었다.[201] 바로 이러

---

199 카첸슈타인(Peter J. Katzenstein)은 노동운동 세력이 노사 공동 기구를 요구한 것은 1890년대부터라고 주장하기도 한다. Peter J. Katzenstein, *Policy and Politics in West Germany*, Temple University Press, 1987, p. 128.

200 독일 기업은 주주로 구성된 이사회 외에도 경영진과 감사회(Aufsichtsrat)가 기업 운영을 나누어 맡고 있다. 감사회는 일상적인 기업 활동에 개입하는 것은 아니지만, 경영진을 선출하고 통제하며 굵직한 특정 사안들에 대한 동의권을 갖고 경영진에 대해 조언 및 통제의 권한을 행사한다. 독일 기업의 구조에 대해서는 다음을 참조. Heinz Gester/Norbert Koubek/Gerd R. Wiedemeyer (eds.), *Unternehmensverfassung und Mitbestimmung in Europa*, GABLER, 1991, pp. 79~80. 정웅기처럼 이 감사회를 '감독이사회'로 번역하는 경우도 있는데, 이는 감사회가 "우리 나라의 감사위원회와 달리 이사회 내의 위원회가 아니고, 또한 그 구성원인 감독이사를 주주와 근로자가 공동으로 선임한다"는 점에 착목한 듯하다. 정웅기, 「독일의 이사회 차원에서의 공동결정 제도와 수용 가능성 검토」, 『법과기업연구』 10-2, 2020, 140쪽. 그러나 현재 '감사회'가 더 널리 활용되고 있기에 이 책에서는 '감사회'로 번역했다.

201 나치 체제의 재연을 피하기 위한 장치로서 공동결정권뿐만 아니라 석탄, 철강, 광산 등 핵심 산업의 '국유화(Vergesellschaftung)'와 '경제계획(Volkswirtschaftliche Rahmenplanung)' 등이 논의되었다. Leo Kißler et.al., *Die Mitbestimmung in der Bundesrepublik Deutschland*, Verlag für Sozialwissenschaftenchaften, 2011, p. 45.

한 이유에서 군정 당국, 특히 영국 군정 당국이 1949년 영국군 점령 지역의 석탄 철강 분야 노조에게 공동결정권을 허용한 바 있었다.[202]

두 번째로, 그리고 보다 근본적으로, 이 공동결정권은 기독교적인 인간관에 맞닿아 있다는 점을 주목할 필요가 있다. 기독교 교리에서 노동은 자기실현의 방식이자 한 인간의 자기표현 방식으로 이해된다. 그러나 분업화, 관료제화된 산업사회에서는 인간이 기계의 한 부품으로 전락하고 인간과 그의 노동이 교환 가능한 단순한 상품으로 환원될 수밖에 없다는 우려가 사회주의자들뿐만 아니라 기독교 세력에게도 광범위하게 받아들여졌다. "기독교 사회 이론이 실제로 가장 잘 드러나고 있는 분야가 노동법"이라고 평가되는 것은 이러한 문제의식 때문이었다.[203]

이처럼 산업자본주의는 기독교의 인간관에 위배되는 상황을 낳을 수밖에 없기 때문에, 경제 활동에서 공동결정과 공동책임을 통해 비인간적인 산업자본주의의 조건을 완화 혹은 해소해야 한다는 것이 기독교 사회 이론의 논리적 귀결이었다. 즉 경제의 최종 성과물을 나누는 것만이 아니라 경제 활동 과정에 함께 참여하는 것 역시 사회 정의에 부합한다는 것이었다. 또한 기독교 사회 이론에 따르면, 사회적 파트너들 간의 동등한 협력에 근거하여 사회적으로 공정한 경제질서를 만들어내는 것은 자본의 철폐를 통해서가 아니라 자본과의 협력을 통해서만 가능했다.

이러한 입장은 가톨릭 교회의 지지를 받았다. 교황 피우스 12세가 1952

---

202 그러나 산업이 전체적으로 군정의 지배하에 있던 당시 독일 사회에서는 이 공동결정권이 그닥 중요한 이슈로 여겨지지 않았다. A. J. Nicholls, *Freedom with Responsibility*, Clarendon Press, 2004, p. 338.

203 Gilbert Corman, "Arbeit und Recht in der Enzyklika „Mater et Magistra"", *Arbeit und Recht*, Vol. 10, No. 1, 1962, p. 1.

년에 공식 서한(Sendschreiben)으로 공동결정권의 긍정적인 효과를 지적했는가 하면, 1961년 요하네스 23세가 교황교서(Enzylika)「돌봄과 교육(Mater et magistra)」에서 "기업을 참된 인간의 공동체로 만들기" 위해서 "노동자들이 기업의 운영에 적극적으로 참여해야 한다"고 주장했던 것도 대표적인 예였다.[204] 이는 종교의 영향력이 매우 강했던 1950년대에 공동결정권에 대한 사회적 지지를 넓히는 데 크게 기여했다.

물론 공동결정권을 원칙상 지지하는 것과 이를 '지금 여기'의 경제 상황에서 제도화하는 것은 전혀 다른 문제였다. 특히 자유민주당과 기민련의 보수주의자들에게 공동결정권은 기업 경영의 자유를 침해하는 심각한 위협으로 간주되었다. 자유주의 경제 이론에 따르면, 경쟁적인 시장에서 생존을 주요 관심사로 삼을 수밖에 없는 기업가들이 기업 경영상 결정에 대해 책임을 져야 했다. 보다 실질적으로 산업계의 재정 지원에 의지하고 있던 자유민주당으로서는 공동결정을 절대적으로 반대할 수밖에 없었다. 에어하르트 역시 공동결정권에 반대함으로써 그가 중시하던 카르텔 금지 법안에 대한 기업가들의 지지를 얻고자 했다.

그러나 1951년 아데나워는 독일노총 의장 한스 뵈클러(Hans Böckler)와 더불어 석탄, 철강산업 분야 1,000명 이상 고용 기업의 경우 감사회(Aufsichtsrat)에서 노동자들의 동등한 참여권을 보장하겠다는 협약을 체결했고, 이에 따라 관련 법안이 1951년에 통과되었다.[205] 이 법에 따르면 노동자 대표가 감사회의 절반을, 그리고 사측의 주주 대표가 나머지 절반을 차지하되, 만일 있을

---

204 Udo Zolleis/Josef Schmid, "Die Christlich Demokratische Union Deutschlands(CDU)", in: Oskar Niedermayer (ed.), *Handbuch Parteienforschung*, Springer, 2013, p. 148에서 재인용.

205 Ibid., p. 151.

지 모르는 교착 상태를 타개하기 위해 중립적인 의장이 선출되어야 했다. 또한 경영진에 속하는 노동감독관(Arbeitsdirektor)이 인사 및 복지 분야를 담당하도록 했으며, 이 노동감독관은 감사회 구성원 가운데 노동자 대표 다수의 지지를 얻어야 했다.[206]

비록 석탄 철강 분야로 제한되긴 했지만, 당시 아데나워가 재계의 반대를 무릅쓰고 이후에도 지속적으로 논란이 될 이 공동결정권을 수용했던 것은 재무장과 서방통합이라는 다른 정치적 이슈에 대한 노조 세력의 지지가 절실했기 때문이었다.[207] 이 공동결정권에 대해 "서독 역사에서 조직 노동의 가장 큰 입법적 승리"라는 평가도 있지만,[208] 산업계의 로비로 다른 산업 분야로 확대되지 못했거니와 원래 광산업 분야 노조의 요구사항은 이 분야를 국유화하는 것이어서 공동결정권은 노조가 기대하는 수위보다는 훨씬 낮았다.

1951년의 성공에 고무된 노조와 사민당은 유사한 권리가 경제 전반으로 확대되어야 한다고 주장했으나, 이는 1952년의 '경영조직법(Betriebsverfassung)'에서 제한적으로 수용되었을 뿐이다. 먼저 감사회(Aufsichtsrat)에서 노동자 대표의 몫은 1/3로 제한되었다.[209] 또한 5인 이상 사업장에 사업장평의회가 설치

---

206 Wilhelm Adamy/Johannes Steffen, Handbuch der Arbeitsbeziehungen, *Westdeutscher Verlag*, 1985, pp. 137~140.

207 Leo Kißler et.al., *Die Mitbestimmung in der Bundesrepublik Deutschland*, Verlag für Sozialwissenschaftenchaften, 2011, p. 46.

208 William L. Patch, *Christian Democratic Workers and the Forging of German Democracy, 1920~1980*, Cambridge University Press, 2018, p. 110.

209 Ibid., p. 135. 현재 독일의 공동결정권은 세 범주로 구분된다. ① 석탄 철강 분야 공동결정법 (Montanmitbestimmungsgesetz)의 적용을 받는 석탄 철강 분야 1,000명 이상 사업장, ② 감사회의 노동자 몫이 1/3인 500~2,000인 사이 사업장, ③ 공동결정법의 적용을 받는 2,000명 이

될 수 있도록 했고, 이 사업장평의회를 통해 사업장에서 일하는 모든 사람들이 노조 소속 여부와 무관하게 사업장의 노동 환경 전반에 대한 공동결정권을 갖게 되었다.[210]

그러나 사업장평의회는 "원칙상" 조직될 수 있을 뿐 의무는 아니었고,[211] 따라서 선출되지 않는다 해도 별다른 제재는 없었다. 또한 평의회는 인사 문제에 대해 제한적인 통제권을 가질 뿐이었고, 경제 문제에 대해서도 정보 및 자문의 측면에서 제한적인 권리만 가졌다.[212] 노동감독관에 대한 규정도 없었고, 공공 부문과 민간 부문으로 나누어 민간 부문에만 사업장 법규가 적용되도록 했다. 노조 측은 이를 패배로 받아들였고, "히틀러 등장 이래 가장 큰 실망"을 가져다주었다고 평가하기도 했다.[213] 실제로 독일노총은 이

상의 사업장이다. 이와 관련하여 독일노총의 한스 뵈클러 재단 유튜브 영상 참조. Hans-Böckler-Stiftung, Mitbestimmung im Aufsichtsrat. https://www.youtube.com/watch?v=kbjqi3_3MjI.

210 독일은 초기업적으로 노동자의 이익을 대표하는 노조와 사업장 내에서 노동자의 이익을 대표하는 사업장협의회로 구성되는 이원적 근로자 대표 시스템을 갖고 있다. 이러한 구도 하에서 노동조합은 사업장 내에서 사업장평의회의 활동에 영향을 미치지 않는다. 이와 관련해서는 다음을 참조. 방준식, 「독일 공동결정 제도의 성립과 발전」, 『법학논총』 24-1, 2007, 219쪽, 각주 8번. 구체적으로 사업장평의회는 '경영조직법'을 통해 ① 고용, 해고, 직업교육 등 인사 문제, ② 임금, 휴가, 산재 방지 등 사회적 영역, ③ 생산 및 투자, 경영 합리화 등 경제 영역에 대한 공동결정권을 갖게 되었다. 공동결정권의 논의 구도 및 세부적인 내용, 특히 사업장평의회의 구체적인 작동 방식은 다음을 참조. 정용교, 「기업 내 공동결정권을 둘러싼 쟁점과 핵심 내용—독일의 사업장평의회를 중심으로」, 『담론 201』 9권 3호, 2006, 81~108쪽.

211 Wolfgang Koberski, "Chapter 4. Errichtung Wahl, Amtszeit und Geschäftsführung des Betriebsrats", in: Heinz-G. Dachrodt et.al. (eds.), *Praxishandbuch Human Resources: Management-Arbeitsrecht-Betriebsverfassung*, Srpinger Gabler, 2014, p. 286.

212 https://www.bpb.de/politik/hintergrund-aktuell/223149/mitbestimmungsgesetz.

213 Peter J. Katzenstein, *Policy and Politics in West Germany*, Temple University Press, 1987, p. 137에서 재인용.

법에 대한 실망으로 시위와 5월 15일 1시간 동안 대중교통 셧다운을 시도하는 등 "노조의 방식으로 대응"하기도 했으나 성과를 거두지는 못했다.[214]

이처럼 감사회 구성이나 사업장평의회의 작동 방식에 노동자 측의 목소리가 충분히 반영되지는 못했지만, 불충분하더라도 일단 제도화된 공동결정권이 노사관계의 평화를 보장하는 데 중요한 요소가 되었다는 점은 부정할 수 없다. 이로써 노동자들은 사업장에서 의무만이 아니라 권리도 가진다는 사실이 제도적으로 인정된 셈이었고, 아울러 노조가 체제 전복 세력이 아니라는 인정의 의미를 담고 있기도 했다.

연금 개혁

'사회적 시장경제' 개념은 기민련의 브랜드로 자리 잡았다. 그렇다면 이 '사회적 시장경제'는 어느 정도로 '사회적'이었을까? 독일 기본법 20조 1항은 "독일연방공화국은 민주적이며 사회적인 연방국가"라고 선언했지만, 이 사회국가의 성격이 무엇이어야 하는지에 대한 합의는 존재하지 않았다. 전후 독일 사회는 천만 명에 달하는 추방민, 4백만 명의 전사자에 더해 160만 명의 귀환자, 340만에 달하는 부상자, 무수한 과부와 고아의 생존을 보장해야 했다.[215] 이는 서독 전체 인구의 1/3에 달하는 숫자였다.[216] 이에 따라 나치 희생자 지원과 난민 원조 등을 위해 원호법(Bundesversorgungsgesetz)(1950), 귀환자법(Bundesheimkehrergesetz)(1950), 부담조정법(Lastenausgleich)(1952), 추방민법(Bundesvertriebenengesetz)(1953) 등 여러 특별법이 제정되었지만, 전쟁으로 인한

---

214 William L. Patch, op.cit., 2018, p. 136.

215 Hans-Ulrich Wehler, *Deutsche Gesellschaftsgeschichte 1949~1990*, C.H.Beck, 2008, p. 258.

216 Ulrich Herbert, *Geschichte Deutschlands im 20. Jahrhundert*, C.H.Beck, 2014, p. 652.

피해 당사자 구제를 넘어서는 보다 포괄적인 사회복지 시스템의 필요성이 제기되고 있었다.

사회복지 시스템 개혁의 필요성에 대해서는 누구도 토를 달기 어려웠지만, 그 구체적인 방식을 둘러싸고 입장이 엇갈렸다. 당시 사민당은 영국의 베버리지 체계 같은 국민보장보험이나 스웨덴의 '국민의집(Volksheim)'을 모델로 하는 전체 국민 대상의 복지 체계를 구상하고 있었다. 기민련에는 내부의 입장 차이가 있었다. 에어하르트를 위시한 당내 자유주의 세력은 재무부, 경총 및 자영업자협회 등과 함께 자조 및 수혜자 부담 원칙을 강화하고 세금으로 지원하는 사회보장 정책의 경우 사회보장 수혜자 개인의 필요를 검토한 후에 제공하자는 주장이었고, 기민련의 노동자 세력인 '기독교민주주의노동자단(Christlich-Demokratische Arbetnehmerschaft, CDA)'은 사회보장에 대한 권리 주장이 가능한 보다 적극적인 복지를 강조했다.

기민련은 기민련대로, 사민당은 사민당대로 각자의 포괄적인 사회 개혁안을 제시했지만 각 당의 견해차로 인해 진전이 이루어지지 못했다. 결국 아데나워는 총체적인 개혁안을 내놓기보다 분야별 개혁을 추진하는 쪽으로 방향을 선회했다.

그 가운데 가장 조명을 받았던 것은 1957년의 연금 개혁이었다. 이 연금 개혁은 독일 사회국가의 역사에서 패러다임 교체에 가까운 것으로 평가되고 있다. 독일에서 연금 체제가 제도화된 것은 1889년 '노동자의 상해 및 노령법(Gesetz betreffend die Invaliditäts- und Alterssicherung der Arbeiter)'을 통해서였지만, 노인이 기본적으로 가족의 부양을 받는다는 전제하에 보조금으로 구상되었기 때문에 생존을 위한 최저한도의 보장을 의미할 뿐이었다. 당시의 연금은 물가 상승을 반영하지 않았기 때문에 장기적으로는 실제 가치가 하락하게 되는 고정 연금 체계였다. 그 결과 1950년대까지 연금액이 생활비에 미치지 못하여 노년 빈곤이 만연했다. 당시 노인은 "궁핍, 고독, 잉여적 존재, 한계적 삶의 조건"과 관련되어 논의되고 있었다.[217] 특히 2차 대전 참전 군인들, 전쟁 미망인들의 빈곤은 전후의 경제기적으로 부유해진 서독 사회와 대비되어 더욱 두드러져 보였다.

반면 1957년 새로운 연금 개혁안은 연금 수령액을 같은 직군의 임금인 상과 연동시키는 '역동적 연금(Dynamische Rente)' 제도로서 연금이 생활비에 대한 보조금에 머무르는 것이 아니라 임금 대체 기능(Lohnersatzfunktion)을 담당할 수 있도록 하려는 의도를 담고 있었다. 1956년 연금법 개혁 이전 노동자 순소득의 1/3에 불과하던 표준 연금을 현직 노동자 평균 실질임금의 60%에 달하도록 함으로써 노년에 생활 수준이 하락하는 것을 막고자 했다. 실제로는 실질 임금의 40~50%에 머물렀다고 평가되지만, 그럼에도 과거의 고정 연금에 비하면 현저히 나은 생활이 가능해졌다. 그리고 이는 연금 재정 운용 방식을 적립식에서 갹출식으로 바꾸어서, "연금 수급자의 연금을 현재 취업자가 부담하고 이들이 퇴직하면 다시 후세대 취업자의 보험료로 연금을 수령"하도록 한 덕분이었다.[218]

이러한 연금 정책은 기민련 내 자유주의 세력의 강한 반발에 직면했다. 당시 연금 정책 논쟁의 전면에 서 있던 재무부와 연방은행도 인구 변동이 불확실한 가운데 화폐 안정성을 해칠 수 있다는 이유로 반대했다.[219] 또한

217 정용숙, 「1957년 연금 개혁―서독 복지국가와 노인 정책의 전환점」, 『서양사론』, 114권, 2012, 87쪽.

218 위의 글, 84쪽.

219 에어하르트 전기 작가인 알프레드 미에르제예프스키(Alfred C. Mierzejewski)는 이 갈등의 전면에 서지 않기로 한 에어하르트의 선택이 전략적 오판이었다고 비판했다. Alfred C. Mierzejewski, *Ludwig Erhard: Der Wegbereiter der sozialen Marktwirtschaft*, Pantheon, 2006, p. 323.

장기적으로는 공공 지출을 확대하게 됨으로써 민간 분야의 투자에 필요한 자원이 제한되고, 국가에 대한 의존도가 높아지리라는 우려도 제기되었다. 특히 가변적일 수밖에 없는 미래 시장의 여건이 반영되지 않은 안이라는 점에서, 경제 자유주의자들의 우려가 컸다. 그에 따라 연금을 책정하는 척도로 같은 직군의 임금인상율 대신 국민총생산 수준을 활용하여 변화하는 시장 조건을 반영시키자는 대안도 제시되었다.

그러나 1957년 선거를 앞둔 2월, 아데나워는 경제부장관 에어하르트, 재무부장관 프리츠 쉐퍼(Fritz Schäffer), 화폐 안정성을 우려하던 연방은행(Bundesbank), 그리고 "노조와 연금생활자의 위험한 연대"라는 재계의 강력한 반대를 뒤로한 채,[220] 경제학자인 빌프리트 슈라이버(Wilfrid Schreiber)의 제안을 근간으로 하는 이 '역동적 연금안(Dynamische Rente)'을 관철시켰다.[221]

아데나워가 총리의 고유 권한인 '방침결정권한(Richtlinienkompetenz)'을 강조해야 할 정도로 반대가 컸던[222] 이 연금안이 가결되던 당시, 보수당인 독일

220　Hans-Ulrich Wehler, op.cit., 2008, p. 262.

221　슈라이버의 원안은 다음을 참조. https://www.bundesarchiv.de/cocoon/barch/0000/x/x1955s/kap 1_3/para2_12.html.

222　에어하르트는 연금이 "최소한의 생계비(Existenzminimum)"에 머물러야 하며 "개별 사례에 따라" 검토되어야 한다고 주장했지만, 아데나워는 직접 서신을 보내 자신의 명령에 따를 것을 요구하고 나섰다. 이 서신의 원본은 다음에서 볼 수 있다. https://de.wikipedia.org/wiki/ Ludwig_Erhard#/media/Datei:Richtlinienkompetenz_Adenauer.jpg. 에어하르트는 연금 개혁에 대한 연방의회 표결에서도 기권표를 던졌다. 그는 기본적으로 "경제적인 진보 및 능력에 따라 효율적으로 구성된 복지가 포괄적이고 집단적인 보장 체계와 장기적으로 합일될 수 없다"는 입장이었다. https://www.ludwig-erhard.de/erhard-aktuell/kommentar/gerechtigkeit-und-verantwortung-in-der-rentenpolitik/. 정용숙은 아데나워의 강력한 의지가 없었다면 연금 개혁은 실현되기 어려웠을 것이라고 보면서, 동서독 간의 체제 경쟁과 더불어 '표심'이 아데나워의 목표였을 것이라고 분석했다. 정용숙, 앞의 글, 2012, 92~93쪽.

당(DP)과 자유민주당(FDP)은 연정 파트너임에도 반대 의견을 표명했고, 결국 법안은 사민당의 지지를 얻어 통과될 수 있었다. 노년과 빈곤의 치명적인 결합을 끊어냈던 이 법을 두고 한스-울리히 벨러는 저명한 그의 『독일 사회사』 시리즈에서 "서독에서 가장 인기 있는 법"이었으며, 서독의 "안정화와 정당화 기제로서 엄청난 의미를 갖는다"고 평가했다.[223] 물론 청년 세대를 희생시키고 고용노동에 종사하지 않는 여성들을 전혀 고려하지 않은 채 강력한 유권자 집단인 중장년층 남성들을 중심으로 한 가부장제적 가족 모델에 근거해 있었다는 비판, 노령화와 더불어 점차 재정적으로 유지 불가능한 연금 체제가 되리라는 당시의 우려는 동시에 미래에 대한 예견이기도 했다.[224]

이 관대한 연금 정책 덕분에 아데나워의 기민련은 1957년 선거에서 기록적인 승리를 거두었지만, 아이러니하게도 그로 인한 정치적 어려움은 연금 정책에 반대했던 에어하르트가 감당해야 했다. 1963년 공공 사회복지 분야의 지출은 GNP의 17.1%에 달했고 연금 분야 지출이 가장 큰 비중을 차지하고 있었다. 당시 스웨덴이 13.8%였다는 점을 생각하면 대단히 높은 비율이다.[225] 당초 에어하르트는 이처럼 관대한 연금 제도가 시장경제의 기본 원

223　Hans-Ulrich Wehler, *Deutsche Gesellschaftsgeschichte 1949~1990*, C.H.Beck, 2008, p. 262.

224　2020년 현재 경제 활동 인구 대비 65세 이상 연금생활자 비율이 47.37%에 달하면서 재정적으로 유지 불가능한 상태에 이르렀다는 평가도 나오고 있다. https://de.statista.com/statistik/daten/studie/14177/umfrage/deutschland-anteil-rentner-an-erwerbsbevoelkerung/.

225　독일에서 사회복지비 지출이 높았던 것과 관련하여, 전후의 특수성으로 인해 국가 개입이 필요했다는 점, 인구 구성상 노령 인구가 증가하고 있었던 점, 고용이 증가함으로써 사회보험 가입자가 늘어났던 점, 경제력이 지속적으로 신장됨으로써 분배를 위한 여력이 생겨난 점 외에도, 냉전 체제하에서 사회주의에 대한 국민들의 저항을 높이고자 했다는 점, 그리고 정당들 간의 경쟁이 치열하여 많은 사회복지 정책이 선거 직전에 약속되었던 상황 등의 요

칙에 부합하지 않으며, 이로 인해 재정적자, 저성장, 고실업이 불가피하리라고 전망했다.[226] 당시 그는 이와 같은 연금 정책이 완전고용과 경기 호황의 시대에만 유지될 수 있으리라 보았으며, 실제로 경기불황의 시기에 기민련은 늘어난 정부 지출로 인해 정치적인 어려움에 처하게 되었다. 그러나 이 연금으로 인한 경제적 어려움이 가시화되었을 때, 책임을 져야 할 총리 자리에는 아데나워가 아닌 에어하르트가 앉아 있었다.

안티-카르텔법안

카르텔이 중시되지 않는 우리 입장에서 볼 때, 카르텔 법안이 전후의 경제난 속에서도 가장 중요한 이슈 가운데 하나였다는 점은 설명이 필요한 대목이다. 그러나 예컨대 부동산 재벌이 소유한 두 가지 슈퍼마켓 체인의 시장 점유율이 70%에 달하는 등 경제 전 분야에서 독과점이 일반적인 가운데 그 모든 부문에서 독과점으로 부풀려진 가격을 지불해야 하는 홍콩 소비자의 상황에 비추어본다면, 안티-카르텔 법안의 중요성이 선명하게 드러난다.[227]

안티-카르텔 법안의 중요성을 이해하기 위해서는 독일이 국가의 보호

인이 꼽힌다. Hans Günther Hockerts, "German Post-war Social Policies against the Background of the Beverage Plan", in: W.J. Mommsen, *The Emergence of the Welfare State in Britain and Germany*, Crom Helm, 1981, p. 332. 온라인 접근이 가능한 자료이다. https://core.ac.uk/download/pdf/216407642.pdf.

226 정용숙에 따르면, 일반적으로 알려진 바와 달리 에어하르트가 변동 연금 자체에 반대했던 것은 아니었다. 그가 반대했던 것은 국민경제의 실질생산성 증가라는 조건과 연동시키지 않은 채 단순히 임금에 연동시키는 방식이었다. 정용숙, 앞의 글, 2012, 99쪽.

227 독과점을 특징으로 하는 홍콩 경제 구조의 생성과 현황에 대해서는 다음을 참조. 앨리스 푼, 『홍콩의 토지와 지배계급—도시국가를 뒤흔드는 부동산 헤게모니』, 생각비행, 2021.

를 중심으로 산업화를 이룬 후발 산업국가고, 그에 따라 전통적으로 자유시장경쟁보다 보호주의적인 성격이 강했다는 사실을 기억할 필요가 있다. 독일제국 시기에는 150여 개의 카르텔들이 특정한 상품의 시장가격을 정했을 뿐만 아니라 생산량과 상품의 질까지 결정할 정도였다. 독일제국에서 카르텔이 이렇게 널리 받아들여졌던 것은 국제경쟁으로부터 국민경제를 보호하는 데 도움이 된다는 이유에서였고, 그 결과 1897년 제국 법원은 카르텔 합의가 법적인 구속력을 지닌 계약이라고 선언하기도 했다.[228] 이는 비슷한 시기인 1890년 반트러스트법인 셔먼법을 통해 카르텔 금지를 기본 방침으로 내세웠던 미국과는 전혀 다른 태도였다.

독일 경제 자체가 이처럼 카르텔 합의에 근거해 있었기 때문에 전후 미군정이 카르텔이나 트러스트 같은 독일의 비자유주의적인 "경제 구조가 히틀러와 같은 정치권력과 쉽게 동화되어 이들의 협력이 점차 강화된 것으로 이해"한 것도 무리는 아니었다.[229]

이처럼 카르텔이 일상적이던 상황에서 자유시장경제로 전환하는 데 중요한 기여를 한 인물은 에어하르트였다. 참된 자유시장경제가 작동하기 위해서는 국가 간섭뿐만 아니라 경쟁을 제한하는 독점자본의 지배도 배제되어야 한다는 것이 그가 생각하는 사회적 시장경제의 핵심 내용이었다. 에어하르트는 경제평의회 참여 초기부터 카르텔 방지를 위한 법안 마련을 지시

---

228 Jan-Otmar Hesse, "Abkehr vom Kartelldenken?", in: Hans Günter Hockerts/Günther Schulz (eds.), *Der Rheinische Kapitalismus in der Ära Adenauer*, Brill, 2016, p. 29.

229 송충기에 따르면, 카르텔을 통해 독일의 기업들이 "재원의 분배에서 효율성을 높이고 재무장과 전쟁에 필요한 생산력을 높였으며, 나중에 독일이 점령한 지역에서 경제를 재조직하면서 이득을 챙겼다"는 것이 연합군 측의 판단이었다. 송충기, 「전범 기업 처벌의 딜레마—크룹(Krupp)에 대한 '뉘른베르크 후속 재판'을 중심으로」, 『서양사연구』 67집, 2022, 43쪽.

하는 등 적극적이었다.[230] 그러나 이 법안은 머지않아 사면초가에 봉착했다. 기민련은 안티-카르텔 법안 자체는 전반적으로 지지하고 있었지만, 선거철에는 특히 산업자본가들의 기부를 의식하지 않을 수 없었다. 기사련도 시장 자유를 옹호하는 것보다 기업가 집단과 우호적인 관계를 유지하는 것을 중시했다.

1952년 에어하르트가 여러 예외 조항을 붙여서 카르텔 금지 법안을 연방의회에 제출했으나 입법화되지 못했고, 1954년 다시금 제안했지만 역시 가결되지 못했다. 당시 에어하르트는 카르텔 금지 법안이 경제 분야의 '기본법'이 될 것이라고 적극 옹호했으며, 특히 중소기업 대표들을 자기 편으

---

230 카르텔을 없앰으로써 자유경쟁 체제를 보호하고자 했던 에어하르트의 견해는 그가 영향을 받았던 발터 오이켄(Walter Euken) 등이 포함된 프라이부르크 학파의 질서자유주의의 연장선상에 있었다. 독일사학자 이병철에 따르면, "경제의 틀을 국가가 보장한다"는 의미에서 '질서자유주의'로 불리는 이들은, 개인의 자유가 말살된 계획경제뿐만 아니라 특정 개인과 그룹에 경제력이 집중됨으로써 교역 경제가 제대로 작동하지 못하는 고전적 자유주의 경제도 태생적인 문제를 안고 있다고 보았다. 이들이 지향했던 것은 "경제를 가장 효율적으로 만드는 높은 강도의 경쟁 질서를 보장"하는 것이었고, 이를 위해 강한 국가가 자본주의 경제 세력들을 억제할 필요가 있었다. 프라이부르크 학파와 전후의 사회적 시장경제의 관련성에 대해서는 다음을 볼 것. 이병철, 「프라이부르크 서클의 나치즘에 대한 저항과 전후 새 질서안」, 『역사학보』, 172권, 2001, 279~306쪽. 특히 프란츠 오펜하이머(Franz Oppenheimer)는 에어하르트의 박사과정 지도교수이기도 했다. https://aktuelles.uni-frankfurt.de/gesellschaft/franz-oppenheimer-und-die-soziale-marktwirtschaft/. 정치경제학자이던 프란츠 오펜하이머는 스스로 '자유주의적 사회주의'라고 이름붙인 이론을 지지했다. 자유방임 자본주의도 마르크스주의도 반대하는 가운데, 국가에 의해 보호되는 자유시장경쟁 체제에 근거하되, 토지 재산의 분배를 통해 모든 개인이 시장에 대한 공정한 접근 기회를 가지도록 함으로써 사회적 정의가 추구되어야 한다고 보았다. 앤서니 니컬스(A. J. Nicholls)에 따르면, 에어하르트가 오펜하이머의 주장을 전적으로 수용하지는 않았으나, 재산이 가능한 한 폭넓게 분배될 때 시장경제가 가장 잘 작동할 수 있다는 믿음과 사회적 책임에 대한 신념을 배웠다고 한다. A. J. Nicholls, "Ludwig Erhard and German Liberalism", in: Konrad Jarausch/Larry Eugene Jones (eds.), *In Search of Liberal Germany*, Berg, 1990, p. 394.

로 끌어들여 싸움을 전개했다. 반대 진영에서는 1920년대에 존재하던 가격 담합 체계가 허용되기를 희망하던 독일산업가연맹(BDI)과 독일산업무역협회(Deutscher Industrie- und Handelstag, DIHT)가 특히 적극적이었다. 이들은 초기에는 외국과의 경쟁력을 고려하고 전후 경제의 취약성을 생각할 때 독일이 카르텔을 완전히 금지하는 것은 시기상조라는 논거를 내세우다가, 카르텔이 경제를 안정시키고 장기적으로 고용을 보장하게 될 것이라는 새로운 논거를 들어 적극 옹호하는 것으로 전략을 변경했다. 이들은 경제부장관 에어하르트를 건너뛰어 총리와 직접 담판하여 중재를 요구하기도 했다.[231]

이러한 난관으로 인해 카르텔 금지 법안은 1957년에야 비로소 통과되었고,[232] 그나마 에어하르트의 승리라기보다 패배로 기록되고 있다.[233] 제정 당시부터 이 법안은 너무 많은 예외 조항으로 인해 의미가 없어졌다는 평가가 이어졌다. 대표적으로 독일사가인 메리 펄브룩(Mary Fulbrook)은 "기업들이 빠져나갈 구멍이 너무도 많았"으며, 따라서 "서독 경제의 집중화는 별로 줄어들지 않은 채 계속될 수 있었다"고 평가한다.[234]

그러나 카르텔 금지 법안이 처음 논의되던 당시와 비교할 때, 이 법안이 저평가되어서는 안 될 듯하다. 이 법안을 통해 '카르텔이 형성되더라도 예외적인 것일 뿐 경쟁을 통한 가격 형성만이 바람직한 것'이라는 원칙이 천명되었으며, 무엇보다도 경제 전반에서 경제권력이 집중되거나 독점이 형성되는 것을 감시하고자 연방 카르텔 관리청(Bundeskartelamt)이 신설되었기 때

---

231 A. J. Nicholls, *Freedom with Responsibility*, Clarendon Press, 2004, pp. 331~332.

232 http://www.gesetze-im-internet.de/gwb/BJNR252110998.html.

233 Alfred C. Mierzejewski, *Ludwig Erhard: Der Wegbereiter der sozialen Marktwirtschaft*, Pantheon, 2006, p. 322.

234 메리 풀브룩 지음, 김학이 옮김, 『분열과 통일의 독일사』, 개마고원, 2000, 336쪽.

문이다.[235] 실제로 1930년에는 독일에 2,000~3,000개에 달하는 카르텔이 존재했던 반면, 1978년에는 266개, 1985년에는 241개로 줄어들었다.[236]

외교 정책

미국과 소련의 냉전 대립이 격렬해지는 가운데, 냉전 유럽의 동쪽 국경이던 독일의 외교 정책 방향 설정은 매우 논쟁적인 주제일 수밖에 없었다. 당시 독일 외교 정책의 가능성으로는 먼저 독일이 냉전 양 진영 간의 중간자 역할을 하는 것, 두 번째로 사회주의 노선으로 독일을 통일하는 것, 그리고 세 번째로 독일이 분단된 가운데 서방 국가들과 연대해서 이후 통일을 대비하는 것 등 세 가지가 있었다.[237]

첫 번째 길을 위해서는 소비에트와의 타협이 필요했다. 1947년 이전까지 특히 소비에트 점령 지역 기민련 대표였던 야콥 카이저 등 많은 독일인들은 소련의 동의를 얻어 독일을 통일할 수 있으리라 기대하고 있었다. 당시 야콥 카이저는 독일이 정치적으로 동서 타협을 이끌어내는 데 기여할 뿐만 아니라, 정신적으로도 독일의 기독교 사회주의가 서방의 기독교와 동유럽의 마르크스주의 간에 타협점을 제시할 수 있으리라는 '교량론'을 제시했다.[238]

---

235 A. J. Nicholls, *Freedom with Responsibility*, Clarendon Press, 2004, p. 337. 이와 관련하여 앤서니 니컬스(Anthony. J. Nicholls)는 1960년대와 1970년대에 독일 산업계에서도 합병과 집중 등의 현상이 나타났지만, 경쟁을 중시하고 소비자를 지향하는 전후 서독 경제의 기본적인 특징은 유지되고 있었다고 평가한다.

236 Ibid., p. 338.

237 신종훈, 「서독과 서방통합의 문제—콘라드 아데나워의 외교 정책」, 『독일연구』 15권, 2008, 141~168쪽.

238 현실적으로는 양측 모두로부터 배척당하는 운명에 처했다. 카이저의 '교량론'을 상세히 다

두 번째 사회주의 노선으로 독일을 통일하는 안은 사민당의 대표인 쿠어트 슈마허가 지지하던 안이었다. 물론 그가 지향하는 사회주의는 소비에트 사회주의가 아니었다. 그는 소련이 국제사회주의 정책을 추구하는 것이 아니라 전통적인 러시아의 팽창 정책을 펴고 있을 뿐이며, 이런 소련과 타협은 불가능하다는 입장이었다.

아데나워 정권 시기 기민련의 외교 정책은 세 번째인 '서방통합(Westbindung)'으로 특징 지을 수 있다. 냉전이 고착화된 가운데 확고하게 서방 국가들 편에 섬으로써 안전을 확보하겠다는 것이었다. 1951년 기민련의 2차 전당대회에서 아데나워는 그의 대외 정책 모토로 "독일과 유럽"을 꼽았다. "유럽의 평화와 독일의 평화는 서구가 강할 때만 보장될 수 있으며", 그를 위해 "우리의 몫을 다해야만 한다"고 주장했다. "독일의 중립화를 통해 유럽으로의 통합을 불가능하게 만들고 미국이 유럽에서 물러나면 그때 전체 유럽을 러시아의 위성국가로 만드는 것이 소비에트의 목표"라고 단언했다. 그에 따르면 "자유 가운데 재통일을 이루고 유럽의 평화를 보장하는 것이 우리의 목표"였다. 즉 그는 서방통합과 독일통일을 분리될 수 없는 하나로 인식했던 것이다.[239] 그는 빈번히 "독일통일과 유럽통합은 동전의 양면"이라고 말하곤 했다. 아데나워가 내각회의에서 국민들에게 새로운 이데올로기를 부여할 필요가 있고, 이 이데올로기는 '유럽통합'일 수밖에 없다고 말했

른 연구로는 다음을 참조. 신종훈, 「통합과 통일 사이에서—아데나워 정부의 유럽 정치와 독일 정치 사이의 긴장」, 『EU 연구』 33, 2013, 424~426쪽.

239 Rede des Vorsitzenden der CDU, Konrad Adenauer, Auf dem Parteitag der CDU in Karlsruhe, 19. Oktober 1951. https://www.kas.de/c/document_library/get_file?uuid=1a00ad36-a63e-a627-d52a-703346deb39e&groupId=252038.

던 것은 널리 알려진 이야기이다.[240]

아데나워 정부의 외교 정책은 아데나워 자신에 의해 주도되고 있었다. 연합국 측이 외교부 신설을 허용한 것이 1951년이고, 아데나워가 하인리히 폰 브렌타노(Heinrich von Brentano)를 초대 외교부장관에 임명한 것이 1955년이었다. 독일 국가의 정치적 성격이 어떻게 규정되어야 할지 불분명하던 시점에서 이미 아데나워는 자신이 옳다고 믿는 방향으로 외교를 이끌어가고 있었던 것이다.

구체적으로는 1949년 유럽경제공동체에 참여했고, 1950년 유럽의회 회원국이 되었으며, 1951년 유럽석탄철강공동체에 참여했고, 1952년에는 유럽방어공동체 창설에 합의했다. 1954년 군정을 종식시키는 독일조약 비준 절차가 마무리되었고,[241] 1955년 나토에 가입했다. 이는 2차 대전 후 시작된 군정 체제로 제한적인 주권만 누리던 독일이 유럽 여타 국가들과 동등한 구성원이 되었음을 의미하는 것이었다.

---

240 Hans-Peter Schwarz, *Das Gesicht des Jahrhunderts*, Goldmann, 2001, p. 737.

241 1952년 독일조약(Deutschlandvertrag)이 체결되고 1954년 프랑스가 마지막으로 비준절차를 마무리하기까지, 미국, 영국, 프랑스가 기본법보다 상위에 있는 점령조례(Besatzungsstatut)를 통해 합법적으로 서독의 주권을 제한하고 있었다. 즉 전후 10년간 독일은 주권국가가 아니었던 것이다. 독일조약 비준과 더불어 점령 체제가 종식되었다지만 여전히 연합국 측이 몇 가지 권한과 권리들을 누린다는 점에서 이 역시 서독이 완전한 주권국가로 돌아간다는 의미는 아니었다. 신종훈에 따르면 "독일조약은 서독 정부에게 주권을 부여한다는 표현 대신에 내정과 외정에 관한 완전한 권한을 부여한다는 표현을 사용함으로써 서독 정부가 가지게 될 주권이 성격이 제한되었음을 강조"했다. 독일조약에 근거해서 연합국 정부들이 "베를린 및 독일의 통일과 관련된 권리 외에도 비상계엄 선포권과 서독에 군대를 주둔할 수 있는 권리"를 갖게 되었다. 신종훈, 「통합과 통일 사이에서─아데나워 정부의 유럽 정치와 독일 정치 사이의 긴장」, 『EU 연구』 33, 2013, 412쪽, 각주 27. 독일이 완전한 주권을 누리게 된 것은 1990년 독일통일 이후였다. 점령조례에 대해서는 신종훈, 「서독과 서방통합의 문제─콘라드 아데나워의 외교 정책」, 『독일연구』 15권, 2008, 145~146쪽, 각주 6.

엘리제협약 체결 50주년 기념 주화(2013)
드골과 아데나워의 초상을 담은 2유로 주화. 두 유럽 국가가 같은 모티프의 주화를 발행한 최초의 사례가 되었다.

서방통합과 관련해 아데나워는 프랑스와의 관계 개선에 진력했고,[242] 이러한 노력은 무엇보다도 1963년 1월 아데나워와 드골이 엘리제궁에서 서명하여 '엘리제협약'으로 불리는 독불우호조약(deutsch-französische Freundschaftsvertrag)을 통해 결실을 맺었다. 이 조약은 정례적인 내각회의 및 문화 교류와 더불어 외교, 유럽, 국방 정책 등에서 가능한 한 협력할 것 등 세 가지를 내용으로 하고 있었다. 프랑스사학자인 민유기에 따르면 엘리제협약 이후 "프랑스가 부족한 경제력을 서독이 지녔고 서독이 부족한 정치력을 프랑스가 가졌"던 가운데 우호적인 관계를 유지할 수 있었다.[243] 2013년 엘리제협약 체결 50주년을 기념하기 위해 드골과 아데나워를 담은 2유로 주화를 발행한 바

---

242 드골이 1945년 행한 연설에 따르면 독일은 지난 "145년 동안 일곱 번 프랑스를 침략했고 네 번 파리를 점령"했다. 민유기, 「독일 재통일과 프랑스의 탈냉전 세계질서 구상」, 『역사비평』 133, 2020, 43쪽.

243 그는 양국이 서로 필요한 것을 보완하며 유럽통합 과정을 균형있게 추구하기는 했지만 프랑스로 좀 더 기울어진 상태였기 때문에 독불 관계는 "균형적 불균형 상태"였다고 본다. 위의 글, 58쪽.

있으며, 이는 두 유럽 국가가 같은 모티프의 주화를 발행한 최초의 사례로서[244] 유럽연합 내 양국 관계의 특수성을 잘 보여준다.

개인적으로 프랑스에 인접한 독일 지역에서 자란 가톨릭 신자 아데나워는 "베를린은 이교도적인 곳이라고 느꼈다"거나 1920년대이기는 하지만 독일 중부에 있는 도시 "브라운슈바이크(Braunschweig)를 넘어서는 독일은 아시아 스텝 지역"이라고 말한 바 있을 정도로,[245] 독일 동부 지역에 대한 유대감이 없었다. 아데나워뿐만 아니라 기민련 내 서부와 남부의 가톨릭 세력에게도 프랑스 및 이탈리아와의 긴밀한 관계를 모색하는 편이 동독과의 관계개선을 모색하는 것보다 용이했다. 아데나워는 1948년 윈스턴 처칠, 레옹 블룸 등과 함께 헤이그에서 열린 '유럽운동협의회(European Movement International)'에 참여했고, 보불전쟁과 1, 2차 대전 등 세 번의 전쟁에서 독일의 공격을 받은 프랑스의 독일에 대한 적대감을 이해했으며, 2차 대전 종전 과정에서 무조건 항복을 한 독일이 국제사회에서 발언권을 갖지 못하는 현실에 대해 분노하기보다 이를 인정하고 현실 외교 정책의 출발점으로 삼았다. 이처럼 프랑스와 관계 개선을 통한 '서방통합'에 진력하는 가운데, 독일의 분단 상태가 당분간 지속되는 것에 대해서는 어쩔 수 없다는 입장이었다.

이는 독일통일이 서방통합보다 우선시되어야 연합군 측의 간섭이나 보호 없이 통일된 독일이 민주적인 국가를 만들 수 있으리라 기대하던 사민당 당수 쿠어트 슈마허와는 전혀 반대되는 노선이기도 했다.[246] 이러한 맥락

---

244 Armin, Fuhrer, "Feier zu 50 Jahren Élysée-VertragEin Bruderkuss der Erzfeinde einte Europa", *FOCUS*, 2013.11.19. https://www.focus.de/wissen/mensch/geschichte/ein-bruderkuss-der-erzfeinde-einte-europa-feier-zu-50-jahren-elysee-vertrag_id_2448308.html.

245 Dominik Geppert, *Die Ära Adenauer*, WBG, 2012, p. 36.

246 슈마허와 아데나워의 대립에 대해서는 신종훈, 「서독과 서방통합의 문제—콘라드 아데나

에서 사민당은 유럽석탄철강공동체에 참여하는 것은 매국 행위라고까지 반발하고 있었다. 특히 슈마허는 1949년 11월 24/25일에 걸쳐 20시간 이상 지속된 연방의회 논의에서 독일통일을 목표로 하지 않는 서방통합을 격렬히 비판하고, 아데나워를 "연합국들의 총리(Bundeskanzler der Alliierten)"일 뿐이라고 저격함으로써 도하 신문의 기사를 장식했다. 이로 인해 그는 개인적으로 20일간 의회 참여를 금지당했지만 상황은 달라지지 않았다.[247]

당시 동독과 소비에트는 독일통일에 대한 대화를 제안하면서 서독이 서방 측에 통합되는 것을 막고자 했으나, 아데나워는 여러 차례 이 대화를 거부했다. 1951년에는 동독의 지배정당이던 사통당(SED)이 자유선거를 통해 독일을 통일하자는 제안을 했고, 1952년 3월 10일에는 스탈린이 3월부터 5월 사이에 4강대국 감독하에 전국 선거를 실시하여 독일을 중립국으로 통일하자는 제안을 담은 '스탈린-노트(Stalin-Noten)'를 발표하기도 했다.[248] 그러나 유럽에서 중립화된 통일독일은 서방 측보다는 소비에트에 유리한 제안이라는 것이 아데나워의 판단이었다. 당시 아데나워는 하나의 독일 정부를 구성하자는 스탈린의 안을 거부하는 대신, 이스라엘에 대한 보상, 그리고 후일 프랑스에 의해 좌초될 운명인 유럽방위공동체협약(EVG)에 찬성함으로써 서방의 연합 체제에 가담하는 편을 택했다.

스탈린의 제안을 거부한 것이 독일통일의 기회를 놓친 것인지에 대해서

위의 외교 정책」, 『독일연구』 15권, 2008, 156~157쪽.

247 "25. November 1949 - Kurt Schumacher nennt Adenauer "Bundeskanzler der Alliierten"", *WDR*, 2004. 11. 25. https://www1.wdr.de/stichtag/stichtag582.html.

248 https://www.kas.de/de/web/geschichte-der-cdu/kalender/kalender-detail/-/content/stalin-schlaegt-den-drei-westmaechten-vor-verhandlungen-ueber-einen-friedensvertrag-mit-einer-gesamtdeutschen-regierung-aufzunehmen-stalin-note-.

는 이후 40년 동안 논란이 지속되었다. 당시 『프랑크푸르터 알게마이네 차이퉁(Frankfurter Allgemeine Zeitung)』의 파울 제테(Paul Sethe), 『슈피겔(Spiegel)』의 루돌프 아우크슈타인(Rudolf Augstein) 등은 아데나워가 스탈린의 제안을 충분히 검토하지 않음으로써 통일의 기회를 놓쳤다는 비판을 쏟아냈다.

기민련 당내에서도 아데나워의 경쟁자이던 야콥 카이저가 스탈린의 제안을 면밀히 검토해야 한다고 주장했다. 당시 이미 당을 탈당한 상태였던 구스타프 하이네만(Gustav Heinemann)도 소련의 진정성을 검증할 시도조차 하지 않고 거부한 것은 아데나워의 "역사적 책임으로 남게 될 것"이라고 비판했다.[249] 아데나워 내각의 초대 내무장관이자 당내 개신교 세력을 대변하던 구스타프 하이네만이 1950년 10월 장관직 사퇴를 선택했던 것도 아데나워의 서방통합 정책에 대한 반발 때문이었다. 하이네만은 재무장을 통해 독일의 분단이 공고해지리라고 보았으며, 재무장과 서방통합을 포기하고 독일통일의 가능성을 유지해야 한다는 입장이었다.[250]

아데나워가 독일통일보다 유럽통합을 추구하고 이를 통해 주권 회복을 시도한 것이 옳은 판단이었는지에 대해 독일 학계는 현재까지도 논쟁을 계속하고 있다.[251] 신종훈에 따르면 이 논란에서 유일한 합의점은 "아데나워

---

249 신종훈, 「통합과 통일 사이에서─아데나워 정부의 유럽 정치와 독일 정치 사이의 긴장」, 『EU 연구』 33, 2013, 428쪽에서 재인용.

250 신종훈에 따르면, 하이네만은 독일이 군사적 중립성을 지킬 경우에만 양 진영의 안보에 대한 우려를 불식시키고 그 위에서 통일을 이룰 수 있다는 입장이었다. 즉 '중립화 통일'을 지지하고 있었다는 것이다. 하이네만의 통일관은 위의 글, 426~429쪽 참조.

251 1980년대에 문서고가 개방되면서 역사가들 사이에서도 스탈린의 제안을 어떻게 평가할지에 대한 논쟁이 이어졌다. 빌프리트 로쓰(Wilfried Loth), 롤프 슈타이닝거(Rolf Steininger) 등은 "놓쳐버린 기회"를 강조했다. 영국의 대표적인 독일사학자인 메리 폴브룩은 "독일의 분단이 소련에서 비롯된 것은 아니"며, 소련은 "1952년까지도 유럽의 기타 국가들과는 달리

가 서방 세계와 분리되는 독일의 중립화 통일을 원하지 않았다는 사실 뿐이다."[252] 어떻든 아데나워 자신은 통합된 유럽 내에서의 통일이 아니고서는 받아들일 수 없다는 전제하에서, 독일 외교 정책에서 실제로 가능한 선택지는 통일이 아니라 군정 해소 정도라는 입장이었다.

한편, 이스라엘과의 관계는 독일 외교의 중요한 부분이었다. 이와 관련해서 아데나워 정권의 태도는 중층적이었다. 창당 초기 기민련은 나치즘의 등장을 "기독교와 물질주의 간의 대결"로 설명하고 구체적인 과거사 청산 등의 제도보다 "독일 정신의 해방을 통해 문명화되는 것이 필요하다"고 얼버무리는 편을 택했다.[253] 아데나워의 최측근으로서 1953년부터 1963년까지

독일의 미래에 대해서만큼은 열린 태도를 갖고 있었다"고 본다. 메리 풀브룩 지음, 김학이 옮김, 『분열과 통일의 독일사』, 개마고원, 2000, 308쪽. 1952년 스탈린의 통일안이 실제 통일의 가능성을 담지하고 있었다는 의미일 터다. 마찬가지로 한국의 독일사학자인 이동기 역시 "냉전과 분단을 이데올로기와 체제 대결의 필연적 결과로 볼 수 없다"는 입장이다. 이동기, 『비밀과 역설—10개의 키워드로 읽는 독일 통일과 평화』, 아카넷, 2020, 25쪽. 반면 하인리히 아우구스트 빙클러(Heinrich August Winkler)는 당시 스탈린의 제안을 거부한 것이 통일의 기회를 놓친 것이라는 주장은 성립할 수 없다고 보았으며, 정치학자 볼프강 예거(Wolfgang Jäger)도 이를 지지하는 입장이다. Wolfgang Jäger, "Die CDU und das Ziel der deutschen Einheit", in: Norbert Lammert (ed.), *Christlich Demokratische Union*, Siedler, 2020, p. 305. 신종훈 역시 "소련의 의도가 유럽방위공동체 창설을 방해하려는 것이었다는 점은 논란의 여지가 없었다"는 입장이다. 신종훈, 「통합과 통일 사이에서—아데나워 정부의 유럽 정치와 독일 정치 사이의 긴장」, 『EU 연구』 33, 2013, 420쪽. 한편 스탈린의 제안서는 의도적으로 서방 측에 매력적이지 않은 내용으로 구성되어 거부를 유발한 것이었으며, 이는 서독 여론에서 아데나워 정부를 궁지에 몰고 동독 측의 재무장을 정당화하려는 의도였다는 해석도 있다. https://www.kas.de/de/web/geschichte-der-cdu/kalender/kalender-detail/-/content/stalin-schlaegt-den-drei-westmaechten-vor-verhandlungen-ueber-einen-friedensvertrag-mit-einer-gesamtdeutschen-regierung-aufzunehmen-stalin-note-.

252 신종훈, 앞의 글, 2013, 420쪽.

253 Klaus-Dietmar Henke, "Die Auseinandersetzung mit der NS-Vergangenheit", in: Norbert Lammert (ed.), *Christlich Demokratische Union*, Siedler, 2020, p. 279.

총리청장을 지낸 한스 글롭케(Hans Globke)가 뉘른베르크 인종법을 작성한 인물이었다는 것은 모두 아는 사실이었다. "지나간 것을 지나간 것으로 두게 하라"는 아데나워의 말은[254] 기민련 정부, 더 나아가 1950년대 독일 사회가 나치 과거를 취급한 방식을 더할 나위 없이 선명하게 보여준다. 독일사학자 전진성의 표현대로 당시 "서독 민심의 풍향은 피해자로서의 자기연민"이었고,[255] 아데나워는 이런 흐름에 편승 혹은 조장하는 방식으로 대응했다.

그러나 다른 한편 서독은 1952년 친나치적인 '사회주의제국당(Sozialistische Reichspartei, SRP)'을 금지하는 등 나치 부활 움직임에 대해 철저히 대응했다.[256] 또한 나치 범죄에 대해 철저히 보상함으로써 이스라엘과의 관계를 복원하기 위해 전력을 다했다. 1952년 이스라엘과의 보상협약에서 합의된 35억 마르크에[257] 대해 당내에서도 국민들 사이에서도 부정적인 여론이 높았지만, 아데나워는 이를 관철시켰다. 1952년 여론조사에 따르면 1950년대 초 이스라엘과의 보상협약 등에 대해 독일인의 11%만이 제한 없는 지지를 표했다. 독일 측 협상 담당자였던 프란츠 뵘(Franz Böhm)은 "전체 국민이 반대한다면 무엇을 해야 하는가"라는 말로 자신의 어려움을 피력했다.[258] 그럼에도 이를 관철시킬 수 있었던 데는 아데나워 개인의 확고한 의지가 크게 작용했다.

254 Ibid., p. 280.

255 전진성, 「현충과 추모 사이」, 『독일연구』 49권 1호, 2022, 293쪽.

256 아데나워 정부는 사회제국당의 위헌성 여부를 헌재에 제소했다. 연방헌법재판소는 이 재판에서 "자유의 적은 자유를 누릴 가치가 없음"을 선언했다. Justin Collings, *Democarcy's Guardians*, Oxford University Press, 2015, pp. 38~40

257 https://www.dw.com/en/german-israeli-relations-50-years-on/a-18442240.

258 Constantin Goschler, "Wiedergutmachung im westdeutschen Wiederaufbau", *Schuld und Schulden: Die Politik der Wiedergutmachung für NS-Verfolgte seit 1945*, Wallstein Verlag, 2005, 3장의 각주 34 앞 본문.

이는 이스라엘 측도 인정하는 대목이다. 이스라엘 총리를 지낸 당시 80세의 벤-구리온(David Ben Gurion)이 "그의 장례식에는 꼭 가야 한다"라며 차 없이 걸어서 아데나워의 장례식에 참석했던 일화는 유명하다. 또한 벤-구리온은 연방의회에서 아데나워의 업적으로 "유대인들과의 화해"를 거론하지 않은 것에 대해 항의의 뜻을 전하기도 했다.[259]

이후 이스라엘과의 연대는 앙겔라 메르켈에 이르기까지 수십 년간 기민련의 핵심적인 외교 정치적 축이 되었다. 메르켈이 이스라엘 의회 크네셋(Knesset) 연설에서 "유대 국가의 안전에 대한 특별한 책임이 독일 국가이성의 일부"라고 언급했던 것도 같은 맥락에서 이해될 수 있는 일이다.[260]

아데나워 정부의 외정은 내정과 긴밀히 결부되어 있었다. 1955년 9월 그의 모스크바 방문은 그 대표적인 사례였다. 그는 소비에트와 외교 관계를 재개하는 대신 소련에 있던 만 명에 달하는 독일군 포로의 석방 약속을 받아냈다. 아데나워는 기존에 동독에서 자유선거가 이루어져야 소련과의 외교 관계에 나서겠다는 입장이었지만 이를 포기한 셈이었다. 포로 귀환과 더불어 아데나워는 일약 국민적인 영웅으로 떠올랐다. 석방된 포로들과 함께 쾰른 공항에 내려선 그에게 한 포로의 노모가 무릎을 꿇고 감사를 표하는 장면은 가장 널리 유포된 아데나워 관련 영상 자료 중 하나다.[261]

무엇보다 아데나워는 외정에서 누리는 명망을 근거로 끝없이 늘어나는

---

259 "Wenn ich Deutscher wäre", *Der Spiegel* 19, 1967. https://www.spiegel.de/politik/wenn-ich-deutscher-waere-a-f35bb466-0002-0001-0000-000046289981?context=issue.

260 연설 전문은 https://www.knesset.gov.il/description/eng/doc/speech_merkel_2008_eng.pdf.

261 Sven Felix Kellerhoff, "Olivenöl rettete die letzten 9626 Kriegsgefangenen", *Welt*, 2015. 9. 13. https://www.welt.de/geschichte/article146320776/Olivenoel-rettete-die-letzten-9626-Kriegsgefangenen.html.

자신의 총리 임기를 정당화했다. 예컨대 1961년 10월 선거 이후 자유민주당 대표와의 비밀 회동에서, 그는 미국 정부가 소련이 쿠바에 중거리 미사일을 설치할 것임을 알려왔다고 말해주었다. 이 자리에서 아데나워는 미국이 쿠바에 개입할 경우 소련은 서베를린에 대한 제재 조치에 나설 가능성이 있기 때문에 자신이 향후 12~15개월 정도 더 총리직에 머물러야 한다고 강조했다.[262]

8. 아데나워의 몰락

"총리의 황혼"

아데나워 집권 말기는 여러 스캔들로 점철되었다. 1959년 연방대통령 선거 위기, 1962년 슈피겔 사건, 그리고 오래 전부터 예고된 1963년 아데나워의 퇴임 등 복잡한 정치사적 사건들이 숨가쁘게 이어졌다.

아데나워 정권의 몰락은 연방대통령 선임 문제와 더불어 가시화되기 시작했다. 국민들에게 큰 사랑을 받았던 연방대통령 테오도어 호이스(Theodor Heuss)가 1959년 두 번째 임기를 마쳤을 때, 연방대통령 삼선을 금지하는 기본법 조항으로 인해 후임을 물색해야만 했다. 기민련은 마땅한 연방대통령 후임을 찾지 못하고 있었다. 사민당이 카를로 슈미트(Carlo Schmid)를 후보자로 점찍었으나, 기민련으로서는 사민당 후보를 연방대통령에 임명함으로써 사민당이 부분적으로나마 수권 능력을 보여주는 단계로 진입하게 내버려둘 수 없었다. 오랫동안 아데나워의 후임이 될 것으로 예상되었던 에어하르

262　Karlheinz Niclauss, *Kanzlerdemokratie*, VS Verlag für Sozialwissenschaften, 2015, pp. 60~61.

트가 2월 말에 대통령 후보를 수락했던 것은 아데나워의 책략 때문이었다. 특히 외정적인 무능력자라는 이유로 에어하르트를 불신해온 아데나워가 에어하르트의 총리 선출을 막기 위한 최선의 방법을 찾아낸 것이었다. 그러나 에어하르트는 측근들의 만류로 며칠 후인 3월 3일 후보를 사퇴했고, 아데나워는 직접 대통령 후보자로 입후보하는 방식으로 대응했다.

당시 아데나워는 그가 총애하던 재무부장관 프란츠 애첼(Franz Etzel)을 총리로 선출하여 내정을 맡기고, 자신은 외정을 맡아서 프랑스의 드골처럼 지속적인 영향력을 유지할 수 있기를 기대했다. 그것은 전임 대통령이던 테오도어 호이스가 하지 않았던 역할이었다. 이에 격분한 호이스 대통령은 직접 아데나워에게 편지를 보내 아데나워 자신이 여러 차례 기본법을 빌미로 연방대통령의 역할을 최소화시켜왔음을 인지시켰다.[263] 원래 바이마르제국 시기 대통령은 연방총리와 연방장관의 임면권, 의회해산권, 국가긴급권 등을 근간으로 '대리 황제(Ersatzkaiser)'라 불릴 정도로 막강한 권한을 행사했으나,[264] 기본법에서 서독의 대통령직은 의전상의 국가수반으로만 설계되어 있었다. 이러한 헌법적인 결정을 뒤집어 연방대통령의 권한을 강화하려는 아데나워의 시도는 대단히 무리한 것일 수밖에 없었다.

당내 반발이 거세지고, 특히 그가 대통령직에 도전하자마자 그가 지지하던 프란츠 애첼 대신 에어하르트가 총리 후보로서 전면에 나서게 되자, 아데나워는 석 달 만인 6월 4일에 대통령직 입후보를 철회했다. 이 혼란은 1959년 7월 1일 기민련이 내세운 대통령 후보인 하인리히 뤼프케(Heinrich Lübke)

263 Armin Grünbacher, *The Making of German Democracy*, Manchester University Press, 2010, p. 290.

264 바이마르 시기 연방대통령의 지위 및 권한과 관련해서는 다음의 논문을 참조. 송석윤, 「독일 바이마르헌법에서의 연방대통령」, 『세계헌법연구』 28권 1호, 2022, 1~39쪽.

가 사민당의 카를로 슈미트를 누르고 두 번째 연방대통령으로 선출됨으로써 일단락되었지만, 아데나워의 명예가 실추되는 것은 피할 수 없었다.

이 위기 동안 아데나워는 당무위원회도 중앙위원회도 개최하지 않고, 심지어 1959년 열리기로 예정되어 있던 전당대회조차 포기했다. 다른 정당들이 정기적으로 개최하는 이 모든 공식 행사들이 기민련에서는 아데나워가 소집할 때만 열리곤 했다. 이 모든 비정상은 아데나워가 선거에서 여러 계층 유권자들에게 "투표함의 자석" 기능을 할 때는 문제가 되지 않았지만, 이제 기민련 내에는 "총리의 황혼"에 직면하여 "총리의 기분에 좌우되지 않기"를 희망하는 기류가 확산된 상태였다.[265] 결국 당내 압력으로 인하여 9월에 당무위원회와 중앙위원회를 개최하게 되었을 때, 어느덧 82세가 된 아데나워는 어마어마한 비판에 직면하게 되었다. 무엇보다도 당의 공식 기구들을 강화하라는 목소리가 높았다. 이 시기 라인란트-팔츠 주의회 기민련 교섭단체 대표가 된 20대의 젊은 정치가 헬무트 콜은 총리직과 당대표를 분리하고 당대표 기구를 강화할 것을 강력하게 촉구하고 나섰다. 기민련 신교분파의 대표자였던 슐레스비히-홀슈타인 주지사 카이-우베 폰 하셀(Kai-Uwe von Hassel)도 목소리를 높였다. 1959년 7월 29일 『슈피겔』지의 기고문에서 그는 내각과 원내교섭단체 외에 당이라는 세 번째 경주마가 경기에 참여해야 한다고 주장했다. 구체적으로 그는 명백한 권한을 가진 부대표(Stellvertretende Vorsitzender)직을 만들 것을 요구했고, 스스로 이 자리를 원했다.[266]

그러나 1959년 말과 60년 초에 있었던 당 개혁 움직임들은 가시적인 성

---

265 "CDU-REFORM: Die Flickenteppich-Partei", *Der Spiegel* 31, 1959. https://www.spiegel.de/politik/die-flickenteppich-partei-a-6794b382-0002-0001-0000-000042622094?context=issue.

266 Ibid.

과로 이어지지 못했다. 이는 개혁을 주장하던 세력들이 개인적으로 경쟁하거나 종교적 혹은 지역적으로 대립하는 등 분열되어 있어서 아데나워에 맞서는 단일한 전선을 구축하지 못했기 때문이었다. 게다가 총리의 가장 강력한 맞수였던 에어하르트는 방어적인 태도로 일관하고 있었고, 아데나워 총리에 대한 당내의 존중도 하루아침에 무너지기에는 견고한 것이었다.

그럼에도 아데나워가 전과 달리 당의 여러 이질적인 세력들을 하나로 통합해내지 못한다는 사실은 분명했다. 라인란트-팔츠 주지사 페터 알트마이어(Peter Altmeier)가 아데나워에 대한 저항의 의미로 당무위원회 참여를 거부하는 등 여러 주정부 정치가들이 아데나워와 대립각을 세우고 있었다. 또한 CDA의 노동자 대표들도 질병 보험을 둘러싼 논란을 계기로 1960년 전당대회에서 공식적으로 비판의 목소리를 내기 시작했다. 결국 1961년의 저조한 선거 결과는 아데나워의 마지막 보루를 앗아간 셈이었다.

그에 따라 1962년 전당대회에서 기민련은 사무대표직(Geschäftsführender Vorsitz)과 최고위원회(Präsidium)를 신설했다. 최고위원회는 공식적인 소규모 당 운영위원회로서 중요한 의결권을 가졌으며, 2주에 한 번 정도 열렸다. 당 출신 주지사들, 지역 기민련 대표들, 혹은 장관들이 주로 이 위원회에 참석했다. 아데나워의 비공식적 측근들이 당의 운영을 주도하던 때와 달리, 이들은 모두 선출직이었다. 공공성과 투명성이 어느 정도 증진되었다고 볼 수 있는 것이다.

두 번째 텔레비전 채널을 둘러싼 논란은 아데나워가 기민련의 지역 정치가들을 더 이상 장악하지 못하게 되었음을 잘 보여주었다. 그는 방송에 대한 영향력을 확대하고자 기존의 공영방송인 ARD(Arbeitsgemeinschaft der Rundfunkanstalten Deutschlands) 외에 연방정부의 통제를 받아 기민련에 우호적인 여론을 만들어낼 두 번째 텔레비전 채널을 허용하고자 했다. 당시 그는

BBC와 민간 채널 ITV가 상호 경쟁하는 영국의 상황을 부러워하고 있었다. 그는 서독의 많은 가정들이 텔레비전을 구매하기 시작함으로써 텔레비전의 영향력이 점점 더 확대되고 있는 현실을 충분히 인지했거니와, 기존 텔레비전 채널인 ARD, 특히 그 자매 채널인 WDR과 NDR에서 활동하는 대부분의 언론인들이 사민당이나 자유민주당에 친화적이고 정부에 대해 비판적인 것도 절감하고 있었다.[267] 이 채널들이 묘사하는 아데나워는 주로 지배욕에 가득찬 고집스러운 정치가였다. 아데나워와 언론의 관계는 "상호 적대적"이었다.[268]

아데나워는 1961년 선거가 실시되기 전에 민간 분야의 재원으로 두 번째 텔레비전 방송국을 개국하여 국가, 즉 자신의 통제하에 두고자 했다. 그에 따라 1957년 선거 직후부터 4년간의 협상 끝에 1960년 8월 주정부가 49%, 연방정부가 51%의 지분을 가지는 '독일 텔레비전 주식회사(Deutschland-Fernsehen-GmbH)'를 창설하여 아데나워의 고향인 쾰른에 본부를 두도록 했다. 원래 독일에서 텔레비전은 주정부 소관이었기 때문에 중앙정부가 관여할 권한이 없었다. 그러나 아데나워는 연방정부 산하 연방우편국(Bundespost)이 전송 라이센스를 배포할 권한을 갖고 있었던 상황을 이용하여 새로운 채널 창설에 나섰던 것이다.[269]

물론 내각과 정부 여당은 그에 동조했으나 야당들은 이 "국가방송"이 표

267 Justin Collings, *Democracy's Guardians*, OUP, 2015, pp. 68~80.

268 Dorothee Buchhaas, *Die Volkspartei*, Droste, 1981, p. 288.

269 "Adenauer-Fernsehen als Alternative zur ARD", *Deutschlandfunk*, 2011. 2. 26. https://www.deutschland funk.de/adenauer-fernsehen-als-alternative-zur-ard-100.html. 당시 해외 전송을 목표로 하는 DW(Deutsche Welle), Deutschlandfunk의 경우 쉽사리 의회 동의를 구할 수 있었지만, 두 번째 방송국의 경우는 달랐다. Justin Collings, *Democracy's Guardians*, OUP, 2015, p. 70.

현의 자유를 침해할 것에 대해 우려를 표명했고, 가톨릭 교회는 광고에 의지하는 상업방송이 방송의 질을 떨어뜨리고 도덕적 타락을 가져올 것을 우려했다. 이와 더불어 정부가 문화 분야에 개입할 가능성에 대해 각 주정부들이 우려를 표했다. 사민당뿐만 아니라 기민련의 각 주정부 역시 반대하고 나섰다. 이 주정부들은 새로운 방송국이 생길 경우 공영방송이라야 한다고 주장했다. 타협이 이루어지지 못하자 아데나워는 주정부의 동의 없이 이 계획을 추진했으나, 사민당이 주도하던 함부르크 정부를 필두로 하여 여러 주정부들이 표현의 자유를 보장하는 기본법 5조와 주의 권한을 광범위하게 인정하는 30조에 위배된다는 이유로 헌법재판소에 제소한 끝에 결국 승소했다. 1961년 2월 헌법재판소는 연방정부가 독자적으로 방송국을 설립할 수 없다고 판시했다.[270]

이후 주정부들이 주도하여 만든 ZDF(Zweites Deutschen Fernsehen)가 1963년 마인츠에서 설립되었으며, 공영방송 ARD와 유사한 원칙에 따라 통제되었다. 상법의 지배를 받는 민간 텔레비전 방송국 개국은 20년 후에야 가능했다.

슈피겔 사건(1962)

임기 말의 아데나워에게 결정타가 된 것은 '슈피겔 사건'이었다. 이 사건은 슈트라우스(Franz Josef Strauß)와 그에 대해 지속적으로 비판적이던 『슈피겔』의 갈등의 정점에서 일어났다. 1950년부터 지속적으로 언론 자유를 위해 목소리를 내온 시사 주간지 『슈피겔』은[271] 아데나워의 가톨릭 중심주의

---

270   이 판결에 대해서는 다음을 참조. https://www.bundesarchiv.de/DE/Content/Virtuelle-Ausstellungen/2021-04-16_bverfg-akten-rundfunkurteil.html.

271   1950년대에는 소수의 문필가들을 제외하고는 언론 자유에 대한 사회적 관심이 적었으나, 『슈피겔』만은 연방정부의 검열 등에 대해 일찍부터 비판적인 목소리를 내고 있었다. Frank

(Klerikalismus)와 서방통합에 비판적이었고, 총리직에 야심을 가진 기사련의 슈트라우스 국방장관에 대해서도 지속적으로 비판적이었다. 특히 그가 여러 기업가들과 의심스러운 관계를 가졌다는 점, 연방군을 핵무장하려는 계획을 가진 점 등이 『슈피겔』의 의구심을 샀다. 『슈피겔』은 현재까지도 독일어권에서 가장 유서 깊은 잡지로서 명성을 갖고 있지만, 당시에는 "아데나워-공화국"에 대해 비판적인 시선을 보내던 시민사회의 요새 역할까지 담당하고 있었다.[272]

아울러 슈피겔 사건의 히스테리에 가까운 전개를 이해하기 위해서는, 냉전의 그림자가 짙게 드리우고 있던 상황에 대한 고려가 필요하다. 나토를 통한 핵무장을 둘러싸고 이를 지지하는 슈트라우스 국방장관과 이에 반대하던 시민사회의 대립이 진행되는 가운데, 1962년 10월 14일부터 쿠바 위기가 한창 진행 중이었던 것이다.

당시 나토는 서독에서 'Fallex 62'라 불리는 군사작전을 수행했다. 몇몇 신문들이 이 작전을 분석한 끝에 독일 군대에 심각한 결함이 있음을 발견하고 보도했다. 시사주간지인 『슈피겔』이 가장 적극적이었다. 연방군의 핵무장에 대해 우려하던 한 연방군 장교가 내부고발 대상으로 『슈피겔』을 선택했던 것은 그런 맥락에서였다. "제한적으로만 방어에 적합한"이라는 제목의 1962년 10월 8일자 기사에서,[273] 『슈피겔』은 당시 연방군의 방어 계획이

Bösch, "Die Intellektuellen und die Pressefreiheit in der frühen Bundesrepublik", in: Dominik Geppert/ Jens Hacke (eds.), *Streit um den Staat: Intellektuelle Debattten in der Bundesrepublik 1960~1980*, V&R, p. 95.

272 "Karasek: Die „Spiegel"-Affäre hat Deutschland verändert", *Deutschlandfunk*, 2012. 9. 22. https://www.deutschlandfunk.de/karasek-die-spiegel-affaere-hat-deutschland-veraendert-100.html.

273 "Bundeswehr: Bedingt abwehrbereit", *Der Spiegel* 41, 1962. https://www.spiegel.de/politik/bedingt-

가지는 단점들을 조목조목 지적한 끝에, 독일 재무장이 이루어진 지 7년, 슈트라우스가 국방장관에 취임한 지 6년이나 경과했음에도 독일군이 나토에서 가장 낮은 수준의 방어력을 보여주고 있을 뿐이라는 결론을 내렸다. 또한 핵무장을 하는 편이 저렴하다는 입장인 슈트라우스 국방장관 지휘하에서 연방군이 유사시 핵무기를 활용할 수 있으리라고 암시하기도 했다.[274]

당시 기사련의 떠오르는 스타였던 슈트라우스는 기민련의 에어하르트에 맞설 수 있는 후보로 간주되고 있었지만, 『슈피겔』 기사로 인해 그의 정치적 야심이 위태로워질 수 있다고 생각하게 되었다. 이 보도가 군사 기밀에 접하지 않고서는 알 수 없는 내용들을 포함하고 있다는 이유로, 국방장관이던 슈트라우스가 일대 반격에 나섰다. 보도가 난 지 18일 뒤, 검찰은 함부르크의 슈피겔 본사를 봉쇄하고, 엄청난 양의 문서를 검열하고, 많은 자료들을 압수했으며, 수주 동안 기사 검열에 나섰다. 체포된 루돌프 아우크슈타인은 국가안보 위해, 연방군 장교에 대한 매수 혐의 등으로 기소되었다가 수감된 지 100일 만인 다음 해 2월에야 방면되었다. 당시 스페인에서 휴가 중이던 이 기사의 편집인 콘라드 알러스(Conrad Ahlers)도 법무부장관 승인도 없이 슈트라우스의 주도하에 체포되었다.

연방경찰청의 상급 부서인 내무부장관 헤르만 회헐(Hermann Höcherl)이 이를 두고 "어느 정도 합법성 바깥에 있다"고 인정해버린 가운데, 슈트라우스 본인은 의회에서 자신이 "이 상황과 아무런 관련이 없다"고 주장하는 등 누구도 공식적으로 이 상황에 대해 책임을 인정하지 않았다.[275] 당시 아데나워

abwehrbereit-a-e79111b5-0002-0001-0000-000025673830.

274　Armin Grünbacher, *The Making of German Democracy*, Manchester University Press, 2010, pp. 291~292.

275　"Ahlers: Dosierte Wahrheit", *Der Spiegel* 46, 1962. https://www.spiegel.de/politik/dosierte-wahrheit-a-

는 1962년 11월 7일 법무부의 정확한 검토도 없이 '국가 모반' 사건임을 선언하는 등 슈트라우스 편에 섰다.

슈피겔 사건에 직면하여 독일의 시민사회는 대대적인 저항에 나섰다. '독일언론인협회(Deutscher Journalistenverband)', '독일작가보호협회(Schutzverband Deutscher Autoren)' 등이 성명서를 발표했고,[276] 독일 문단을 대표하던 '47그룹'은 사건 직후 『슈피겔』 발행인에게 "우리는 당신과 연대하고, 어떻게 당신을 도울지 고민하고 있다"는 내용의 전보를 보냈다.[277] 독일 국내는 말할 것도 없고 서구의 주요 언론사들과 소비에트의 『프라우다(Pravda)』마저 『슈피겔』과의 연대를 표명하고 나섰다.[278]

문필가들뿐만 아니라 대체로 보수적인 성향으로 정치 논쟁에 개입하기를 꺼려왔던 대학교수들도 집단으로 정치적 의사를 표명하고 나섰다. 이들

9f12f4ed-0002-0001-0000-000045124794.

276 "Vorzensur und Meinungsfreiheit", *Der Spiegel* 45, 1962. https://www.spiegel.de/politik/vorzensur-und-meinungsfreiheit-a-ca2b3f28-0002-0001-0000-000045124513?context=issue.

277 Frank Bösch, op.cit., p. 98.

278 『슈피겔』지는 연대를 표했던 기사들을 모아 한 호를 꾸미기도 했다. 여기에는 Die Welt, FAZ, Die Zeit, Süddeutsche Zeitung, Frankfurter Rundschau, Sonntagsblatt, Die welt, Handelsblatt, The Times, Le Figaro, IL MESSAGGERO, Le Monde, Die Tat, Dagens Nyheter Berlingske Tidende, Newsweek, Neue Zürcher Zeitung, OBERÖSTERREICHISCHE Nachrichten, Sunday Telegraph, La Stampa, Dagbladet, L'EXPRESS, Guardian 등 당대의 대표적인 언론들이 망라되어 있었다. 노르웨이, 오스트리아, 미국, 이탈리아, 영국, 스웨덴, 프랑스, 스위스, 덴마크 등 전 서유럽 언론뿐만 아니라 심지어 소비에트의 『프라우다』도 이 행렬에 참여했다. "Pressestimmen zur Aktion gegen den SPIEGEL", *Der Spiegel* 45, 1962. https://www.spiegel.de/politik/pressestimmen-zur-aktion-gegen-den-spiegel-a-73bd93b5-0002-0001-0000-000045124471?context=issue. 반면, 정대성에 따르면 보수주의 언론인인 슈프링어(Springer) 그룹은 대체로 아데나워 편에 서서 언론 자유보다도 '국가의 자연권'을 중시하는 모습을 보였다. 정대성, 「독일 68운동의 전주곡 "슈피겔 사건"—언론 자유의 문제와 동원 연습」, 『대구사학』 117, 349~350쪽.

은 슈트라우스의 즉각적인 퇴진을 요구하면서 "정치적 수단으로서 전쟁이 불필요해진 시대에 소위 군사 기밀을 여론에 알리는 것은 정부가 언제나 충족시켜야 하는 도덕적인 의무"라고 선언했다.[279] 슈트라우스나 아데나워의 기대와 달리 이들이 중시했던 것은 국가 안보가 아니라 언론 자유였다.

　이렇게 지식인들이 무수한 결의안과 성명서에 서명한 것은 서독 건국 이후 처음 있는 일이었다. 1950년대 내내 지식인들은 개인적으로 목소리를 냈을 뿐 집단으로 비판적인 목소리를 낸 적이 없었다. 슈피겔 사건을 둘러싼 지식인들의 집단적 저항은 전후 서독의 정치에서 대단히 새로운 현상으로서, 이후 68혁명의 전조가 되었다고 평가되기도 한다.[280] 그럼에도 아데나워는 당 지도부에 "그의 시간은 너무 귀중해서 교수들의 비판적인 언사들을 읽을 수도 없다"고 말한 것으로 알려져 있다.[281]

　시민사회의 반응도 뜨거웠다. 1960년 40만 부를 발행하던 『슈피겔』지의 발행부수는 이 사건 이후 50만 부로 급증했다.[282] 하지만 슈피겔 사건이 아데나워 시대의 종언을 고한 중요한 사건이 될 수 있었던 것은, 시민사회에서 이처럼 감당키 어려운 비판의 쓰나미가 일었기 때문만은 아니다. 기민련 내부에서 아데나워에 대한 반발이 커졌던 탓이기도 했다. 신문에 이미 보도된 내용조차 당 회의에서 비밀에 붙이고자 하는 아데나워의 독주와 독선은 기민련 내부에서 큰 불신을 사고 있었다. 기민련 원내교섭단체 대표이자 오랫동안 외무장관을 지낸 하인리히 폰 브렌타노는 기민련 의원들 앞에서 "우

279　Frank Bösch, op.cit., p. 100.

280　정대성, 앞의 글, 353쪽.

281　Frank Bösch, "Die Spiegel-Affäre und das Ende der Ära Adenauer", in: Martin Dörry/Hauke Janssen (eds.), *Die Spiegel-Affäre: Ein Skandal und seine Folgen*, DVA, 2013, p. 216.

282　https://literaturkritik.de/id/18610.

슈피겔 사건에 분노한 시민사회
1962년 11월 16일 슈피겔 사건 당시 프라이부르크대학 학생들이 시위를 벌이고 있다.
Landesarchiv Baden-Württemberg, Staatsarchiv Freiburg W 134 Nr. 068203e Bild 1 (5-343025-1). Fotograf:
Willy Pragher. Creative-Commons-Lizenz „Namensnennung 3.0 Deutschland."

리 교섭단체는 연방정부를 지원할 준비가 되어 있다. 무엇을 지원해야 할지
알고 난 이후에 말이다"라고 말하기도 했다.[283]

결국 이와 관련하여 전혀 정보를 얻지 못한 법무부장관을 포함하여 자
유민주당 출신 장관 다섯 명은 슈트라우스가 퇴진하지 않을 경우 연정을
탈퇴하겠다고 압박했고, 실제로 그들이 사퇴함으로써 아데나워 4기 내각이
붕괴되었다.[284]

---

283 Frank Bösch, op.cit., 2013, p. 221.

284 『슈피겔』 발행인인 루돌프 아우크슈타인 자신이 자유민주당 당원이었거니와, 슈피겔 사건
     당시 생겨난 사민당과 자유민주당 간의 연대가 1969년 정권교체를 낳은 근간이 되었다.

87세가 된 아데나워의 5기 정부는 자유민주당 의원들이 포함되고 슈트라우스가 배제되는 형태로 새로 출범했다. 동시에 슈트라우스가 아데나워의 후임이 될 가능성도 사라졌다. 1950년대 내내 어떤 정치적 사건에 대해 장관 개인이 책임을 진 사례는, 동독에 의해 나치 전력이 밝혀지면서 물러났던 테오도어 오버랜더(Theodor Oberländer)가 유일했다.[285] 따라서 슈피겔 사건은 장관이 정치적 책임을 지는 관행이 생겨난 사례라는 점에서도 중시되고 있다.

이 사건의 직접 당사자는 아데나워보다 슈트라우스였으나, 여론은 그렇게 간단히 반응하지 않았다. 슈피겔 사건 이후 1년 정도 총리 자리에 머물렀지만, 아데나워 총리의 정치는 사실상 이 사건으로 종언을 고했다. 그는 1963년 10월 15일 총리직에 오른 지 14년 만에 사퇴했다.

"울 이유가 없다(Do jitt et nix ze kriesch)"

총리 퇴임 전 마지막 연방의회 연설에서 아데나워는 재건을 통해 "독일이라는 이름이 외국에서 다시 들리게 된 것", 그리고 "자유로운 국가들의 연맹에 들어서게 된 것"을 그의 중요한 업적으로 꼽았다.[286] 1967년 아데나워 사망 이후 여론조사 결과 독일인들 중 75%는 1955년 소련군에 포로로 잡힌 만 명의 독일 병사들과 함께 귀국한 사건을 아데나워의 가장 큰 업적으로 꼽았다. 내정과 관련해서는 "질서 있고 안정된 민주주의 국가를 만든 것"이 5위로 꼽혔고, 기민련 창당, 연방군 창설, 사회적 시장경제 도입 등이 10위권

---

285 Philipp-Christian Wachs, "Theodor Oberländer", in: Stiftung der Geschichte der Bundesrepublik Deutschland (ed.), *Skandale in Deutschland nach 1945*, Kerber, 2007, pp. 31~39.

286 https://www.konrad-adenauer.de/quellen/reden/1963-10-15-abschiedsrede-im-deutschen-bundestag.

바깥에 있을 뿐 프랑스, 유럽 국가들, 이스라엘과의 관계 개선, 나토 가입 등 주로 외교 부문에서 아데나워의 업적을 기렸다.[287]

외정이 아닌 '독일연방공화국'의 디자이너로서 아데나워를 평가하게 되기까지 긴 시간이 소요되었다. 한스-울리히 벨러(Hans-Ulrich Wehler)는 에어하르트, 키징어 등을 "허약한 총리"라고 간단히 일축하면서도,[288] "기민련의 가부장"인 아데나워는 "뼛속 깊이 프로이센의 권력 엘리트, 특히 군부를 혐오하는 라인 지역 민주주의자"였으며 "많은 시민들이 나치 독재에서 다원주의적인 정당 국가로 쉽게 전환할 수 있도록 해준 다리"와 같은 존재였다고 평가한다.[289] 현대사가인 에드가 볼프룸(Edgar Wolfrum) 역시 아데나워의 "가부장적 민주주의"가 "나치 독재 및 전후 혼란에 대한 행복한 해결책"이었으며 아데나워가 서독을 안정화시켰다고 평가했다.[290] 평가는 결국 그에게서 무엇을 기대했느냐에 달린 문제일 수밖에 없어 보인다.

1967년 91세를 일기로 생을 마감할 때 그는 "울 이유가 없다(Do jitt et nix ze kriesch)"는 말을 유언으로 남기며 후손들과 작별했다.[291] 기민련 창립 대표로서, 독일연방공화국의 총리로서, 그리고 유럽연합을 가능케 한 정치가로서 분명한 족적을 남긴 거물 정치가다운 한마디임에 분명하다.

---

287 https://de.statista.com/statistik/daten/studie/37241/umfrage/groesste-verdienste-adenauer/.

288 Hans-Ulrich Wehler, *Deutsche Gesellschaftsgeschichte 1949~1990*, C.H.Beck, 2008, p. 244.

289 Ibid., p. 6.

290 Edgar Wolfrum, *Die Bundesrepublik Deutschland 1949~1990*, Klett-Cotta, 2005, p. 86.

291 Werner Biermann, *Konrad Adenauer: Ein Jahrhundertleben*, Rowohlt, 2022, p. 570.

02 정치를 부정한 정치가 루드비히 에어하르트 〔1963~1966〕

1. 루드비히 에어하르트와 기민련

아데나워의 후임 총리인 루드비히 에어하르트(Ludwig Erhard)는 1949년 아데나워 초대 내각 경제부장관에 취임한 이후 1966년 총리 자리에서 물러나기까지 거의 20년간 전후 독일 경제의 틀을 구축해낸 인물이었다. 그는 시장의 효율적 작동에 필요한 만큼의 국가 개입을 지지하는 사회적 시장경제 신봉자였고, 정치적으로도 개인과 국가 사이에 매개 조직이 끼어드는 것을 원치 않는 자유주의자였다. 긍정적인 의미에서건 부정적인 의미에서건, 에어하르트 총리 이후 독일 정치는 더 이상 강력한 총리의 지도를 받는 수정된 형태의 의회민주주의, 즉 '총리 민주주의'로 지칭될 수 없었다. 그가 기민련 조직을 장악하려는 의지도 역량도 없었다는 것, 그리하여 "상어 탱크"였던 본의 정치 비즈니스에 전혀 맞지 않는 인물이었다는 것은 논란의 여지없는 하나의 중립적 사실이다. 심지어 그가 기민련 당원이기는 했는지에[01]

01 기민련 재단은 현재 그가 제출한 당원가입신청서를 찾을 수 없긴 하지만, 이는 초기 기민련

대해서도 논란이 지속될 정도였다.

아데나워 재단의 평가에 따르면 "정치적 여우"였던 아데나워와 "이상주의적 선교사"였던 에어하르트는 그 이상 다르기 어려울 만큼 서로 달랐다.[02] 강력한 지도력 및 권력욕을 가졌던 전임 총리 아데나워와 일생 기민련을 제외한 어느 단체에도 가입하지 않은 자유주의자 에어하르트만큼 대조가 선명한 경우를 찾기도 쉽지 않다. 그 선명한 대비가 에어하르트의 평판에 반드시 부정적일 필연성은 없었을 것이다.

그러나 이데올로기적으로 패치워크 정당이었으며 여러 협회들과 강력한 지역 조직들로 구성된 기민련과, 정치적으로나 경제적으로나 자유주의자로서 일관성을 보여준 에어하르트 총리의 만남은 선순환보다는 악순환을 낳았다. 결국 에어하르트는 자신이 성공적으로 이끈 1965년 선거를 통해 구성된 의회의 회기가 끝나기도 전인 1966년 실각하는 불운한 총리가 되었다. 그러나 권력이라는 용광로 앞에서 화장장의 시신처럼 개인차가 없어지는 것이 우리가 인식하는 현실 정치이고 보면, 정치권력의 제단에 개인성을 바치기를 거부한 에어하르트의 부침만큼 정치의 본질을 잘 보여주는 사례도 드물 것이다.

에어하르트와 사회적 시장경제

루드비히 에어하르트는 1897년 남부 도시 바이에른 소도시에서 소규모 공장 경영자의 아들로 태어났다. 부친은 가톨릭이었지만 모친을 따라 신교

조직이 엉성했던 탓일 거라고 추정하고 있다. https://www.kas.de/en/web/geschichte-der-cdu/
biogram-detail/-/content/ludwig-erhard-2#criticism.

02 https://www.kas.de/en/web/geschichte-der-cdu/biogram-detail/-/content/ludwig-erhard-2.

도로 성장한 에어하르트는 아버지의 회사를 물려받기 위해 직업학교를 다니기도 했다. 그러나 1차 대전에 자원했다가 25~30% 정도의 장애를 입은 이후 학문으로 눈길을 돌려 1925년 프랑크푸르트대학에서 경제학 박사학위를 취득했다.

이후 그는 뉘른베르크경제연구소에서 14년 동안 일했다. 이 시기에 소비자를 경제의 중심으로 보는 그의 관념이 형성되었다. 그가 공공 정책 결정에서 전통적으로 중공업을 중시해온 독일적 경향에 벗어나 소비자를 중시할 수 있게 된 것은 이 연구소의 주된 고객이 소비재 산업 분야였던 탓이라는 해석도 있다. 1931년경 완성되었으나—에어하르트 자신의 주장에 따르면—나치당에 가담하기를 거부했기 때문에 통과되지는 못했던 그의 교수자격논문 역시 실업 및 소비재 산업 분야와 관련된 것이었다. 이 논문에서 그는 정부가 소비재 생산 분야를 촉진하되 카르텔과 독점을 통해 기업이 지나치게 비대해지는 것을 막아야 한다는 주장을 폈다. 국유화도, 완전한 시장 자유도 반대하는 이 논문은 이후 에어하르트의 경제 정책으로 실현될 수 있었다.

1942년 소장과의 갈등으로 인해 뉘른베르크경제연구소를 사직한 이후에는 개인 연구소에 가까운 '산업연구소(Institut für Industrieforschung)'를 창설했다. 이 시기 에어하르트는 전후에 자유로운 시장경제가 복원되어야 한다는 내용의 글들을 지속적으로 발표했다. 1942년 1월 25일에 발표된 나치의 명령에 따라 2차 대전 이후의 상황에 대한 예측과 계획이 금지되었기 때문에, 에어하르트의 이런 행보는 개인적으로 그를 위태롭게 할 수 있었다. 그러나 전후 경제 계획에 관심을 갖고 있던 나치 경제 관료들은 에어하르트를 주목하고 직접 접촉을 시도하기도 했다. 이 나치 경제 관료들과의 인연으로 인해 에어하르트가 슈타우펜베르크 백작의 히틀러 암살 그룹과 유대를 갖

고 있었음에도 처벌을 피할 수 있었을 것이라는 추측도 제기되었다.[03]

종전 이후 그는 미군정의 경제 참모였다가 곧 바이에른주의 경제부장관이 되었다. 적극적인 저항 세력은 아니었지만 불이익을 무릅쓰고 나치당에 가담하지 않을 정도의 소신을 보여준 바 있는 드문 인물이기도 했거니와, 시장경제에 대한 소신을 뚜렷이 견지하던 에어하르트가 종전 후 사회주의로 경도되고 있던 독일 사회에서 균형추가 되리라는 미군정의 판단 때문이었다.[04] 이후 1946년 바이에른 주정부 선거에서 기사련이 집권함으로써 곧 재무장관직에서 밀려났지만, 1947년 뮌헨대학의 객원 경제학교수로 임명됨으로써 경제 전문가로서의 명망을 높일 수 있었다.

앞서 살펴보았다시피, 건국 초기에 서독이 시장경제를 경제질서의 근간으로 삼으리라는 보장은 전혀 없었다. 사민당은 계획경제, 국가통제, 중앙집중화를 목표로 하고 있었고, 기민련 내의 강력한 파벌이던 CDA도 바이마르 시기의 착취적인 자본주의가 귀환하는 것을 크게 우려하고 있었기 때문에, 계획경제적 요소를 유지함으로써 전후 재건이 가능하다는 입장이었다.

에어하르트가 전후 독일 사회에서 두각을 나타내게 된 것은, 이러한 시대 조류 가운데서도 시장경제를 통해서만 독일의 경제 회복과 사회적 안정, 그리고 '모두를 위한 복지'가 가능하리라고 주장하고 나섰기 때문이었다. 시장주의자들이 많은 영국이나 미국에서라면 그의 존재가 눈에 띄지 않았겠지만, 경제학자들이 소비보다 생산을 중시하는 민족주의적 입장을 견지하는 전통이 있었던 독일에서는 오랫동안 경쟁적인 시장이나 자유무역은 불필요하거나 바람직하지 않은 것으로 받아들여져왔다. 경쟁 체제와 자유

---

03 Alfred C. Mierzejewski, *Ludwig Erhard: Der Wegbereiter der sozialen Marktwirtschaft*, Pantheon, 2006, p. 44.

04 A. J. Nicholls, *Freedom with Responsibility*, Clarendon Press, 2004, p. 151.

로운 가격, 소비자 선택의 주권을 보장하는 시장경제 체제는 독일에서 결코 매력적인 선택으로 여겨지지 않았다. 서독 건국 초기에 실시된 여론조사에서도 수요와 공급에 의해 결정되는 가격보다 국가에 의해 결정되는 공정가격에 대한 선호가 나타났다.[05] 경쟁이 혼란과 동일시되는 상황이었던 것이다.

반면 에어하르트는 당시 독일에서 드문 시장주의자였다. 자유시장경제 이론가인 프리드리히 폰 하이엑(Friedrich von Hayek)이 에어하르트의 '사회적 시장경제'의 의미에 대해 물었을 때, 에어하르트는 "시장이 그 자체로 사회적인 것일 뿐 시장을 사회적인 것으로 만들어야 한다는 의미가 아니"라고 답했다.[06] 잘 작동하기만 한다면 시장 자체가 사회적인 것이므로, 시장 기능을 회복시킴으로써 사회적 불평등을 제거할 수 있다는 뜻이었다. 그에게 '평등'은 경제 정책이 추구할 목표가 될 수 없었고, 빈곤을 없애고 사회적 건강성을 확보하기 위해서라면 공적인 장치, 혹은 재분배를 염두에 둔 세제를 마련하는 것보다는 경쟁을 보장하고 시장에 대한 접근을 가능케 하는 편이 나았다.

계획경제와 관련하여, 그는 어떤 개인 혹은 집단도 모든 소비자들의 필요를 미리 인지하고 적합한 시간에 필요한 물품을 제공할 정도로 지혜로울 수 없다는 점에서 불가능하다고 생각했다. 또한 계획경제에서는 정부, 경찰, 군대 조직이 하나의 권력 아래 있게 됨으로써 인간의 자유에 위협이 될 수밖에 없다고 판단했다. 경제는 가능한 한 탈정치화해야 하고, 정치의 영향

---

05 A. J. Nicholls, "Ludwig Erhard and German Liberalism", in: Konrad Jarausch/Larry Eugene Jones (eds.), *In Search of Liberal Germany*, Berg, 1990, p. 413에서 인용.

06 Alfred C. Mierzejewski, *Ludwig Erhard: Der Wegbereiter der sozialen Marktwirtschaft*, Pantheon, 2006, p. 59.

범위는 제한하는 것이 타당하다고 보았다.

얼핏 영미권의 자유방임주의 경제학자들과 흡사해 보이지만, 에어하르트는 시장자본주의를 실현하는 데 국가의 개입을 강조했다는 점에서 그들과 궤를 달리했다. 시장이 자생적으로 생기거나 자동적으로 작동할 수 있기 때문에 국가의 역할은 개인의 신체와 소유를 보호하는 경찰국가로 충분하다고 보았던 맨체스터학파와 달리, 에어하르트는 시장의 자유로운 작동을 보장하기 위해서는 강력하고 효율적인 정부가 필요하다는 입장이었다. 구체적으로 시장경제에 대한 국가 개입을 통해 독점과 카르텔이 형성되지 않도록 해야 하며, 고령, 질병 등으로 인해 시장에서 배제된 사회적 약자들을 위한 사회보장 조치를 취해야 한다는 것이 '사회적 시장경제'의 기본 구상이었다.

전후 서독의 정치 지형에서 에어하르트는 사회적 시장경제의 내용이자 형식, 양자 모두였다. 관운이 있었던 에어하르트는 자신의 '사회적 시장경제' 구상을 실현시킬 제도적인 발판을 일찌감치 마련할 수 있었다. 에어하르트는 영국군과 미국군 점령 지역, 그리고 1948년부터는 프랑스군 지역까지 아우르는 오늘날의 서독 지역에서 의사 정부 및 의회 역할을 담당하던 프랑크푸르트 경제평의회 산하 경제청(Wirtschaftsverwaltung)의 청장(Direktor)으로서 경제 정책을 주도했다. 그는 인플레이션을 멈추기 위해 신속한 화폐 개혁이 필요하다는 주장을 담은 문서를 종전 직후인 1945년 7월에 이미 미군정에 제출한 바 있었다.[07] 또한 미군정의 의도와 달리 생필품 배급을 중단하

---

07 나치가 지폐 발행을 통해 전비를 마련했기 때문에, 전쟁이 끝났을 때 독일 경제는 화폐 과잉 상태에 빠져 있었다. 현대사가 볼프강 벤츠(Wolfgang Benz)에 따르면 화폐 개혁 이전의 독일은 사실상 세 가지 다른 화폐가 존재하는 나라였다. 국가가 지불하는 임금과 세금으로는 제국 마르크가 통용되었고, 1946년 8월부터 점령국과 독일 사이에서는 점령 당국이 발

고 기본적인 식량, 연료, 집세 등을 제외한 모든 상품에 대한 가격통제를 철폐하도록 한 것도 에어하르트였다. 화폐 개혁 역시 시장경제에 대한 에어하르트 개인의 확신이 없었다면 불가능한 일이었다는 평가가 일반적이다.[08] "일관되게 계획경제에 맞섰을 때" 에어하르트가 보여준 "용기와 신념"에 대해서는 모든 면에서 에어하르트에 대해 비판적이던 아데나워조차 칭찬을 아끼지 않았을 정도였다.[09]

에어하르트의 정책이 즉각적인 성과로 나타났던 것은 아니었다. 화폐 개혁을 통해 물가가 자유로워지면서 상품 가격은 인상되고 임금은 가격 인상을 따라가지 못했다. 뿐만 아니라 실업이 급증하여 실업자가 500만 명에 육박했다. 1948년 가격통제를 주장하던 사민당은 매번 부결되기는 했지만 두 차례나 경제평의회에 에어하르트 불신임안을 제출한 바 있었고, 사민당

행하되 제국 마르크로 환전되지 않는 점령 화폐(Besatzungsgeld)가 통용되었다. 그러나 가장 중요한 지불 수단은 암시장에서 널리 활용되던 담배였다. https://www.bpb.de/themen/nationalsozialismus-zweiter-weltkrieg/dossier-nationalsozialismus/39602/infrastruktur-und-gesellschaft-im-zerstoerten-deutschland/. 풀브룩은 물물교환에 활용되었던 담배와 초콜릿이야말로 실질적인 화폐 단위 역할을 수행하고 있었다고 본다. 메리 풀브룩 지음, 김학이 옮김, 『분열과 통일의 독일사』, 개마고원, 2000, 309쪽.

08 독일 산업계의 로비 단체 '디 바게(Die Waage)'가 발간한 자료에 따르면, 에어하르트가 1948년 6월 19일 대변인을 통해 다음 날부터 가격제한과 경제통제가 철폐될 것이라고 발표했을 때, 미군정의 루셔스 클레이(Lucius D. Clay) 사령관은 바로 에어하르트를 호출하여 그가 점령 조례를 간단히 '변경(abändern)'할 수는 없다고 비난했다고 한다. 이에 대해 에어하르트가 '변경'이 아닌 '철폐'라고 대응한 것이 알려져 있지만, 클레이의 반응에 대해서는 알려진 바 없다. 바로 다음 월요일인 1948년 6월 21일부터 가게 진열장들이 가득 차기 시작했다는 사실에 묻혀버린 것이다. 그리고 이 에피소드는 널리 사실로 받아들여지면서 에어하르트를 신화화하는 데 활용되었다. Mark E. Spicka, *Selling the economic Miracle*, Berghahn Books, 2007 pp. 180~183.

09 Holger Löttel (bearbeitet), *Konrad Adenauer, Ludwig Erhard und die Soziale Marktwirtschaft*, Ferdinand Schöningh, 2019, p. 622.

과 노조가 에어하르트를 사퇴시키기 위해 1948년 11월 하루짜리 총파업을 실시한 일도 있었다.[10] 치솟는 물가와 에어하르트의 경제 정책에 반대하는 시위에 참여한 인원은 전체 피고용인 1,200만 명 가운데 925만 명에 달해, 참가율은 79%로 추산되었다.[11] 결국 사회적 시장경제란 이 시기 파업을 통해서 드러난 "노동자들의 주체성"에 대한 불가피한 "정책적 대응"이었다는 해석이 있을 정도로,[12] 초기에는 에어하르트의 정책에 대한 반대가 거셌다.

그러나 실제로 화폐 개혁에 대한 그의 구상이 실행된 지 얼마 지나지 않은 1949년 초부터 인플레이션이 사라지고 생산성이 높아지기 시작했다. 이처럼 화폐 개혁이 성공적으로 정착하자 에어하르트에 대한 대중적 지지가 높아졌고, 1949년 8월로 예정된 연방의회 선거를 위한 경제 정책을 놓고 고심하던 아데나워는 에어하르트 영입으로 문제를 해결하고자 했다. 머지않아 에어하르트는 아데나워의 경제 부문 파트너가 될 수 있었다. 사민당과의 연정을 원하는 주정부 총리들과는 달리, 처음부터 사민당을 야당으로 묶어두고자 했던 아데나워의 계획에 입각해볼 때,[13] 사민당의 계획경제를 비판하고 자유시장경제를 설파하는 에어하르트는 더없이 좋은 파트너였다. 즉

---

10 이는 서독에서 발생한 유일한 총파업이기도 했다. 화폐 개혁 직후의 혼란에 대해서는 Alfred C. Mierzejewski, *Ludwig Erhard: Der Wegbereiter der sozialen Marktwirtschaft*, Pantheon, 2006, pp. 120~121.

11 Daniel Körfer, "Vor 70 Jahren: Generalstreik gegen Ludwig Erhard und die Einführung der Marktwirtschaft", https://www.ludwig-erhard-zentrum.de/fileadmin/user_upload/Veranstaltungen/Koerfer-wissenschaftliche-Artikel/daniel-koerfer-generalstreik-ludwig-erhard-zentrum.PDF.

12 김학이, 「서독인들의 공포와 새로운 감정 레짐」, 『역사와 세계』 62권, 2022, 73쪽.

13 A. J. Nicholls에 따르면 노르트라인-베스트팔렌주 총리 칼 아놀트(Karl Arnold), 헤센 지역 기민당 대표인 베르너 힐페르트(Werner Hilpert) 등은 주정부와 연방정부 모두에서 사민당과의 연정을 선호했다. 아데나워는 에어하르트와 손을 잡음으로써 그러한 요구에 맞설 수 있었다. A. J. Nicholls, *Freedom with Responsibility*, Clarendon Press, 2004, p. 246.

기민련의 사회적 시장경제는 아데나워가 에어하르트를 영입함으로써 제도화될 수 있었던 셈이다. 실상, 아데나워 자신은 에어하르트와 달리 경제 정책을 원칙적인 측면에서가 아니라 정치적 편의성의 문제로 바라보고 있었다. 1951년 기민련/기사련의 관련 논의에서 아데나워가 자신은 시장 경제의 원칙적인 지지자가 아니며 그것이 성공적일 경우에만 지지한다고 언급했던 것은 대표적인 사례였다.[14]

아데나워의 반대와 에어하르트 총리의 등장

에어하르트는 연방의회 선거 직후 아데나워 1기 내각에서 경제부장관으로 임명된 이래 4기 내각까지 내내 경제부장관직을 지켰다. 안티-카르텔 법안, 국민주 발행 등 아데나워 내각의 주요 경제 정책들이 에어하르트의 손에서 이루어졌다. 독일 국민들 사이에서 '경제기적'의 상징으로 여겨지던 에어하르트가 지속적으로 아데나워의 후임으로 꼽힌 것은 매우 자연스러운 일이었다. 그럼에도 불구하고, 정작 아데나워 자신은 14년간 그의 내각에서 경제부장관을 지낸 에어하르트를 후계자로 인정하지 않았다. 기본적으로 아데나워는 비정치적인 이상주의자인 에어하르트가 정당들 간, 그리고 여러 사회 세력들 간의 권력다툼을 잘 극복해낼 수 없다고 보았다.

아데나워가 가장 문제시했던 것은 외교 분야였다. 당시 원내교섭단체 대표이자 최측근이었던 하인리히 크로네(Heinrich Krone)에게 쓴 편지에서, 아데나워는 에어하르트에 대해 다음과 같은 평가를 내렸다. "에어하르트 씨

---

14 Mark E. Spicka, op.cit., p. 99. Spicka는 기민련/기사련의 'executive committee'에서 아데나워가 이렇게 논했다고 썼다. 기민련/기사련이 함께 논의하는 장이라면 원내교섭단체일 수밖에 없지만, 그는 이와 관련하여 정확한 전거를 밝히지 않았다.

는 우리가 바랄 수 있는 최고의 경제부장관이었지만, 대단히 민감하고 위험한 외교 분야에서는 전혀 경험이 없소. 그가 경제부장관으로 대단히 뛰어났던 것만큼이나, 점점 더 심해지고 있는 외정의 위험들 가운데서 그가 총리가 되는 것은 위험하오."[15]

드골이 대통령으로 취임한 1950년대 후반부터 1960년대에 이르기까지 유럽 외교에서는 '유럽주의'와 '대서양주의'가 충돌하고 있었고,[16] 독일 역시 '프랑스가 주도하는 유럽'과 '미국'이라는 두 블록 사이에서 어느 한쪽을 선택해야 한다는 압박을 느끼고 있었다. 기민련 내에서는 에어하르트가 중심이 된 친미적 "대서양주의자"들과[17] 아데나워 중심의 "드골주의자"들 간에 치열한 논쟁이 계속되었다. 아데나워의 서방통합에서 주요한 성과물인 엘리제협약이 그 서문에 "북대서양조약기구와의 관계를 훼손하지 않는다"는 문구를 삽입한 후에야 의회에서 비준"될 수 있었다는 사실은 이 갈등이 얼마나 첨예했는지를 잘 보여주는 예이다.[18]

아데나워는 영미권에 친화적인 이 경제부장관이 프랑스와의 우호 관계를 유지하기보다는 미국과 협조 관계를 보다 중시하게 될까 우려했다. 이처럼 아데나워 총리가 에어하르트의 총리 취임을 반대하는 입장이라는 사실이 널리 알려져 있었지만, 이는 에어하르트에게 희생자 이미지를 부여하

---

15 Marie-Luise Recker, *Konrad Adenauer: Leben und Politik*, C.H.Beck, 2010, p. 64.

16 안병억에 따르면 '대서양주의'와 '유럽주의'가 상호 대립하는 가운데, 결국 유럽통합은 미국의 영향력을 수용하는 방식으로 일어날 수밖에 없었다. 안병억, 「1960년대 초 유럽주의와 대서양주의─드골의 '유럽' 대 미국의 '유럽'」, 『유럽연구』 26-1, 2008, 101~123쪽.

17 대서양주의의 역사적 기원 및 발전에 대해서는 김유정, 「대서양주의의 기원과 발전」, 『세계역사와 문화연구』 60집, 2021, 269~288쪽.

18 안병억, 앞의 글, 114쪽.

여 오히려 유리하게 작용했다. 1963년 아데나워 퇴임 당시 그는 에어하르트와 경쟁할 후보를 내세우고자 했지만, 누구도 당내에서 인기가 높던 에어하르트와 대결하려 하지 않았을 정도였다. 무엇보다 1958년 '고데스베르크 강령'을 통해 사민당이 노동자 정당을 넘어 국민 정당이 되기로 입장을 선회한 후, 1958/59년 지방의회 선거를 필두로 지속적으로 지지율을 높여가고 있는 상황이었다. 따라서 기민련 내에서 '선거 견인차(Wahllokomotive)'로 불리던 에어하르트에 대한 기대는 점점 더 높아지고 있었다.

또한 에어하르트는 연정 파트너인 자유민주당의 굳건한 지지도 얻고 있었다. 그는 자유민주당의 지지를 바탕으로 프랑크푸르트 경제청장이 될 수 있었고, 자유민주당이 지역구 후보 자리를 제안했을 정도로 처음부터 자유민주당과 긴밀한 관계를 맺었다. 자유민주당 측에서 볼 때, 에어하르트가 총리 후보가 되는 것은 대단히 중요한 문제였다. 먼저 기민련 내의 드골주의자들이 양대 정당에만 유리하고 자유민주당에게는 불리한 다수결 투표 방식으로의 선거법 개정을 고려하고 있었기 때문에, 에어하르트가 총리가 되느냐 마느냐는 자유민주당의 존립과도 연관된 일이었다.[19] 또한 에어하르트는 그의 자유주의적인 경제철학으로 인해 아데나워처럼 사민당과 연정

---

19 제헌의회에 참여한 각 정당들이 선거제에 대해 합의할 수 없었기 때문에, 다른 나라 헌법들과 달리 기본법은 구체적인 선거 체계를 상정하지 않았다. 그에 따라 1949년 선거에서는 선거구 후보 1인에게만 투표하는 1표제를 실시하되, "1인 선거구에서 획득한 정당의 주별 득표총수에 기초하여 의석을 배정"했다. 현행의 1인 2표제는 1953년 선거 체계 개혁 과정에서 도입되었다. 김영태, 「독일 연방의회 선거 체계의 제도적 효과」, 『국제정치논총』 41(3), 2001, 281쪽. 연동형 비례대표제는 자유민주당과 같은 군소 정당에 유리한 방식이었지만, 기민련과 기사련은 다수결 표결 방식(Mehrheitswahlrecht)을 도입하여 자유민주당의 활동 여지를 축소하려 했다. 자유민주당이 1956년 NRW 지역에서 사민당과 연정에 나섰던 것도 기민련이 연방주 선거에 다수결 표결제를 도입하고자 했기 때문이었다. 자유민주당은 사민당과의 연정을 통해 연방 상원인 분데스랏에서 기민련의 의석을 줄이는 방식으로 대응했다.

에어하르트(좌)와 아데나워
KAS-12487 (c) KAS - Peter Bouserath.

을 고려할 가능성이 전무했기 때문에, 자유민주당으로서는 에어하르트가
더더욱 만족스러울 수밖에 없었다. 그는 때로 '자유민주당의 총리'라고 불
릴 정도로 자유민주당과 긴밀한 관계를 유지했다.

이런 정치적 역학관계보다 더욱 중요했던 것은 '경제기적'을 이룬 재
무부장관 에어하르트가 국민들의 절대적인 지지를 얻고 있다는 사실이었
다. 그는 1949년부터 경제부장관으로 활동하면서 '경제기적의 아버지'로 불
리고 있었고, 1957년 출간한 저서 『모두를 위한 복지(Wohlstand für Alle)』가 베스
트셀러가 되면서 다시금 총리 후보의 입지를 굳혔다. 기민련의 핵심 강령
인 '사회적 시장경제'를 체현하고 있는 인물이 바로 에어하르트였고, 국민
들 사이의 인기로 치자면 당내에 경쟁 상대가 없었다. 또한 언론과 꾸준히
적대적 관계를 맺고 있던 아데나워와 달리, 에어하르트는 미디어와 여론의

호평을 받고 있었다. 그 결과 아데나워가 1961년 선거 직후 약속했던 대로 1963년 총리직을 사임하자, 에어하르트는 그의 뒤를 이어 총리로 선출될 수 있었다.

2. 에어하르트 총리 시기 기민련 정권의 정치

1965년 선거 이전 기민련의 외정과 내정

에어하르트는 취임 선언의 대부분을 내정에 할애할 정도로 내정 우위를 강조했으나, 그가 취임한 이후 복잡해진 국제정세는 이런 태도를 용납하지 않았다. 유럽통합 정책이 정체 국면에 접어들고 미국이 베트남전쟁에 참가함으로써 냉전 위기가 가속화되고 있었던 것이다. 핵에 대한 독점적 지위를 유지하는 가운데 전통적인 방어 체계에 더 큰 비중을 두고자 했던 미국의 전략에 맞서서 프랑스는 독자적 핵무장을 감행했고, 1966년 2월에는 나토의 통합군사지도부에서 철수함으로써 프랑스 군대가 나토 지휘를 받지 않도록 했다.[20]

이처럼 프랑스와 미국의 갈등 한가운데서 균형을 잡기가 점점 어려워지자, 에어하르트는 전폭적으로 미국과의 동맹에 집중하는 편을 택했다. 에어하르트의 외정은 프랑스에 대한 유보적 태도와 영국과 미국에 대한 신뢰로 특징 지어진다. 에어하르트는 드골이 프랑스를 대륙의 주도적인 국가로 만

---

20 프랑스는 1966년에 나토를 탈퇴한 것으로 알려졌지만, 통합군사사령부에서 탈퇴했을 뿐 나토의 구성원으로는 남아 있었다. 그러다가 2009년 들어서 공식적으로 나토의 통합군사사령부에 다시 참여하게 되었다. https://shape.nato.int/page214871012.

들고 독일을 프랑스 주도의 유럽 체제에 묶어두려 한다고 우려했다. 더욱이 프랑스와는 군사적인 문제뿐만 아니라 유럽경제공동체 내에서 농산물 가격을 책정하는 문제로도 갈등을 빚고 있었다.

이처럼 에어하르트가 미국과 프랑스와의 동맹을 양자택일적인 것으로 간주하고 전폭적으로 미국 편에 섬으로써 독일의 운신의 폭을 좁혔다는 평가는 피하기 어려울 것이다.[21] 그가 미국과의 우호 관계를 무엇보다 중시한다는 것이 분명했기 때문에, 결과적으로 미국에 압력을 가할 수단을 스스로 포기해버린 것이나 마찬가지였다. 당시 미국은 미군 주둔의 대가로 매년 50억 마르크 규모의 군비를 구매해주기를 희망하고 있었는데, 이는 연방 예산의 5%에 육박하는 엄청난 금액이었다.[22]

그 외에 전통적으로 우호 관계를 맺어왔던 아랍 국가들과의 외교에서도 문제가 발생했다. 1957년부터 독일이 이스라엘에 무기를 제공해왔으며, 1964년 에어하르트 정부와 미국 간 협약의 결과로 이스라엘에 탱크까지 제공하기로 했다는 사실이 알려지자, 이집트 나세르 대통령은 동독의 발터 울브리히트를 공식 초청함으로써 서독이 유일하게 합법적인 독일 국가임을 고집하던 할슈타인 원칙을 의도적으로 위반했다.[23]

---

21 케네디 행정부 이후 아데나워, 슈트라우스, 게어스텐마이어 등 당의 주요 인사들은 유럽 독자 노선을 지지하며 프랑스의 드골주의를 지지했지만, 에어하르트는 할슈타인 원칙을 고수하고 미국의 외교적 행보에 보조를 맞추자는 입장이었다. 김진호, 「1969~74년 시기의 독일 연방공화국의 독일 정책(Deutschlandpolitik)과 CSCE」, 『평화연구』 17(1), 2009, 206~245쪽.

22 Karlheinz Niclauss, *Kanzlerdemokratie*, UTB, 2004, p. 107.

23 아데나워 측근이자 조력자였던 발터 할슈타인(Walter Hallstein)은 서독의 서방통합 구상을 조탁한 인물로 꼽힌다. 그는 6개국 주도하의 EWG 협약을 만들어낸 인물이기도 하다. 나치 시기 법학 교수를 지낸 그는 총리청의 외교 분야 담당자로서 제3국이 동서독과 동시에 외교 관계를 맺지 못하도록 한 '할슈타인 원칙'을 만들어냈다. 1955년부터 발효된 할슈타인 원칙에

에어하르트는 이집트와의 국교를 단절하는 대신 개발 원조를 중단했으며, 이스라엘에 대한 무기 제공을 중단하는 대신 무기 비용을 지불하고 이스라엘과의 외교 관계를 공식적인 관계로 전환시키기로 결정했다. 양측 모두 달래기에 나섰던 것이다. 특히 이스라엘과 공식 외교 관계 체결은 이스라엘 측이 오랫동안 요구했던 바였다. 아데나워는 보상협정이 이루어지던 1952년 공식 외교 관계를 맺기를 원했었지만 독일에 대한 이스라엘 국민들의 증오로 인해 좌절되었고, 이후 이스라엘이 태도를 바꾸어 공식 외교 관계를 희망했을 때는 아랍 국가들의 반발로 인해 에어하르트뿐만 아니라 아데나워 역시 조심스러운 태도를 취했던 터였다. 이스라엘과 공식 외교 관계를 체결하기까지 보여준 에어하르트의 주저와 망설임은 그를 국내외적인 공격에 노출될 수밖에 없게 했다.[24]

그러나 초기의 외정적 난관들이 에어하르트에 대한 독일인들의 지지에 영향을 미치지는 못했다. 독일은 1964년과 65년에 각각 6.6%와 5.2%의 경제성장률을 기록했으며, 실업률은 0.7%에 불과했다.[25] '경제기적'은 최고조에 달하고 있었으며,[26] 선거를 앞두고 기민련 내부의 여러 갈등도 봉합되었다.

따르면, 동독을 국가로 인정하는 국가와는 국교를 단절하도록 되어 있었다. 서독이 민주적인 선거에 의해 형성된 유일한 정부이기 때문에 모든 독일인과 독일 전체를 대표하는 유일한 국가라는 것이 당시 서독 정부의 입장이었다. 할슈타인 원칙은 그동안 '할슈타인 독트린'으로 불려왔지만, 이 글에서는 최근에 통용되는 용어인 '할슈타인 원칙'을 사용했다. 예를 들어 다음을 참조. 제성호, 「1970년대 박정희 정부의 통일 정책 재조명」, 『북한학보』 47(1), 26쪽.

24 이스라엘과 공식 외교 관계 체결 이전의 논의를 살펴보기 위해서는 Carole Fink, *West Germany and Israel*, Cambridge University Press, 2019, pp. 1~24.

25 Ulrich Herbert, *Geschichte Deutschlands im 20. Jahrhundert*, C.H.Beck, 2014, p. 779.

26 이 경제기적의 원인에 대해서는 의견이 분분하다. 먼저 1차 세계대전과 경제위기, 그리고 2차 세계대전을 겪으며 오랫동안 억눌려온 성장의 동력이 분출되었다는 설명이 있었다. 그러나 이 이론의 근간이 되는 바, 인구와 생산성의 장기적인 증가가 경험적으로 입증되지 못

연방정부와 주정부는 일찌감치 세금 분할에 대한 합의에 도달한 상태였고, 주정부와의 협정을 통해 연방정부가 대학과 연구소에 대한 재정 지원, 그리고 대학생 지원 등에 나섰다.[27] 또한 1965년 자녀수당법(Bundeskindergeldgesetz)이 통과되어 수당을 받을 수 있는 범위가 확대되었고, 조세법 개정으로 연간 세금 부담도 줄어들었다.

독일제국 및 프로이센으로부터 이어받아 국가 소유가 된 기업들을 어떻게 처리할 것인지에 대한 오랜 논란 끝에 '사회적 민영화'로 방향을 잡은 것도 에어하르트가 주도한 성과였다. 이미 1961년에 연간소득 8,000마르크 이하인 개인에게 500마르크 이하의 폭스바겐 주식을 판매하는 것을 원칙으로 하되 소득과 자녀 수에 따라 유연하게 매매될 수 있도록 한 바 있었고, 1965년에는 베바 콘체른(Vereinigten Elektrizitäts- und Bergwerks AG, VEBA) 주식의 일부를 국민주로 발행하여 부분적으로 민영화했다. 이를 통해 국민 상당수가 재산을

했다는 점에서 설득력이 약하다는 비판을 받았다. 인구와 생산성은 19세기에도, 20세기에도 지속적으로 성장하기보다는 굴곡을 보이고 있었던 것이다. 콘트라 티에프, 슘페터 등의 장기파동(Lange Welle) 이론에 따라 1950년대와 60년대가 장기적인 성장 국면이었다는 설명도 있었지만, 이 역시 전체 경제 생산의 전개가 규칙적인 리듬을 보이지 않는다는 점에서 설득력이 약하다는 비판을 받았다. 세 번째로 1950년부터 1973년까지의 성장 국면이 이 시기의 역사적 특수성에 기인한다는 설명이 제시되기도 했다. 인구 증가와 더불어 노동력 공급이 지속적으로 증가하는 현상, 세계 시장의 급속한 확대, 기술 발전 등이 그 특수성의 내용으로 꼽혔다. 이에 대한 설명은 Gerd Hardach, "Krise und Reform der Sozialen Marktwirtschaft", in: Axel Schildt et.al. (eds.), *Dynamische Zeiten: die 60er Jahre in den beiden deutschen Gesellschaften*, Hans Christians Verlag, 2000, pp. 197~201.

27 오늘날 연방교육지원법(Bundesausbildungsförderungsgesetzes, BAföG)이 제정되기 이전에 존재한 혼네퍼 모델(Honnefer Modell)에 따른 지원에 연방정부가 참여하기로 한 것을 의미한다. 당시 이 모델에 따르면 지원 방식은 장학금과 학자금 대여 등으로 나뉘어 있었다. 이 법이 1971년 연방교육지원법으로 대체되기 전까지 학생들 가운데 15~19% 정도가 지원을 받을 수 있었다.

가짐과 동시에 경제의 작동 방식을 이해할 수 있도록 하고자 했다.[28]

자유주의자 에어하르트의 정치철학 '조직된 사회'

아데나워가 임기 중 퇴임한 뒤 선거 없이 총리가 된 에어하르트에게, 1965년 9월 연방의회 선거는 그의 권력이 유지될 수 있을지 결정하는 리트머스 시험지였다. 에어하르트에 대한 당내 지지는 유권자들에 대한 그의 호소력에 근거한 것이었기 때문에 더욱 그러했다. 에어하르트는 선거를 반년 앞두고 열린 1965년 3월 기민련 전당대회를 그의 정치철학을 피력하는 기회로 삼았다.

이 전당대회에서 에어하르트는 새로운 사회의 비전으로 분열된 사회의 반대 개념인 '조직된 사회(Formierte Gesellschaft)'를 내걸었다. 재건의 시기가 끝난 이후 새로운 사회의 비전을 제시할 필요가 있기는 했다. 에어하르트 총리의 큰 그림은 '사회적 시장경제'라는 경제적 기획을 '조직된 사회'라는 정치적 기획을 통해 보완하는 것이었다. 에어하르트 그룹은 '사회적 시장경제'가 지나치게 경제적인 영역에 국한되어 있어 1960년대의 변화된 사회를 특징 짓는 틀이 되기 어렵기 때문에, 이를 보완할 정치적 기획이 필요하다고 판단했다.

케네디와 존슨의 정치적 스타일을 차용하고자 노력한 것으로 알려진 에어하르트의 '조직된 사회' 개념은, 케네디의 '뉴프론티어(New Frontier)'나 존슨의 '위대한 사회(Great Society)'에 잇닿아 있는 것으로 평가되고 있다. 이 새로운

---

28 이로써 150만 명이 주식 매매에 참여했으나, 의무 보유 기간이 지나고 난 후 되파는 등 소기의 목표를 달성하지 못했다. 이후 이 '국민주' 운동은 지속되지 못했다. Heidrun Edelmann, "Privatisierung als Sozialpolitik. 'Volksaktien' und Volkswagenwerk", *Jahrbuch für Wirtschaftsgeschichte*, Vol. 40, No. 1, 1999, pp. 71~72.

관념은 주로 언론인 출신으로 구성된 그의 측근 그룹이 만들어낸 것으로서, 기민련 당 조직이나 여타 전문가 집단의 자문을 받아 생성된 것이 아니라는 점에서 당 내부에 수용되는 데 치명적인 한계를 안고 있었다.

이런 태생적 한계로 인해 그는 이 기획을 전당대회 도입부에 내세워 토론하는 방식을 택하지 않고 전당대회 마지막 날 연설을 통해 발표했다. '사회적 시장경제'를 통해 경제적인 곤궁에서 해방되고 '모두를 위한 복지'가 실현되었지만, 이익집단들과 협회들 간의 대립으로 사회가 분열되고 있다는 것이 그의 진단이었다. 그는 이런 상황에 대한 해결책으로 '조직된 사회'를 제시했다. '조직된 사회'는 제국주의 혹은 사회주의 등 "획일화된 사회", 그리고 상호 배타적인 목표를 추구하는 계급과 집단으로 "분열된 사회"의 대립항을 의미했다.[29] 점차 다원화되고 있는 사회에서 개별 이익집단들의 대립으로 인해 나타날 수밖에 없는 사회적 분열을 극복하기 위해서는 각각의 이익집단들이 자신들의 이익을 관철시키기보다 공동의 사회적 목표를 위해 협력할 필요가 절실하다는 것이었다.

이를 위해서는 구체적으로 의회가 "조직된 이해관계"에 종속되어서는 안 되며 더 큰 독자성을 누릴 수 있어야 한다고 주장했다. 예컨대 의회 소위원회 내 전문가 그룹이 "끼리끼리(unter sich)" 모인 끝에 집단의 이해를 도모하게 되고, 이로써 "전체를 아우르는 정치적인 측면이 손상"되며, 결국 "전체의 이익을 위한 전문가"가 따로 필요해질 수도 있다는 것이 그의 우려였다.[30] 가령 국회 법사위가 법률가들의 이익 단체로 전락할 가능성에 대한 그

29 CDU Bundesgeschäftsstelle, *CDU Bundesparteitag 1965*, p. 704, https://www.kas.de/c/document_library/get_file?uuid=43e736ce-e749-d2e6-6844-8adf410c8d74&groupId=252038.

30 CDU Bundesgeschäftsstelle, *CDU Bundesparteitag 1965*, p. 706.

의 우려는 충분히 이해할 만하다.

다음으로 그는 사회복지 체제가 비대해져서 재정적자에 처하게 되고 한 걸음 더 나아가 인플레이션이 야기될 수 있다며 우려를 표했다. 결국 사회 복지의 문제는 "재정의 문제"이며, 아무리 긴박해 보일지라도 사회 문제를 해결하고자 "인플레이션이라는 대가를 지불하지 않는 것을 최고의 원칙으로 삼아야 한다"는 것이 그의 입장이었다.[31] 그는 포괄적인 사회복지 체제에 반대하면서 "개인에게서 각자의 책임을 빼앗기보다는 오히려 보다 분명한 책임감을 가질 수 있도록 해야" 한다고 보았다.[32] 그런가 하면 국민총생산의 1% 정도를 '독일공동체기금(Deutsches Gemeinschaftswerk)'으로 만들고 회계연도 단위 내에서 추진할 수 없는 중장기적 공동체 과업, 예컨대 통일을 추진하게 하자는 안을 내놓기도 했다.

이 연설에서 그는 "하나의 사회는 그 사회의 집단들이 범위와 조직 면에서 최적화된 지위에 도달하고, 하나의 법적인 지위를 누리며, 협력 관계 안에서 서로 대면하는 가운데 생겨"나며, 이 사회는 "서로 배타적인 목표를 관철하고자 하는 계급과 집단으로 구성된 것이 아니라 신분 국가적인 관념을 넘어서 본질적으로 협조적이며, 모든 집단과 이해관계들이 서로 협력하는 데 근거"해야 한다고 주장했다.[33] 또한 그는 사회의 여러 조직들이 "하나의 전체(Ein Ganzes)"로서, "상호 의존에 대한 인식을 가지고 자신의 힘과 의지로 함께 노력"할 필요성을 강조했다. 이 전체가 이루고자 하는 구체적인 목표는 "모든 독일인들의 자유와 자결, 자유 우방들과의 연대, 유럽통합, 경제안

---

31 CDU Bundesgeschäftsstelle, *CDU Bundesparteitag 1965*, p. 711.

32 CDU Bundesgeschäftsstelle, *CDU Bundesparteitag 1965*, p. 710.

33 Dorothee Buchhaas, *Die Volkspartei*, Droste, 1981, p. 305f.

정" 등이었다.

그는 기본적으로 자유롭고 도덕성이 높은 시민들이 어떤 이해 집단을 통해서가 아니라 한 개인으로서 직접 국가와 협상할 수 있는 사회를 꿈꾸었다. 개인이 정부의 일에 직접 참여하게 됨으로써 국가 시민으로서의 미덕이 함양되고 이를 통해 도덕적 타락을 낳는 물질주의에 맞설 수 있으리라고 믿었다. 그가 꿈꾼 '조직된 사회'는 문명화된 태도, 책임을 떠맡으려는 자세, 그리고 도덕적인 기본을 가진 시민으로 구성된 사회였다. 그리고 에어하르트가 꿈꾼 정치란 여러 개인과 집단 및 당파의 이해관계들이 사실 그 자체, 혹은 사회 전체의 공동선에 지배되는 '대화합'의 정치였다.

현대사가 울리히 허버트(Ulrich Herbert)에 따르면, 자본주의사회의 움직임을 규제하고자 하면서도 기독교도, 서구도, 사회주의도 대안으로 활용하려 하지 않는 에어하르트에게 남은 길은 결국 막연한 '공동체'인 '게마인샤프트'에 호소하는 길뿐이었다.[34] 기민련 당사를 서술한 한스-오토 클라인만(Hans-Otto Kleinmann)이 적절하게 논평했듯이, 이는 1960년대 독일처럼 다원화된 민주주의사회가 아니라 전쟁 직후의 상황에서나 실현 가능한 이상이었다.[35] 에어하르트의 최측근조차도 "대부분의 사람들이 이해할 수 없"는 "모호"한 개념이었다고 인정했으며,[36] 에어하르트 전기를 저술한 알프레드 미에르제예프스키(Alfred C. Mierzejewski)는 "모두에게 무시당한 우아한 비전"이었다고 평가하기도 했다.[37]

---

34 Ulrich Herbert, *Geschichte Deutschlands im 20. Jahrhundert*, C.H.Beck, 2014, p. 778.

35 Hans-Otto Kleinmann, *Geschichte der CDU*, DVA, 1993, p. 243.

36 Lars Rosumek, *Die Kanzler und die Medien*, Campus, 2007, p. 98.

37 Alfred C. Mierzejewski, *Ludwig Erhard: Der Wegbereiter der sozialen Marktwirtschaft*, Pantheon, 2006, p. 303.

이 '조직된 사회' 개념은 무엇보다 구체성과 구속력이 떨어진다는 점에서 비판을 받았다. 시장자유주의자로서 에어하르트의 모든 정책을 긍정적으로 평가하는 앤서니 니컬스(A.J. Nicholls)조차 "알 수 없는 컨셉"이라고 비판했다.[38] 또한 노조, 여러 단체들, 여론 및 정당 등 다원주의적인 민주주의를 가능케 하는 요소들을 부정하고 있다는 비판이 뒤따랐던 것도 이해할 만하다. 결국 이 선언은 갑자기 나타났던 것과 마찬가지로 빠르게 정치적인 논의 과정에서 사라지게 되었다.

1965년 선거

기민련의 공식 당사를 저술한 한스-오토 클라인만은 이 전당대회 이후 치러진 선거 캠페인을 기민련 역사상 최고의 선거전으로 꼽고 있다.[39] 1965년 독일의 여러 정당들은 선거 비용을 제한하여 사민당과 자유민주당은 1,500만 마르크, 기민련은 1,250만 마르크, 기사련은 4백만 마르크로 선거를 치르도록 했다. 또한 "사실에 근거하고 공평한 방식으로" 선거전을 치르며 선거를 위한 모든 활동을 선거일 8주 전부터만 시작하도록 합의했다. 당시 유권자의 74%가 이 선거협약에 지지 의사를 표명했다.[40] 선거 비용 상한에 대한 정당 간 합의가 이루어질 수 있었던 것은 당시 사민당이 이 조치를 국고 지원에 대한 대안으로 간주하고 있었기 때문이기도 했다(물론 이 선거협약이 준수되었는지는 전혀 다른 문제였다).[41]

---

38 A. J. Nicholls, *Freedom with Responsibility*, Clarendon Press, 2004, p. 364.

39 Hans-Otto Kleinmann, *Geschichte der CDU*, DVA, 1993, p. 248.

40 Yvonne Kuhn, *Professionalisierung der deutschen Wahlkämpfe*, Deutscher Universitätsverlag, 2007, p. 76f.

41 Michael Koss, *Staatliche Parteienfinanzierung und politischer Wettbewerb*, Verlag für Sozialwissenschaften, 2008, p. 177.

**1965년 선거 포스터
〈우리의 안정—기민련〉**

Unsere Sicherheit
CDU

아울러 이 선거전은 선거 홍보 전문가, 앙케이트 등 여러 전문적인 요소
가 도입된 가운데 정치의 미디어화 및 선거 캠페인의 미국화 경향이 가속
화된 선거로 평가되고 있다. 그 결과 흥미롭게도 양당의 선거 슬로건은 거
의 차이가 없었다. "안정은 확실하다(Sicher ist sicher)—사민당", "우리의 안정—
기민련"이 각각 양당의 슬로건이었다. 결국 두 당의 차이는 후보뿐이었다.[42]
기민련은 '경제기적의 아버지'로서 기민련의 당 지지율보다 훨씬 높은 인
기를 얻고 있던 현직 총리 에어하르트 개인에 집중하는 전략을 추구했다.

---

42 Isabel Nocker, "Der Wahlkampf für Ludwig Erhard 1965", in: Nikolaus Jackob (ed.), *Wahlkämpfe in Deutschland*, VS Verlag für Sozialwissenschaftenchaften, 2007, p. 152.

당의 정치적 강령에 대한 논의가 없었기 때문에 불가피한 선택이기도 했을 것이다. 당시 에어하르트는 특별기차를 타고 독일 전역 300여 곳을 방문하여 국민들에게 호소력 있는 능숙한 연설가의 면모를 잘 드러냈다.[43]

이처럼 개인에 집중하는 가운데 사민당을 공격하기보다 무시하는 전략을 택했던 것도 주목할 만하다. 설문조사를 통해 국민 대다수가 정당에 염증을 느끼고 있고 기민련과 사민당의 결정적인 차이를 인지하지 못하고 있기 때문에, 정당 간 대결 구도로는 별반 성공을 거두기 어렵다는 사실이 드러났다. 그에 따라 사민당을 무시하고 에어하르트를 강조하기 위해 "에어하르트냐 브란트냐"라는 슬로건을 건 것을 제외하고, 사민당은 기민련의 선거 수사학에서 거의 전적으로 배제되었다.[44]

『슈피겔』지가 "선거 결과가 이토록 열려 있었던 적은 없었다"고[45] 표현했을 정도로 박빙으로 예상되었던 이 선거에서, 기민련은 47.6%의 지지를 얻어 1957년 아데나워의 승리 이후 두 번째로 좋은 결과를 얻으며 "명백한 승리"를 거두었다. 반면 자유민주당은 3.3% 감소한 9.6%의 지지를 얻었고, 선거 전 여론조사에서 47%의 지지율을 기록하기도 했던 사민당은[46] 결과적으로 39.3%의 지지를 얻었다.[47] 당시 예상보다 저조한 득표율에 충격을 받은 총리 후보 브란트는 선거 사흘 뒤 다음 선거에서 후보로 나서지 않겠다고

43　Karlheinz Niclauss, *Kanzlerdemokratie*, Springer, 2015, p. 99.

44　Yvonne Kuhn, *Professionalisierung der deutschen Wahlkämpfe*, Deutscher Universitätsverlag, 2007, p. 78.

45　"Einer allein", *Der Spiegel*, 39, 1965. https://www.spiegel.de/politik/einer-allein-a-30eaae15-0002-0001-0000-000046274200.

46　Ulrich Herbert, *Geschichte Deutschlands im 20. Jahrhundert*, C.H.Beck, 2014, p. 779.

47　https://www.bundeswahlleiter.de/bundestagswahlen/1965.html.

정당	지지율	의원수
기민련/기사련	47.6%	245
사민당	39.3%	202
자유민주당	9.5%	49
독일 국민민주당	2%	-

선언하기도 했다.[48]

그러나 사민당이 '고데스베르크 강령'을 통해 새로운 개혁 정당이 됨으로써 기민련과 사민당의 지지율 격차는 1961년 선거의 9.1%에서 8.3%로 감소했다는 점 역시 기억될 필요가 있다. 아울러 이 시기 기민련은 "할아버지 당"의 이미지를 벗어던지지 못하고 있었고, 남성 당원 비율이 지나치게 높은 남성 위주의 정당이기도 했다. 무엇보다 눈에 띄는 현상은, 농촌 지역에서 57%를 얻었던 반면, 대도시 지역에서는 39%를 얻어 전체 평균보다 훨씬 낮은 득표율을 기록했다는 사실이었다. 『프랑크푸르터 알게마이네 차이퉁 (Frankfurter Allgemeine Zeitung, FAZ)』은 기민련이 "너무 낡고, 너무 협소하고, 너무 가톨릭적이며, 너무 농촌적"임이 이 선거에서 드러났다고 논평했다.[49]

선거 이후

1965년 선거의 승리는 에어하르트의 이력에서 정점이 되었다. 그해 10월의 총리 선거에서 에어하르트는 연정에 참여한 정당 의원 294명 중 272명의 지지로 총리로 재선될 수 있었다.

---

48 Karlheinz Niclauss, *Kanzlerdemokratie*, Springer, 2015, p. 99.

49 Hans-Otto Kleinmann, *Geschichte der CDU*, DVA, 1993, p. 258.

그러나 연정 구성 과정에서 에어하르트가 처한 난관이 분명하게 드러났다. 그가 신임하던 게하르트 슈뢰더(Gerhard Schröder)를 외교부장관에 앉히는 것에 대해 아데나워 등이 반대의 뜻을 드러냈고, 자유민주당은 연정 파트너인 기사련 대표 슈트라우스의 입각을 반대하고 나섰기 때문이다. 원래 에어하르트는 당시 20개에 달하던 장관직을 축소하고 관료들의 평균 연령을 낮춤으로써 아데나워 측근들을 내각에서 몰아내고자 했다. 그러나 연정 협상 과정에서 장관직을 줄이지 못했을 뿐만 아니라, 자신의 지지자를 내각에 입각시킬 수도 없었다. 에어하르트가 최종적으로 구성한 내각은 상당 부분 아데나워 내각과 일치했다. 놀라운 선거 승리에도 불구하고, 운신의 폭이 너무나 좁은 상태로 총리직에 들어서게 되었던 것이다.

실제로 자유민주당은 1965년 선거에서 패배한 상태였기 때문에 기민련과의 연정에 참여하는 것 외에 대안이 없었다. 그럼에도 에어하르트가 사민당과의 연정이 불가능하다고 미리 선을 그었기 때문에, 자유민주당과의 협상 과정에서 협상다운 협상을 할 수가 없었고, 자유민주당이 지명한 장관이나 정책들을 수용할 수밖에 없었다. 결과적으로 에어하르트는 선거에서 승리하고도 연정 협상에서 실패한 총리가 되었다.

이에 더해 에어하르트가 당대표에 출마하지도 대리인을 내세우지도 않은 탓에 아데나워가 당대표가 됨으로써, 기민련 내부의 긴장도 점차 고조되고 있었다. 에어하르트가 총리가 되자 기민련이 얼마나 이끌기 어려운 정당인지가 선명하게 드러났다. 당의 신교와 가톨릭 분파들, 당의 개혁파와 명사들, 중앙당과 지구당, 당의 좌파와 자유주의 분파들의 긴장 관계가 점차 부각되기 시작했다. 당내 여러 갈등을 봉합시켰던 1965년 선거가 끝나자 당의 여러 문제들이 다시 불거졌다. 지연되고 있던 당 개혁 문제, 기본강령을 둘러싼 불안정, 당대표 아데나워와 총리 에어하르트, 당사무대표 두프후에스(Josef Dufhues) 등으로 나뉜 당 지도부, 자유민주당과의 갈등 등 일일이 열거하기 어려울 정도였다.

무엇보다 지속적으로 경쟁 관계에 있던 아데나워와 에어하르트의 갈등이 악화일로를 걸었다. 총리 재임기에 기민련 중앙당 조직을 무시한 채 측근들과 독단적으로 정국을 운영했던 아데나워가 에어하르트 총리에 맞서 기민련 당대표로서 자신의 개인적인 위상을 강화하는 과정에서, 역설적으로 기민련 당 조직의 위상을 높이는 데 기여했다. 아데나워가 총리직에서 물러나 당대표로 재직했던 기간 동안 최고위원회(Präsidium)는 경우에 따라서 매주, 그것도 에어하르트 없이 열리곤 했으며, 당무위원회도 거의 매달 열렸다.[50] 그러나 여기서 내려진 당 차원의 결정이 에어하르트 행정부의 정책에 영향을 미칠 길이 없었기 때문에, 아데나워로서는 기민련 당이 기민련 정권에 대해 얼마나 영향력이 없는지를 실감할 수밖에 없었다. 그 결과 아데나워에게 남은 길은 여론에 호소하는 것뿐이었다. 이 시기 아데나워는 에어하르트 총리와 다른 입장을 내놓으면서 당대표와 총리의 차이를 선명하게 드러내기를 주저하지 않았다.

그러는 가운데 에어하르트는 기민련 당을 가능한 한 멀리하려고 했다. 그는 당의 공식적인 모임에 잘 나타나지 않았고, 나타나더라도 발언권을 행사하지 않기로 유명했다. 특히 당 조직과 관련된 사안에 대해서는 그 자신이 직접 관련된 경우에도 언급하지 않았다. 이처럼 당의 공식 기구들을 장악하려는 시도도 전혀 없었지만, 비공식적인 채널을 통해 통제하려고 하지

---

50 Frank Bösch/Ina Brandes, "Die Vorsitzenden der CDU. Sozialisation und Führungsstil", in: Daniela Forkmann/Michael Schlieben (eds.), *Die Parteivorsitzenden in der Bundesrepublik Deutschland 1949~2005*, VS Verlag für Sozialwissenschaftenchaften, 2005, pp. 31~32.

도 않았다.

기실 그는 스스로를 정치가로 인지하기보다는 경제 분야의 작동 원리를 잘 알고 있는 지식인으로 여기고 있었다. 그가 꿈꾸는 이상적인 정치는 "사실 그 자체", 혹은 "전문성에 이끌리는(fachlich gebotene)" 정치였다. 그는 당이나 다른 어떤 사회 조직의 매개 없이 국민과 총리가 직접적으로 소통하는 "국민총리(Volkskanzler)"를 꿈꾸었다. 그는 당 조직을 장악하기보다 독일 국민들에게 직접 호소하는 방식을 선호한 정치가였다. 실제로 그는 취임 연설에서 "모든 정당들을 뛰어넘어 전체 독일 국민을 위한 대변인이 되겠다"고 선언했다. 그러나 이러한 태도로 인해 그의 정치적 기반은 매우 취약했으며, 국민의 지지가 사라진 것처럼 보였을 때 그를 지탱해줄 기반이 없었다. 인기 있는 총리였던 에어하르트가 왜 그렇게 쉽게 권력을 잃었을까 하는 의문에 대한 답은 금새 찾을 수 있다. 그는 당 안에서도, 정부에서도, 의회에서도 지지 기반을 구축하지 못했던 것이다.

이러한 그의 성향을 두고, 단순히 권력의지가 약한 총리였다는 설명만으로는 충분하지 않을 듯하다. 1964년 당무위원회에서 그는 다음과 같이 선명하게 선언했다. "당원이 되는 것은 매우 아름다운 일이라고 이미 말한 바 있다. 그러나 우리는 기본적으로 당원 정당이 되고자 하지 않는다. 우리는 당 기구가 지배하게 되기를 원하지 않으며, 대신 책임감이 강한 남성들이 국가의 정상에 서 있도록 하고자 할 뿐이다. (…) 지난 15년을 돌아보건대, 나뿐만 아니라 우리 모두는 유권자 정당으로서 완전히 만족해왔다."[51] 그는 정당 조직을 강화하지 않겠다는 정치적 소신을 갖고 있었던 것이다.

그러나 정당 정치를 부정한다는 것은 자신의 정치적 소신을 펼칠 기반

---

51 Frank Bösch, *Adenauer-CDU*, DVA, 2001, p. 366.

을 부정한다는 의미이기도 했다. 에어하르트가 유일하게 제시한 정치 기획이었던 바, 특정 집단의 이익을 당파적으로 추구하기보다는 조화로운 사회 내부에서 국가 전체의 이익을 실현해야 한다는 '조직된 사회' 기획도 기민련 내에서 철저히 무시됨으로써 흔적 없이 사라졌다.

당시 독일 사회에서는 하나의 사회 제도로서 정당이 극히 불신을 받고 있었기 때문에, 에어하르트가 기민련과 거리를 두려고 했던 것이 그에게 정치적으로 반드시 불리했던 것만은 아니라는 평가도 있다.[52] 그러나 그가 기민련을 자신의 정치적 자산으로 삼지 못함으로써 위기를 가중시켰다는 점역시 분명한 사실인 듯하다. 어떤 직업 집단에도, 협회에도 가입하지 않는 그의 독립성은 지극히 복잡한 내부 구조를 가진 기민련을 이끌기에 적합하지 않은 성격이었다.

에어하르트의 퇴진

에어하르트의 어려움은 그가 기민련과 지속적으로 갈등 관계에 있었다는 것뿐만이 아니었다. 그는 '내정의 우위'를 정책의 중심으로 삼고자 했으나, 1960년대 중반은 외정 분야에서 갈등이 두드러졌던 시기였다. 기민련 내대서양주의자들과 유럽주의자들의 갈등이 1964년 이래 전면에 드러나고 있었고, 흐루쇼프가 몰락했으며, 중동 국가들과 동독의 관계는 더욱 돈독해졌다. 무엇보다도 프랑스가 핵무기를 개발하고 1966년 2월 나토 통합지도부에서 탈퇴하는 등 나토 내부의 위기도 거세지고 있었다.

외정을 둘러싼 갈등은 내정과도 긴밀히 뒤얽혔다. 당시 여론에서는 에어하르트와 외교부장관 슈뢰더가 사민당과 자유민주당, 그리고 기민련 내

---

52 Stephan Klecha, *Bundeskanzler in Deutschland*, Budrich, 2012, p. 62.

'대서양주의자들'의 지지를 받으면서 기민련의 '드골주의자들'과 맞서고 있는 것처럼 보였다. 실제로 기민련 내의 드골주의자들은 에어하르트의 '대서양주의'에 맞서기 위해 사민당과의 '대연정'을 주장하고 있었다.

흥미롭게도 이 대서양주의와 드골주의의 갈등은 유명한 드골주의자자들이 남부 가톨릭 출신이었던 반면 미국 중심 외교에 치중했던 외교부장관 슈뢰더, 국방부장관 폰 하셀이 모두 신교도였기 때문에 다시금 '남부인들'과 '프로이센인들'의 대립으로 지칭되었다.[53] 결국 기민련 내 가톨릭 세력은 점차 에어하르트를 몰아내고 기민련 신교 분파의 영향력을 축소시키기 위해 대연정을 지지하게 되었다.[54] 당시 당내 가톨릭 교도들은 기민련이 과도하게 북독일 신교도들에 의해 좌우되어 자유주의적이고 보수적인 부르주아 정당이 되어간다는 불만을 갖고 있었다. 에어하르트에 대한 불만이 높아질수록 대연정에 대한 지지가 높아졌으며, 급기야 아데나워 자신이 기민련 기관지에 대연정 지지를 선언하고 나서게 되었다.[55]

외정뿐만 아니라 여러모로 해결하기 어려운 내정 문제들도 산적해 있었다. 긴급조치법, 안정화법(Stabilitätsgesetzgebung), 재정 개혁 등은 기본법 개정을 요구했지만, 사민당의 동의 없이 기본법 개정은 불가능했다. 따라서 내정의 문제를 해결하기 위해서는 대연정, 또는 모든 정당이 참여하는 연정이 불가피한 상황이었으나, 사민당과의 연정은 자유주의자인 에어하르트가 근본적으로 받아들일 수 없는 노선이었다. 또한 소유를 촉진하고 환경보호를 의제화하는 등의 선거공약은 물가안정과 예산 안정화의 필요로 인해 실현되

---

53 Geoffrey Pridham, *Christian Democracy in Western Germany*, Routledge, 1977, p. 150.

54 Ibid., p. 157.

55 Ibid., p. 157.

지 못했다. 그 결과 에어하르트 정부는 선거공약을 철회하고 긴축 정책을 펴야 했으며, 노동시간 연장을 요구해야 하는 상황이었다.

에어하르트의 퇴진을 낳은 결정적인 어려움은 그가 자신의 분야로 여기던 경제 및 예산 정책 분야에서 나타났다. 경기호황을 배경으로 1965년 선거에서 승리할 수 있었지만, 반대로 경기불황은 에어하르트 정권을 단박에 위기에 빠뜨렸다. 1965년 중반 이후 경기는 둔화되고 인플레이션마저 시작되었다. 베를린 장벽 건설 이후 동독으로부터 유능한 이주 노동자의 유입이 중단되었다는 점, 수출초과로 인하여 물가가 상승하고 있었다는 점, 미국의 경기가 악화되고 있었다는 점 등이 이 시기 독일 경제에 구조적인 위협 요소가 되었다.

이 시기에 독일 소비자들이 느낀 위기감은 여러 방향에서 형성되었다. 1960년의 '뤼케 법'을 통해 전시부터 이어진 임대 시장 통제를 철폐하고 임대주택 시장을 자유화함으로써 임대료가 가파르게 상승하는 양상이 나타났다.[56] 우편과 철도 요금을 인상한 것도 전체적인 물가상승에 기여하고 있었다. 1965년부터 1967년까지의 불황을 겪으며 전후 최초로 고용과 생산이 절대적으로 감소하는 현상이 나타났다. 구체적으로 1955년 이후 처음으로 실업이 심각한 문제로 등장했고, 물가 상승률이 3.2%로 높아졌다. 또한 국민총생산은 3.2% 증가했을 뿐인데 연방정부 지출은 8% 증가했다. 성장이 감소하자 세원이 감소한 것은 물론이었다.

실제로 이 시기의 경기불황은 단기적인 것으로, 독일 경제가 장기적 불황에 빠지게 된 것은 1973년 이후의 일이었다. 게다가 당시 독일이 겪었던 불황은 대부분의 유럽 국가들에 비추어볼 때 만족스러울 수도 있는 수치였

---

56 문수현, 『주택, 시장보다 국가』, 이음, 2022, 264~268쪽.

다. 그럼에도 불구하고 오랫동안 성장과 복지의 증진에 익숙하던 독일 국민들은 이를 큰 충격으로 받아들였다.

당시 기민련과 기사련의 다수 정치가들은 국가의 지출을 늘려 경제 문제를 해결해야 한다고 주장했다. 기사련의 슈트라우스는 미국과 경쟁하기 위해 프랑스와 더불어 보호무역 장벽을 높이자고 주장했고, 바르첼은 통화 정책을 완화함으로써 인플레이션을 부추기더라도 일자리를 창출하자는 입장이었다. 학계에서도 시장의 실패는 국가의 개입을 정당화한다는 전제 아래 경기 부양을 위해 국가 지출을 늘리자는 주장이 제기되고 있었다.

그러나 에어하르트는 이런 주장을 수용하지 않았다. 그는 1966년까지도 독일이 경기 후퇴 국면에 접어들었음을 인정하지 않았다. 이 시기의 경기불황에 직면해서 유권자들, 특히 경제위기로 가장 타격이 컸던 광산과 철강 분야 종사자들에게 중요했던 것은 일자리였지만, 에어하르트는 물가 및 통화 안정에 중점을 두었다. 화폐가 휴지 조각이 된 대공황의 트라우마를 안고 있던 대부분의 독일인들과 마찬가지로, 그에게 가장 피해야 할 것은 인플레이션이었다. 에어하르트는 당시 시장의 조절 기능을 신뢰했을 뿐, 적극적인 재정, 경제 정책을 펴지 않았다. 에어하르트는 균형예산을 통해 인플레이션을 막고자 했고, 노동시간을 축소하자는 노조의 주장에 오히려 노동시간을 늘려야 한다고 맞섰다. 그는 연방의회에서 "우리는 우리의 희망사항을 되물리거나 혹은 일을 더 해야 한다"고 주장했다.[57]

이 시기 경제불황의 직격탄을 맞은 지역은 석탄에서 석유로 에너지원이 변경됨에 따라 대대적으로 구조조정의 압박을 받고 있던 노르트라인-베

---

[57] Alfred C. Mierzejewski, *Ludwig Erhard: Der Wegbereiter der sozialen Marktwirtschaft*, Pantheon, 2006, p. 312.

스트팔렌주(NRW)였다. 1958년부터 1964년 사이 37개의 대규모 사업장을 위시하여 여러 사업장이 문을 닫았다. 수입 유류가 독일 국내산 석탄을 대신하게 된 탓이었다. 에어하르트는 독일 중공업 중심지였던 루르 지역에 대해서도 산업 구조 합리화를 주장했다. 채산성이 없는 탄광이나 제련소는 문을 닫아야 한다는 입장이었다. 이로 인해 에어하르트는 기민련의 노조 및 기독교 사회주의 세력인 CDA의 구성원들과 불화하고 있었다. 강한 노조가 과도한 임금인상을 요구함으로써 인플레이션 위험을 키우고 있다는 것이 노조를 대하는 그의 기본 자세였다. 반면, 노조 측은 임금인상 외에도 인플레이션 유발 요소는 많다는 입장이었다.[58]

이러한 논쟁의 와중에 루르 지역이 속한 노르트라인-베스트팔렌주의 1966년 선거에서 49.5%의 지지를 얻은 사민당이 42.8%를 얻은 기민련을 누르고 제1당이 됨으로써 큰 충격을 안겨주었다.[59] 이는 기민련 역사에 최초로 기록된 참패였다. 1961년 당시 1,500만 명이라는 압도적인 인구를 보유했으며[60] 수차례 선거에서 분명하게 기민련을 지지해왔던 NRW에서의 선거 패배는 뼈아팠다. 당내 기반이 없는 에어하르트에 대한 당내 지지가 선거에서

---

58 William L. Patch, *Christian Democratic Workers and the Forging of German Democracy, 1920~1980*, Cambridge University Press, 2018, p. 227.

59 https://www.landtag.nrw.de/home/der-landtag/geschichte-des-landtags/zur-geschichte-des-landes-nrw/1966---das-wechseljahr-1.html. 이 선거에서 기민련은 자유민주당과의 연정을 통해 간신히 여당으로 남았으나, 불과 몇 개월 후 자유민주당이 기민련을 떠나 사민당과 연정을 맺게 됨으로써 사민-자유민주당 연정이 최초로 탄생했다. 이후 2005년까지 40년 동안 NRW는 사민당 지역으로 남았다.

60 http://www.deuframat.de/gesellschaft/bevoelkerungsstruktur-migration-minderheiten/einwanderung-und-probleme-der-integration-in-deutschland-seit-1960/demographische-umbrueche-in-deutschland-seit-1960.html.

견인차 역할을 해왔다는 점 때문이었음을 고려하면, 이는 에어하르트 실각이 시간 문제일 수밖에 없음을 보여주는 사건이었다.

최종적으로 에어하르트의 실각을 낳은 것은 1966년 46억 마르크에 달하는 것으로 추산되던 정부 재정적자였다.[61] 경기불황으로 세수가 급감하고 있었음에도 1965년 선거를 앞두고 세금인하를 결정했던 것은 이후 정부의 재정위기를 더욱 악화시키는 데 기여했다. 선거 전부터 재정적자가 매우 심각한 상황이었기 때문에, 당시 에어하르트는 선거를 앞둔 선심성 공약을 반대하는 입장이었다. 그러나 기민련과 기사련의 연정 파트너에게는 선거 승리가 더욱 중요했고, 에어하르트도 헌법이 보장하는 총리의 방침결정권한(Richtlinienkompetenz)을 활용해서까지 이러한 예산의 삭감을 강제할 정도로 강경하게 맞서지는 않았다.

결국 연방의회는 선거를 앞둔 1965년 전반기에 56개의 지출관련법(Ausgabengesetz)을 제정했고, 그 가운데 3/4이 정부가 발의한 법안이었다. 이로써 정부지출이 늘어났음에도, 정부와 연방의회는 세금인하 결정을 내렸다.[62] 그 결과 정부 부채가 급증한 것은 말할 나위도 없다.[63] 재정적자 규모는 1966년에 46억, 1967년에는 74억 마르크에 달하는 것으로 추산되었다.[64]

이러한 내정의 문제점들은 다시 외정의 어려움과 뒤얽혔다. 당시 에어하르트는 1967년까지 지불하도록 되어 있던 미군 주둔비 가운데 6억 5천

---

61 Karlheinz Niclauss, *Kanzlerdemokratie*, Springer, 2015, p. 103.

62 연방정부가 선거 캠페인에 자원을 집중적으로 할애하는 경향은 1976년 선거 이후 연방헌법 재판소가 제동을 걸기 전까지 지속되었다. Alfred C. Mierzejewski, *Ludwig Erhard: Der Wegbereiter der sozialen Marktwirtschaft*, Pantheon, 2006, p. 304.

63 Stephan Klecha, *Bundeskanzler in Deutschland*, Budrich, 2012, p. 65.

64 Karlheinz Niclauss, *Kanzlerdemokratie*, Springer, 2015, p. 103

만 마르크 지급을 4년 동안 연부로(in vier Jahresraten) 늦춤으로써 재정적자 문제를 해결하고자 했다.[65] 이를 위해 그는 총리직에서 물러나기 한 달 전인 9월에 여러 장관들을 포함하는 대규모 방문단을 거느리고 미국 방문길에 올랐다. 그러나 베트남전쟁 및 그와 결부된 예산 문제, 임박한 선거 등으로 인해 운신의 폭이 매우 좁았던 미국 대통령 존슨은 어떠한 양보도 거부한 채 지불이 늦어질 경우 미군을 철수시키겠다고 압박을 가했다. 아울러 존슨 대통령은 서독의 기본법이 나토 외의 지역에 전투부대를 보내는 것을 금지하고 있었음에도 불구하고, 동남아시아 지역에 서독 군대를 파견해줄 것을 요청했다가 거절당하기도 했다.[66]

결국 정부 부채 문제를 해소하기 위한 마지막 카드는 세금 인상일 수밖에 없었다. 당시 기민련과 기사련은 담배세와 주류세 등을 인상하고 경우에 따라서는 소득세 추가 인상(Ergänzungsabgabe zur Einkommensteuer)에 나서겠다고 선언했다. 그러나 자유민주당은 세금 인상보다 자녀수당이나 교육보조금 등 복지예산 삭감이나 연금 납부액 인상을 주장했다. 협상이 난관에 봉착하자, 자유민주당 출신 장관 네 명이 내각을 떠났다. 이는 자유민주당이 부유층인 자당 지지자들을 당혹스럽게 할 세금 인상에 대해 공동 책임을 지고자 하지 않았던 탓이었다.

당시 에어하르트는 자유민주당을 배제한 채 소수 내각을 이끌고자 했으

---

65 Ibid., p. 103. 주둔 비용에 더해 미군은 연방 예산의 5%에 해당하는 500만 마르크 정도의 무기 구매에 나서줄 것을 기대하고 있었다. Ibid., p. 94.

66 이 만남에서 존슨 대통령이 에어하르트 총리를 지극히 무례하게 대하여 주독 미국대사 등 미국 측 대표단도 깜짝 놀랄 정도였다고 한다. Alfred C. Mierzejewski, *Ludwig Erhard: Der Wegbereiter der sozialen Marktwirtschaft*, Pantheon, 2006, pp. 309~311. 결국 그해 말 새로 총리가 된 키징어가 180억 마르크를 미국에 지불하는 데 동의했다. Edgar Wolfrum, *Die geglückte Demokratie*, Pantheon, 2007, p. 221.

나, 당내의 반발로 실패로 돌아갔다. 아울러 총리직을 둘러싼 위기를 바이에른 주정부 선거 이전에 끝냄으로써 이 선거에서 절대과반을 확보하기를 희망하던 기사련 역시, 에어하르트의 소수내각안에 반대의사를 표명하고 있었다. 결국 자유민주당 출신 장관들이 퇴진한 한 달 후인 1966년 11월 30일 에어하르트 총리도 사퇴하게 되었다.[67] 1967년 당대표직도 사퇴한 후 그는 1967년과 68년 두 차례에 걸쳐서 연방대통령 후보로 지목되기도 했으나, 모두 거절했다.

이후 그는 초대 연방의회 의원으로 선출된 이래 사망 당시인 1977년까지 도합 28년간 연방의회 의원을 지냈고, 개발도상국들을 두루 방문하여 자문했으며, 지속적으로 신문에 기고했다. 1977년 마지막으로 기민련 전당대회에 참여한 후 돌아가는 길에 당한 교통사고의 후유증을 극복하지 못하고 같은 해 5월 80세를 일기로 사망했다.

"소신을 가진 반-마키아벨리주의자"

에어하르트는 뿌리 깊은 시장주의자로서 시장을 신뢰하고 국가와 정당을 불신했다. 에어하르트 전기를 쓴 알프레드 미에르제예프스키(Alfred C. Mierzejewski)는 국가가 개입하기보다 시장이 활성화되기를 기다리는 에어하르트의 방식이 무능으로 해석되었던 것은, 강하고 적극적인 국가 개입의 전통을 가진 독일적 특수성 탓이었다고 설명한다. 전통적으로 자유주의적인 개

---

67 1964년의 연방대통령 선거 때부터 연정 내부에는 이미 분열이 싹트고 있었다. 대연정을 주장하던 연방대통령 하인리히 뤼프케(Heinrich Lübke)의 연임에 사민당은 자당의 후보를 내지 않을 정도로 전폭적인 지지를 표명했던 반면, 정작 연정 파트너였던 자유민주당은 정권에 참여하기 위해서라도 대연정을 강조하는 뤼프케에 반대할 수밖에 없었다. 즉 에어하르트의 퇴임 이전에 이미 사민당과 기민련의 연정 실험이 이루어지고 있었던 것이다.

인주의자로서 그는 개인의 역량을 강화하고 개인의 책임을 강조했으나, 이러한 그의 개인주의는 비인간적인 태도로 해석되었을 뿐이었다는 것이다.[68] 반면 그를 부정적으로 바라보는 쪽에서는 그가 '경제기적'으로 인해 과도하게 높이 평가된 정치가로서, 정치적인 의지도 역량도 갖지 못했다고 평가하기도 한다. 그를 잘 아는 본의 정치계에서는 결코 높이 평가받지 못한 바, '대중의 이미지'와 '전문가 평판' 사이의 괴리가 대단히 큰 정치가였다는 것이다.[69]

『총리 민주주의(Kanzlerdemokratie)』를 저술한 칼하인츠 니클라우스(Karlheinz Niclauss)는 에어하르트의 약점으로 무엇보다 그가 당내에서 주도권을 장악하지 못했다는 점을 꼽는다. 에어하르트는 정당정치를 불신하는 정치가로 널리 알려져 있었다. 그는 정당과 여러 이해 조직들 간의 갈등 관계를 경험하며 성장한 정치가가 아니었다. 그가 생각하는 정치는 사회에 대한 여러 구상들을 실현하는 장이었을 뿐, 권력과 권력을 유지하기 위한 책략은 중요하지 않았다. 그는 언론과 여론의 사랑을 받는 정치가였지만, 당내의 어떤 그룹과도 긴밀한 관계를 맺지 않았다. 그가 본에 위치한 기민련 중앙당 사무처(Bundesgeschäftsstelle)를 단 한 번도 방문하지 않은 유일한 총리였다는 사실은 기민련과 에어하르트의 관계를 웅변하고 있다.

그는 당대표가 되고자 하지 않았을 뿐만 아니라, 기민련 내의 영향력 있는 인물들을 자기 편으로 끌어들이지 못했다. 기민련 재단인 콘라드 아데나워 재단이 발간한 『기민련 소사』도 에어하르트의 약점으로 그가 당내 거물

68   Alfred C. Mierzejewski, *Ludwig Erhard: A Biography*, p. 208.

69   Lars Rosumek, *Die Kanzler und die Medien*, Campus, 2007, p. 97; Karlheinz Nicluass, *Kanzlerdemoknatie*, Springer, 2015, pp. 90~91.

들인 바르첼(Barzel), 슈트라우스 같은 인물들을 자기 편으로 끌어들이지 못했다는 점을 지적하고 있다.[70] 이로 인해 그는 "군대가 없는 지휘관"이라고 불리기도 했다.[71]

이처럼 지극히 개인적인 에어하르트의 성향은 여러 차원에서 반영되고 있었다. 에어하르트는 여러모로 아데나워와 대비되는 특성들을 보여주었다. 언론인들 중에서도 소수의 경제 전문가들과만 긴밀한 관계를 맺는 성향을 보여서, 자신에게 적대적인 언론인들과도 개인적으로 만나서 일정하게 통제하던 아데나워와 현격한 대조를 이루었다. 또한 지속적으로 많은 손님들을 맞이하던 아데나워와 달리 극히 소수의 방문객만을 허용했다. 이러한 태도는 정부 운영에서도 마찬가지여서, 독립적이고 매우 유능하며 정치적 색채가 없는 장관으로 구성된 내각을 꿈꾸었던 그는, 또한 아데나워와 같은 권위적인 총리가 아니라 "자유주의적인 스타일"을 보이고자 했다. 각 부처에 심지어 스파이까지 심어서 정보를 캐낼 정도로 내각을 감독했던 아데나워와 달리, 그는 내각 자율에 맡겨두는 편을 택했다. 유력 언론인 요하네스 그로스(Johannes Gross)가 에어하르트를 두고 "소신을 가진 반-마키아벨리주의자"라고 표현한 것은 이런 맥락에서 이해할 만하다.[72]

"민주적인"이라는 수식어가 정치가를 평가하는 데서 긍정적이기보다 부정적인 표현으로 사용되었다는 것은, 1960년대 독일 정치의 한 단면을 보여준다고 볼 수 있을 법하다. 에어하르트 전기 작가 알프레드 미에르제예프스키(Alfred C. Mierzejewski)에 따르면, 에어하르트가 "자유"를 주었을 때 기민련

---

70 Konrad-Adenauer-Stiftung (ed.), *Kleine Geschichte der CDU*, DVA, 1995, p. 88.

71 Franz Walter et.al., *Die CDU*, Nomos, 2011, p. 41.

72 Lars Rosumek, *Die Kanzler und die Medien*, Campus, 2007, p. 96.

의 정치가들은 "통제"를 요구하고 있었다.[73] 설령 에어하르트의 통치 방식을 '무능'으로 해석하는 데 동의한다 할지라도, 권력 집중에 비판적이던 그 자신의 철학을 생각할 때 최소한 그가 자신의 권력까지 포함하여 일관되게 모든 권력 집중에 비판적이었다고 평가할 수는 있을 것이다.

한편 에어하르트에 대해 극도로 긍정적인 평가를 내리고 있는 전기 작가마저 인정하는 그의 가장 큰 단점은, 그가 서류를 철저히 준비하는 등의 행정부 수장으로서의 책무에 게을렀다는 점이다. 서류를 철저히 검증하고 디테일들을 상세히 논구하는 것과 거리가 먼 "예술가"에 가까웠다는 평가를 받기도 한다. 에어하르트의 측근에 따르면, 그는 총리 재임 때도 하루 8시간만 업무에 할애한 것으로 알려져 있었다.[74] 아데나워 내각의 장관이던 1956년에는 상사인 아데나워에게서 "그렇게 많이 나돌아다니지 말아야 한다는 것이 나의 입장"이며 "어떤 상황에서건 부서의 일에 좀 더 헌신해야 한다"는 경고의 편지를 받을 정도였다.[75] 독일 '경제기적'의 상징으로서 국민들의 지지가 매우 높았던 것과 달리, 본의 정치계는 일찌감치 에어하르트가 이행기의 단명한 총리가 될 것으로 점치고 있었다.

---

73 Alfred C. Mierzejewski, *Ludwig Erhard: Der Wegbereiter der sozialen Marktwirtschaft*, Pantheon, 2006, p. 182.

74 Lars Rosumek, *Die Kanzler und die Medien*, Campus, 2007, p. 97.

75 Holger Löttel (bearbeitet), *Konrad Adenauer, Ludwig Erhard und die Soziale Marktwirtschaft*, Ferdinand Schöningh, 2019, p. 623.

03 키징어와 대연정 — '총리 민주주의' 대신 '협상 민주주의' 〔1966~1969〕

제프리 프리덤(Geoffrey Pridham)은 기독교 민주주의에 대한 고전적인 저서 『서독의 기독교 민주주의(Christian Democracy in Western Germany)』에서, 에어하르트의 실각은 개인적으로 그가 당권을 장악하지 못했던 탓이라기보다는 1960년대 독일 사회의 여러 변화들에 기민련이 적응하지 못한 결과이기도 했다고 평가했다.

　1960년대 독일 사회의 여러 변화란 무엇이었을까. 유럽 전역에서 독일 기민련뿐만 아니라 다른 기독교 민주주의 정당들도 쇠퇴를 면치 못하고 있었다는 것은 기민련의 하락세가 독일 기민련의 실패로만 설명될 수 없음을 보여준다. 유럽 전역에서 전후 복구의 상징이었던 기독교 민주주의 정당들은 사회의 세속화가 진행됨에 따라 시대에 뒤떨어진 정당이 되어버렸다. 1960년대 들어 점차적으로 탈교인이 늘어나는 등 전체적으로 국민들과 교회의 관계가 소원해지고, 교회와 기민련의 관계 역시 소원해졌다. 또한 공산주의에 대한 분노가 약화되면서 아군과 적군의 대립에 근거한 냉전적 사고가 지닌 정치적인 힘도 약화될 수밖에 없었다. 사회 구조가 달라지면서 농민, 자영업자 등 전통적인 기민련 지지층이 약화된 것도 큰 손실이었다.

그리하여 제프리 프리덤은, 기민련이 당의 전반적인 체질 개선에 나서기보다 에어하르트에서 키징어로 지도자를 바꾸는 선에서 위기를 넘기고자 함으로써 단기적으로는 권력을 유지할 수 있었을지언정, 장기적으로는 당의 권위를 떨어뜨리는 결과를 낳았다고 평가하고 있다.[01] 키징어가 3년간 총리직을 유지한 후 기민련이 야당으로 전락한 현실에 비추어볼 때, 이러한 분석은 타당하다.

그럼에도 불구하고 대연정을 통해 소극적인 형태로나마 기민련의 변화가 모색되었다는 점을 부인할 수는 없을 것이다. 과거 자유민주당과의 연정에서 기민련의 우위가 확실했던 것과는 달리, 대연정 내에서 기민련은 사민당과 동등한 비율로 권력을 공유해야 했다. 특히 기존에 기민련이 강세를 보여온 경제와 외정 분야가 사민당 몫으로 할애된 상태였다. 이런 상황에서 기민련은 사민당과의 차이점을 분명하게 제시할 수 있어야 했다. 이를 위해 당의 정치 강령에 대해 고민해야 했으며, 당 조직 구조의 개혁에도 나설 수밖에 없었다.[02] 따라서 대연정은 정당으로서 기민련이 독자적으로 서기 시작한 순간으로 평가되기도 한다.

1. 키징어, 총리로

에어하르트가 사임한 후에야 기민련은 총리 후보를 어떻게 선출해야 하

---

01   Geoffrey Pridham, *Christian Democracy in Western Germany*, Routledge, 1977, p. 164.

02   Udo Zolleis/Julia Bartz, "Die CDU in der Großen Koalition – Unbestimmt erfolgreich", in: Christoph Egle/Reimut Zohlnhöfer/Zohlnh (eds.), *Die zweite Große Koalition*, VS Verlag für Sozialwissenschaftenchaften, 2010, p. 51.

는가의 문제에 직면하게 되었다. 이 총리 선거는 당내 민주화를 알리는 신호탄이기도 했다. 아데나워와 에어하르트는 모두 당내 경선이 불필요할 정도로 독보적인 후보이기도 했거니와, 형식상으로도 기민련은 당내 통합을 해친다는 이유로 경선을 통해 후보를 선출하지 않았기 때문이다. 당무위원회가 이 문제를 검토한 후 당의 신진 명망가이던 헬무트 콜이 라이너 바르첼(Rainer Barzel), 게하르트 슈뢰더, 오이겐 게어스텐마이어와 쿠어트 게오르그 키징어(Kurt Georg Kiesinger)를 후보로 발표했다. 콜의 아이디어가 수용되어 네 명이 공식 후보로 논의되었으나, 키징어 외에 다른 후보는 총리가 되기 어려운 조건이었다.

먼저 지속적으로 에어하르트와 대결하면서 "국왕살해범" 혹은 "부루투스"로 불리던 바르첼이 에어하르트 퇴진 직후 총리 후보가 될 수는 없었다. 게어스텐마이어는 당내에서 인기가 없었고, 아데나워가 높이 평가하던 슈뢰더 외교부장관의 경우 기사련 당수인 프란츠 요제프 슈트라우스(Franz Josef Strauß)와의 적대적인 관계로 인해 당내 역학 관계상 총리 후보가 되기 어려운 조건이었다.

또한 신교도였던 에어하르트가 퇴임한 직후 또 한 명의 신교도 총리를 내는 데 대한 당내 가톨릭 세력들의 주저 때문에라도, 게어스텐마이어나 슈뢰더 같은 신교 후보들은 또 다른 어려움에 직면하고 있었다. 키징어의 경우 그 자신은 가톨릭이었으나 부친이 신교도였기 때문에 자신을 "신교적인 가톨릭"으로 지칭하곤 했다. 이는 그가 기본적으로 종교적인 색채가 강했던 1960년대 기민련에서 유리한 태생적 조건을 안고 있었음을 의미했다. 또한 그는 아데나워를 위시하여 라인란트 지역 출신들이 당을 장악한 데 대해 반감을 느꼈던 남부 독일 정치가들의 적극적인 지지를 받고 있었다.

대단히 연설에 능한 정치가였던 키징어는 1949년부터 독일연방의회

의원이었으며, 1950년 이후로는 유럽의회 의원이자 기민련 당무위원회 (Vorstand) 멤버였고, 연방의회 외교위원장을 지냈다. 원래 아데나워는 1950년 기민련 창당대회에서 키징어를 일종의 당사무총장직이라 할 사무대표 (geschäftsführender CDU-Vorsitzender)로 선출시키려 했지만 실패했다. 이때 기민련 중앙당의 정치가로서 그의 경력은 좌절될 뻔했다. 그러나 1958년 독일 남부 바덴-뷔르템베르크주의 주지사로 선출된 후 8년 동안 주지사로 재직하면서 재기의 발판을 마련할 수 있었다.[03]

1958년부터 지역 정치가로 활동해온 그는 본의 중앙정치 무대에 적극적인 지지 세력이 없었지만, 적극적인 반대 세력도 없었다. 이 점이 그에게 유리하게 작용했다. 또한 자유민주당과의 연정 혹은 대연정 가운데 한쪽을 주장하던 다른 후보들과 달리, 연정 문제에 대해 유연한 태도를 보이고 있었다는 점도 장점이었다. 실제로 그는 바덴-뷔르템부르크(Baden-Württemberg) 주지사로 재임하는 동안 사민당과의 연정에 참여한 경험이 있었다. 결국 키징어는 1966년에 총리가 되었고, 1년 뒤인 1967년 당대표직도 맡게 되었다. 총리이자 기민련 대표이던 키징어는 사민당과 대연정을 유지하기 위해 지속적으로 타협해야 했고, 동시에 연정 안에서 기민련의 색채를 분명히 해야 했다. 고전을 면키 어려운 태생적 여건 속에서 총리가 된 셈이었다.

뿐만 아니라 1960년대 점차 본격화된 나치 과거 청산의 분위기 역시 총리로서건 기민련 당대표로서건 그에게 큰 시련일 수밖에 없었다. 나치 전력자를 사회 시스템으로 통합시켜 전후 복구를 이루어내려 했던 흐름이 지속

---

03 키징어가 주지사로 재작하는 동안 아데나워는 그에게 장관직을 제안한 적이 한 번도 없었다. 언론인 한스 울리히 켐프스키(Hans Ulrich Kempski)는 아데나워가 키징어를 지나치게 허약한 정치가로 평가하고 있었기 때문이라고 본다. Hans Ulrich Kempski, *Um die Macht*, Fischer, 2000, p. 120.

될 수 없다는 것은 이미 1950년대 말부터 분명해졌다.[04] 1958년 나치 범죄에 대한 기초조사를 실시하기 위해 '나치 범죄 계몽을 위한 주법무행정중앙사무소(Zentrale Stelle der Landesjustizverwaltungen zur Aufklärung nationalsozialistischer Verbrechen)'가 루드비히스부르크(Ludwigsburg)에서 개소했고,[05] 1960년대 초 아이히만 재판과 프랑크푸르트의 아우슈비츠 재판이 시작되었으며,[06] 나치 중범죄의 경우 소멸시효 없이 지속적으로 추적되도록 했다. 추방민장관(Bundesvertriebenenminister)을 지낸 테오도어 오버랜더(Theodor Oberländer), 연방대통령이던 하인리히 립케(Heinrich Lübke) 등 나치 전력자들에 대한 비판이 고조되는 등 과거사 청산 자체가 중요한 내정 문제로 부각되기에 이르렀다. 1950년대와 1960년대는 이

---

04 이병련에 따르면 독일의 과거 극복 과정은 네 시기로 나눌 수 있다. 점령국이던 연합국 주도 하에 탈나치화가 이루어진 군정 시기, 나치 범죄에 침묵하던 1950년대의 시기를 거쳐 1950년대 말부터 세 번째 시기가 시작되었다. 두 번째 시기인 1950년대를 보면, 1950년 12월 서독 의회가 공식적으로 탈나치화 종식을 승인했고, 이로써 나치 범죄와 관련하여 1950년대는 공식적으로는 침묵의 시대가 되었다. 이진모, 「전후 독일의 탈나치화와 과거 청산」, 『독일연구』 5권, 2003, 59~89쪽. 세번째 시기는 "언론, 법정, 시회, 그리고 의회가 집단기억과 그것이 나치 과거와 맺는 관계를 변화"시킨 시기였다. 즉 68혁명 이전에 이미 나치 과거 청산의 분위기가 조성되고 있었던 것이다. 이병련, 「독일 역사 교과서에 나타난 나치 독재와 홀로코스트」(1), 『독일연구』, 10권, 2005, 83쪽. 그러나 김학이의 최근 연구에 따르면 그보다 이른 1950년대 초에 이미 "나치즘과 얽힌 그들의 삶의 기억이 표면적인 침묵 아래에서 들끓고 있었"고, 독일인들이 그 시기에 보였던 "공포와 불신은 바로 그 징후였다." 김학이, 「서독인들의 공포와 새로운 감정 레짐」, 『역사와 세계』 62권, 2022, 82쪽. 김학이에 따르면 1952~53년 동안 공동체 구성원을 마녀로 지목하는 마녀재판이 130회가 넘었을 정도로, 이 시기 서독인들의 정서는 불안정했다.

05 2015년, 각 연방주 법무부장관들이 나치 범죄에 대한 조사 활동을 여전히 종결시킬 수 없다고 결정함으로써, 이 기관은 현재까지도 유지되고 있다. https://zentrale-stelle-ludwigsburg.justiz-bw.de/pb/,Lde/Startseite.

06 이에 대한 간단한 정리는 다음을 참조하라. https://www.bpb.de/kurz-knapp/hintergrund-aktuell/314099/vor-55-jahren-urteil-im-frankfurter-auschwitz-prozess/.

렇게 근본적으로 달랐다.

이런 분위기는 키징어 개인에게도 매우 불리하게 작용했다. 그는 1933년부터 1945년 사이 나치 당원이었고, 2차 세계대전 당시 외교부의 프로파간다 부서에 배치되어 방송 담당 부대표 자리까지 올랐다. 공식적으로 그는 자신이 홀로코스트에 대해서 몰랐으며, 학문적인 보조 역할을 했을 뿐이라고 주장했지만, 이후의 자서전에서는 이를 수정했다. 키징어의 나치 전력을 둘러싼 논란은 『슈피겔』지의 콘라드 알러스(Korad Ahlers)가 1966년 11월 13일에 SS의 비밀기록을 찾아내 보도하면서 어느 정도 진화될 수 있었다. 그 직후 콘라드 알러스가 총리 직속인 연방언론청(Bundespresseamt)의 고위직으로 임명됨으로써 보온 논란이 일기도 했다. 1944년의 이 비밀기록에 따르면 하인리히 힘러(Heinrich Himmler)는 키징어가 "증명된 바와 같이(nachweislich), 반유대적인 작업을 방해했다"고 평가하고 있었다.[07] 키징어가 총리로 선출된 것은 그로부터 고작 10여 일이 지난 11월 26일이었다. 무엇보다 기민련 내에서 어렵게 합의해낸 당내 후보가 더 이상 흔들리는 것을 원치 않았고, 대연정 탓에 사민당 측에서도 적극적으로 그를 공격하지 않으려는 분위기가 주를 이루고 있었다.

그럼에도 불구하고 68혁명을 전후한 독일 사회에서 이 오점이 쉽사리 덮일 수는 없었다. 1968년 11월 베를린에서 열린 기민련 전당대회에서 베아테 클라스펠트(Beate Klarsfeld)가[08] 키징어 총리의 뺨을 때리고 "나치, 물러나라"

---

07 "Vorsicht, Vorsicht", *Der Spiegel* 47, 1966, 1966.11.13. https://www.spiegel.de/politik/vorsicht-vorsicht-a-46df5ad3-0002-0001-0000-000046415056?context=issue

08 베아테 클라스펠트는 1969년 연방의회 선거에서 키징어의 지역구에 상대 후보로 출마해 키징어와 맞섰고, 현재까지도 프랑스에서 극우주의 및 반유대주의에 맞서는 싸움을 전개하고 있다. 그는 프랑스와 독일의 나치 전력자들에 맞서 50년간 끊임없이 투쟁했고, 2012

고 외침으로써, 그의 나치 전력이 더욱 부각되었다. 클라스펠트는 엘리제협약에 따라 독불 청년 교류를 촉진하고자 만들어진 국제 기구 '독일-프랑스 청년조직(Das Deutsch-Französische Jugendwerk)'의 젊은 서기이자, 아우슈비츠에서 부친을 잃은 유대인 남편을 둔 독일 여성이었다. 그는 "키징어와 같은 양심 없는 개인에 의해 자행된 범죄를 부끄러워하는 독일 청년들"의 이름으로 자신의 행동을 정당화했다. 왜 총리를 때렸느냐는 질문에 대해서는 "거기 그 위에 나치가 앉아 있는 것에 지쳤다"라고 대답했다.[09] 당시 68학생운동 세대가 견딜 수 없었던 서독 사회의 문제점들 중 하나가 바로 나치 과거를 충분히 청산하지 않았다는 점이었으니, 나치 당원 출신의 기민련 총리 키징어는 이런 상황을 체현하고 있는 상징적인 인물일 수밖에 없었다.

결국 키징어는 에어하르트와 마찬가지로 이행기의 총리로 남게 되었다. 비슷하게 단명한 총리였던 에어하르트가 '사회적 시장경제'의 아버지로서 각광받은 것과 달리, 키징어는 오랫동안 학계와 여론의 조명을 거의 받지 못했다. 이는 그가 1960년대에 대단히 국민적 지지가 높은 총리였다는 점을

년 좌파당 추천으로 연방대통령 후보로 지명되기도 했다. 2015년에는 연방공로십자훈장(Bundesverdienstkreuz)을 받았으며 2017년에는 그녀와 프랑스인 남편 세르지 클라스펠트(Serge Klarsfeld)에 대한 다큐멘터리 〈복수가 아니라 정의(Nicht Rache, sondern Gerechtigkeit)〉가 제작되기도 했다. https://www.youtube.com/watch?v=nOn3utqe kno.

09 Philipp Gassert, "Die Klarsfeld-Ohrfeige", in: Stiftung der Geschichte der Bundesrepublik Deutschland (ed.), *Skandale in Deutschland nach 1945*, Kerber, 2007, p. 89. 그는 기록적인 속도로 진행된 재판을 통해 1년형을 선고 받았다. 그 과정에서 동독은 "계급의 적"에 대한 공격이었다며 클라스펠트에게 지지를 보냈다. 서독 지식인들의 반응은 다채로웠다. 귄터 그라스는 클라스펠트를 비판했으며, 하인리히 뵐은 파리에 체류 중이던 클라스펠트에게 장미를 보냈다. 이에 대한 당대의 논란은 다음을 참조. Marc von Lüpke, "Historische Ohrfeige für Kanzler Kiesinger: "War das die Klarsfeld?"", *Der Spiegel*, 2015. 12. 3. https://www.spiegel.de/geschichte/beate-klarsfeld-die-frau-die-bundeskanzler-kiesinger-ohrfeigte-a-1065646.html.

고려할 때 설명이 필요한 대목일 수밖에 없다. 이와 관련하여, 키징어 내각에는 빌리 브란트, 헬무트 슈미트 등 두 명의 차기 총리를 비롯해 차기 총리후보가 된 슈트라우스 등 거물급 정치가들이 대거 참여하고 있었기 때문에, 키징어 자신은 정치가로서 자신을 각인시키기보다는 사회자 역할에 충실할 수밖에 없었다는 흥미로운 설명이 최근 제기되었다.[10] 키징어의 재임 기간이 "총리 민주주의 대신 협상 민주주의"로[11] 특징 지어진 것은 아데나워와 키징어의 차이를 분명하게 보여주고 있으며, 그가 쉽게 잊혀진 총리가될 수밖에 없었던 이유를 설명해주는 실마리이기도 할 것이다.

2. 대연정 구성

1965년 선거 승리 이후 기민련과 자유민주당의 연정으로 정부가 구성되었지만, 1966년 자유민주당 출신 장관들이 사퇴함으로써 새로운 국면이 시작되었다. 새로운 선거, 사민당과의 대연정, 혹은 모든 정당들이 참여하는 연정 등 여러 가능성들이 점쳐졌다. 그러나 선거를 앞당기는 것에 대해서는 기민련 내부의 반대가 너무 컸다. 당시 상황에서 1965년과 같은 좋은 결과가 나오기는 힘들다는 판단 때문이었다.

결국 대연정이 불가피했지만, 사민당과 새로운 연정 협상을 하는 데 대해서는 기민련 내부에서 찬반이 엇갈렸다. 한편으로 아데나워가 대연정 지지를 선언하는가 하면, 기사련의 슈트라우스가 자신에게 적대적이던 자유

---

10 Lars Rosumek, *Die Kanzler und die Medien*, Campus, 2007, p. 99.

11 Stephan Klecha, *Bundeskanzler in Deutschland*, Budrich, 2012, p. 84.

민주당을 몰아낼 방안으로 대연정을 지지하는 등, 당내에 대연정에 대한 지지가 확산되고 있기는 했다. 그러나 사민당과의 연정 속에서 기민련의 독자성이 사라지고, 연정이 성공하더라도 사민당의 입지만 키워줄 거라는 우려의 목소리도 높았다. 오랜 세월 사민당에 대한 적대감이 기민련의 주요 의제 중 하나였다는 점을 생각하면 이해할 만한 일이다. 만에 하나 연정이 실패하면 그 책임은 기민련에 돌아올 수밖에 없었기 때문에 좀 더 위험스러운 결정이기도 했거니와, 사민당에 대한 적대감이 기민련에 체질화되어 있는 상태이기도 했던 것이다.

반면 사민당 내에서는 대연정에 대한 지지가 높았다. 원내 대표 허버트 베너(Herbert Wehner)를 위시한 사민당 지도부는 대연정을 통해 사민당의 수권 능력을 보여주는 것이 중요하다는 입장이었다. 1930년 3월 이후 연방정부에 참여해보지 못한 채 계속 '제2 바이올린 주자'로 남아 있던 사민당의 입장에서 보자면, 연정에 참여하여 수권 능력을 보이는 것이야말로 정권교체로 갈 수 있는 유일한 길이라는 주장이 당내에서 지지를 얻은 것도 당연한 일이었다. 실제로 대연정 상태에서 실시된 1969년의 선거 결과를 분석한 연구에 따르면, 대연정으로 인해 사민당의 정치적 능력에 대한 긍정 평가가 높아졌다.[12]

결국 기민련은 당시 62세였던 쿠어트 게오르크 키징어를 총리, 50세이던 빌리 브란트를 부총리와 외교부장관으로 하는 사민당과의 대연정에 착수했다.[13] 이로써 사민당과 기민련/기사련이 여당, 소수당인 자유민주당이 야

---

12 Hans D. Klingemann, "The 1969 Bundestag Election in the Federal Republic of Germany: An Analysis of Voting Behavior", *Comparative Politics*, Vol. 2, No. 4, Special Issue on the West German Election of 1969, 1970, p. 548.

13 연방의회 의장이었던 오이겐 게어스텐마이어(Eugen Gerstenmaier)가 출마하지 않음으로써

아데나워와 키징어(우)
KAS-13817 (c) KAS - Peter Bouserath.

당인 형태의 정치 구도가 만들어졌다. 1966년 10월 사민당과의 연정 구성에 합의한 이후 키징어는 의원 447명 중 340명의 지지를 얻어 연방 총리로 선출되었다. 선거 없이 연정 협상만으로 새로운 정부가 들어선 것이다.

대연정 시기

연정이 일반적인 독일에서도 1, 2위 정당의 공동집권을 의미하는 '대연정'은 흔하지 않았다. 2005년 메르켈 1기 정부가 대연정으로 구성되었을 때

남부 독일 출신 의원들의 전폭적인 지지를 얻을 수 있었던 키징어가 결국 총리로 선출되었다.

그 이전의 대연정인 키징어 내각이 주목을 끌었던 것도 그런 이유 때문이었다. 대연정 시기의 독일 정치에 대해서는 평가가 엇갈린다. 무엇보다 대연정 이후 기민련이 20년 만에 처음으로 야당이 되었기 때문에, 기민련 지지자들 중 다수는 이 대연정이 잘못된 선택이었다고 판단하는 경우가 많았다. 그런가 하면 미국의 독일사학자 디트릭 올로(Dietrich Orlow)는 10% 미만의 지지를 얻었던 자유민주당이 야당 역할을 제대로 하지 못하는 가운데, 의회 민주주의의의 정상적인 과정이 중단된 시기였다고 평가하고 있다.[14]

물론 대연정 시기에 대한 긍정적인 평가도 만만찮다. 『기민련 소사』의 저자 한스-오토 클라인만(Hans-Otto Kleinmannn)은 이 시기가 "굉장히 성공적"이었다고 보았으며,[15] 정치사가인 필립 가세르트(Philipp Gassert)도 역대 정부 중 가장 성공한 정부라고 평가했다.[16] 칼하인츠 니클라우스(Karlheinz Niclauss)도 브란트, 슈트라우스, 쉴러 등 당시 독일의 강력한 정치가들이 모두 정권에 참여한 가운데, 두 명의 강력한 원내교섭단체 대표 라이너 바르첼(Rainer Barzel)과 헬무트 슈미트(Helmut Schmidt)에 의해 연정이 뒷받침되고 있었으며, 이 연정으로 의원 90%를 아우르는 권력을 행사할 수 있었다는 점에 주목했다.[17] 당대의 대표적인 언론인 한스 울리히 켐프스키(Hans Ulrich Kempski)도[18] 이처럼 강력한 내각은 그 전에도 후에도 없었다고 평가했다.[19]

---

14 Dietrich Orlow, *A History of Modern Germany*, Pearson, 2011, p. 277.

15 Hans-Otto Kleinmann, *Geschichte der CDU*, DVA, 1993, p. 301.

16 Philipp Gassert, *Kurt Georg Kiesinger 1904~1988*, DVA, 2004, S. 756.

17 Karlheinz Niclauss, *Kanzlerdemokratie*, UTB, 2004, p. 121.

18 Hans Ulrich Kempski, *Um die Macht*, Fischer, 2000, p. 126.

19 1967년 8월, 대연정 초기의 혼란을 극복하고 연정위원회가 조직되어 연정 말기까지 지속되었다. 총리인 키징어, 부총리인 브란트 외에 각 당 원내교섭단체 대표 바르첼과 슈미트, 그리

결과적으로 이 시기 가장 큰 성취는 여러 법안들의 제정이었다. 실제로 비상조치법(Notstandsgesetzgebung)을 포함하여 436건의 법안이 제정되었다는 사실은 의회 활동이 대단히 활발했음을 보여준다. 1949년부터 1990년까지 헌법 개정안 36건 중 1/3에 달하는 12건이 3년이라는 이 짧은 연정 시기에 논의되었음을 고려하면, 이 시기의 입법 활동이 얼마나 활발했는지 알 수 있다.[20]

대연정이 시작된 지 오래지 않아 에어하르트를 총리직에서 몰아낸 경제위기를 극복하고, 독일 사회는 다시 완전고용에 도달했다. 1968년과 69년의 경제성장률은 각각 5.7%와 7.4%에 달했다. 기사련의 슈트라우스(Franz Josef Strauß)가 재무 분야를, 사민당의 칼 쉴러(Karl Schiller)가 경제부장관을 맡은 가운데, 두 정당은 이 시기에 시장자유주의적인 경제 정책에서 케인즈주의적인 정책으로 선회하는 데 합의할 수 있었다. 양당의 공조가 가장 잘 이루어진 영역이 재정과 경제 분야였다. 구체적으로는 조세 개혁이 단행되었고, 고속도로 건설과 고등교육 확대를 비롯한 대규모 정부 투자가 이루어졌다.[21]

그러나 외정의 경우 상황이 달랐다. 물론 동유럽 국가들과 관계를 개선하는 긴장 완화 정책이 이 시기에 시작되기는 했다. 서독은 1967년 루마니아와 외교 관계를 수립했고, 1968년 1월에는 할슈타인 원칙에 따라 1957년

고 여러 장관들 등 11명으로 구성된 이 위원회는 최초의 회의 장소 이름을 따서 '크레스브론 그룹(Kressbronner Kreis)'이라고 불렀다. 이 협의체를 통해 여러 내정 이슈들에 관한 협의 및 합의가 이루어질 수 있었다. 이 위원회와 관련해서는 다음을 참조. Eckart Conze, *Die Suche nach Sicherheit*, Siedler, 2009, p. 369.

20   Stefan Marx, "In der ersten Grossen Koalition, 1966~1969", in: Hans-Peter Schwarz (ed.), *Die Fraktion als Machtfaktor*, Pantheon, 2009, p. 92.

21   메리 풀브룩 지음, 김학이 옮김, 『분열과 통일의 독일사』, 개마고원, 2000, 336쪽.

중단된 유고슬라비아와의 외교 관계를 정상화했다. 또한 다른 바르샤바조 약기구 국가들과 경제 협력을 통해 정치적인 관계 개선을 이루고자 했다.

그럼에도 기민련과 사민당이 끝내 견해차를 좁히기 어려웠던 외정적 이 슈들의 리스트는 여전히 길었다. 사민당은 핵무기 금지협약을 비준하고자 했지만, 총리는 협상의 여지를 남겨두고 싶어 했다. 또한 사민당이 영국의 유럽공동체 가입을 지지했던 반면, 키징어는 드골과 마찬가지로 이를 반대 했다.[22]

그러나 기민련과 사민당의 갈등 관계가 가장 분명하게 드러났던 분야 는 바로 독일 정책, 즉 동독과의 관계였다. 대연정 초기 기민련은 동독을 공 식적으로 인정하지는 않았지만 동독과의 접촉에는 의욕을 보였다. 1967년 명목상 동독 정부 수반이던 빌리 슈토프(Willi Stoph) 국무회의(Ministerrat) 의장이 보낸 편지에 최초로 공식 응답하기도 했다. 아데나워와 에어하르트가 동독 측 공식 서한들에 대한 답을 거부해왔던 것과는 큰 차이였다. 키징어가 동 독의 빌리 슈토프에게 보낸 편지에 따르면, 이는 "독일인들이 점점 더 멀어 지는 것을 막기" 위해서였다.[23]

동독을 외교적으로 인정할지를 둘러싸고 기민련 내에서는 논란이 지속 되었다. 공식적으로 키징어 정부는 여행 허가 등 동독과의 인적 교류를 확 대함으로써 단계적으로 동독을 하나의 국가로 인정하는 방향으로 나아가

---

22 영국은 1963년과 67년 두 차례나 EEC 가입을 거절당했다. 프랑스 대통령 드골이 미국과 특수한 관계를 맺고 있는 영국을 '트로이의 목마'로 간주한 탓이었다. 1969년 드골이 정계은퇴를 선언한 뒤 영국은 다시 가입 신청을 했고, 사민당 브란트 총리의 적극 지지로 1972년 EEC에 가입할 수 있었다. 최영태, 「W. 브란트의 동방 정책에서 평화의 문제」, 『독일연구』 34권, 2017, 178~179쪽.

23 https://www.nytimes.com/1967/06/14/archives/kiesinger-replying-to-stoph-rejects-recognition-demand-letter-to.html.

고자 했으나, 기민련 내에서 심각한 저항에 직면해야 했다. 독일인들 다수도 여전히 냉전적인 대립 구도의 유지를 원하는 것처럼 보였다. 1967년 설문조사에 따르면 61%의 국민이 서독이 독일의 유일한 합법 국가라고 생각하고 있었고, 14%만 이에 반대하고 있었던 것이다.[24] 결국 1968년 프라하 봉기 이후 사민당의 빌리 브란트 외교부장관은 동구권 국가들과 관계 개선을 계속해갈 것을 주장했던 반면, 기민련과 기사련의 동방 정책은 반공주의에 입각한 원래의 입장으로 선회했다. 이로 인한 갈등은 연정이 중단될 때까지 계속되었다.

키징어 총리는 동독에 대해 '조심스럽게 접근하는 것' 이상을 원하지 않았다. 당시 키징어가 사민당의 태도를 두고—동독을 외교적으로 인정하는 것을 지지하는—"인정당(Recognition Party)"이라고 지칭한 것에 대해, 사민당 측은 "의사방해(obstructionism)"에 불과하다고 비판하고 나섰다.[25] 다수의 기민련 정치가들은 바로 이 외교 분야에서 사민당과의 차이를 분명히 함으로써 자신의 정체성을 분명히 하고자 했다.

그 결과 1968년 베를린에서 열린 기민련 전당대회는 연정을 둘러싸고 달라진 당내 분위기를 잘 보여주었다. 키징어가 "어떤 조건들 아래서" 1969년 선거 이후에도 연정이 지속될 수 있으리라고 선언했을 때, 그는 거센 야유를 받아야 했다. 기민련 전당대회에서 지도자가 이런 모욕을 겪는 것은 처음 있는 일이었다. 반면 연정을 종식시키고 기독교 민주주의적인 색채를 선명히 하자고 주장한 원내교섭단체 대표 바르첼은 "당대회의 영웅"으로

---

24 Ulrich Herbert, *Geschichte Deutschlands im 20. Jahrhundert*, C.H.Beck, 2014, p. 841.

25 Geoffrey Pridham, *Christian Democracy in Western Germany*, Routledge, 1977, p. 175.

부각되는 분위기였다.[26] 이처럼 다음 선거가 임박할수록 양당의 공조는 점점 더 어려워졌다. 각 당이 선거 국면에서 차별성을 분명히 해야 했기 때문이었다.

3. 키징어와 기민련의 "작은 68"

당 조직 개편

키징어 총리는 1967년 브라운슈바이크 전당대회에서 449표 중 423명의 지지를 얻어서 고작 1년 남짓 단명한 대표였던 에어하르트의 후임으로 당 대표에 선출되었다.[27] 키징어가 주도한 것은 아니지만, 키징어 시기에 여러 차원의 당 개혁이 이루어진 것은 사실이다. 독일의 대표적인 현대사가인 프랑크 뵈쉬(Frank Bösch)는 키징어가 대표였던 시절의 기민련이 "작은 68"을 경험했다고까지 평가한다. 그는 이 "작은 68"이 가능했던 이유를 세 가지로 꼽았다.[28]

먼저 당 개혁은 무엇보다도 대연정 덕분에 가능했다. 대연정 아래서 기민련은 각료회의 이전에 당의 노선을 확정해야 했기 때문에, 당과 정부의 분리가 나타날 수밖에 없었다. 당 개혁을 유도한 두 번째 중요한 계기는 정당법 개혁이었다. 1949년 기본법에서 정당법 제정의 당위성을 선언한 지 18

---

26 Stefan Marx, "In der ersten Grossen Koalition, 1966~1969", in: Hans-Peter Schwarz (ed.), *Die Fraktion als Machtfaktor*, Pantheon, 2009, p. 102.

27 Karlheinz Niclauss, *Kanzlerdemokratie*, Springer, 2015, p. 110.

28 Frank Bösch, *Macht und Machtverlust: Die Geschichte der CDU*, DVA, 2002, pp. 95~96.

년 만인 1967년 7월 24일에 정당법이 제정되었다. 정당법 제정이 지연된 이유는 물론 각 정당의 입장차 탓이었다. 가장 큰 쟁점은 정당의 회계 투명성과 관련된 것이었다. 사민당은 재정 공개를 법으로 강제해야 한다고 주장했고, 기민련과 자유민주당은 정당 재정을 공개하는 데 대해 큰 거부감을 보이고 있었다.[29] 이러한 입장차에도 불구하고 국고 지원의 필요성 앞에서 각 정당들의 상반된 입장은 점차 공통점을 찾아갔다. 결국 대연정을 배경으로 정당법이 제정될 수 있었다. 그 결과 기민련은 짧은 시간 내에 당헌, 당규를 정당법에 맞추어 수정하고, 지도부를 선출하며, 당 강령을 만들어내야 했다.

세 번째로, 당 지도부의 세대교체 역시 당의 개혁을 촉진했다. 이 시기 기민련 지도자로 등장한 헬무트 콜이나 게하르트 슈톨텐베르크(Gerhard Stoltenberg)는 소위 '낙하산'인 지역 명사 출신이 아니라 대학 시절부터 당 활동에 참여하며 성장해온 젊은 직업 정치가들이었다. 이러한 인적 구조 변화로 인해 기민련 내에서 당내 토론과 선출 등이 가능해졌고, 기민련 당 조직 개편도 일어날 수 있었다.

구체적으로 기민련의 당 개혁은 먼저 당의 중앙집권화를 의미했다. 1967년 당사무총장(Generalsekretär)직이 신설되었고, 아데나워의 측근으로서 연방사무국장(Bundesgeschäftsführer)을 역임한 바 있었던 브루노 헥(Bruno Heck)이 처음으로 이 자리를 맡게 되었다. 당사무총장은 모든 당위원회 회의에 참여하고 예산을 승인하거나 지구당의 주사무국장(Landesgeschäftsführer) 임명에 관여할 수 있었다. 또한 당대표 등 중요 당직이 2년마다 새로 선출되었던 것과 달리 사

<hr />

29 정당법과 관련된 논의는 Christine Landfried, *Parteifinanzen und politische Macht: Eine vergleichende Studie zur Bundesrepublik Deutschland*, Nomos, 1990, pp. 30~48.

무총장은 4년마다 선출됨으로써 어느 정도 독립성을 확보할 수 있었다.[30]

이러한 개혁을 가능케 한 물적 기반 역시 정당법을 통해 마련된 것이었다. 정당법에 의해 국고 지원을 받으면서 중앙당사무처를 안정적으로 운영할 수 있게 되었던 것이다. 이는 사민당과 달리 항구적인 당비 마련책 없이 주로 기업 후원금에 의존하던 과거의 상황이 현저히 변화했음을 의미했다.

그럼에도 불구하고 일거에 근본적인 변화가 이루어지지는 못했다. 당대표였던 키징어 자신이 당 조직 강화에 큰 관심이 없었을뿐더러, 사무총장직을 맡은 브루노 헥도 가족부장관이자 연방의회 의원으로 활동을 지속하면서 당사무총장직에 별 관심을 보이지 않았다. 이 시기에는 오히려 의원단, 즉 원내교섭단체의 영향력이 커졌다. 연정 협상, 정부 구성, 갈등 조정 등 여러 난제들에서 중앙당 지도부보다는 원내교섭단체가 중요한 역할을 했다. 1967/68년 기민련 최고위원회(Präsidium)의 12명 구성원 중 11명이 연방의회 의원이거나 정부 각료였다는 사실은, 원내교섭단체의 현저한 영향력을 상징적으로 보여주는 지표일 것이다.[31]

1968년 베를린 강령

한편 당이 조직을 개편할 뿐만 아니라 명확한 강령을 가져야 한다는 목소리가 점점 높아지고 있었다.[32] '베를린 강령'이 논의된 것도 이 시기였다.

---

30 이와 같은 중앙집권화는 지역 조직들에서도 나타났다. 바덴-뷔르템베르크주에 있던 4개의 기민련 지역 조직이 합쳐졌고, 현재까지도 3개로 나뉘어진 니더작센 지역 조직의 경우 긴밀한 협조가 가능하도록 정관이 바뀌었다. Frank Bösch, op.cit., 2002, p. 96.

31 Ibid., p. 97f.

32 Günther Gillessen, "Eine liberalere Partei", *FAZ*, 1973. 1. 11. Udo Zolleis, *Die CDU: Das politische Leitbild im Wandel der Zeit*, VS Verlag für Sozialwissenschaftenchaften, 2008, p. 142에서 재인용.

'베를린 강령'은 1949년 '뒤셀도르프 강령', 1953년 '함부르크 강령'이 아데 나워 정부의 중심 기획이었듯이, 1970년대 기민련 정책의 근간이 될 것으로 기대되었다. 아울러 이 강령은 오랫동안 다원주의에 적대적이었던 기민련 의 역사에서 처음으로 상이한 이해관계들과 다양한 의견들을 인정하는 가 운데 공동의 정치적 인식을 위한 타협의 필요성을 강조했다는 점에서도 중 요했다.[33] 기존의 기민련 정치 문화에서는 지도자를 따라 단합된 모습을 보 여주는 합의 모델이 중시되고 있었던 것이다.[34]

'베를린 강령'은 서문에서 "독일의 기독교민주주의연합은 기독교적인 믿음과 사고를 지향한다"고 선언했다.[35] 뒤이어 "유럽과 세계에서 독일"이 라는 제목의 1부는 독일 정책, 유럽 정책, 외교와 안보 정책으로 구성되어 있고, "독일의 내적 질서"라는 제목의 2부는 민주주의 개혁, 교육/청소년/예 술/학문, 경제와 재정 및 농업, 공간 질서/주택 건설/교통, 사회안전망, 건강 과 스포츠 등으로 구분된 총 106개 항목으로 구성되었다.

그러나 '베를린 강령' 또한 혁신적인 내용을 충분히 포함하지는 못했다. "이미 지나버린 60년대의 문제들에 대한 뒤늦은 해답"일 뿐이라는 평가를 받기도 했다.[36] 공동결정권을 확대하거나 재산을 재분배하는 등 당시 열띠 게 논의되던 주제들은 결국 강령에 담기지 못했다. 이는 당의 노동자 세력

33   Dorothee Buchhaas, *Die Volkspartei*, Droste, 1981, p. 304.

34   Michael Borchard, "Die CDU, Helmut Kohl und das Ludwigshafener Programm", in: Thomas Brechenmacher et.al. (eds.), *Historisch-Politische Mitteilungen: Archiv für Christlich-Demokratische Politik. Band 25*, Böhlau, 2018, p. 128.

35   Das Berliner Program, Präambel, 73. https://www.kas.de/c/document_library/get_file?uuid=48998652-a937-c1b0-6283-f9895032bca3&groupId=252038.

36   Dorothee Buchhaas, *Die Volkspartei*, Droste, 1981, p. 315.

과 기업가 세력 간의 간극이 두드러지는 것을 당 지도부가 원하지 않았기 때문이었다. 가령 유명한 경제 전문가 프란츠 에첼(Franz Etzel)은 광산업 분야에서만 인정되던 공동결정권을 다른 산업 분야로 확대할 경우 기민련을 탈퇴하겠다고 위협하고 있었다. 통일에 대해서도 일반적인 언급뿐이었다. 냉전 체제가 긴장 완화 국면에 들어섰음에도 새로운 동독 정책보다는 안보에 대한 우려가 더 우위를 점하고 있었다.[37] '공산주의'라는 단어는 전혀 언급되지 않았고, "다른 부분의 독일"과의 모든 형태의 접촉을 지지했지만, 동독을 공식적으로 인정할 수는 없다는 입장이었다.[38] 많은 논의가 이루어진 교육 정책에서도 대학 개혁이나 전반적인 교육 체제 개혁 논의는 이루어지지 못했다.

이는 '베를린 강령' 자체가 기민련의 기본 원칙을 점검하는 선까지는 목표로 하지 않았던 탓이었다.[39] 결국 '베를린 강령'은 선거를 앞두고 제시된 행동 강령이었을 뿐, 기본강령이 되지 못했다. 실제로 '베를린 강령'이 획기적이었던 이유는 새로운 내용 때문이라기보다는 당원 참여의 정도가 크게 확대되었다는 점 때문이라는 게 공식 기민련 당사를 서술한 한스-오토 클라인만의 평가이다.[40] '베를린 강령'을 위해 반 년 동안 지도부의 기획안이 75만 부나 발행되어 여러 협회와 단체들, 24개 전문위원회에서 논의되었고, 이에 대해 3만 건에 달하는 입장 표명과[41] 400건에 달하는 수정안이 제시되

---

37 Frank Bösch, op.cit., 2002, p. 29.

38 Geoffrey Pridham, *Christian Democracy in Western Germany*, Routledge, 1977, p. 180.

39 Ibid., p. 180.

40 Hans-Otto Kleinmann, *Geschichte der CDU*, DVA, 1993, p. 269.

41 Frank Bösch, op.cit., 2002, p. 29.

었다.[42] 당시 기민련 당원들이 당 개혁에 얼마나 큰 관심을 보이고 있었는지를 여실히 드러내는 대목이다. 무엇보다도 '베를린 강령'은 전당대회에서 의결된 최초의 기민련 당 강령으로서, 기존 기민련에 없던 참여민주주의를 보여주고 있었다. 여러모로 "목적지보다 걸어간 길이 중요"했던 셈이다.[43]

4. 1969년 선거와 대연정 종식

대연정 해체 과정

대연정이 종식되는 과정은 여러 가지 정치적 사건들로 점철되었다. 먼저 연방의회 의장이던 오이겐 게어스텐마이어(Eugen Gerstenmaier)가 재임 시기에 자신이 나치 시기 교원으로 일하지 못했던 시간에 대한 보상금을 받을 수 있도록 나치 배상금 관련 입법 과정에 영향을 미쳤다는 비판이 제기되었다. 이 법을 통해 그는 260,000마르크의 보상금을 수령할 수 있었다. 이에 더해 부동산 소유 문제가 다시 불거지면서 결국 그는 1954년부터 1969년까지 15년 동안 지켜온 연방의회 의장 자리에서 물러날 수밖에 없었다.[44] 연방

---

42 Union in Deutschland: Informationsdienst der Christlich Demokratischen Union Deutschlands, Nr. 44/68. https://www.kas.de/c/document_library/get_file?uuid=31edbd12-0054-0a88-3235-cc46ac 3878fc&groupId=252038.

43 Michael Borchard, "Die CDU, Helmut Kohl und das Ludwigshafener Programm", in: Thomas Brechenmacher et.al. (eds.), *Historisch-Politische Mitteilungen: Archiv für Christlich-Demokratische Politik. Band 25*, Böhlau, 2018, p. 127.

44 게어스텐마이어는 신교도 출신으로서 초기부터 나치에 반대하고 있었다. 이로 인해 1937년에 교수자격논문을 쓰고도 학자로서의 경력을 이어가지 못했다. 이후 그는 교회 조직의 외교 파트를 담당했는데, 이 경력 때문에 고백교회 등 나치에 직접 맞섰던 기독교계에서는 나

의회 의장 자리가 공석이 되자 기민련은 의장 후보로 슐레스비히-홀슈타인의 주지사와 국방장관을 역임한 카이-우베 폰 하셀(Kai-Uwe von Hassel)을 내세웠으나, 사민당이 그를 지지하지 않음으로써 기민련과의 불화를 분명히 드러냈다.

연방대통령 선출 과정도 한 편의 드라마였다. 사민당과 자유민주당은 1969년 3월 기민련의 반대를 무릅쓰고 사민당의 하이네만(Gustav Heinemann)을 연방대통령으로 선출했다. 새로 선출된 자유민주당 당수 발터 셸(Walter Scheel)의 주도하에 사민당과 자유민주당의 공조가 이루어지고 있었다.[45] 아데나워 정부에서 초대 내무부장관을 지내다가 아데나워의 재무장 계획에 반대하면서 1950년 장관직을 사임하고 사민당에 입당했던 하이네만은 기민련 측이 받아들이기 어려운 인물일 수밖에 없었다. 자유민주당 내에서도 사민당 후보를 지지하는 것을 반대하는 세력이 있었으나, 셸은 당대표 퇴진이라는 배수진을 쳐서 자유민주당 의원의 단합을 끌어냈다. 하이네만 대통령은 언론 인터뷰에서 그가 대통령이 됨으로써 "살짝 정권교체(Stück Machtwechsel)"가

치에 협조적이었던 제국교회 조직에 발 담근 인물이라는 불신을 받기도 했다. 어쨌든 그는 기민련 내에서 신교 세력을 대변했으며, 기민련의 초교파성을 상징하는 인물이었다. 그는 1954년부터 1969년까지 15년 동안 연방의회 의장을 지냄으로써 현재까지도 최장수 연방의회 의장 기록을 갖고 있다. 하지만 그의 재임기인 1965년에 연방의회에서 제정된 '공무원들을 위한 나치 보상법' 7차 개정안에 따르면, 게어스텐마이어 역시 이 법안의 수혜자가 될 수 있었다. 스스로 참여하여 만든 법안의 수혜자가 됨으로써, 그는 여론의 엄청난 질타를 받았다. 이에 더해 68혁명이 고조되는 가운데 나치 시기 그의 행적에 대한 의혹이 제기되면서 기민련 내에서도 부담스러운 인물이 되어버렸다. 보상법 개정안과 관련한 검찰 조사 결과 무혐의로 밝혀졌지만, 그는 이후 사실상 정계에서 은퇴할 수밖에 없었다.

45 자유민주당과 사민당의 연합에도 불구하고, 8시간에 걸친 3차례의 표결 끝에서야 하이네만은 어렵사리 대통령으로 선출될 수 있었다.

일어났다고 선언하기도 했다.[46] 그의 대통령 선출과 더불어 대연정 붕괴가 가시화되고 있었다는 점에서 타당한 표현이었다.

이처럼 기민련과 사민당이 거리두기에 나선 반면, 사민당과 자유민주당은 점차 거리를 좁혀가고 있었다. 독일에서 가장 큰 주인 노르트라인-베스트팔렌주에서 기민련과 자유민주당이 아니라 자유민주당과 사민당이 이미 1966년부터 연정을 구성했으며, 2년 후인 1968년 자유민주당의 연례 전당대회에서 자유민주당과 사민당의 연정을 강력히 지지했던 발터 쉘이 자유민주당의 우익 민족주의 세력을 대변하던 에리히 멘데(Erich Mende)의 후임 당대표로 선출되었다. 자유민주당 내에서 민족자유주의(Nationalliberal) 전통을 주장하던 세력과 사회자유주의적인(Sozialliberal) 경향을 지향하는 세력들 간의 오랜 내홍을 겪은 후였다.[47] 발터 쉘이 1968년 당대표로 선출되었다는 것은 자유민주당이 중도 좌파 정당으로 변모하고 있다는 의미였으며, 그 결과 자유민주당은 사민당과 한층 가까워졌다. 이제 자유민주당은 전통적인 지지 기

---

46 "Zeitreise-Der Spiegel vor 50 Jahren", *Der Spiegel* 20, 2016, p. 444. https://magazin.spiegel.de/EpubDelivery/spiegel/pdf/162787729

47 대연정 시기 50석 미만의 정당으로서 여당을 꿈꿀 수도, 힘있는 야당이 될 수도 없던 상황에서, 자유민주당은 당의 현재와 미래에 대한 당내 논쟁에 돌입할 수밖에 없었다. 여러 공식 비공식 회의들에서 보다 열린 사회와 급진적인 민주주의를 요구하는 목소리가 세를 얻게 되었다. 이 논쟁 끝에 1968년의 전당대회에서 보수파를 대변하던 에리히 멘데 대신 당내 자유주의 세력을 대변하던 발터 쉘이 당대표로 선출되었다. 이로써 자민당은 전후 지속적으로 민족주의적이고 보수주의적인 태도를 주장했던 데서 자유주의적인 면모를 강화하게 되었다. 사회학자인 랄프 다렌도르프(Ralf Dahrendorf)가 이 시기 자민당 당원으로서 당대회에 참석하여 행정, 재정, 교육 등 사회 전 분야의 개혁을 포함하는 "자유의 정치(Politik der Liberalität)"를 강조했던 것은 이러한 변화를 상징하고 있었다. 독일역사가인 만프레드 괴르테마커(Manfred Görtemaker)는 이 시기 자민당의 변화 없이는 1969년의 정권교체를 생각하기 어려웠다는 점을 강조한다. 대연정 시기 자유민주당의 개혁과 관련해서는 다음을 참조. Manfred Görtemaker, *Geschichte der Bundesrepublik Deutschland*, Fischer, 1999, pp. 470~474.

반이던 농민과 옛 중간계급 등의 지지를 상실했지만, 새로운 중간계급과 전
문가 계층의 지지를 얻게 되었다. 1965년 자유민주당을 지지했던 유권자 중
25%만이 1969년 자유민주당에 또다시 투표했을 정도로 당의 면모는 현격
히 달라져 있었다.[48]

　이처럼 연정 파트너 자유민주당이 면모를 일신하는 상황에서, 기민련에
게는 1969년 선거의 승리가 절실했다. 기민련은 사민당의 독일 정책과 동방
정책을 비난하면서 자신들이야말로 독일 국민들의 이해관계를 대변하고
있다고 자처했다. 당시 기민련의 가장 강력한 무기는 키징어 총리 자신이었

48　Dietrich Orlow, *A History of Modern Germany*, Pearson, 2011, p. 275.

다. 대연정 아래서 키징어는 강력한 국민적 지지를 얻고 있었다. 연방이 해체되기 직전인 1969년 9월에도 54%의 설문 응답자가 그를 총리로 선호하고 있었다. 반면 사민당의 빌리 브란트는 32%의 지지를 얻었을 뿐이었다. 기민련과 기사련이 키징어에게 초점을 맞추어 "키징어와 함께 70년대로", "총리에 달렸다(Auf den Kanzler kommt es an)"를 선거 캠페인의 슬로건으로 삼았던 것은 그런 맥락에서였다. 반면 브란트의 낮은 인기를 반영하듯 사민당은 팀을 선거 홍보의 중심으로 삼고 있었다.[49]

결과적으로 기민련, 기사련은 이 선거에서 46.1%의 지지를 얻었다. 이는 1965년 선거보다 1.5% 하락한 것이기는 했지만[50] 어쨌든 지지율 1위이기는 했다. 기민련은 이를 승리로 간주했다. 키징어 총리는 "우리가 이겼다"고 선언했고,[51] 원내 대표 바르첼은 "주도권은 기민련에 있다"고 역설했다.[52] 당시 사민당은 1965년 선거 대비 3.4% 높아진 42.7%의 지지를 얻었다.[53] 자유민주당은 9.5% 지지에서 5.8%로 지지율이 급감했다. 자유민주당의 쉘은 선거 당일 밤에 있었던 ZDF 방송과의 인터뷰에서 "나는 이번 선거의 패배자"라고 인정하기도 했다.[54]

---

49 Karlheinz Niclauss, *Kanzlerdemokratie*, Springer, 2015, p. 114.

50 https://web.archive.org/web/20120506121228/http://www.bundeswahlleiter.de/de/bundestagswahlen/fruehere_bundestagswahlen/btw1969.html.

51 Hans Ulrich Kempski, *Um die Macht*, Fischer, 2000, p. 145.

52 "Willy, Willy, Willy", *Der Spiegel*, 40/1969. https://www.spiegel.de/politik/willy-willy-willy-a-015a6f15-0002-0001-0000-000045547670?context=issue.

53 Hans D. Klingemann, "The 1969 Bundestag Election in the Federal Republic of Germany: An Analysis of Voting Behavior", *Comparative Politics*, Vol. 2, No. 4, Special Issue on the West German Election of 1969, 1970, p. 524.

54 Arnulf Baring, *Machtwechsel: Die Ära Brandt - Scheel*, DVA, 1982, p. 152.

그러나 독일 선거가 흔히 그렇듯이, 산술적인 지지율 변화로 정권교체 여부를 가늠할 수는 없는 일이었다. 결국 사민당은 자유민주당과의 연정을 통해 계속 여당으로 집권할 수 있었다. 당시 두 당은 새로운 연방의회에서 6석 차이로 집권에 성공했다. 기민련은 물론 이 선거 결과에 대해 흔쾌히 승복하지 않았다. '거대한 배반', '유권자에 대한 폭동', '빼앗긴 승리' 등의 어구는 기민련 지도자들이 이 선거를 평가하는 데 활용한 표현들이다. 이처럼 선거 결과가 불분명했던 탓에, 이후 기민련 내 다수는 1969년의 권력 상실이 '사고(Betriebsunfall)'였을 뿐이라는 입장을 버리지 못했다. 그 결과 기민련은 오랫동안 방향을 제대로 정립하지 못한 채 여당도 야당도 아닌 상태로 표류하게 되었다.

'이행기'의 총리, 키징어

1969년 총리 선거 직전, 『양철북』의 저자로 유명했던 41세의 귄터 그라스(Günter Graß)는 총리 후보 키징어에게 공개 편지를 보내서 "한때 나치 협력자였던 당신이 오늘 여기서 정치의 방향성을 결정한다면, 우리가 어떻게 아우슈비츠와 트레블린카의 죽음을 추모할 수 있겠습니까?"라고 물었다.[55] 그런 그가 80세가 된 2006년에 『양파껍질을 벗기며(Beim Häuten der Zwiebel)』에서[56] 자신의 나치 친위대(Waffen SS) 과거를 고백한 것은 이 문제가 가지는 층위의 복잡성을 잘 드러내준다.

그럼에도 불구하고 키징어가 총리로 재직했던 1966년부터 1969년 사이

---

55 "Kurt Georg Kiesinger, Dieter Schnitzius, Robert Jungk, Julie Eisenhower, Klaus Schütz, Günter Graß", *Der Spiegel*, 30/1969. https://www.spiegel.de/politik/kurt-georg-kiesinger-dieter-schnitzius-robert-jungk-julie-eisenhower-klaus-schuetz-guenter-grass-a-4898f982-0002-0001-0000-000045549157.

56 귄터 그라스 지음, 장희창 옮김, 『양파 껍질을 벗기며』, 민음사, 2015.

는 1968혁명의 열기로 사회 전체가 들끓던 시기였고, 그리하여 그는 단 3년 간 총리로 재직하면서 독일연방공화국 역사상 최단명 총리가 되었다. 아데 나워와 에어하르트로 이어지는 전후 안정 회구 단층과 68혁명 세대 등장으 로 인한 혁신의 단층 간의 대충돌기에, 나치 과거를 가진 그가 '이행기의 총 리(Kanzler des Übergangs)'로 남을 수밖에 없었던 것은 불가피해 보인다.

그러나 빌리 브란트, 게하르트 슈뢰더, 칼 쉴러, 프란츠 요제프 슈트라 우스, 허버트 베너 등 독일 정계의 스타 플레이어들이 모두 포진하여 "두뇌 들의 내각(Kabinett der Köpfe)"을 구성하고 있었던 상황에서, 키징어가 '은혀의 황제(König Silber-Zunge)'라 불릴 정도의 달변가이자 '걸어다니는 중재위원회 (wandelnden Vermittlungsausschuss)'로 불리던 협상가가 아니었다면,[57] 1966년부터 1969 년 사이의 시기는 독일 정치사에서 대혼란기로만 남았을 터이다.

키징어 총리는 에어하르트를 실각시켰던 정부 부채 문제를 해결하여 균 형예산을 제시할 수 있었고,[58] 이후 독일 사회의 자유화에 기여한 여러 법들 의 제정을 이끌어냈다. 처벌이 아니라 재사회화와 재통합에 강조점을 두는 방향으로 형법 개정을 이루어내고, 성인 동성애자에 대한 처벌 조항을 없 애고 동거를 합법화하는 등, 시민의 사생활에 국가가 개입하지 않는 방향 으로 변화를 유도한 것은 그의 대표적인 업적이다. 그가 그저 '잊혀진 총리 (Vergessene Kanzler)'로 평가될 수만은 없는 이유이다.

---

57 https://www.merkur.de/politik/kurt-georg-kiesinger-bundeskanzler-cdu-grosse-koalition-notstand sgesetze-90063005.html.

58 『슈피겔』은 1988년 키징어 부고 기사에서 비상조치법 제정과 더불어 균형예산 확보를 그 의 주요 업적으로 꼽았다. "Kurt Georg Kiesinger, Dieter Schnitzius, Robert Jungk, Julie Eisenhower, Klaus Schütz, Günter Graß", *Der Spiegel* 30, 1969. https://www.spiegel.de/politik/kurt-georg-kiesinger-dieter-schnitzius-robert-jungk-julie-eisenhower-klaus-schuetz-guenter-grass-a-4898f982-0002-0001-0000-000045549157.

"키징어가 처한 조건은 키징어가 어떤 대단한 일을 해내는 것을 허용하지 않았다"는 헬무트 슈미트 총리의 연민을 넘어서서, "국내 개혁과 데탕트 정책에 대한 키징어의 개인적인 공헌은 대연정 비판자들이 (…) 믿고 싶어 하는 것보다 훨씬 컸다"는 역사가 한스 오토 클라인만의 평가도 흘려들을 수만은 없는 것이다.[59] 실제로 루마니아아와 외교 관계를 시작하고, 단절되었던 유고슬라비아와의 외교가 재개된 것은 브란트 총리 시기가 아니라 키징어 총리 시기의 일이었다는 사실을 기억할 필요가 있다.

59 "Kurt Georg Kiesinger: Der "vergessene Kanzler"", *Stern*, 2004. 4. 5. https://www.stern.de/politik/geschichte/kurt-georg-kiesinger-der--vergessene-kanzler--3064076.html.

04 바르첼, 야당과 여당 사이 (1969~1972)

1969년 선거 이후 콜이 당대표로 선출된 1973년까지 기민련은 분열되어 있었다. 앞서 보았다시피 1969년 선거에서 기민련은 46.1%의 지지로 1위를 확보했다. 사민당은 그보다 못한 42.7%의 지지를 얻었음에도 자유민주당과의 연정으로 여당이 된 터였다. 뒤이은 주정부 선거들에서도 기민련은 잇따라 승리를 거두었다.[01] 68혁명과 뒤이은 적군파의 테러, 인플레이션, 노조의 영향력 확대에 대한 중간계급의 우려는 매달 수백 명에 달하는 기민련 신입 당원 원서들로 귀결되었다. 이에 대하여 보수적인 역사가 한스-페터 슈바르츠(Hans-Peter Schwarz)는 "68에 맞선 부르주아 독일의 반격"이라고 표현했다.[02]

그에 따라 기민련은 야당의 정체성을 가지기보다 총리 불신임 투표를 통한 재집권 가능성을 염두에 두고 있었다. 여당도 야당도 아닌 어정쩡한

---

01 1970년 NRW 선거에서 기민련은 사민당에 0.2% 차의 승리를 거두었고, 1971년 슐레스비히-홀슈타인주에서는 51.9%, 라인란트-팔츠주에서는 50%의 지지를 얻어 10% 이상 격차를 벌리고 승리했다.

02 Hans-Peter Schwarz, *Helmut Kohl*, DVA, 2012, p. 167.

상태가 지속되었던 것이다. 20년 만에 처음 야당이 된 기민련은 여당 감시 기능에 집중할지, 여당에 적대적인 태도를 취해야 할지 등 중요한 정치적 방향성과 관련해서도 태도를 정립하지 못하고 있었다.[03]

당시 당대표였던 키징어는 연정 붕괴를 놓고 자유민주당을 공격하고 있었지만, 교섭단체 대표 바르첼의 주된 공격 목표는 사민당이었다. 그러나 바르첼과 키징어 모두 사민당과 자유민주당의 사민-자민 연정이 곧 붕괴할 거라고 생각했다는 점에서는 같았다. 반면 헬무트 콜을 위시한 당내 개혁파는 기민련이 비교적 오랫동안 야당의 역할을 담당하게 될 거라는 전망 속에서, 장기적으로 당의 체질 개선에 나서야 한다고 생각했다. 바르첼이 당대표 겸 교섭단체 대표를 지낸 3년은 이 두 세력의 대결로 점철되었다. 결국 1972년 4월 불신임 투표를 통해 빌리 브란트(Willy Brandt) 총리를 몰아내려는 시도가 실패로 돌아간 이후, 앞당겨서 1972년 11월 실시된 연방의회 선거에서마저 패배한 후에야 비로소 기민련은 야당으로서 본격적인 체질 개선에 나섰다.

1. 바르첼의 등장

라이너 바르첼(Rainer Barzel)은 1924년 동부 프로이센의 신교 지역에서 출

---

03 제프리 프리드햄(Geoffrey Pridham)은 기민련이 선거 패배 이후에 야당 역할에 빠르게 적응하지 못한 것에 대해 흥미로운 분석을 내놓았다. 바이마르 시기까지 독일 정치에서 야당은 국가에 대항하는 집단으로 간주되었고, 의회민주주의가 안정화된 전후 서독에서도 야당의 역할에 대한 폄하가 지속되고 있었다는 것이다. Geoffrey Pridham, *Christian Democracy in Western Germany*, Routledge, 1977, p. 188.

생했지만, 가톨릭중앙당에서 적극적으로 활동한 교육자 가정에서 매우 가톨릭적인 교육을 받으며 자랐다. 이후 베를린으로 발령을 받은 부친을 따라 베를린에서 성장기를 보냈고, 1941년에 징집되어 해군으로 복무하다가 영국군 포로로서 종전을 맞았다. 바르첼 외에도 사민당의 헬무트 슈미트, 자유민주당의 에리히 멘데, 한스-디트리히 겐셔 등이 1925년생 동년배로서, 2차 세계대전 당시 소년병으로 참전했다가 전후 정계에 입문했다는 점에서 공통된다. 사회학자 헬무트 쉘스키(Helmut Schelsky)에 따르면, 이들 소위 '회의적인 세대(Skeptische Generation)' 정치가들은 나치 시기에 청소년기를 보내고 전쟁을 직접 경험했으며 나치의 패배 이후 그 어떤 직업적 전망도 찾기 힘든 조건에 서게 되었다. 그 결과 그들은 개인주의적이고 실제적이며, 무엇보다도 직업에서의 성공을 중시하되 나치의 경험으로 인해 이데올로기를 금기시한다는 특징을 보였다.[04]

　종전 후 바르첼은 쾰른으로 이주하여 1949년 쾰른대학에서 박사학위를 받았고, 학업과 동시에 정치 활동을 이어갔다. 쾰른이 속해 있는 NRW 지역의 주지사 칼 아놀트의 후원으로 30세에 주정부 국장으로 임명됨으로써 행정 경험도 쌓을 수 있었다. 1957년 아데나워를 위시한 기민련 여러 거물들의 후원으로 연방의회 의원이 된 이래 1987년까지 30년간 연방의회 의원을 지냈다. 에어하르트를 그토록 견제했던 아데나워지만 바르첼에게는 "당신이 총리가 된다면 매우 환영할 것"이라는 편지를 보내기도 했다.[05]

04　이 표현은 헬무트 쉘스키의 저서 『회의적인 세대(Die skeptische Generation)』(1957)에서 유래했다. Daniela Forkmann, "Rainer Barzel. Der tragische Held", in: Daniela Forkmann/Saskia Richter (eds.), *Gescheiterte Kanzlerkandidaten: Von Kurt Schumacher bis Edmund Stoiber*, Verlag für Sozialwissenschaftenhaften, 2007, p. 144.

05　바르첼을 통해 대연정을 막으려는 의도에서였다. Dirk Krögel, *Einen Anfang finden!*, R.

바르첼(좌)과 아데나워
KAS-13381 (c) KAS - Peter Bouserath.

바르첼은 1960년대 본의 정치무대에서 떠오르는 스타였고, 아데나워
의 마지막 내각에서 우리의 통일부에 해당하는 전독일부장관(Minister für
gesamtdeutsche Fragen)으로 임명되었다. '슈피겔 사건' 이후 자유민주당 소속 여러
장관이 사임하면서 공석이 된 자리였다. 아데나워는 당시 에어하르트가 권
력을 장악하기 전에 에어하르트에 맞서는 잠재적인 후계자군(群)을 키우고
자 했다. 기민련 베를린 지구당 등은 관련 분야 경력이 없는 바르첼이 전독
일부장관에 임명된 데 대해 분노했지만, 그는 뛰어난 업무 능력을 보임으
로써 불과 5개월 뒤 바르첼 장관이 교체될 때는 반대로 이를 비판하는 목소

Oldenbourg Verlag 1997, 각주 54.

리가 높아졌다. 동독 정치범들의 몸값을 지불하고 서독으로 데려오는 제도를 최초로 제도화한 것도 바르첼로서, 1989년 베를린 장벽이 붕괴할 때까지 35,000명이 이 제도의 수혜를 입었다. 길지는 않았지만, 이 전독일부장관의 경험을 기반으로 그는 독일 정계에서 분단 및 통일 문제 전문가가 될 수 있었다.

이후 바르첼은 기민련/기사련 원내교섭단체 부대표로 있다가 교섭단체 대표가 암으로 사임하면서 급작스럽게 원내 대표가 되었다. 기민련 재단의 공식 평가에 따르면, 에어하르트와 아데나워 간의 갈등이 치열하던 시기에 바르첼은 "경고하고, 중재하고", "의원들이 이 갈등에서 멀리 있을 수 있도록 노력"했다.[06] 아데나워의 구상대로 에어하르트의 별이 지고 동시에 바르첼의 별이 뜨는 상황이 연출되었다. 이로써 에어하르트와 바르첼의 갈등을 피하기는 어려워졌다. 1966년 바르첼은 41세의 나이로 아데나워의 뒤를 이어 당대표가 되겠다고 선언했지만 곧바로 후보 사퇴를 해야 했다. 에어하르트가 직접 당대표를 맡겠다고 선언했기 때문이다. 그 과정에서 바르첼은 과도한 야심을 가진 인물로 비쳤고, 심지어 바르첼의 후원자였던 하인리히 크로네(Heinrich Krone)마저 바르첼은 "지나친 야심으로 인해 친구가 없다"고 평가하기도 했다.[07]

당대표직 도전에 실패했음에도 바르첼은 대연정 시기 동안 원내교섭단체 대표직을 계속 수행했고, 그 과정에서 정치적 명망을 지속시켰다. 단독

---

06 https://www.kas.de/de/web/geschichte-der-cdu/personen/biogramm-detail/-/content/rainer-barzel-v1.

07 Daniela Forkmann, "Rainer Barzel. Der tragische Held", in: Daniela Forkmann/Saskia Richter (eds.), *Gescheiterte Kanzlerkandidaten: Von Kurt Schumacher bis Edmund Stoiber*, Verlag für Sozialwissenschaftenchaften, 2007, p. 147에서 재인용.

집권이 사실상 불가능하기 때문에 초당파적 협력이 상수였던 독일 정치에서, 한 정치가의 능력을 평가하는 데 매우 중요한 자질 중 하나는 바로 언제고 "합의점을 찾아내는"[08] 능력이었다. 바르첼은 대연정 시기 그런 능력을 유감없이 발휘했다. 특히 당시 사민당 교섭단체 대표였던 헬무트 슈미트와 돈독한 개인적 신뢰 관계를 맺어 대연정이 무난하게 작동하는 데 큰 역할을 했다.[09]

기민련이 야당이 된 직후인 1969년 10월 마인츠 당대회를 통해 키징어가 향후 2년간 더 당대표직을 유지할 수 있게 되기는 했다. 그러나 이제는 전임 총리가 된 키징어가 안정적으로 당을 장악할 수는 없었다. 특히 청년 당원들이 키징어가 2년 뒤 다시 총리 자리에 도전하는 것에 반대했기 때문에, 1971년 키징어가 당대표 자리에서 물러나기 훨씬 전부터 이미 라이너 바르첼과 헬무트 콜(Helmut Kohl)의 경쟁이 본격화되었다. 당시 헬무트 콜은 총리 후보가 아닌 당대표 자리를 원하고 있었고, 바르첼은 총리 후보이면서 동시에 당대표가 되기를 원했다.

이들의 경쟁은 1971년 뒤셀도르프 기민련 전당대회에서 종지부를 찍었다. 기민련 역사상 최초로 표결을 통해 당대표를 선출한 이 전당대회의 승리자는 총리직과 당대표직의 분리를 부르짖고 개혁을 외치던 라인란트-팔츠주의 주지사 콜이 아니었다. 당내 가톨릭 세력의 공고한 지지를 받아 이미 1960년대부터 빛나는 이력을 쌓아왔으며, 당의 통일성을 공고히 하기 위해 총리 후보, 당대표, 교섭단체 대표를 겸직하겠다고 주장한 원내 대표 바

---

08 https://www.kas.de/en/web/geschichte-der-cdu/biogram-detail/-/content/rainer-barzel-1.

09 슈미트와 바르첼은 '대연정의 개인적인 축(die personelle Achse der Großen Koalition)'으로 불릴 정도로 우호적인 관계를 맺고 있었다. https://www.kas.de/de/web/geschichte-der-cdu/kalender/kalender-detail/-/content/wahl-kurt-georg-kiesingers-zum-bundeskanzler-v1.

르첼이 승리를 거머쥐었다. 당시 콜은 개혁 지향적이던 기민련 청년 조직, CDA 등의 강력한 지원을 얻었음에도 147표를 얻는 데 그쳐 344표를 얻은 바르첼에 참패했다.[10]

당대표이자 총리 후보가 된 바르첼은 다음 연방의회 선거를 통해 재집권할 수 있으리라는 기대를 가졌기 때문에, 혁신적인 강령을 만들거나 당 조직을 개편하기 위해 노력하지 않았다. 이 시기 기민련의 무게중심은 원내교섭단체에 있었고, 중앙당의 위치는 취약했다. 원내교섭단체 대표였던 바르첼이 1971년 헬무트 콜을 제치고 당대표가 될 수 있었던 것도 교섭단체를 중심으로 당 운영이 이루어지고 있었기 때문에 가능한 일이었다. 반면 콜은 당의 지지를 얻어서 기민련 의원들의 지지를 확보하는 정반대의 길을 밟아갔다.[11]

이 시기 기민련의 많은 구성원들은 야당으로 전락한 당의 현실에 당혹스러워하는 가운데, 유권자들의 지지 이반이 아니라 자유민주당의 배반 때문에 야당으로 전락하게 되었다고 해석하고 있었다. 반면 콜을 위시한 당내 개혁파들은 1973년 선거에서 기민련이 재집권할 가능성이 희박하다고 보고, 당의 근본적인 개혁이 필요하다는 입장이었다. 특히 당내 청년 그룹과 소장파 의원들은 "가능한 한 빨리 정부를 붕괴시키는 것이 야당의 실제적인 목표일 수는 없으며 (…) 기민련은 향후 십 년간 정치적, 사회적, 경제적, 이데올로기적인 문제들에서 어떤 방향을 취할 것인지 분명히 한 이후에야

---

10 Michael Koß, "Scheitern als Chance. Helmut Kohl und die Bundestagswahl 1976", in: Daniela Forkmann/Saskia Richter (eds.), *Gescheiterte Kanzlerkandidaten: Von Kurt Schumacher bis Edmund Stoiber*, Verlag für Sozialwissenschaftenchaften, 2007, p. 182.

11 이 선거에서 콜은 174표, 바르첼은 344표를 얻었다. Gerd Langguth, *Das Innenleben der Macht*, Ullstein, 2001, p. 41.

새롭게 힘을 얻어 야당에서 정부로 돌아갈 수 있을 것"이라고 경고했다.[12] 결국 불신임 투표가 실패로 돌아간 뒤 미리 앞당겨 실시된 1972년 선거에서 기민련이 처음으로 2위 정당이 되는 수모를 겪게 되고 난 이후에야 콜을 위시한 당내 개혁파들이 설 자리를 찾을 수 있었다.

2. 불신임 투표와 동방 정책

1972년 선거 직전 기민련 측에서는 권력 탈환의 기대가 높았다. 사민-자민 연정이 여러모로 위험에 처해 있었기 때문이다. 먼저 자유민주당의 내홍이 심각한 수준이었다. 동방 정책을 둘러싼 논란, 그리고 노조와 사민당 내 좌파가 요구하던 노사 동수의 공동결정권을 둘러싼 논란으로 인해 다수의 의원들이 사민-자민 연정을 떠나 기민련으로 당적을 옮겼다. 이적한 의원의 리스트에서는 자유민주당 보수 세력을 대변하던 전직 대표 에리히 멘데(Erich Mende)의 이름도 발견된다. 국회의원이나 장관으로서 사회적인 지위를 유지하고 법인카드를 계속 자유롭게 사용할 수 있느냐를 중심으로 생각한다면 이해할 수 없는 행보지만, 독일 정당정치가들은 자신이 표방하는 노선에 배치되는 행동을 할 경우 정치권력을 지속시키기 어렵다. 실제로 동방 정책을 받아들일 것을 요구하는 자민당 내 개혁파에 대해 에리히 멘데는 "지금까지의 태도에서 그토록 급격한 변화를 시도할 경우 신뢰성을 잃게 될 것이기 때문에 어떤 정당도 감히 시도할 수 없을 것"이라고 거부한 바 있

---

12   Hans-Otto Kleinmann, *Geschichte der CDU*, DVA, 1993, p. 317에서 재인용.

었다.[13] 1960년대 자유민주당의 구세력들은 사민주의와의 연정으로 인해 인장력 테스트를 받는 상황에 가까웠다. 실제로 1970년 NRW 선거에서 5.5%, 니더작센에서 4.4%, 바이에른에서 5.6% 등 자유민주당이 주의회 선거에서 받은 성적은 의회 진입 최저선인 5% 장벽에 근접하여 존재 자체가 위협을 받고 있었다.

사민당의 혼란도 만만찮은 수준이었다. 1966년 경제부장관으로 취임한 이래 "초강력 장관(Superminister)"으로 불리던 사민당 출신 칼 쉴러(Karl Schiller)가 브란트 정부의 재정과 경제 정책이 시장의 근본 원칙과 안정성을 해치고 있다며 더 이상의 재정 지출 확대에 반대한다는 뜻을 밝히면서 1972년 장관직을 사퇴했다. 1971년 재무부장관이 사퇴한 후 쉴러가 재무부장관직까지 겸임하고 있었기 때문에 그의 사퇴는 심각한 의미일 수밖에 없었다. '사회적 시장경제'의 옹호자였던 그는 사민당 좌파가 "전혀 다른 공화국을 만들고자 한다"고 비판했다.[14]

게다가 1969년 이후에 치러진 10여 차례의 지역의회 선거에서 기민련은 압도적으로 의석수를 늘려가고 있었다. 특히 1971년 라인란트-팔츠주에서, 그리고 1972년 바덴-뷔르템베르크주에서 기민련이 절대과반을 확보하자, 사민당은 상원인 분데스랏의 다수 지위도 상실했다.

이런 상황에서 여러 의원들의 이적으로 이미 소수파 정부가 된 사민당이 1973년 가을 선거 때까지 통치를 해가는 것은 불가능한 일처럼 보였다. 무엇보다도 동방 정책을 둘러싼 논란이 큰 문제였다. 빌리 브란트는 1969년 총리로 취임한 후 동독을 국가로 인정하지 않던 기민련/기사련의 할슈타

---

13 Manfred Görtemaker, *Geschichte der Bundesrepublik Deutschland*, Fischer, 1999, p. 472.

14 Peter Stützle, *Auf den Spuren der CDU*, Aktuell, 1995, p. 134.

인 정책과 결별했다. 그는 취임 직후인 1969년 10월 28일의 연방의회 연설에서 "독일에 두 개의 국가가 실제로 존재"하며, 할슈타인 원칙은 "미소 데탕트 등 국제정치의 현실과 동떨어진 것"이라고 주장했다. 그는 동서독이 서로의 정당성을 동등하게 인정해야 하며, '접근을 통한 변화', 즉 협상에 앞서 동독을 변화시키기보다 변화를 위한 수단으로서 대화를 해야 한다고 주장했다.[15]

이처럼 통일을 미래의 과제로, 긴장 완화를 당면 과제로 설정한 브란트는 1970년 동독과 두 차례나 정상회담을 개최할 정도로 관계 개선에 적극적이었다. 또한 동구권과의 우호 관계를 통해서만 독일통일이 가능하기 때문에 소비에트 및 다른 동유럽 국가들에 대한 인정과 양보가 불가피하다는 입장이었다. 그에 따라 1970년 소비에트, 폴란드와 각각 모스크바조약, 바르샤바조약을 맺고, 1971년에는 4자회담을 추진하여 1971년 9월 3일 베를린협정을 체결했으며,[16] 1972년 12월 동서독 간의 기본조약(Grundlagenvertrag)을 체결했다.[17] 브란트 자신이 '작은 걸음' 정책이라고 부른 이와 같은 구체적인 성

---

15 최영태, 「W. 브란트의 동방 정책에서 평화의 문제」, 『독일연구』 34권, 2017, 173쪽.

16 베를린협정으로 4대 강국은 서베를린 지역에서 "무력 사용이나 무력 위협을 하지 않으며, 분쟁은 오로지 평화적 수단으로 해결"하는 데 합의했고, 한 걸음 더 나아가 "동독 영토를 통하여 서베를린과 서독 간에 왕래하는 민간인과 물자의 도로, 철도 및 수로에 의한 교류가 방해를 받지 않"는다고 선언했다. 위의 글, 175쪽.

17 기본조약을 통한 경제 교역의 경우 증가폭이 미미한 수준이었다. 1972년부터 1982년 사이 실질적 거래 증가폭은 6%였고, 1982년 기준 서독의 총 대외무역 중 대동독 무역의 비율은 2%에 그쳤다. 한운석, 「기획: 동서독의 통일 정책에서 무엇을 배울 것인가—서독 정부의 대동독 화해 정책 1949~1989」, 『역사비평』 38호, 1997, 231쪽. 그럼에도 불구하고 동독의 입장에서 보자면 서독과의 교역이 차지하는 비율이 이 시기에 이미 10%에 달했고, 관세 없이 서독에 수출이 가능했기 때문에 매우 매력적이었다. 또한 기본조약이 체결되면서 베를린 장벽 설치 이후 처음으로 서독에서 동독으로의 여행이 가능해졌다. 1972년 한 해에만 4,800명이 동독을

과들을 두고, 이동기는 "근본적이고 근원적인 문제들에 매달려 구체적이고 현실적인 성과를 놓치지 않는 것이야말로 브란트의 평화정치의 근간이었다"고 평가하고 있다.[18]

기민련/기사련은 이러한 조약들이 실제로 통일에 얼마나 도움이 될지에 대한 근본적인 의문과 더불어, 2차 세계대전 이후 소비에트가 인위적으로 설정한 폴란드와의 국경을 인정할지,[19] 그리고 동독을 국가로서 인정할지 등의 문제에 대해 반대의사를 분명히 했다. 1972년 2월 23에 시작된 연방의회 논의는 사민당과 기민련/기사련 간의 입장차로 인해 사흘간, 도합 22시간 동안 계속되었다. 당시 기민련 측은 "긴장 완화에 대한 막연한 희망으로 독일통일을 희생시키고 있다"며 비난의 목소리를 높였다.[20] 동방 정책 관련 조약들(Ostverträge)의 비준 문제는 교착상태에 빠졌다.

그리하여 불신임 투표를 통해 소수파가 된 사민당 정권을 무너뜨려야 한다는 주장이 기민련/기사련 내에서 점차 세를 얻었다. 특히 바르샤바조약으로 인해 서독이 1937년의 국경으로 돌아갈 경우 토지와 재산을 영구적으로 잃어버리게 될 추방민 배경의 연방의회 의원들이 야당으로 이탈하는 등 저항이 거셌다. 투철한 반공주의자였던 기사련의 슈트라우스(Franz Josef

---

방문했다. 같은 글, 236쪽.

18 이동기, 「빌리 브란트, 민주사회주의와 평화의 정치가」, 『역사비평』 102, 2013, 230쪽.

19 당시 폴란드 정부는 폴란드-독일 관계 정상화의 출발점으로 전후 변경된 오더-나이세 임시 국경선을 최종 국경으로 인정해줄 것을 요구하고 있었고, 서독 정부는 무역협정을 앞서서 추진하고자 했다. 폴란드와 외교 조약을 체결하면서는 "국경선의 영구불변 및 국경선의 인정" 대신 "불가침"이라는 용어를 사용할 것을 고집하여 이를 관철시켰다. 이와 관련한 논의는 다음을 참조. 김진호, 「1970년대 오더나이세 국경선 문제와 서독, 폴란드 간 경제협력」, 『독일연구』 19, 2010, 145~180쪽.

20 https://www.bundestag.de/dokumente/textarchiv/ostvertraege-200102에서 재인용.

Strauß)는 브란트의 동방 정책을 좌절시켜야 한다는 확고한 신념을 갖고 있었다. 그러나 후일 '바르첼-쿠데타'라고도 불린 1972년 4월 27일 최초의 불신임 투표는 예상과 달리 실패로 돌아갔다. 단 2표가 모자랐다.[21] 기민련과 자유민주당 의원수를 감안하면 있을 수 없는 일이었지만, 불신임 투표는 비밀투표였기 때문에 가능한 일이었다.

이 실패의 원인은 시차를 두고 드러났다. 먼저 1년 후인 1973년 기민련의 율리우스 슈타이너(Julius Steiner)가 『슈피겔』과의 인터뷰에서, 자신은 동독 비밀경찰의 이중첩자였으며 브란트에 대한 신뢰와 바르첼에 대한 불신으로 인해 불신임 투표에서 기권했다고 밝혔다.[22] 다른 한 표의 행방은 2000년대 들어서 밝혀졌다. 기사련의 정치가 레오 바그너(Leo Wagner)가 당시 기권한 두 명의 의원 중 한 명이었다. 이는 놀랍게도 개인적으로 경제적 어려움을 겪고 있던 그가 동독 비밀경찰 슈타지에게 매수되었기 때문이었다.[23]

불신임 투표 실패 이후에도 동방 정책 관련 조약들의 비준을 위한 논의가 이어졌다. 1972년 5월 10일, 조약들이 비준되기 7일 전에 의회 논의에서 동수로 인한 교착상태를 극복하기 위해 기민련/기사련, 사민당과 자유민주당 모두가 동의한 '동방 정책 조약들에 대한 연방의회의 공동선언(Gemeinsame Erklärung des Bundestages zu den Ostverträgen)'이 성사되었다. "동방 정책의 핵심은 폭력에 대한 포기를 의무화한 것"이며 "독일의 국경에 대한 최종적인 확정은 추

---

21 Carsten Penzlin, "Rainer Barzel als Kanzlerkandidat im Bundestagswahlkampf 1972", *Historisch-Politische Mitteilungen*, Heft 14, 2007, p. 121.

22 "Die sind ja alle so misstrauisch", *Der Spiegel* 23, 1973. http://www.spiegel.de/spiegel/print/d-42645125. html.

23 "CSU-Spion enttarnt", *Der Spiegel* 48, 2000. http://www.spiegel.de/spiegel/print/d-17925474.html.

후에 결정될 문제"라는 것이 그 핵심적인 내용이었다.[24]

바르첼은 이로써 당시 기민련/기사련 교섭단체가 동방 정책 관련 조약들에 동의하는 것이 가능하리라고 보았기 때문에, 이를 성공이라 여겼다. 전독일부장관을 지낸 이래 바르첼은 동독과 관련한 독자적인 구상을 갖고 있었다. 그는 공산주의가 필연적으로 실패하리라는 가정하에 연합국 간의 협상을 통한 범유럽적 해결책을 찾을 수 있을 때까지 독일 문제는 열린 상태로 남아 있어야 하며, 그 단계에 도달하기 전에는 인본주의적인 원조를 제공하고 동독의 자유를 위한 운동을 지원해야 한다고 보았다. 그러나 확고한 반대급부 없이 선제적으로 양보하는 것은 반대하는 입장이었다.

이러한 바르첼의 입장은 당내에서 동방 정책을 반대하는 강경파와 이를 지지하는 세력들 간의 중간으로 평가되고 있다. 그는 동방 정책을 거부한다면 기민련의 고립을 낳을 뿐이라고 판단했지만, 당대표와 원내 대표직을 유지하기 위해서는 당의 보수주의 다수파의 지지를 포기할 수도 없었다.

결국 동방 정책을 둘러싼 논쟁은 양날의 검이 되어 사민당에도 기민련에도 깊은 상처를 남겼다. 동방 정책 비준 문제 때문에 여러 사민-자민 연정 소속 의원들이 기민련으로 당적을 바꿈으로써 사민-자민 정부는 더욱 약화되었다. 그런가 하면 바르첼의 기민련은 "가장 길고 가장 집중적인 논의"를 거친 끝에 동방 정책 관련 의회 표결에서 "압도적 다수로 기권하기로 결정"했다.[25] 그 결과 1972년 5월 17일 동방 정책의 여러 조약들이 의회에서 비준

---

24 https://www.bundestag.de/dokumente/textarchiv/ostvertraege-200102. 연방의회가 공식적으로 요약한 내용이다.

25 당시 키징어의 표현을 인용한 것이다. "Vor 50 Jahren im Bundestag: Das gequälte Ja zu den Ostverträgen", *Deutschlandfunk*, 2022. 5. 17. https://www.deutschlandfunk.de/50-jahre-ostvertraege-102.html.

되었다. 실제로 기민련 의원들이 "대체로 예외 없이 기권을 선택"함으로써 가능했던 결과였다.[26] 1972년 1월 기민련 중앙위원회(Bundesparteiausschuss)에서 이 협약들이 서독 측의 일방적인 양보라는 이유로 부결된 것에 비하면 분명한 진전이긴 했지만, 어떻든 당론을 하나로 모으지 못한 바르첼로서는 불신임 투표 이후 두 번째 실패라고 할 수 있었다.

반면, 기사련의 강경파로 동방 정책에 적대적이던 슈트라우스는 야당 지도자로서 입지를 강화할 수 있었다. 서독이 유일하게 합법적인 독일이라는 입장을 견지하던 기사련은 동방 정책 관련 조약들을 헌법재판소에 제소하는 등 독자적인 행보에 나섬으로써 교섭단체 대표였던 바르첼을 위태롭게 했다. 이 시기 귄터 그라스가 "프란츠-라이너 슈트라우첼(Franz-Rainer Strauzel)"이라는 명명으로 바르첼이 기사련의 슈트라우스에게 짓눌린 상태임을 조롱했을 때, 이는 독창이 아니라 합창이었다.[27]

그러나 결국 바르첼이 1972년 동방 정책의 조약들의 비준에 실제로 매우 크게 기여했다는 점이 뒤늦게 평가를 받게 되었다.[28] 물론 사민당의 장관인 홀거 뵈르너(Holger Börner)는 "슈트라우스 없이는 예스도 노도 할 수 없는 사람이 바르첼"이라고 비웃음으로써 선거전에서도 이런 이미지를 널리 활용했지만,[29] 바르첼이 기민련 보수파의 입장을 받아들여 동방 정책 비준 거

26 https://www.bundestag.de/dokumente/textarchiv/ostvertraege-200102.

27 Carsten Penzlin, "Rainer Barzel als Kanzlerkandidat im Bundestagswahlkampf 1972", *Historisch-Politische Mitteilungen*, Heft 14, 2007, p. 124.

28 Daniela Forkmann, "Rainer Barzel. Der tragische Held", in: Daniela Forkmann/Saskia Richter (eds.), *Gescheiterte Kanzlerkandidaten: Von Kurt Schumacher bis Edmund Stoiber*, Verlag für Sozialwissenschaftenchaften, 2007, p. 173.

29 Carsten Penzlin, "Rainer Barzel als Kanzlerkandidat im Bundestagswahlkampf 1972", *Historisch-Politische Mitteilungen*, Heft 14, 2007, p. 124.

부를 당론으로 정했을 경우 과연 이 조약들이 비준될 수 있었을지를 다시 생각해볼 필요가 있다. 동방 정책 표결 당시 총 496표 가운데 찬성은 248표, 반대는 10표, 기권이 238표였다.[30] 결국 현실적으로 동방 정책에 대한 바르첼의 기여가 작다고 말하기는 매우 어려운 셈이다. 동방 정책처럼 중요한 역사적 행보는 '영웅서사'와 더불어 기억되곤 하는 빌리 브란트 외에도 여러 정치가들의 손길이 모여야 가능한 일이었다.

단, 동방 정책이 통일로 이어졌는지에 대해서라면 학자들 사이에도 논란이 있다.[31] 영국의 독일사학자인 티모시 애쉬(Timothy Carton Ash)와 고든 크레이그(Gordon A. Craig)는 동방 정책과 통일의 단선적 인과성을 부정하는 대표적인 연구자들이다.[32] 특히 티모시 애쉬는 1993년 한국 우파의 '퍼주기'와 궤를 같이하는 주장을 담은 『유럽의 이름으로—독일과 분열된 대륙』을 출간하여 학계와 시민사회 모두의 엄청난 주목을 받았다.

동독 사통당 지도부의 입장에서 보자면, 이들은 동방 정책을 통해 공산주의 체제에 대한 인정과 경화(hard currency)라는 두 가지 목적을 모두 달성할 수 있었다. 그 과정에서 서독은 경제적 지원과 동독의 정치적 개혁을 연계시키기는커녕 마치 동독 체제의 안정성을 지켜주는 것이야말로 목적이라

---

30 "Vor 50 Jahren im Bundestag: Das gequälte Ja zu den Ostverträgen", *Deutschlandfunk*, 2022. 5. 17. https://www.deutschlandfunk.de/50-jahre-ostvertraege-102.html

31 이 논쟁을 전반적으로 조망하기 위해서는 다음을 참조. Noel D. Cary, "Reassessing Germany's Ostpolitik. Part I: From Detente to Refreeze", *Central European History*, Vol. 22, No. 2, 2000, pp. 235~262. 동방 정책에 대한 비판적인 저술들로는 다음을 참조. Jens Hacker, *Deutsche Irrtümer: Schönfärber und Helfershelfer der SED-Diktatur im Westen*, Ullstein, 1992; Timothy Garton Ash, *In Europe's Name: Germany and the Divided Cotinent*, Random House, 1993.

32 크레이그가 티모시 애쉬의 글에 근거하여 쓴 리뷰 논문을 참조할 것. Gordon A. Craig, "Did Ostpolitik work? The Path to German Reunification", *Foreign Affairs*, Vol. 73. No. 1, 1994, pp. 162~167.

는 듯이 더할 나위 없이 관대하고 관용적인 태도로 동독을 대했으며, 동독에서건 동유럽에서건 시민들의 체제 저항 움직임에 대해 충분한 관심을 기울이지 않았다는 것이 애쉬와 크레이그의 공통된 비판이다. 애쉬의 표현을 빌자면, 서독의 자본과 기술은 중앙당의 통제라는 채널을 통해서만 전달되었으며, 이로써 "경제 개혁을 촉진시키기보다는 그러한 개혁의 대체물로 활용"되었고, 따라서 경제적 근대화에 뒤따르는 정치적 근대화라는 동방 정책의 목표와는 달리 동독은 경제위기의 길로 치닫게 되었다. 고든 크레이그의 표현에 따르면 "점차 경직된 독트린이 되어간 동방 정책의 진행 과정은 그 실체를 갉아먹었다."[33]

물론 이들 역시 동방 정책이 독일통일이나 동유럽 혁명과 무관했다고 주장하는 것은 아니다. 동방 정책이 동독을 포함한 동유럽인들 사이에서 서구의 매력을 가중시킨 것은 사실이었으며, 무엇보다도 소비에트가 독일을 더 이상 위협으로 간주하기보다는 중요한 경제적 파트너로 바라보게 되었고, 이는 독일통일의 시기 고르바쵸프(Mikhail Gorbachev)의 결정에 심대한 영향을 미쳤다. 그럼에도 동방 정책과 독일통일 사이에 단선적 인과관계를 세울 수 없다는 점도 분명해 보인다.

이런 논란은 단순히 학자들 간의 논쟁에 그치지 않는다. 동방 정책이 통일을 낳았다고 주장할 경우 통일에 대한 공은 브란트에서 콜에 이르는 서독의 정치가들에게 돌아가야 하지만, 애쉬와 크레이그의 주장에 귀를 기울인다면 사통당과의 관계에 주력하느라 동독 내부 사회 개혁 움직임에 무관심했던 동방 정책의 편향성에도 불구하고 1989년 거리에 나선 동독 시민들

---

33 Gordon A. Craig, "Did Ostpolitik work? The Path to German Reunification", *Foreign Affairs*, Vol. 73, No. 1, 1994, p. 166에서 재인용.

04 바르첼, 야당과 여당 사이 [1969~1972] 229

의 용기에 더 큰 점수가 부여되어야 하는 것이다. 크레이그는 동독 시민들이 충분한 감사와 인정을 받지 못하게 된 것이 이후 '오씨'와 '베씨' 간의 갈등으로 이어지는 데 어느 정도 기여했다고 주장한다. 일리 있는 지적이다.

3. 1972년 선거, "빌리를 선택하라(Willy-Wählen)"

선거 참패의 의미: 변화하는 시대

불신임 투표는 부결되었지만, 어쨌든 브란트 총리는 원내 과반을 확보하지 못한 소수 정권이었기 때문에 연방의회 선거를 앞당겨 1972년 11월에 실시하게 되었다. 늘 아데나워, 에어하르트 등 대중적으로 인지도 높은 총리 후보의 지명도에 기대어 선거 캠페인을 펴오던 기민련에게는 쉽지 않은 선거였다. 대중적 인기가 없던 바르첼과는 달리, 1971년 노벨 평화상을 수상한 빌리 브란트는 전통적인 사민당 지지자들을 넘어서 초당적인 지지를 받는 카리스마 있는 정치가였다. 게다가 기본조약 체결 이후 동서독 교류가 강화됨으로써 동방 정책의 성과가 불과 몇 개월 사이에 일상으로 성큼 다가와 있었다. 당시의 여론조사에 따르면 서독 시민들 가운데 71.7%가 동방 정책을 기쁜 사건으로 인식했고, 76.1%는 그 공로가 사민당에 있다고 보았다. 기민련/기사련의 공로라고 본 응답자는 1.8%에 불과했다.[34]

당시 기민련은 동방 정책에 대한 반대 여론을 활용하고자 "모스크바는 브란트를 선택한다. 당신은(Moskau wählt Brandt... und Sie)?"이라는 표현을 선

---

34   Carsten Penzlin, "Rainer Barzel als Kanzlerkandidat im Bundestagswahlkampf 1972", *Historisch-Politische Mitteilungen*, Heft 14, 2007, p. 127.

1972년 선거 포스터
〈안정 위에 진보를 세운다〉

Rainer Barzel

거 모토로 내걸었다.[35] 또한 "안정 위에 진보를 세운다(Wir bauen den Fortschritt auf
Stabilität)"라는 모토를 통해 사민-자유민주당 연정의 무능으로 인플레이션이
심화되는 등 경제 부문에서 문제가 발생하고 있다고 강조했다. 그러나 1972
년 선거에서는 경제 문제보다 동방 정책이 선거전을 주도하는 이슈였고, 그
로 인해 기존에 잘 작동해왔던 사회주의에 대한 공포는 설자리를 잃었다.
11월 19일로 예정된 연방의회 선거 불과 11일 전인 1972년 11월 8일에 기본
조약이 체결되었다. 사민당이 희망하던 대로 노벨 평화상 수상자인 빌리 브

---

35 Monika Toman-Banke, *Die Wahlslogans der Bundestagswahlen 1949~1994*, DUV, 1996, p. 250.

란트와 그의 '평화정치(Friedenspolitik)'가 선거전을 주도하는 이미지가 될 수밖에 없었다.

일반적으로 "빌리 선거"로 기억되곤 하는 1972년 선거는 동방 정책에 대한 국민적 지지를 확인하는 장이었다. 이 선거의 특징은 국민들의 참여 열기가 어느 때보다 높았다는 것이었고, 그 참여 열기는 기민련에 불리하게 작용했다. 기민련 선거 행사는 급진 그룹들의 방해를 받기 일쑤였다. 1972년 선거에서 나타난 91.1%라는 기록적인 선거 참여율은 이후 어떤 선거에서도 재현되지 못했다.[36] 68혁명을 거치면서 정치의식이 높아진 탓도 있었지만, 텔레비전의 보급이 국민들의 정치화에 큰 영향을 미친 것으로 분석되고 있다. 정치에 관심이 있다고 응답한 숫자가 30%에서 40%로 급증한 것도 이 대중매체의 영향 탓이었을 것이다.[37]

당시 선거 결과는 사민당과 자유민주당이 1960년대의 변화하는 사회 분위기에 보다 적절하게 대응해왔음을 보여주었다. 이 시기 사민당은 플래카드, 자동차 부착 스티커, 집회 등을 통해 적극적으로 선거운동에 나섰던 반면, 기민련의 선거운동은 그렇게 활발하지 못했다. 선거가 끝난 이후의 설문조사에서 어느 당의 선거 홍보물을 주로 보았느냐는 질문에 53%가 사민당을, 9%만이 기민련을 꼽았다.[38]

또한 이 선거는 텔레비전이 중요한 역할을 담당한 선거이기도 했다. 기

---

36 https://de.statista.com/statistik/daten/studie/2274/umfrage/entwicklung-der-wahlbeteiligung-bei-bundestagswahlen-seit-1949/.

37 Thomas Petersen, "Helmut Kohls Wahlkämpfe", in: Nikolaus Jackob (ed.), *Wahlkämpfe in Deutschland: Fallstudien zur Wahlkampfkommunikation 1912~2005*, Verlag für Sozialwissenschaftenchaften, 2007, p. 197.

38 Ibid., p. 198.

민련 후보 바르첼과의 TV 양자 토론을 제안받은 사민당의 빌리 브란트는 이를 반대했다. 연정 파트너인 자유민주당을 고려해서였다. 대신 선거에 참여한 네 당의 당대표들이 모여서 논의한 끝에, 네 당 모두에게 동일한 연설 시간이 보장되는 방식으로 토론하는 데 합의했다.

이 선거에서 사민당은 45.9%의 지지를 얻으며 사상 최초로 제1당에 등극했다. 1969년보다 3.2% 증가한 지지율이었다. 자유민주당 역시 이 선거에서 지지율을 높일 수 있었다. 1972년 선거에서 자유민주당은 8.4%의 정당 지지를 얻었는데, 이는 다수의 사민당 지지자들이 자유민주당과 사민당의 연정을 지지한다는 의미로 자유민주당에 투표한 결과였다.[39]

기민련은 44.9%의 지지율을 기록했다. 지지율 변동성이 큰 한국 정치에 익숙한 눈으로 보자면 근소한 변화에 불과하지만, 사민당과 기민련의 지지율 격차가 이렇게 좁혀진 것은 전후 처음 있는 일이었다. 특히 선거 연령이 낮추어짐으로써 청년층의 중요성이 현저히 높아진 가운데, 처음으로 투표에 임하는 청년층의 1/3 정도만 기민련을 지지했던 반면, 사민당 지지율은 50%에 달했다.[40] 기본적으로 기민련은 노령층에 대한 의존도가 다른 정당들에 비해 현저하게 높았다. 가족과 교회를 중시하는 전통적인 가치관을 벗어난 다수의 여성 유권자들도 기민련으로부터 멀어져 있었다.[41] 심지어 가톨

---

39 '빌려주기' 현상은 1960년대와 70년대 내내 일반적이었다. Dietrich Orlow, *A History of Modern Germany*, Pearson, 2011, p. 276.

40 Jürgen W. Falter, "Die Bundestagswahl vom 19. November 1972", *Zeitschrift für Parlamentsfragen*, Vol. 4. No. 1, 1973, p. 121.

41 Daniela Forkmann, "Rainer Barzel. Der tragische Held", in: Daniela Forkmann/Saskia Richter (eds.), *Gescheiterte Kanzlerkandidaten: Von Kurt Schumacher bis Edmund Stoiber*, Verlag für Sozialwissenschaftenchaften, 2007, p. 171.

릭 신자들의 지지조차 감소하고 있다는 사실이 드러났다.

이 패배는 기민련 역사에서 중요한 분기점이 되었다. 이 선거를 통해 기민련이 머지않아 정권을 탈환할 수 있으리라는 기대가 완전히 헛된 것이고, 근본적인 혁신이 절실히 필요하다는 사실이 드러난 것이다. 선거 직후의 비공개 회의에서 바르첼은 기민련이 "60년대 언젠가부터 정신적인 지도력을 상실했다"는 자체 평가를 내리기도 했다.[42]

이제 기민련이 최소한 4년 동안 야당이 되어야 한다는 것이 분명해졌다. 이 시기 기민련이 가졌던 위기감은 1957년 선거에서 진 사민당이 느낀 위기감에 맞먹는 것이었다. 사민당은 당시 선거 패배 이후 노동자계급 중심의 정책에서 선회하여 중간계급을 아우르도록 하는 전면적인 전환을 한 바 있었다. 사민-자유민주당 정부의 동방 정책에 대한 주민투표로도 받아들여졌던 이 선거 결과를 놓고, 동방 정책을 격렬하게 거부하던 기민련 내 강경파 역시 이를 수용하지 않을 수 없었다. 그 결과 이후 기민련의 독일 정책은 실용주의 노선을 따르게 되었다. 이는 독일통일이라는 당위를 고수하면서도 동독의 인권 개선 및 동서독 화해와 교류를 강화하는 것을 의미했다. 1978년에 의결된 기민련의 기본강령은 "동독과의 모든 협약이 구속력을 갖는다"거나 혹은 "분단된 나라에서 삶을 용이하게 하고 접촉을 촉진하며 인권에 유효성을 부여하고 미래 통일의 근간을 공고히 하도록 하는 협의와 협약을 지지한다"는[43] 내용을 담았다. 이제 기민련 안에서 '동독을 국가로 인정하는 건 반통일 세력'이라는 목소리는 설 자리를 잃게 되었다.

---

42 Hans-Otto Kleinmann, *Geschichte der CDU*, DVA, 1993, p. 339.

43 Grundsatzprogramm "Freiheit, Solidarität, Gerechtigkeit" 26. Bundesparteitag, 23.-25. Oktober 1978, Ludwigshafen, Nr. 133. https://www.kas.de/c/document_library/get_file?uuid=c44fbaf4-a603-d097-6898-e72e6fae6f39&groupId=252038.

바르첼의 퇴장

연방의회 선거의 패배가 반드시 기민련 내부의 권력 교체를 초래할 필연성이 있는 건 아니지만, 바르첼 체제는 지속되지 못했다. 바르첼의 사퇴는 1972년 선거 패배 이후 이미 예견된 흐름이었다. 그는 총리 후보이자 기민련 대표이면서 동시에 원내교섭단체 대표직도 맡고 있었기 때문에, 선거 패배의 책임을 누구와도 나눌 수가 없었다. 바르첼의 경우 원로들의 추천을 통해 고속성장하면서 원내 대표직까지 수행하기는 했지만 당에 충분히 뿌리를 내리지는 못하고 있었던 반면, 경쟁자인 콜은 이미 차근차근 기민련 조직의 구심점으로 부상하고 있었다. 그는 전 세대의 선배들처럼 '의회정치가'였을 뿐, 콜과 같은 '정당정치가'는 되지 못했다.[44]

권위를 인정받는 여론조사 기관인 알렌스바흐(Allensbach)연구소의 설문조사에 따르면, 응답자 가운데 48%가 빌리 브란트를 지지한다고 응답한 반면 바르첼을 지지한다는 이들은 26%에 불과했다.[45] 기민련의 당 지지율이 시민-자유민주당에 근접하고 있었다는 점을 감안하면, 바르첼이야말로 선거에서 걸림돌로 작용했다고 여겨질 수밖에 없었다. 그에 따라 바르첼의 사퇴는 시간문제가 되었다.

동독과 서독의 유엔 동시가입 논의가 결정타가 되었다. 이 논의와 동시에 진행되던 동독과의 기본조약(Grundlagenvertrag) 비준 문제에 대하여[46] 바르첼

---

44 Frank Bösch/Ina Brandes, "Die Vorsitzenden der CDU. Sozialisation und Führungsstil", in: Daniela Forkmann/Michael Schlieben (eds.), *Die Parteivorsitzenden in der Bundesrepublik Deutschland 1949~2005*, VS Verlag für Sozialwissenschaftenchaften, 2005, p. 40.

45 Carsten Penzlin, "Rainer Barzel als Kanzlerkandidat im Bundestagswahlkampf 1972", *Historisch-Politische Mitteilungen*, Heft 14, 2007, p. 122.

46 '동독과 서독 간의 관계의 기초에 대한 협약(Vertrag über die Grundlagen der Beziehungen

과 키징어는 서로를 독립국가로 인정한다는 의미이므로 통일에 저해된다는 이유에서 반대하고 있었다. 그러나 기본조약과 긴밀히 연관된 유엔 가입과 관련해서는 입장이 엇갈렸다. 원내 대표였던 바르첼, 콜, 그리고 키징어 등 기민련의 대표적인 정치가들은 유엔 동시가입을 지지했지만, 기민련/기사련 교섭단체는 간발의 차이로 이를 반대하고 있었다.[47]

당시 기사련의 슈트라우스는 동서독 유엔 동시가입에 맞서 기민련/기사련 교섭단체를 움직이기 위해 필사의 노력을 기울였다. 동서독이 유엔에 동시가입할 경우 서독만이 유일하게 합법적인 독일 국가라는 기존의 입장에서 벗어나 두 독일 국가의 존재를 정당화하는 셈이 된다는 것이었다. 결국 교섭단체 회의에서 의원들 다수가 바르첼의 권고안을 받아들이지 않고 유엔 가입에 반대하여 표결 끝에 101 대 93으로 유엔 가입안이 부결되었다. 그리고 바르첼은 다음 날인 1973년 5월 9일 교섭단체 대표직을 사임하고, 당 대표직 역시 사임했다. 당시 그는 자신의 소신과 반대되는 다수의 결정을 따를 준비가 되어 있지 않기 때문에 물러난다고 선언했다. 슈트라우스의 명백한 승리였다.

그러나 시대의 흐름은 반대 방향을 가리키고 있었다. 기본조약 체결 직후인 1972년 12월 기사련이 기본조약을 헌재에 제소했고, 헌재는 1973년 7월 기본조약이 기본법에 합치된다는 판결을 내렸다.[48] 당시 헌재는 동독

---

zwischen der Bundesrepublik Deutschland und der Deutschen Demokratischen Republik)'은 1972년 11월 8일에 통과되었다. 1973년 5월과 6월에 각각 서독과 동독 의회에서 승인되었고, 1973년 6월부터 효력을 발했다.

47 Wolfgang Jäger, "Die CDU und das Ziel der deutschen Einheit", in: Norbert Lammert (ed.), *Christlich Demokratische Union*, Siedler, 2020, p. 312.

48 https://www.servat.unibe.ch/dfr/bv036001.html. 이 헌재 판결은 독일이 통일되는 순간까지 서독

이 서독에 있어서 외국일 수 없다는 입장이었지만, 다른 한편 동등한 권리를 갖는 국가로서 주권을 가진 주체일 수 있다고 보았다. 그 경우 동독에 대한 인정은 실재에 대한 인정(de facto)이지 법률상의 인정(de jure)이 아니며, 동독과의 외교조약이란 이 "특별한 형태에 대한 실제적인 인정(faktische Anerkennung besonderer Art)"으로 이해될 수 있다고 보았다.[49] 결국 1973년 9월 18일 동서독은 국제연합의 133번과 134번째 정회원이 되었고, 서로를 완전한 주권국가로 승인하게 되었다.[50]

"비극적 영웅", 바르첼

1925년생인 바르첼은 "비전을 가진 사람은 병원에 가야 한다(Wer Visionen hat, sollte zum Arzt gehen)"고 일갈한 바 있는 헬무트 슈미트와 함께 탈이데올로기적인 '회의적인 세대'의 대표주자로 꼽힌다. 그리하여 그는 68혁명을 거치며 '재이데올로기화'된 시대에 걸맞지 않는 정치가였다는 평가를 받고 있다. 반면 상대 후보인 빌리 브란트는 '더 많은 민주주의를 시도하자(Mehr Demokratie wagen)'라는 말로 새로운 시대의 문을 여는 것처럼 보였다. 기실 독일 분단 문제야말로 바르첼의 전문 영역이었고, 그 자신도 빌리 브란트와 크게 다르지 않은 입장을 이미 1966년에 뉴욕에서 발표한 바 있었지만, 그는 이

통일 정책의 법적인 근거가 되었다.

49 당시 헌재는 기본조약이 분단협약이라는 기사련의 주장이 사실이 아니며, 기본조약을 통해 연방정부가 통일을 추구해야 할 책임에서 면제되는 것도 아니라는 입장이었다. 헌재는 "독일연방공화국의 어떤 헌법 기관도 하나의 정치적 과제로서 국가 통일성 회복을 포기해서는 안 된다"고 선언했다. 이 판결에 대한 상세한 해석은 다음을 참조. Justin Collings, *Democracy's Guardians*, OUP, 2015, pp. 134~144.

50 "Als DDR und Bundesrepublik Mitglieder der UNO wurden", *mdr*, 2022. 1. 4. https://www.mdr.de/geschichte/ddr/kalter-krieg/ddr-brd-uno-beitritt-vereinte-nationen-100.html.

를 자신의 브랜드로 삼고 당을 설득하기보다 협상에 협상을 거듭하며 목소리를 잃어가는 길을 걸어 나갔다. 후대 역사가가 그를 '비극적인 영웅'으로 지칭했던 것은 그런 맥락에서였다.[51]

독일 역사가인 프랑크 뵈쉬는 바르첼의 일관성 없는 행보를 비판한다. 그는 극보수에 가깝던 슈트라우스의 곁에 서야 했을 때는 공격적인 반공 캠페인 '자유를 구하라(Rettet die Freiheit)'를 지지했고, 전독일부장관으로 일할 때는 '동부 프로이센 출신'으로서 추방민동맹 구성원임을 내세우면서 1960년대 독일의 정치 지형에서 극보수의 면모를 보였으며, NRW 구성원들의 지지가 필요할 때는 스스로를 노조 구성원이라고 주장했다는 것이다.[52] 그리하여 기민련 당대표들의 행적을 분석한 기민련 당사 측면에서 보자면, 그는 "아무런 족적을 남기지 않았고 당 조직상으로나 강령상으로나 1970년대 야당 시기의 변화된 조건들에 당을 적응시키기 위해 아무런 진지한 노력을 한 바 없다"는 평가를 받기도 한다.[53]

그러나 '바르첼이 그 길을 가고자 했다면 갈 수는 있었는가'라는 질문을 던지는 것이 공정한 접근일 듯하다. 동방 정책 관련 조약들이 기민련의 '기

---

51 다니엘라 포크만이 저술한 바르첼 장 제목 자체가 "비극적인 영웅"이다. Daniela Forkmann, "Rainer Barzel. Der tragische Held", in: Daniela Forkmann/Saskia Richter (eds.), *Gescheiterte Kanzlerkandidaten: Von Kurt Schumacher bis Edmund Stoiber*, Verlag für Sozialwissenschaftenchaften, 2007, pp. 141~173.

52 Frank Bösch/Ina Brandes, "Die Vorsitzenden der CDU. Sozialisation und Führungsstil", in: Daniela Forkmann/Michael Schlieben (eds.), *Die Parteivorsitzenden in der Bundesrepublik Deutschland 1949~2005*, VS Verlag für Sozialwissenschaftenchaften, 2005, p. 38.

53 Frank Bösch/Ina Brandes, "Die Vorsitzenden der CDU. Sozialisation und Führungsstil", in: Daniela Forkmann/Michael Schlieben (eds.), *Die Parteivorsitzenden in der Bundesrepublik Deutschland 1949~2005*, VS Verlag für Sozialwissenschaftenchaften, 2005, p. 40.

권'을 통해 1972년 5월 어렵사리 통과되고 난 이후, 1972년 11월 연방의회 선거에서 사민당의 제1당 등극이 동방 정책에 대한 국민투표로 간주되었음에도, 1972년 12월에 체결된 기본조약 비준 문제를 둘러싼 논의는 1973년 7월 헌법재판소까지 가서야 결정되었다. 또한 동서독의 유엔 동시가입도 한차례 부결을 거치고서야 연방의회를 통과할 수 있었다.

이처럼 동방 정책을 둘러싸고 수차례 격전이 벌어지던 1970년대 초반의 역사를 사민당 빌리 브란트 총리의 시선에서 보자면 연전연승의 시간이겠지만, 동방 정책을 뱉을 수도 삼킬 수도 없었던 기민련의 '정치 신동' 바르첼의 입장에서 보자면 더할 나위 없는 시련의 시간이었을 것이다. 그는 전직 통일부장관으로서 동방 정책이 반대하기 어려운 시대의 조류임을 너무도 잘 알고 있었지만, 과거의 영토를 되찾고자 하는 추방민동맹과 철두철미한 반공주의자 슈트라우스 등 기민련/기사련의 강경 보수파를 외면할 수도 없는 입장이었다. 당대의 정치가들 중에서도 '타협과 전술'로 명망이 높던 바르첼'마저' 동방 정책과 관련된 당내 갈등으로 물러날 수밖에 없었다는 사실은, 독일 사회가 동방 정책의 기조를 받아들이는 데 얼마나 주저했는지를 잘 보여준다. 이는 현재까지도 정권교체가 일어날 때마다 대북 정책이 현저히 달라지는 우리 사회의 행보에 비추어볼 때 너무나도 잘 이해할 수 있는 대목이기도 하다.

이후 더 이상 당대표 선거에 나서지 않겠다고 선언한 바르첼은 당무위원회(Federal Executive) 모임에서 "모든 것이 한 개인의 결정으로 해결될 수 있다고 믿는 사람은 미래의 위기를 고안할 뿐만 아니라 이미 시작하고 있는 것"이라는 항변을 남겼다.[54] 기민련의 위기를 조직이나 강령상의 쇄신이 아닌

---

54 Geoffrey Pridham, *Christian Democracy in Western Germany*, Routledge, 1977, p. 214.

인적 쇄신만으로는 넘어설 수 없다는 점을 지적했던 것이다.

05 기민련 쇄신 — 비로소 야당으로 (1972~1982)

1972년 선거 패배 이후 기민련의 절망감은 깊고도 깊었다. 이제는 국민적 지도자로 부상한 빌리 브란트가 총리로 남아 있는 한 기민련의 집권은 불가능하다거나, 인구 구조상 기민련 지지가 감소하는 국면에 이미 접어들었다거나, 기민련이 근대 정치적인 변화를 따라가지 못하고 있다는 등의 생각이 불안감의 근저에 있었다. 따라서 1969~1972년 동안의 기민련과 1972년 이후 기민련의 태도는 현격하게 다를 수밖에 없었다. 1972년 선거를 거치면서 즉각적인 정권교체의 희망이 사라지고, 야당으로서의 자기인식이 보다 확고해진 것이다.

바르첼 사퇴 이후 콜이 당대표로, 칼 카스텐스(Karl Carstens)가 원내교섭단체 대표로 선출되고 쿠어트 비덴코프(Kurt Biedenkopf)가 기민련 당사무총장으로 선출되면서 기민련은 완전히 새로운 지도부를 갖게 되었다. 바르첼은 1924년생으로, 1930년생이던 헬무트 콜, 쿠어트 비덴코프 등과 비슷한 연배였지만, 실제 나이와 무관하게 당의 구세대에 속한 인물로 간주되었다.

콜과 비덴코프의 등장은 기민련의 정치적 세대교체를 의미했을 뿐만 아니라 기민련의 노선 변경을 의미하기도 했다. 『독일 기독교 민주주의 사전』

에서 1969~1982년 시기를 다룬 한스-오토 클라인만(Hans-Otto Kleinmann)은 기민련이 야당으로 머물렀던 시기야말로 기민련의 "제2의 창당기"였다고 평가한다.[01] 그러나 '제2의 창당'이 실제로 일어난 것은 콜이 당대표로 등장한 1972년 이후라고 보아야 할 것이다. 기민련은 빌리 브란트 총리 불신임안이 부결된 이후 정권 탈환이 난망해지자 비로소 '명사당' 및 '유권자 정당'에서 벗어나 당원 정당, 그리고 정당 조직을 갖춘 정당으로 거듭나기 시작했다.

이 시기 마찬가지로 위기에 처했던 마가렛 대처(Margaret Thatcher)가 주도하던 영국의 보수당이 오히려 보수적인 색채를 더욱 강화하는 방식으로 대응했던 것과 달리, 독일의 기민련은 둘로 나뉘어 있었다. 한편에는 당 개혁을 추구하는 세력이, 다른 한편에는 보수적인 색채를 강화함으로써 권력을 되찾을 수 있다고 주장하는 세력이 있어 지속적인 갈등을 빚었고, 그 균형점을 찾기 위한 모색이 이루어지고 있었다.[02]

1. 콜의 등장

헬무트 콜과 기민련의 세대교체

1930년 루트비히스하펜의 기독교적인 공무원 가정에서 태어난 콜의 행복한 유년기는 9세 때 발발한 제2차 세계대전으로 끝나버렸다. 아버지는 전선에서 부상자로 돌아왔고 형 발터는 전사했던 것이다. 죽은 형의 이름을

---

01 Winfried Becker, et.al., (eds.), *Lexikon der Christlichen Demokratie in Deutschland*, Schöningh, 2002, p. 78.

02 http://hsozkult.geschichte.hu-berlin.de/tagungsberichte/id=4328&sort=datum&order=down&search=Kohl+CDU. 1970년대 영국과 독일의 보수주의가 얼마나 유사하고 얼마나 차별적이었는가를 다룬 이 워크숍은 아쉽게도 결과물을 제시하지 못했다.

따라 장남의 이름을 발터라고 지을 정도로, 그는 형에 대한 애정이 깊었다. 어떤 연구자들은 유럽연합에 대한 콜의 정치적 헌신이 전쟁에서 형을 잃은 경험에서 비롯된 것이었다고 설명하기도 한다.

그는 프랑크푸르트와 하이델베르크대학에서 역사와 법학을 공부하고 1958년 『1945년 이후 팔츠 지역의 정치적 발전과 정당의 재생』이라는 제목으로 역사학 박사학위를 받는 등 학업을 이어갔다. 동시에 아직 학생이던 1946년 16세의 나이로 기민련에 입당하여 정치 이력도 쌓아 나갔다. 17세에 고향인 루트비히스하펜의 청년연합(Junge Union)을 조직했고, 간발의 차이로 패배하긴 했지만 18세에 팔츠 지역 청년연합 대표직에 입후보하기도 했다.[03] 이후 라인란트-팔츠 주의회 의원과 팔츠 주의회 교섭단체 대표를 지낸 뒤 1969년 39세의 나이로 일찌감치 라인란트-팔츠 주지사 자리에 올랐다.

콜 이전까지 라인란트-팔츠 주정부는 "독일에서 가장 후진적인 연방주"로서 "스캔들과 부패로 인해 2주마다 한 번씩 슈피겔에 보도"되던 상황이었다. 그러나 콜은 독일 전체에서 "가장 역동적이며 가장 유능"하다는 평을 받았던 내각을[04] 근간으로 라인란트-팔츠 주정부를 성공적으로 변화시켰다.[05] 대표적으로 전쟁 직후부터 지속된 미션스쿨(Bekenntnisschule) 논쟁에 대해 80% 이상의 학부모가 찬성할 경우에만 유지하기로 하고 비종교적인 사범대학

---

03 그는 꾸준히 여러 선거에 입후보하여 때로는 승리를, 때로는 패배를 경험했다. 한 선거의 패배는 다음 선거에서 보다 유리하게 작용하는 경우가 많았다. 헬무트 콜에게 승리와 패배는 경계가 불분명했다.

04 Frank Bösch/Ina Brandes, "Die Vorsitzenden der CDU. Sozialisation und Führungsstil", in: Daniela Forkmann/Michael Schlieben (eds.), Die Parteivorsitzenden in der Bundesrepublik Deutschland 1949~2005, VS Verlag für Sozialwissenschaftenchaften, 2005, p. 44.

05 Hans-Peter Schwarz, Helmut Kohl, DVA, 2012, pp. 101~114.

을 설립하는 등의 방식으로 해결의 실마리를 찾아냈으며, 마인츠·코블렌츠 구간의 아우토반을 건설하는 등 가시적인 성과를 이끌어냈다.[06] 이를 발판으로 1973년 바르첼에 뒤이어 기민련 당대표로 선출되었고, 1998년까지 25년간 당대표를 지냄으로써 현재까지 기민련 내에서 가장 오래 당대표직을 유지한 인물로 기록되고 있다.

콜의 가파른 성장에는 기민련의 세대교체라는 구조적 요인이 있었다. 기민련은 전쟁으로 인해 제때 정치권에 청년 인구가 유입되지 못한 탓에 바이마르 시기에 정치적 사회화를 경험했던 구세대가 여전히 당을 주도하고 있었다. 1960년대 이들이 은퇴할 나이가 되자, 채워야 할 빈자리들이 급작스럽게 넘쳐났다. 콜과 같은 '45년 세대'에게는 더할 나위 없이 유리한 조건이었다.

아데나워를 위시한 당의 명망가들과 논쟁을 주저하지 않던 그는 당내 세대교체를 상징하는 인물이었고, 그 명성 덕택에 당대표로 선출될 수 있었다. 바르첼이 원내교섭단체를 자기 권력의 발판으로 삼고자 했음에 비해, 콜은 원내교섭단체가 아닌 당무위원회(Bundesvorstand)가 당의 중요한 결정을 내려야 한다고 주장했다. 독일의 정치 체제는 다른 무엇이기 이전에 '정당 민주주의'라야 한다고 주장하는 등, 적어도 이 시기에 콜은 정당정치에 대한 확고한 소신을 피력하고 있었다.[07] 1973년 6월 콜이 새롭게 기민련 당대표로 선출되었을 때, 헬무트 콜의 일성은 "우리는 우리나라의 정치적 변환을 유도해야 한다"는 것이었다. 이 인터뷰에서 콜은 "기민련에 있어 정치 활동의 근본 토대는 당"이며, "당이 원내교섭단체를 만드는 것이지 원내교섭

---

06 이를 자세히 살펴보기 위해서는 Ibid., pp. 100~115.

07 Ibid., p. 137.

단체가 당을 만드는 것이 아니"라고 단언했다.[08] 즉 국회의원이 아닌 당 조직이 기민련의 중심이 되어야 한다는 것이었다.

기민련에서 콜은 마을 어귀의 고목나무 같은 존재였다. 22년간 집권했던 비스마르크에 이어 두 번째로 가장 오래 집권한 총리가 될 콜의 성공이 무엇보다 기민련과의 긴밀한 관계 덕분이었다는 데 의문의 여지는 없다. 콜은 '옥센투어(Ochsentour)'를[09] 거쳐서 당대표가 되는 경로를 최초로 보여주었다.[10] 콜의 이력을 따라가다보면 기민련의 하부 조직과 상부 조직이 어떻게 연계되어 있는지, 청년연합 등 방계 조직과 기민련 당 조직의 관계가 어떠했는지 등 기민련의 조직 구도를 입체적으로 파악할 수 있다. 여섯 번 기민련의 총리 후보에 올랐고, 그중 네 번 총리로 선출되었던 콜은 일생에 걸쳐서 정치, 그리고 정당 활동을 삶의 중심으로 삼은 정치가였다. 그의 오랜 동료였다가 적대 세력이 된 한 정치가는 콜의 기민련 장악이 권력유지에서 핵심적이었음을 아래와 같이 단언했다. "아데나워는 그가 위대하고 존경받는 총리였기 때문에 기민련을 장악할 수 있었다. [그러나] 콜은 그가 당을 장악했기 때문에 그렇게 오랫동안 총리로 남을 수 있었다."[11]

---

08   Hans-Otto Kleinmann, *Geschichte der CDU*, DVA, 1993, p. 354.

09   "옥센투어(Ochsentour)"는 매우 노고에 가득 차 있고 힘겨운 노동을 의미하지만, 정치가의 직업적인 성장 궤도를 지칭하는 말로 쓰이기도 한다. 특히 경제계나 법조계 등 다른 분야에서 활동하다가 급작스레 고위직 정치가가 된 경우와 달리, 정당에서 잔뼈가 굵은 정치가의 이력을 설명하는 데 흔히 쓰이는 표현이다.

10   Michael Koß, "Scheitern als Chance. Helmut Kohl und die Bundestagswahl 1976", in: Daniela Forkmann/Saskia Richter (eds.), *Gescheiterte Kanzlerkandidaten: Von Kurt Schumacher bis Edmund Stoiber*, Verlag für Sozialwissenschaftenchaften, 2007, p. 178.

11   Josef Schmid, "Eine sozialpolitische Bilanz", in: Göttrik Wewer (ed.), *Bilanz der Ära Kohl*, VS Verlag für Sozialwissenschaftenchaften, 1998, p. 89f.

콜이 당을 장악한 방식은 정치에 대한 일반인들의 선입견에 부합한다. 그는 비공식적이고 개인적인 방식으로 권력을 확보했으며, 신교 자유주의, 가톨릭 사회주의 세력 등 당의 주요 파벌들의 자리를 안배하고 측근들과 더불어 중요한 정치적 결정들을 내렸다. 그는 당의 공식적인 의결 기구들을 무력화시켰다는 점에서 아데나워와 유사한 방식으로 기민련을 이끌었다. 이 과정에서 콜은 기민련의 동료들에게 "충분히 녹을 나누어"줘야 했고, 이를 통해 "40년간 정당 활동을 통해" 알게 된 "직업 정치가들의 심리적인 구조를 매우 즐겁게 사용할 수 있게 되었다."[12]

바르첼과 달리 원로들의 후원을 받기보다 이들과 대결하면서 성장한 그의 지지 세력은 유능한 동년배들이었다. 그는 라인란트-팔츠 주지사 시절부터 젊고 유능한 엘리트들을 끌어들여 지원하는 데 적극적이었다. "언제나 인재들을 발굴하는 데 적극적(immer auf Talentsuche)"이라거나[13] "놀라울 정도로 열린 자세를 가진 인간 수집인(Menschensammler)"[14]이라는 수식어들이 늘 그를 뒤따랐다. 연방대통령을 지낸 리하르트 폰 바이체커(Richard von Weizsäcker), 기민련 당사무총장을 지낸 쿠어트 비덴코프와 하이너 가이슬러, 콜 내각에서 16년간 노동부장관을 지냄으로써 최장수 장관 타이틀을 가지게 된 노버트 블륌(Norbert Blüm), 그를 이어 기민련 당대표와 교섭단체 대표를 겸임한 볼프강 쇼이블레(Wolfgang Schäuble)와 앙겔라 메르켈(Angela Merkel) 등 향후 기민련을 주도하게 될 대표적인 인물들이 모두 콜이 발굴한 정치가들이었다.

---

12   Frank Bösch/Ina Brandes, "Die Vorsitzenden der CDU. Sozialisation und Führungsstil", in: Daniela Forkmann/Michael Schlieben (eds.), *Die Parteivorsitzenden in der Bundesrepublik Deutschland 1949~2005*, VS Verlag für Sozialwissenschaftenchaften, 2005, p. 47f.

13   Hans-Peter Schwarz, op.cit., 2012, p. 149.

14   Ibid., p. 151.

기민련 전당대회의 헬무트 콜
KAS-19278 (c) KAS - Slomifoto.

콜은 개혁적인 인물을 발굴하고 그들을 기민련의 관료로 중용함으로써 기민련 조직의 혁신을 꾀했지만, 정작 그 자신은 일관된 방향성을 추구하는 지사형 정치가와 거리가 멀었다. 콜의 시기에 당 개혁이 이루어진 것은 분명하지만, 콜이 개혁안을 관철시키고 말겠다는 불굴의 의지를 보여주었다고 평가되지는 않는다. 클레이 클레멘스(Clay Clemens)가 콜에게 기민련 근대화란 "당의 개조(refashion)를 의미하는 것이 아니라 당에 에너지를 불어넣는 것일 뿐(reenergize)"이었다고 주장한 것은 이런 맥락에서 이해할 만하다.[15] 10대

---

15 Clay Clemens, "Party management as a Leadership Resource; Kohl and the CDU/CSU", in: Clay Clemens/William E. Paterson (eds.), *The Kohl Chancellorship*, Routledge, 1998, p. 97.

시절부터 기민련과 더불어 성장하는 가운데 기민련의 복합성을 잘 파악할 수 있었던 그는 개혁 세력을 지지하면서도 개혁 세력과 동일시되지는 않을 정도의 거리를 확보하고 있었으며, 기본적인 기민련의 틀을 급격히 바꾸고자 하지 않았다. 콜의 정치적 지향과 관련하여 그의 전기 작가이자 역사가인 한스 페터 슈바르츠(Hans-Peter Schwarz)는 콜이 당내에서 중도 좌파적인 색채를 유지하고 있었다고 평가했다.[16]

기민련 개혁 세력과 정당 개혁[17]

1972년 선거에서 창당 이래 처음으로 2위당으로 전락한 이후 기민련의 절박성은 전과 비교할 수 없었다. 상이한 사회 집단들의 폐쇄적인 공동체를 넘어서서 기민련이라는 하나의 정당 정체성을 구축해야 할 필요성이 절실해졌다. 전처럼 느슨하게 연계된 사회 조직들을 유지하기보다 당원수를 늘리고자 적극적인 노력을 기울였다. 그 결과 당원수가 급증하여, 특히 콜이 당대표가 된 직후인 1973~1976년 사이 기민련 당원은 457,000명에서 652,000명으로 급증했다.[18] 68혁명에 대한 반작용으로 보수 세력의 결집이 나타났으며, 특히 비의회 기구(APO)의 폭력적인 활동 방식에 대한 국민의 반감이 기민련을 중심으로 한 결집에 유리하게 작용했던 것으로 분석되고 있다.

---

16 Hans-Peter Schwarz, op.cit., 2012, p. 168.

17 이하 기민련 개혁 관련 내용은 다음 논문을 기반으로 하여 작성되었다. 문수현, 「'수상선거협회(Kanzlerwahlverin)'에서 정당으로―야당으로서의 기민련(Christliche Demokratiche Union)」, 『역사교육논집』 64권, 2017, 277~311쪽.

18 Saskia Richter, "Franz Josef Strauß. Das Scheitern eines Siegers", in: Daniela Forkmann/Saskia Richter (eds.), *Gescheiterte Kanzlerkandidaten: Von Kurt Schumacher bis Edmund Stoiber*, Verlag für Sozialwissenschaftenchaften, 2007, p. 183.

형식적인 머릿수 채우기에 급급하던 전당대회 역시 실제적인 논의의 장으로 변화했다. 다수결을 통한 의사결정이 이루어지게 된 것도, 공동결정권처럼 당내에서 매우 논쟁적인 주제가 전당대회에서 논의된 것도 이즈음이었다.[19] 아데나워 이래 기민련이 소수의 지도부가 비밀리에 협의를 거쳐 조정하되 갈등을 외부에 드러내지 않는 합의 모델을 따르고 있었다는 점을 고려할 때, 이러한 변화가 얼마나 큰 의미였는지가 드러난다.

이 시기 기민련 개혁을 주도한 것은 '개혁적인 45년 세대(Progressive 45er)'와 '대안 68세대(Alternative 68er)'였다. '45년 세대'라는 명칭은 그들이 1945년에 인생의 분기점을 맞이했다는 의미다.[20] 1920년대와 1930년대 초반에 태어나 종전 직후인 1945년에 전쟁의 폐허 속에서 유년기를 보낸 이들에 대해서는 재건 세대, 히틀러 유겐트 세대, 비판적인 세대, 기만당한 세대 등 여러 표현들이 사용되고 있다. 헬무트 콜, 보쿰대학 초대 총장을 지낸 쿠어트 비덴코프, 하이너 가이슬러 등 기민련 '45년 세대'는 기민련의 정치 강령 및 조직상의 혁신을 이끌어냈다. 당시의 변화에서 특징적인 것은, 헬무트 콜을 위시하여 이 시기 기민련의 유력 정치가들이 지역 정치에서 출발한 직업 정치가 출신이었다는 점이다. 당 기층 조직에서부터 경험을 쌓은 이들이 당 조직 강화에 큰 관심을 가진 것은 당연한 일이었을 것이다.

이들 개혁적인 '45년 세대'는 페터 라둔스키(Peter Radunski)와 불프 쇤봄(Wulf Schönbohm) 등 청년 세력을 적극 지지·후원했다. "1968년 독일 대학에서 정치적 입장을 갖지 않고 공부하는 것은 불가능"했다. 당시 보수적인 청년 세력

---

19 공동결정권은 1971년 뒤셀도르프에서 논의된 끝에 기각되었고, 다시 1973년 함부르크 전당대회에서 논의되었다. Hans-Peter Schwarz, op.cit., 2012, p. 181.

20 '45년 세대' 개념에 대해서는 Dirk Moses, "Die 45er: Eine Generation zwischen Faschismus und Demokratie", *Neue Sammlung*, Vol. 40, 2000, p. 235.

기독교민주주의학생연합(RCDS) 포스터
KAS/ACDP 10-029 : 215 CC-BY-SA 3.0 DE.

은 "낭만주의자들에 의해 주도되는 혁명 대신 합리주의자들에 의해 주도되는 진보"가 절실하다고 주장하며 기민련 학생 조직인 '기독교민주주의학생연합(Ring Christlich-Demokratischer studenten, RCDS)'과 기민련 청년 조직인 '청년연합'을 중심으로 활동했다.[21] '대안 68세대'로 불리는 이들은 기민련의 개혁을 주도하는 또 하나의 축이었다. 기독교민주주의학생연합(RCDS) 전국 조직의 대

---

21 Anna von der Goltz, "A polarized generation?: Conservative students and West Germany's 1968", in: Anna von der Goltz, *Talkin' 'bout my generation*, Wallstein, 2011, p. 195.

표가 된 불프 쉰봄,[22] 페터 라둔스키 등은 이후 1982년 사민-자유민주당 연정이 해체된 후 들어선 기민련 정권하에서 중요한 정치 세력으로 부상했다.

68혁명 세대에 맞서는 기민련의 논거는 이들 기민련 학생 조직에서 비롯되고 있었다. 68학생운동 세력의 논거를 정밀하게 분석하고 반박하여 좌파 학생운동에 대항하는 논거를 제시했던 책자 『비의회 기구의 테제들(Thesen der APO)』을 저술한 불프 쉰봄이 기민련의 기본강령을 정초하는 데 중요한 역할을 담당했던 것은 대표적인 사례다. 이들은 68학생운동 세력의 논거를 보수 여론에 소개하는 선을 넘어서서, 학생들의 비판과 개혁 요구를 인정하고 기민련의 정치를 혁신해야 한다고 주장했다. 이들은 『존데(Sonde)』라는 잡지를 발간하여 기독교민주주의학생연합, 청년연합뿐만 아니라 기민련 전체의 개혁 논의를 이끌어 나갔다.

이렇게 강화된 청년연합은 기존에 당의 개혁 노선을 대표하던 CDA의 기독교 사회주의 세력과 연계를 강화했고, 뒤이어 여성연합까지 포함시켜 기민련의 지배연합을 구성했다. 1975년 『프랑크푸르터 알게마이네 차이퉁(FAZ)』의 기사에 따르면 "이 블록 없이, 혹은 이 블록에 맞서서는 많은 일을 할 수 없었다."[23] 기민련 기본강령이 이 시기에 제정될 수 있었던 것도, 공동결정법이 기민련 전당대회를 넘어 연방의회를 통과할 수 있었던 것도, 이들의 조직적 뒷받침 덕분이었다. 기민련이 야당으로서 외정보다 내정에 집중할 수밖에 없는 상황 속에서, 이들은 기민련을 근대화할 여러 정책들을 추진해 나갔다. 공동결정, 자녀수당, 낙태 등에 대한 논의는 그 대표적인 사례

---

22 "Junge Union: Neuer Typ", *Der Spiegel*, 36/1973. http://www.spiegel.de/spiegel/print/d-41911424.html.

23 Sarah Elise Wiliarty, *The CDU and the Politics of Gender in Germany: Bringing women to the party*, Cambridge University Press, 2010, p. 91에서 재인용.

였다.[24]

이 시기에는 조직상의 혁신도 다양한 지점에서 이루어졌다. 정치계에 새로운 얼굴로 등장한 보쿰대학 총장 출신의 쿠어트 비덴코프는 당내 개혁을 체현하고 있는 인물이었다.[25] 그는 1973년부터 1977년 사이에 당사무총장 직을 맡아 기민련 중앙당 조직의 모습을 바꾸어놓았다. 비덴코프는 이 시기 선거운동, 주지사 업무 등으로 인해 콜이 자리를 비운 사이, 본의 기민련 당사인 콘라드 아데나워 하우스의 실질적인 주인으로서 당 조직을 관리했다.

당시 사무국장(Bundesgeschäftsführer)이 관장하던 부서들은 7개에서 3개로 통폐합되었다. 행정과 인적 관리를 맡은 1부, 정보·정치·문서관리를 맡은 2부, 그리고 언론·홍보를 맡은 3부로 축소되었고, 그에 더해 당의 장기적인 정치적 과제를 개발하는 기획부서를 신설하여 사무총장 아래에 두었다. 또한 지역 기민련 조직에 다수의 유능한 당 관료들을 채용하기도 했다. 중앙당과 지구당의 관계 역시 좀 더 중앙집권화되었다. 당규(Satzung)가 개정되어 중앙당 조직이 감사권 등을 통해 지역 조직보다 우위를 점하게 되었고, 지역 조직의 사무국장(Geschäftsführer)들이 당사무총장(Generalsekretär)의 동의를 거쳐서 임

---

24 물론 이들의 목소리에 대한 당내 견제도 높았고, 1970년대 초부터는 당내 보수 세력들의 목소리가 강해졌다. 최재호는 기민련 내 청년 세력과 보수적인 지도부 사이의 대립 양상을 교육 개혁에 집중하여 보여주고 있다. 최재호, 「68운동 이후 보수 정당의 젊은 세대—기민당 청년 조직의 반항과 순응」, 『역사와경계』 117권, 2020, 423~452쪽.

25 그는 1973년 3월 『차이트(Die Zeit)』지에 「야당으로서의 전략」을 발표했다. 기민련은 대중 정당을 지향해야 하고, 이 대중 정당은 실제적인 이유로 중도 정당일 수밖에 없으며, 기독교적인 가치는 더 이상 정치적 통합을 위한 효과적인 토대일 수 없다고 선언했다. 원내교섭단체 대표와 당대표직을 분리하는 것이 필수적이라는 주장도 포함되었다. Kurt Biedenkopf, "Eine Strategie für die Opposition", *Die Zeit*, 1973. 3. 23. https://www.zeit.de/1973/12/eine-strategie-fuer-die-opposition.

명될 수 있도록 했다. 후보 선출은 당헌에 따른 절차를 준수하도록 했고, 당원들의 발언권을 높여서 보다 민주적으로 선출될 수 있도록 했으며, 외국인의 당원 가입도 허용했다.

이러한 조직 개편이 가능했던 것은 당의 재정 상태가 나아진 덕택이었다. 절반 정도의 지출이 당직자 및 당 출신 국회의원(Mandatsinhaber)들이 내는 직책당비를 포함해 공적 자금에서 마련되었다. 또한 기민련 당원의 수가 1960년 25만 명에서 1980년 70만 명 이상으로 증가함에 따라,[26] 당원들이 내는 당비가 연방 차원의 기민련 전체 수익에서 차지하는 비율이 15.5%(1968)에서 31%(1978)로 높아졌다. 이는 특정한 집단의 이익을 대변하는 협회 중심의 정당에서 대중 정당으로 변모하는 데 중요한 발판이 되었다.

기민련 개혁의 한계

언론인인 게어트-클라우스 칼텐부룬너(Gerd-Klaus Kaltenbrunner)는 1970년대 후반, 1980년대 초반 기민련이 분기점에 서 있었다고 평가한다.[27] 칠레의 기민당과 같이 사회복지를 강화하는 방향으로 갈 수도, 영국 보수주의와의 연대를 강화하는 길을 갈 수도 있었다는 것이다. 비텐코프와 콜 등 기민련의 근대화를 지향하던 세력의 사회정치적 지향으로 인해, 경제 정책을 전반적으로 자유화하는 영국적인 길은 선택되지 않았다. 1970년대 중반 이래 기민련의 개혁 세력은 노조의 권력에 맞서기보다 노조와의 공통점을 찾고, '새로운 사회문제' 해결을 강조했다. 유럽통합, 남북갈등, 경제와 환경의 상관

---

26 Günter Bannas, "Helmut Kohl - der CDU-Vorsitzende", in: Norbert Lammert (ed.), *Christlich Demokratische Union*, Siedler, 2020, p. 31.

27 Gerd-Klaus Kaltenbrunner (ed.), *Das Elend der Christdemokraten*, Herder, 1977, p. 14.

쿠어트 비덴코프
KAS-18738 (c) KAS - Guenay
Ulutuncok.

관계, 완전고용, 가족, 그리고 청년세대의 기회 등이 당시 기민련에서 중시
되던 주제들로, 이는 영국 보수당과 큰 차이가 있었다.

　그러나 기민련 내 자유주의적인 세력, 지식인들 간의 공조로 가능했던
이러한 개혁의 한계도 뚜렷했다. 기민련 내 보수 세력의 관성을 무시할 수
없었던 탓이다. 1972년의 대참사 이후 개혁 외의 방법이 없다는 사실이 분
명해졌을 때는 정권 장악을 위해서라도 개혁을 받아들일 수밖에 없었지만,
1976년 선거 전야 즈음에는 정치적 변화의 내용을 둘러싼 논란이 격화되고
있었다. 더욱이 여러모로 개혁을 추진했음에도 1976년 선거에서 패배함으
로써 당 개혁 추진 세력은 위축될 수밖에 없었다.

　특히 1976년 선거 패배 이후 기민련 내부에서는 치열한 권력 다툼이 벌

어졌다. 연방의회 내 기민련 의원 중 절반이 초선의원일 정도로 당은 젊어졌지만, 기민련 출신 전직 장관 등 당내 원로들과 이들은 상호 대립적이었다. 또한 보수적인 농민 단체에서 친노조적인 사회위원회에 이르기까지, 기민련의 복합성은 여전히 당내 갈등 요소였다. 아울러 연방 상원인 분데스랏(Bundesrat)을 기민련이 장악한 가운데, 상원의 기민련 소속 주지사들은 정권을 함께 책임지는 위치에 있었고, 따라서 야당이던 기민련 당 지도부의 입장을 공손히 추종하는 태도와는 거리가 멀었다.

특히 1979년부터 1982년 사이의 시기는 기민련 내에서 1970년대에 당내 논의를 주도하던 CDA, 여성연합과 청년연합 등 당내 개혁 세력들이 세를 잃어가고 강경 보수주의자들이 영향력을 확대해간 시기이기도 했다. 1979년 1월 기사련이 콜을 기민련 총리 후보로 받아들이지 않겠다고 선언했을 때, 헤센주 기민련 지도자이자 당의 대표적인 보수주의자이던 알프레드 드레거(Alfred Dregger)와 슈트라우스는 긴밀한 공조를 취하고 있었다. 이들은 보수적인 연방의회 의장 칼 카스텐스를 적극 지원하여 넉 달 후인 1979년 5월 연방대통령으로 선출되도록 하는 데 성공하기도 했다. 그리고 최종적으로는 콜이 아니라 기사련의 슈트라우스가 연방총리 후보로 선출될 정도로 이들의 발언권이 커져갔다. 그러나 1980년 선거에서 슈트라우스가 패배함으로써 당내 보수세력의 상승은 '간주곡(Interlude)'에 머물렀다.[28]

이러한 분위기는 사회 전반의 보수화와도 맞물리고 있었다. 1970년대 후반부터 사민당과 자유민주당의 연정에 대한 국민의 불만이 확산되고, 대중

---

28 Sarah Elise Williarty는 이 시기를 "보수주의자의 간주곡(Conservative Interlude)"로 명명한 바 있다. Sarah Elise Wiliarty, *The CDU and the Politics of Gender in Germany: Bringing women to the party*, Cambridge University Press, 2010, pp. 109~111.

들 사이에 보수적인 분위기가 생겨나기 시작했다. 사회의 보수화는 청년세대에서도 분명하게 나타나서, 1970년대 후반 『슈피겔』은 누차 청년 세대의 보수화를 지적하고 나섰다.[29] 사민당이나 자유민주당의 청년 조직은 세를 잃어갔고, 기민련 청년 조직의 세가 강화되었다. 그리고 이들 기민련 청년 조직 역시 "확실히 콜보다 슈트라우스가 가까운 사람들"이었고,[30] 점차 우경화되었다.[31] 이는 당 개혁을 어렵게 하는 배경이 되었다. 이에 더해 1970년대 후반 경제위기로 인해 사회의 총체적 재구성이라는 비전에 대한 불신이 만연하게 된 점 역시 개혁을 어렵게 만들었다.

그런가 하면 콜과 당사무총장 비덴코프의 갈등이 격화되는 등 당 지도부의 분열도 뚜렷했다. 그동안 당대표직과 원내 대표직의 구분을 부르짖어온 콜이 1976년 기민련 대표직을 유지하면서 칼 카스텐스가 연방의회 의장이 됨으로써 공석이 된 기민련/기사련 원내 대표 자리에 오르자, 이에 반발하여 쿠어트 비덴코프가 당사무총장직을 사퇴했다. 그러면서 기민련 지도부의 구성에 변화가 나타났다.[32]

비덴코프는 당시 원내교섭단체나 당의 여러 협회 혹은 지역 조직보다도

---

29 "Jugend 76", *Der Spiegel* 15, 1976; "Glatt verführt", *Der Spiegel* 46, 1977; "Rivalen von rechts", *Der Spiegel* 21, 1978.

30 "Glatt verführt", *Der Spiegel* 46, 1977. https://www.spiegel.de/politik/glatt-verfuehrt-a-723a11c2-0002-0001-0000-000040736369.

31 "Rivalen von rechts", *Der Spiegel* 21, 1978. https://www.spiegel.de/politik/rcds-rivalen-von-rechts-a-15c86629-0002-0001-0000-000040616543.

32 당사무총장직은 1967년 신설되어 키징어 대표 시절에는 브루노 헥(Bruno Heck)이, 바르첼 대표 시절에는 콘라드 크라스케(Konrad Kraske)가 맡았다. Gerd Langguth, *Das Innenleben der Macht*, Ullstein, 2001, p. 48. 비덴코프는 1973년부터 1977년까지 4년간 당사무총장이었다. https://www.kas.de/de/web/geschichte-der-cdu/generalsekretaere.

중앙당이 주도적인 위치를 맡아야 한다는 입장이었다. 그는 당대표와 교섭단체 대표의 분리를 요구하면서 공공연히 콜에게 반기를 들었고, 요구가 받아들여지지 않자 당사무총장으로서 콜을 보좌하는 대신 베스트팔렌-리페(Westfalen-Lippe)의 지역 대표가 되는 길을 택했다.[33] 당시 콜은 헬무트 슈미트가 총리직과 당대표직을 겸직하지 않았던 것을 후회하곤 했다던 일화를 즐겨 인용하며 자신의 권력독점을 정당화하고 있었다.[34]

비덴코프가 공공연히 반기를 들자, 콜은 자신이 주지사를 지낸 라인란트-팔츠주에서 장관을 역임했던 하이너 가이슬러(Heiner Geißler)에게 당사무총장직을 맡겼다. 비덴코프의 뒤를 이은 하이너 가이슬러는 1989년까지 12년간 기민련의 당사무총장을 맡았다. 가이슬러는 예수회 신부가 되기 위해 수련한 적이 있었을 정도로 가톨릭 사회 이론에 굳게 뿌리내린 인물로서, 기사련 내에서 "좌파로의 문을 여는" 인물로 평가되고 있었다.[35] 비덴코프가 계속 당사무총장을 맡았더라면 기민련은 대처나 레이건의 노선을 따르게 되었을 것이라는 평가도 있다.[36] 그러나 라인란트 팔츠의 노동 및 사회부 장관을 지내다가 기민련 사무총장으로 임명된 하이너 가이슬러는[37] 복지를

---

33 이즈음 헬무트 콜의 경쟁자로 등장한 비덴코프는 이듬해 시장과 성과를 좀 더 강조하는 경제 정책을 내놓았다. 이후 NRW 기민련 대표직을 사퇴한 뒤 1987년 정계 은퇴를 선택했던 비덴코프는 통일 이후 작센 주지사로서 세 번의 선거에서 절대과반을 획득하는 성과를 거두었다. 부패 스캔들로 불명예 퇴진하긴 했지만 "쿠어트 황제"라 불릴 정도로 추앙을 받았다.

34 Göttrik Wewer, "Vom Modell Deutschland zur Standortdebatte", in: Göttrik Wewer (ed.), *Bilanz der Ära Kohl*, VS Verlag für Sozialwissenschaftenchaften, 1998, p. 8.

35 Winfried Becker et.al. (eds.), *Lexikon der Christlichen Demokratie in Deutschland*, Schöningh, 2002, p. 82.

36 Hans-Peter Schwarz, *Das Gesicht des Jahrhunderts*, Goldmann, 2001, p. 735.

37 가이슬러는 뮌헨의 예수회 학교에서 철학을 공부한 후 양심적 병역거부에 대한 법학박사논문을 쓰기도 했다. 가이슬러는 바덴-뷔르템베르크주에서 '사회, 건강, 스포츠 분야의 장관

후퇴시키고 시장자유주의적인 요소를 강화하는 개혁에 나서지 않았다. 콜역시 당시 영국, 프랑스, 이탈리아 등과 비교할 때 독일의 경제적 상황이 훨씬 낫기 때문에, 복지국가 체제에 총체적으로 맞서기보다는 점진적인 개혁이 낫다고 판단하고 있었다. 1982년 콜이 총리가 되었을 때 취임 연설에서 자신의 정부가 '중도의 연정(Koalition der Mitte)'임을 누차 강조했던 것은 그런 맥락에서였다.[38]

2. 당 강령 개혁

곧 정권을 탈환할 수 있으리라는 기대를 버리지 못했던 시기에 기민련은 구체적인 행동 강령을 선호했고 포괄적인 이데올로기의 집을 짓는 데 관심을 기울이지 않았다. 1965년 전당대회에서도 "기민련은 값싼 약속을 중시하지 않으며", "의무를 다할 뿐이고 신의 도움으로 독일 민족을 좋은 미래로 인도하게 될 것"이라고 선언했을 정도였다.[39]

그러나 콜이 당대표가 된 이후 기민련은 본격적인 정책 정당으로 거듭나기 위해 노력했다. 콜은 명사로서 혹은 바이마르 시기 중앙당 구성원으로

(Landesminister für Soziales, Gesundheit und Sport)'을 지내는 동안 각종의 사회정치적인 법안과 제도들을 만들어냄으로써 전국적인 주목을 받았다. 그는 지역정치에 관심을 가진 인물이었지만 콜의 희망에 따라 당사무총장이 되었다.

38 "Helmut Kohls Regierungserklärung, 13. Oktober 1982". https://www.1000dokumente.de/pdf/dok_014 4_koh_de.pdf.

39 Michael Borchard, "Die CDU, Helmut Kohl und das Ludwigshafener Programm", in: Thomas Brechenmacher et.al. (eds.), *Historisch-Politische Mitteilungen: Archiv für Christlich-Demokratische Politik. Band 25*, Böhlau, 2018, p. 125.

서 기민련에 들어섰던 이전 세대와 달리 '청년연합'에서 시작해 지역 의회 의원, 지구당 대표, 연방의회 의원 등 당내 '옥센투어'를 거침으로써 "당과 당직의 독자적인 역할과 의미를 알고 그에 맞게 헌신"한 인물이었다.[40] 이런 콜이 1973년 당대표가 되었을 때 당 조직뿐만 아니라 정치적 내용의 측면에 서도 근대화가 필요하다는 인식을 갖고 있었던 것은 당연했다. 무엇보다도 공동결정권 등 논쟁적인 주제들과 관련하여 상충하는 입장들이 전당대회 에서 첨예하게 대립하는 광경을 목도했던 콜은, 당 강령을 제정함으로써 점 차 가시화되고 있던 중요 쟁점들에 대해 당내 합의를 끌어내고자 했다.[41]

그 결과 1975년의 '만하임 선언(Mannheimer Erklärung)',[42] 그리고 소위 '루트비 히스하펜 강령'으로 불리는 최초의 기민련-기본강령(Grundsatzprogramm)이 제 정될 수 있었다. 1978년 기민련 최초의 기본강령 제정은 "제2의 창당"을 선 언한 분기점으로 간주되기도 하지만, 1960년대 '베를린 강령'으로부터 1975 년 '만하임 선언' 등으로 이어진 당내 개혁 움직임의 연장선에서 이해되어 야 한다는 주장이 더욱 타당해 보인다.[43]

1975년 만하임 선언

콜을 비롯한 기민련 개혁 세력의 주도로 1975년 '만하임 선언(Mannheimer

---

40 Wulf Schönbohm, *Die CDU wird moderne Volkspartei*, Klett-Cotta, 1985, p. 127.

41 Hans-Peter Schwarz, *Helmut Kohl*, DVA, 2012, p. 182.

42 https://www.kas.de/c/document_library/get_file?uuid=6bbbb6af-026d-e4f2-52c2-fb18318e4096& groupId=252038.

43 Michael Borchard, "Die CDU, Helmut Kohl und das Ludwigshafener Programm", in: Thomas Brechenmacher et.al. (eds.), *Historisch-Politische Mitteilungen : Archiv für Christlich-Demokratische Politik. Band 25*, Böhlau, 2018, p. 134.

Erklärung)'이 발표되었다.[44] 「독일을 위한 우리의 정치(Unsere Politik für Deutschland)」라는 공식 명칭의 이 강령은 기민련 정치의 10가지 기본 원칙을 선언한 서문에 뒤이어 현재 상황을 분석한 '출발점' 장을 배치했다. 이 장은 다시 분배 갈등의 심화 및 냉전 대립 등 당시의 상황을 분석한 1절, 독일 내부의 일반적인 정치 상황, 국가와 사회의 관계, 사회 집단들의 역할, 국가와 사회에서 교회의 역할 변화 등을 분석한 2절로 나뉜다. 2장은 '정치적 과제'를 다루고 있다. 1장 '출발점'의 분석에 근거해서 동방 정책, 개발 외교, 미국과의 관계 등 외정 측면의 과제를 제시한 후, 경제 정책과 재정 정책, 그리고 "사회 정책적인 과제와 새로운 사회 문제" 등 내정의 과제를 제시하고 있다.

만하임 선언의 초안은 당무위원회(Bundesvorstand)에서 논의되었을 뿐, 당원들은 이에 대해 충분히 논의할 시간을 갖지 못했다는 점에서, 1968년의 '베를린 강령'보다 한 발 후퇴했다고도 볼 수 있을 것이다. 그러나 이 선언은 '새로운 사회문제(Neue Soziale Frage)'를 언급하고 있다는 점에서 충분히 주목할 만하다. '새로운 사회문제'는 사민당이 "기민련의 주된 사상가(Chefdenker)"로 인정했던[45] 기민련 사무총장 쿠어트 비덴코프, 그리고 당시 라인란트-팔츠 지역 복지부장관이었으며 이후 비덴코프의 뒤를 이어 당사무총장이 될 하이너 가이슬러가 함께 발전시킨 개념이었다.

자본과 노동의 갈등 구도에 근거한 기존의 '사회문제'와 달리 노조 등으로 조직화되지 못한 이들이 겪게 되는 문제를 '새로운 사회문제'로 규정하고, 기민련이 이 조직되지 못한 집단의 대변인임을 자처하고 나섰다. 조직

---

44 원문은 https://www.kas.de/c/document_library/get_file?uuid=6bbbb6af-026d-e4f2-52c2-fb18318e4096&groupId=252038.

45 http://library.fes.de/spdpd/1976/760923.pdf.

하이너 가이슬러 사무총장(좌)과 헬무트 콜
KAS-67346 (c) KAS - Harald Odehnal.

화되지 못한 사람들이란 고령자, 미혼모, 노동 불능자, 실업자, 청년과 다자녀 가정, 외국인 노동자들과 장애인들을 통칭하는 개념으로, 600만 명에 달하는 것으로 추산되었다. 쿠어트 비덴코프에 따르면 "잘못된 사회의 발전에 공통적으로 원인을 두고 있는" 이 "긴박한 사회적인 과제는 지금껏 해결되기는커녕 사회적 과제로 인식되지도 못한" 문제들이었다. 이들이 "스스로 자신들의 정당한 이해관계를 사회 안에서 관철시킬 수 없기 때문"에 국가와 정당이 보다 적극적으로 나서야 한다는 게 비덴코프의 설명이었다.[46]

---

46 "Alternative '76-CDU: Unsere Politik für Deutschland", *UiD-DOKUMENTATION*, 24/1975, pp. 1~2(자료 자체가 페이지를 담고 있지 않지만, 아래 웹사이트에서 볼 수 있는 자료들 가운데 첫 번째 페이지이기 때문에 1페이지로 표시함). https://www.kas.de/c/document_library/get_file?uuid=d8731eed-969c-2747-25f1-ea8889883e19&groupId=252038.

기민련의 이러한 주장은 당시 사회에 대한 비판 이론을 차용한 결과였다. 당시 독일 사회학계에서 언급되던 '분열 테제(Disparitätsthese)'는 기민련의 문제제기와 완전히 일치하는 것으로 보인다. 분열 테제는 연금생활자, 주부, 다자녀 가구 등이 사회적 약자라는 점에서 공통적이지만, 공동의 이해관계나 사회적 동질성을 지니지 않았기 때문에 조직화되지 못했고, 그 결과 정치적인 영향력을 갖지 못했다는 점에 착목했다. 이 이론은 1968년 프랑크푸르트에서 열린 사회학대회(Soziologentag)에서 프랑크푸르트학파에 의해 최초로 제시되었다. 이는 '평준화된 중산층사회(Nivellierte Mittelstandsgesellschaft)'라는 우파의 통념, 혹은 마르크시스트 정치경제학으로 분석 가능한 자본주의사회라는 좌파의 통념 모두에 맞서려는 의도에서 비롯되었다.[47] 이즈음 사민당에 등을 돌린 사회학자 헬무트 쉘스키(Helmut Schelsky)가 노조를 '공공복리에 대한 위해 세력'으로 지목하고, 노조 간부들이 헌법을 무시하고 법을 악용하며 사태를 직시하지 않는다고 비판하는 등,[48] 노조에 대한 사회적 비판의 기류도 무시할 수 없는 수준이었다.

'새로운 사회문제'에 대한 강조는 연대와 상호부조를 강조하는 가톨릭 사회 이론에도 잘 부합하는 것으로서, 1975년 만하임 선언에 이어 1978년 기

---

47 이에 대한 간략한 분석은 Gerhard Himmelmann, "Zur Problematik der Neuen Sozialen Frage", *Gewerkschatliche Monatshefte*, 2/1976, pp. 71~76. http://library.fes.de/gmh/main/pdf-files/gmh/1976/1976-02-a-065.pdf.

48 그는 후일 이러한 입장을 담은 정치 에세이를 발표하기도 했다. Harald Hohmann, "Reviewed Work: Funktionäre - Gefährden sie das Gemeinwohl? by Helmut Schelsky", *Der Staat*, Vol. 24, No. 2, 1985, pp. 287~290. 쉘스키는 사회학자 공동체와 불화하여 경우에 따라서는 "잊혀진 사회학자"로 꼽히기도 한다. Carl-Göran Heidegren, "Transcendental Theory of Society, Anthropology and the Sociology of Law: Helmut Schelsky: An Almost Forgotten Sociologist", *Acta Sociologica*, Vol. 40, No. 3, 1997, pp. 279~290.

본강령을 통해 기민련의 핵심 강령으로 자리 잡았다. 가이슬러는 한 인터뷰에서 이 시기 서독에서 '옛 사회문제', 즉 노동자 문제는 본질적으로 해소되었다는 인식에 근거하여 '새로운 사회문제'라는 관념이 만들어졌다고 언급했다.[49] 그런 맥락에서 당시 기민련의 CDA는 노동자들이 주당 두 시간 더 일하고, 정년 시기를 미루고, 연가를 줄이며, 질병 보험에서 노동자 몫을 늘려야 한다고 주장했다. 이를 두고 사민당은 노동자 몫의 지출을 줄여 '새로운 사회문제' 해결을 위한 비용을 마련하고자 한다고 해석했다.[50] 사민당 측은 "노조 측에 더 많은 노동을 요구하고, 사회의 다원주의를 거부하며, 조직화된 특수 이해를 '제한'하고 국가 권위를 강화할 것을 요구한다는 점에서" 만하임 선언은 에어하르트의 '조직된 사회'와 크게 다르지 않다고 평가했다.[51]

이런 당 강령 개정이 선거를 염두에 둔 것이었음은 물론이다. 기민련은 '새로운 사회문제'를 언급함으로써 약자를 대변한다는 이미지를 가질 수 있게 되었고, 새로운 지지자 그룹을 발굴해낸 셈이었다. 비덴코프는 이를 통해 당이 "부동층 유권자들 상당 부분"의 지지를 끌어올 수 있기를 희망하고 있었다.[52] 또한 사회 정책 측면에서 사민당에 비해 수세에 몰려 있던 상황을 역전시킬 수 있었다.

당내 좌파들은 친기업적 이미지를 약화시키고 잃어버린 유권자를 되찾아올 길이라고 환영했지만, 보수적인 기민련 당원들은 국가부채를 늘리는

49   Peter Stützle, *Auf den Spuren der CDU*, Aktuell, 1995, p. 167.

50   Gerhard Himmelmann, "Zur Problematik der Neuen Sozialen Frage", *Gewerkschatliche Monatshefte*, 2/1976, p. 68. http://library.fes.de/gmh/main/pdf-files/gmh/1976/1976-02-a-065.pdf.

51   Ibid., p. 69.

52   Geoffrey Pridham, *Christian Democracy in Western Germany*, Routledge, 1977, p. 225.

방식으로 소득 재분배를 꾀한다며 반대했다. 특히 비덴코프가 '새로운 사회 문제'를 언급하자마자 에어하르트 전 총리가 격렬히 반발했기 때문에, 콜이 개입하여 이 '사회적 시장경제의 아버지'를 무마시켜야 했다. 에어하르트에 따르면 비덴코프의 기민련 개혁은 기민련에 "엄청난 혼란을 야기하고" 있을 뿐이었다.[53]

또한 기민련 내의 가톨릭 세력은 이 강령이 기독교를 언급하지 않았다고 비판하고 나섰다. 기사련도 중도 좌파의 길에 들어서는 것이라며 반발했다. 이로써 여러 이질적인 요소들의 총합으로서 기민련이 새로운 방향성을 모색하고 움직이는 일이 얼마나 난망한지가 잘 드러나고 있었다.

결국 만하임 강령은 1976년 선거를 염두에 두고 사회복지 분야에 천착하는 당이라는 이미지를 강화하기 위해 제정되었음에도, 실제로 선거 구호로 활용되지 못했다. 만하임 강령 대신 1976년 선거 당시 기민련의 구호는 "자유 혹은 사회주의"였다. 이를 둘러싼 당내 개혁파와 보수파의 갈등 구조에 대해서는 아래에서 다루게 될 것이다.

1978년 기본강령[54]

'만하임 선언'은 선거를 앞두고 기민련의 잠재적인 유권자층을 목표로한 것이었지, 당직자들이나 당원들을 염두에 둔 강령은 아니었다. 이후 당직자와 당원을 염두에 둔 기본강령이 필요해진 것은 바로 그런 이유에서였

---

53 "Biedenkopf: »Laßt mich leben«", *Der Spiegel*, 42/1975. https://www.spiegel.de/politik/biedenkopf-lasst-mich-leben-a-13dbde9d-0002-0001-0000-000041496238.

54 Grundsatzprogramm "Freiheit, Solidarität, Gerechtigkeit" 26, Bundesparteitag, 23.~25. Oktober 1978, Ludwigshafen. https://www.kas.de/c/document_library/get_file?uuid=c44fbaf4-a603-d097-6898-e72e6fae6f39&groupId=252038.

다. 특히 청년연합이 기본강령 제정을 강력하게 요구했다.[55] 그 결과 기민련 문패가 만들어진 지 28년이 지난 1978년, 7년간에 걸친 논의 끝에 기민련 기본강령이 최초로 선포될 수 있었다.

1971년 당시 당대표였던 바르첼이 후일 연방대통령을 지낸 리하르트 폰 바이체커(Richard von Weizsäcker)를 비롯한 7인으로 기본강령위원회를 구성했고, 이들이 제출한 보고서가 일차적으로 1973년 전당대회에서 논의된 바 있었다.[56] 이 위원회는 콜이 당대표가 된 후인 1974년 5월 기민련의 젊은 정치가들인 쿠어트 비덴코프, 에른스트 알브레히트(Ernst Albrecht), 불프 쉰봄 등이 참여하는 위원회로 재편되었다.

특히 빌헬름 헤니스가 기본강령 제정 과정에 참여한 것은 기민련과 지식인들의 관계 측면에서 혁신적인 일이었다. 1965년 선거 때 "새로운 정부"를 지지한 귄터 그라스 등에 대해 당시 총리 에어하르트가 직접 나서서 "완전히 별 볼 일 없는 사람들(ganz kleine Pinscher)"이라고 비판했던 데서 분명하게 드러났듯이, 기민련과 지식인들의 관계는 원활하다고 보기 어려웠다. 기민련 개혁이 절실해진 1970년대에 들어 바르첼, 콜 등 당대표들은 지식인들을 지지자로 끌어들이지 못했던 점을 비판적으로 성찰하기 시작했다. 1971년에 사민당을 탈당한 빌헬름 헤니스를 기민련의 기본강령위원회(Grundsatzkommission) 성원으로 받아들였던 것은 이와 같은 변화의 연장선상에 있는 일이었다. 이 위원회는 다양한 사회 조직들, 학자들, 미디어와의 교류

---

55 Michael Borchard, "Die CDU, Helmut Kohl und das Ludwigshafener Programm", in: Thomas Brechenmacher et.al. (eds.), *Historisch-Politische Mitteilungen: Archiv für Christlich-Demokratische Politik. Band 25*, 25/2018, p. 131.

56 Gerd Appenzeller, "Richard von Weizsäcker und die CDU: Der fremde Parteifreund", *Tagesspiegel*, 2015. 2. 1. https://www.tagesspiegel.de/meinung/der-fremde-parteifreund-8144125.html.

를 통해 기민련의 논의 수준을 한 차원 높일 수 있었다. 당시 당대표 헬무트 콜은 1974년 12월 "지식인 그룹에서 우리에 대한 유보적인 태도가 점차 사라지고 있다"고 자평했다.[57] 1977년 9월 베를린에서 열린 '기본강령위원회(Grundsatzprogrammkongress)'에는 500명의 학자들이 모여 기본강령을 함께 논의했을 정도였다.[58]

이 위원회의 활동에 시간 제한을 두지 않고, 특정한 선거와 결부시키지도 않았다는 점은 매우 눈길을 끄는 대목이다. 기민련은 오히려 의식적으로 1976년 선거 이후에 이 강령이 의결되도록 함으로써 선거 캠페인 과정에서 강령의 의미가 퇴색되지 않도록 했다. 선거를 앞둔 조급증을 극복하고 백년대계를 구상하는 역량을 보여준 것이다.

"자유, 연대, 정의"라는 제목의 이 강령은 기민련이 "하나의 국민정당"으로서 "모든 계층과 집단의 모든 사람들"을 겨냥하고 있다고 선언하는 서문으로 시작된다. 그 뒤로 1부 '인간에 대한 이해'가 따라오고, 자유, 연대, 정의, 척도와 지향으로서 '기본가치' 등을 내용으로 하는 2부가 이어지며, 가족, 교육과 문화, 노동과 여가, 주거와 환경 등 '자아발전'과 관련된 3부, 자유로운 경제 및 사회질서의 기본 원칙들, 공적인 과제 등 '사회적 시장경제'를 다룬 4부, '국가'를 다룬 5부, 독일 정책, 유럽 정책, 안보 정책, 동방 정책, 세계

---

57 Daniel Schmidt, ""Die geistige Führung verloren". Antworten der CDU zur die Herausforderung "1968"", in: Franz-Werner Kersting, *Die zweite Gründung der Bundesrepublik: Generationswechsel und intellektuelle Wortergreifungen 1955~1975*, Franz Steiner Verlag, 2009, p. 103. 아데나워 시기에 기민련은 지식인들의 지지를 받지 못했고, 이는 에어하르트 시기에도 마찬가지였다. 특히 귄터 그라스 등이 『슈피겔』을 통해 총리의 정치를 비판하면서 "가장 멍청한 방식으로 쿵쿵거리는 핀서"라고 표현한 것은 오랫동안 인구에 회자되었다.

58 이후 1980년까지 기민련 중앙당은 학자와 정치가가 함께 모여 여러 정치적 이슈들을 논하는 회의를 30여 회에 걸쳐 개최했다. Ibid., p. 102.

기민련 기본강령 "자유, 연대, 정의"
KAS/ACDP 10-001: 2079 CC-BY-SA 3.0 DE.

에 대한 책임 등 '세계 속의 독일'을 다룬 6부 등 총 152항으로 구성되었다.[59]

기본강령이 논의되는 방식은 기존의 당내 갈등 구조와 유사했다. 개혁 세력이 만들어낸 여러 새로운 내용들을 당내 보수 세력이 견제하는 구조였던 것이다. 논의 과정에서 원안의 사회주의적인 색채는 현저히 완화되었다. 초안에는 "노동의 권리"에 대한 언급이 있었지만, 이후 논의 과정에서 법적으로 구속력이 없는 "노동의 자유권"으로 대체되었다. "기회 균등" 역시 "기회의 정당성(Chancengerechtigkeit)"으로 바뀌었다. 초안에서 독자적인 한 장을 이루고 있던 '새로운 사회문제'에 대한 언급 역시 뒷전으로 밀려났으며, 1인

---

59   https://www.kas.de/c/document_library/get_file?uuid=c44fbaf4-a603-d097-6898-e72e6fae6f39&
     groupId=252038.

가족 개념, 파트너 연금도 삭제되었다.

『슈피겔』에 따르면, 이 기본강령은 전당대회에서 18시간의 논의 끝에 결국 반대 없이 통과되었다. 그러나 이 강령의 실행 가능성에 대해서는 의견이 엇갈렸다. 기민련 노동계를 대표하던 당내 좌파 노버트 블륌(Norbert Blüm)은 육아수당, 파트너 연금, 노동시간 단축 등 오랜 숙원을 담고 있는 이 기본강령이 "더 온화한 사회로 나아가기 위한 훌륭한 프로그램"이라는 입장이었다. 반면 당의 보수 세력이던 알프레드 드레거(Alfred Dregger)는 이 기본강령이 "행동 강령이나 선거 강령으로서 완전히 부적합"하다고 생각했다.

전 사무총장인 쿠어트 비덴코프조차 "즉각적인 실제 정치를 위한 행위지침"이 못된다는 말로 기본강령의 의미를 폄하했고, 전당대회가 끝난 다음 날부터 노동시간 축소는 잘못되었으며 대의원들이 그것이 가지는 의미를 이해하지 못했다고 비판했다. "독일 사회국가가 이미 한계에 도달했거나 이미 한계를 넘어섰다"고 보았던 기사련의 슈트라우스나 그의 측근들은 엄청난 국가부채를 남겨주었다는 이미지를 사민-자유민주당 정권에 덧씌움으로써 1980년 선거에서 승리하려는 계획을 갖고 있었다. 기사련은 기민련이 당사무총장 하이너 "가이슬러 경로"를 택하게 된다면, 즉 실제로 '기본강령'의 실행을 위해 노력함으로써 국가부채를 늘리게 된다면, 기민련/기사련의 교섭단체를 더이상 유지하지 않겠다는 입장이었다. 이는 『슈피겔』의 해석에 따르면 콜이 기본강령을 실행하고자 할 경우 총리 후보 자리를 포기해야 한다는 의미였다.[60]

콜은 당시 기민련의 분열상을 선명히 보여주는 이 기본강령 논의에 직

---

60 "CDU-Parteitag: Große Bilder", *Der Spiegel* 44, 1978, 1978. 10. 29. https://www.spiegel.de/politik/grosse-bilder-a-d94cdd07-0002-0001-0000-000040605749.

접 참여하지는 않았지만, 강령의 탄생은 콜의 힘으로 가능했고, 콜의 고향에서 열린 당대회에서 가결됨으로써 헬무트 콜 개인의 업적과 동일시되었다. 이 강령은 콜의 경쟁자이면서 기본강령에 매우 적대적이던 슈트라우스의 영향력으로 인해 한동안 뒷전으로 밀려나기는 했지만, 콜 집권과 더불어 "기민련 정치 활동의 북극성"이 되었다는 평가를 받았다.[61]

낙태와 공동결정권

낙태 및 공동결정권을 둘러싼 논의는 기민련의 정체성을 설명하는 데 중심적인 이슈일 수밖에 없다. 낙태는 기민련이 기본적으로 가족을 중시하는 가톨릭 정당이었다는 점에서 논쟁적인 주제였고, 공동결정권은 창당 초기부터 당내 좌우파를 가르는 중심적인 쟁점이었기 때문이다. 이 두 쟁점이 논의되는 과정은 기민련 내의 이질성을 여실히 드러내주었다.

서독의 페미니즘 운동 주류는 정치를 통해 평등을 실현하고자 하는 자유주의 페미니즘이 아니라 남녀 간의 근본적인 차이를 강조하는 급진적인 페미니즘으로서, 이들은 특정한 정책을 변화시키는 것으로 여성 억압을 제거할 수 있다고 생각하지 않았다. 이들은 여성들의 자율권 신장을 중시했기 때문에 여성의 몸에 대한 억압을 없애고 여성의 고유한 문화 영역을 구축하여 페미니즘 의식을 고양시키는 것을 중시했고, 국가 기구와 협력하는 데는 큰 관심을 보이지 않았다.[62] 독일 여성운동가들이 국가에 제시한 가장 중

---

61 Michael Borchard, "Die CDU, Helmut Kohl und das Ludwigshafener Programm", in: Thomas Brechenmacher et.al. (eds.), *Historisch-Politische Mitteilungen: Archiv für Christlich-Demokratische Politik. Band 25*, 25/2018, p. 133.

62 매맞는 여성의 피난처, 여성 서점, 여성들을 위한 카페 등 독립적인 프로젝트들을 만들어내는 것이 이들의 주요 관심사였다. Sarah Elise Wiliarty, *The CDU and the Politics of Gender in*

요한 요구사항이 낙태를 불법화한 형법 218조의 폐지였다는 사실은 이러한 배경 아래서 이해될 수 있다.

기민련의 여성 정책은 연계 조직인 여성연합(Frauen Union)이 주도하고 있었다. 여성연합은 가족보호 정책과 여성의 정치참여를 높이는 문제에 대해서는 단일한 입장을 취했지만, 낙태 합법화에 대해서는 의견이 분열되어 있었다. 가족을 전통적인 기독교적 가치의 수호자로 상정하는 가운데 육아수당 지불을 주요 안건으로 삼아온 여성연합이 낙태 합법화 문제로 분열되었다는 것은 쉽게 이해할 수 있는 일이다.

1973년 기민련은 낙태 이슈와 관련된 분열을 극복하지 못하고 두 가지 서로 다른 법안을 제출하기에 이르렀다. 산모의 건강 위험, 태아가 치명적인 결함을 가진 경우, 그리고 성범죄로 인한 임신 등에 한해 낙태를 허용하되, 두 명의 의사와 한 명의 비전문가로 구성된 3인 위원회가 이를 결정하도록 하는 것이 그 하나였다. 다른 하나의 안은 산모의 건강에 심각하게 위해가 되는 경우를 제외한 모든 낙태를 불법화하는 것으로 가족부장관을 지낸 브루노 헥(Bruno Heck)의 이름을 따서 '헥 법안'으로 불렸다. 헥은 나치의 유산을 가진 나라에서 장애와 비장애를 구분하여 낙태를 허용하는 일은 있을 수 없다는 의견을 개진하여 이 문제의 복잡한 층위를 드러냈다.

기민련이 당내 견해차를 좁히지 못하는 가운데 연방의회는 여당인 사민-자유민주당의 법안, 즉 첫 12주의 낙태를 합법화하자는 안을 수용했다. 그러나 기민련이 이 법안을 헌법재판소에 제소했고, 헌재는 1975년 이 법안이 기본법과 합치될 수 없다는 판결을 내렸다. 그에 따라 낙태 합법화를 둘러싸고 다시금 당내 논의가 시작되었지만, 이번에도 기민련은 헥을 포함한

Germany: Bringing women to the party, Cambridge University Press, 2010, pp. 4~18.

강경파의 반발을 우려하여 법안을 제시하지 못했다. 그 결과 사민-자유민 주당 정권이 다시금 제안한 법안이 1976년 통과되는 것으로 논의가 일단락 되었다.[63]

공동결정권을 둘러싼 논의 역시 기민련의 이러한 분열 양상을 잘 보여 준다. 1972년 선거 패배와 더불어 기민련 내에서는 재계와 민족주의자 파벌 대신 여성연합, 청년연합, 그리고 CDA로 구성된 새로운 파벌이 전면에 나 서게 되었고, 이들이 1970년대와 1980년대에 공동결정권에 대한 당내 논의 를 주도했다.[64]

공동결정권은 아데나워가 1951년 석탄, 철강 노동자들의 요구를 받아들 여 광산업 분야에 한정하여 도입한 이래, 가장 중요한 노동 이슈 가운데 하 나였다. 대연정 시기인 1968년 공동결정권을 석탄, 철강 분야를 넘어 전 산 업 분야로 확대할 방안이 기민련 내에서도 중요하게 논의되었으나, 연방의 회 회기 중에 전문위원회의 보고서가 제출되지 못하면서 유야무야된 적이 있었다. 당시 CDA는 독자적인 법안을 제시하여 사민당과 연합하거나 기민 련을 탈퇴하겠다는 입장을 피력할 정도로 공동결정권에 대해 적극적이었 다.[65] 당시 기민련 내 CDA뿐만 아니라 청년연합도 공동결정권 확대에 찬성 했으나, 기민련 당무위원회(Bundesvorstand)는 노사 간의 파트너적 관계를 인정 하면서도 사측이 결정권을 쥐어야 한다는 입장을 고수했다.

키징어 정부는 논의의 진전을 위해 1968년 비덴코프가 주도하여 '비덴

---

63 이 안에 따르면, 산모 건강과 치명적 장애 등 태아의 건강상태, 산모의 사회경제적 여건, 성범 죄로 인한 임신 여부 등을 두루 고려해 의사가 판단하도록 했으며, 원칙적으로 12주 이내에 만 낙태가 가능하되 산모 건강 문제와 관련되면 언제라도 가능하도록 했다. Ibid., pp. 97~103.

64 Ibid., p. 89.

65 Ibid., p. 90.

코프-위원회(Biedenkopf-Kommission)'를 구성하여 "공동결정권에 대한 현재까지의 경험에 대한 평가"를 시도했었다. 이 위원회는 3년간에 걸친 조사 끝에 1970년 공동결정권에 대한 당시까지의 규정에 대한 개관, 공동결정권에 대한 당시의 논의 구조 분석, 광산업 분야 기업들에서 공동결정권의 실제적인 운용 및 그 영향 분석, 그리고 공동결정권 운영과 관련된 위원회의 구체적인 제안들을 담은 176쪽짜리 보고서를 의회에 제출했다.[66] 전문가들이 만장일치로 채택한 이 보고서는 실제 경험을 가진 수백 명을 인터뷰한 끝에 예상과 달리 감사회에 참여한 노동자들이 높은 임금과 직업 안정성을 위해서라도 기업의 효율성을 증대시키기 위해 노력했다는 내용을 담고 있었다. 또한 경영상 결정의 경제적 합리성을 지키면서 동시에 사업장의 평화도 지킬 수 있었다는 결론이었다. 그러나 이들은 석탄 철강 분야의 특수성을 고려할 필요가 있으며, 동수의 공동결정권이 다른 산업 분야에서도 성공할 수 있을지는 미지수라는 점도 빠뜨리지 않았다. 결국 노사 양측 모두를 만족시킬 수 없었지만, 누구도 전적으로 부정할 수는 없는 내용이었다.[67]

---

66 "Mitbestimmung im Unternehmen. Bericht der Sachverständigenkommission zur Auswertung der bisherigen Erfahrungen mit der Mitbestimmung", BT-Drucksache VI/334. https://dserver.bundestag.de/btd/06/003/0600334.pdf.

67 William L. Patch, *Christian Democratic Workers and the Forging of German Democracy, 1920~1980*, Cambridge University Press, 2018, pp. 271~272. 공동결정법이 제정된 이후에도 공동결정권에 대한 논란은 지속되었다. 공동결정권 개정을 위해 2005년 '독일 기업공동결정제도현대화위원회'가 설립되었을 때 비덴코프는 30여 년 만에 다시금 이 위원회의 위원장을 맡았다. 이 위원회에는 고용주 및 노동자 대표와 중립적인 전문가 그룹 등 삼자가 함께 참여했지만, 결국 노사 양측의 합의에 이르지는 못했다. 그럼에도 위원회가 보고서를 제출하기는 했다. 기본적으로 공동결정권의 가치가 입증되었기 때문에 근본적인 개정은 불필요하다는 전제 아래 몇 가지 개정안이 제시되었다. 비덴코프 위원회가 제시한 권고사항들에 독일노총은 지지를 표했던 반면, 경영자 단체는 매우 비판적이었다. 이와 관련해서는 이정언, 「독일 공동결정 제도

이 논의가 진행 중이던 1972년, 일찍이 1952년에 제정되었던 경영조직법(Betriebsverfassungsgesetz)이 기민련/기사련의 반대에도 불구하고 개정되었다.[68] 이 법에 따르면, 5인 이상 모든 사업장에 '사업장평의회(Betriebsrat)'가 설립되어 고용·해고·승진 등의 중요 이슈에 대한 결정에 참여하고, 민감한 사항일 수밖에 없는 직장폐쇄 등도 '사업장평의회'와 협의를 거쳐야 했다. 여러 기업 정보들을 공개해야 했음은 말할 나위도 없다. 금속노조의 평가에 따르면, 1972년의 개정 '경영조직법'을 통해 성과급 및 성과 평가, 노동자 보호, 직업 교육, 인사 등 여러 부문에서 "보다 많은 민주주의를 시도하자"는 브란트 정부의 모토가 사업장에서 실현된 셈이었다.[69]

이러한 논의의 연장선상에서 1976년 공동결정법(Mitbestimmungsgesetz)이 기민련/기사련의 지지를 얻어 통과되었다.[70] 이 법은 2,000명 이상 사업장에 적용되도록 규정되어, 당시 600개 기업의 노동자들이 이 법의 적용을 받게 되었다.[71] 이 법안이 기민련과 기사련의 지지를 얻어 통과될 수 있었던 것은 사민당과 기민련/기사련 양측 모두의 변화를 통해 가능했다.

먼저 1974년 빌리 브란트가 스파이 스캔들로 사퇴함으로써 강경한 주장

30년—효율성 논의와 개선 노력」, 『국제노동브리프』 5(2), 2007, 74~80쪽.

68 Betriebsverfassungsgesetz vom 15. Januar 1972, Bundesgesetzblatt Teil I(1972. 1. 18). https://www.bgbl. de/xaver/bgbl/start.xav?start=%2F%2F*%5B%40attr_id%3D%27bgbl172s0013.pdf%27%5D#__ bgbl__%2F%2F*%5B%40attr_id%3D%27bgbl172s0013.pdf%27%5D__1653006193572.

69 https://www.igmetall.de/im-betrieb/mitbestimmung/im-betrieb/50-jahre-betriebsverfassungsgesetz-72.

70 법안은 다음 참조. https://www.gesetze-im-internet.de/mitbestg/BJNR011530976.html. 이와 관련한 연구로는 방준식, 「독일 공동결정 제도의 성립과 발전」, 『법학논총』 24-1, 2007, 217~237쪽.

71 "Vor 40 Jahren: Bundestag verabschiedet Mitbestimmungsgesetz", bpb, 2016. 3. 16. https://www. bpb.de/kurz-knapp/hintergrund-aktuell/223149/vor-40-jahren-bundestag-verabschiedet-mitbestimmungsgesetz/.

을 고수할 경우 사민당 정권을 위태롭게 할 수 있다는 우려가 노조에서 확산된 점, 그리고 사회 전반의 보수화 경향이 확산됨으로써 사민당과 독일노총이 기존의 강경한 태도를 접고 완화된 형태의 공동결정을 받아들여야 한다는 분위기가 조성되었던 점을 꼽을 수 있다.

다른 한편으로 기민련의 구조 변화도 지적할 필요가 있다. 1962년 25만 명에 불과하던 당원수가 1976년 65만 명으로 급증하고, 기민련의 재원에서 당비가 차지하는 비율이 높아짐과 동시에, 기민련은 재계의 영향력으로부터 점차 독립적인 조직이 되어갔던 것이다.[72] 그런 맥락에서 콜은 "미래에는 CDA의 관심사에 대해 당이 더 많은 관심을 가져야"하며, 이를 위해 노조와 CDA 구성원들을 "그들이 과거에 놓여 있던 게토로부터 해방시켜야 한다"고 주장하기도 했다.[73] 1970년대 초 기민련 당내에서 강력한 파벌을 형성하던 CDA, 청년연합, RCDS, 그리고 라인란트 등 몇몇 주의 대표자들을 중심으로 공동결정에 대한 지지가 확산되었고, 그 결과 비덴코프가 기민련과 기사련의 수정안을 반영하여 마련한 중재안이 1973년 기민련 전당대회에서 받아들여지기에 이르렀다. CDA를 대표하던 노버트 블륌에 따르면, 정부가 제안한 공동결정법안은 기민련 전당대회 때 제시된 수정안과 거의 같았고, 따라서 기민련은 정부안을 거부할 이유가 없었다.[74]

결국 기민련/기사련의 동의를 얻어 통과된 법은 여러모로 노동자들에게 만족스럽지 못했다. 먼저 노동자 측보다는 사측과 자신을 동일시할 화이

---

72 이와 관련해서는 William L. Patch, *Christian Democratic Workers and the Forging of German Democracy, 1920~1980*, Cambridge University Press, 2018, pp. 284~300.

73 Ibid., p. 286에서 재인용.

74 Ibid., p. 294.

트칼라 관리직 피고용인들까지 노동자 측 대표로 참여하게 되었고, 감사회 의장이 감사회 구성원 2/3 지지로 결정되며, 이런 방식으로 결정이 나지 않을 경우 주주 측 다수결로 감사회 의장이, 노동자 측 대표의 다수결로 감사회 부의장이 선출되도록 했다. 결국 감사회 의장은 어떤 경우에도 사측에서 선출될 수 있도록 한 셈이었다. 또한 의견이 동수로 갈릴 경우 감사회 의장이 두 표를 행사할 수 있도록 함으로써 최종결정권을 사측이 가질 수 있도록 했다. 노동감독관(Arbeitsdirektor)을 선출해 노동자 측의 관심사를 반영하도록 했지만, 1951년 석탄 철강 분야 공동결정법과 달리 감사회 노동자 대표 다수의 의사에 반하는 경우에도 감독관 선출이 이루어질 수 있도록 했다.[75]

법안을 어떻게 평가할 것인가는 늘 그렇듯이 무엇을 기대하는가에 달린 문제일 수밖에 없다. 노동자 측이 볼 때 이 법은 1951년 광산업 분야 공동결정안[76]에 비하면 여러 걸음 후퇴한 셈이었다. 그러나 1951년의 공동결정권이 전후 복구와 영국군 개입 등 특수한 상황에서 비롯된 예외적인 결정이었다는 점을 무시할 수 없다. 그에 따라 1976년의 공동결정법은 1951년 석탄 철강 분야 공동결정안이 아니라 1952년의 '경영조직법(Betriebsverfassungsgesetz)'과 비교하는 편이 타당하며, 그 경우 노동자 대표의 비율이 1/3이이었던 경영조직법과 비교할 때 형식상으로라도 노사 비율이 동수를 지향하고 있는 1976년의 공동결정권안은 후퇴가 아니라 진전이었다고 볼 수도 있다.[77] 아

---

75 구체적인 내용을 다이어그램과 함께 상세히 설명한 연구로는 Heinz Gester/Norbert Koubek/ Gerd R. Wiedemeyer (eds.), *Unternehmensverfassung und Mitbestimmung in Europa*, GABLER, 1991, pp. 82~85.

76 이 법의 공식 명칭은 'Gesetz über die Mitbestimmung der Arbeitnehmer in den Aufsichtsräten und Vorständen der Unternehmen des Bergbaus und der Eisen und Stahl erzeugenden Industrie' 였다.

77 500명 이상 2,000명 이하 사업장은 1952년 '경영조직법(Betriebsverfassungsgesetz)'의 영향력하

울러 노동자 측의 양보 없이는 경영자 대표들의 목소리가 강한 기민련 안에서 공동결정안이 수용될 수 없었으리라는 점도 기억할 필요가 있을 것이다.[78]

이처럼 기민련이 공동결정법에 당론을 모아낸 것은 기민련 당사 측면에서는 큰 의미를 가지는 일이었지만, 사민-자유민주당 연정 아래서 통과되었기 때문에 기민련 역시 이를 지지했다는 사실만으로 기민련 지지율을 높일 수는 없었다. 게다가 다수의 기업가들은 기업을 분사함으로써 이 법의 적용을 피하고자 노력했다. 예컨대 1976~1978년 사이 이 법의 적용 대상 기업은 600에서 484개로 축소되었다.[79] 이는 노동 관계에 대한 국가 개입을 피하기 위해 전형적으로 나타나는 현상이었다.

3. 선거, 콜 대(對) 슈트라우스

기민련의 상승세

1970년대부터 점차 기민련의 상승세가 나타났다. RAF 테러, 석유위기,

에 있었으며, 이 법에 따르면 감사회의 노동자 대표 몫은 1/3이었다. Heinz Gester/Norbert Koubek/Gerd R. Wiedemeyer (eds.), *Unternehmensverfassung und Mitbestimmung in Europa*, GABLER, 1991, p. 86.

78 기민련의 동의를 얻어 법안이 통과되었지만 기업가 단체는 공동결정권이 기본법의 소유권 보장에 위배된다는 등의 명목으로 헌법재판소에 제소했고, 헌법재판소는 다시 헌법에 담긴 '소유권의 사회적 구속(soziale Verbindlichkeit des eigentums)'을 들어 합헌임을 선언했다. Ibid., pp. 87~88.

79 공동결정권 논의의 전개와 관련해서는 Peter J. Katzenstein, *Policy and Politics in West Germany*, Temple University Press, 1987, pp. 125~167.

실업 급증 등 경제적 불안정성이 중요한 배경이 되었다. 기민련이 정권에서 물러나던 1969년과 비교할 때, 사민당 정부 집권 이후 국가부채는 급증하고 성장률은 감소했으며 물가인상율도 급격히 높아졌다.

더불어 기민련은 다시금 안보를 보장하는 정당처럼 보이게 되었다. 사민당의 긴장 완화 정책이 동독 측의 반향을 얻지 못했던 데다가, 총리의 측근인 귄터 귀욤(Günter Guillaume)이 동독 스파이라는 사실까지 폭로된 탓이었다. 이를 계기로 브란트가 총리직에서 물러난 지 열흘 뒤 사민당 우파이자 실용주의자로 널리 알려진 헬무트 슈미트가 총리로 임명됨으로써 정권의 위기가 일단락되기는 했지만, 사민당이 점차 수세에 몰리고 있다는 사실은 분명했다. 1974년부터는 '방향 전환(Tendenzwende)'이 널리 인구에 회자되었다. 언론들도 보수주의로의 회귀를 점치기 시작했다.[80]

선거 결과만 봐도 기민련의 상승세는 뚜렷했다. 기민련이 야당이긴 했지만, 1970년대 내내 다수의 지지를 받는 강력한 야당이었다. 1972년 연방의회 선거를 제외하고 기민련은 선거에서 패배하지 않았다. 1976년 선거 때도 정권교체에는 실패했지만 절대과반에서 약간 모자라는 정도로 기민련 선거 사상 두 번째로 좋은 성적을 거두었으며, 지역 선거에서는 압도적 승리를 반복했다. 슐레스비히-홀슈타인, 라인란트-팔츠, 바덴-뷔르템베르크 등에서는 과반수 이상의 지지를, 바이에른에서는 60% 이상의 지지를 얻었다. 니더 작센, 노르트라인-베스트팔렌 등 사민당이 연정을 통해 집권한 주정부에서도 기민련은 절대과반에 필적하며 사민당을 능가하는 지지를 얻고

---

80 1970년대의 이와 관련된 구체적인 현상에 대해서는 Peter Hoeres, "Von der Tendenzwende zur geistig-moralischen Wende", *Vierteljahreshefte für Zeitgeschichte* Vol. 61, No. 1, pp. 95~101.

있었다.[81]

1976년 바덴-뷔르템베르크 주정부 선거에 이르기까지 기민련은 11개 주 가운데 9개 주에서 제1당으로 부상했다. 기민련 출신으로 슐레스비히-홀슈타인 주지사를 지낸 게하르트 슈톨텐베르크(Gerhard Stoltenberg)가 인터뷰에서 말했듯이, 이 시기 기민련은 연방의회에서 야당이었음에도 연방 상원(Bundesrat)에서는 다수를 구성하고 있었기 때문에, "입법에 적지 않은 영향력을 행사할" 수 있었다.[82]

1976년 선거

1976년 선거전은 당시까지 역사상 가장 길고도 비싼 선거전이었다. 일단 총리 후보 선출 과정부터 그랬다. 1973년 콜이 당대표로 선출된 바로 다음 날 총리 후보로 나서겠다고 선언했음에도, 1975년 총리 후보로 선출되기까지 소요된 시간은 1년 반이었다. 사민당의 현직 총리 헬무트 슈미트의 인기를 감안할 때, 선거에서 강한 호소력을 발휘할 수 있고 기사련을 포함해 야당 전체가 수용할 수 있을 정도로 정치적인 비중이 있는 인물을 찾아 나서야 하는 상황이었는데, 콜은 지나치게 허약하고 좌파적인 인물로 보였기 때문이다. 기민련 창설 이후 이 시기에 처음으로 총리 후보를 둘러싸고 진정한 당내 경쟁이 이루어졌다. 콜, 슈톨텐베르크 등 기민련의 여러 총리 후

---

81 특히 헤센 지역은 기민련의 상승세를 잘 보여준다. 1967년 말부터 헤센의 기민련 대표를 맡은 알프레드 드레거(Alfred Dregger)가 지역 대표가 되기 전, 1966년 선거에서는 사민당이 51%, 기민련이 26%의 지지를 얻었다. 헤센은 명백히 사민당의 영토였다. 그러나 이 지역에서 기민련은 1970년 39.7%, 1974년 47.3%로 지지율을 끌어올렸고, 연정 체제로 인해 집권하지는 못했지만 1970년부터는 제1당으로 부상할 수 있었다. 헤센 지역 선거 결과의 변동을 보기 위해서는 https://de.wikipedia.org/wiki/Hessischer_Landtag#Wahlergebnisse.

82 Peter Stützle, *Auf den Spuren der CDU*, Aktuell, 1995, p. 144.

보들이 상호 경쟁했고, 그 승자는 기사련의 전폭적인 지지에 더해 보수적인 기민련 일부의 지지까지 받고 있던 슈트라우스와의 경쟁을 뚫어야 기민련/기사련의 총리 후보로 선출될 수 있었다. 결국 1975년 3월 라인란트 팔츠 주 의회 선거에서 절대과반을 넘어서는 지지를 얻은 헬무트 콜이 어렵게 기민련/기사련의 총리 후보로 선출되었다.

1976년 선거는 이미 7년째 야당이던 기민련에게 "방향성을 결정하는 선거(Richtungswahl)"일 수밖에 없었다. 이 선거전이 이루어진 방식 자체가 당시 갈 길 몰랐던 기민련의 상황을 고스란히 드러내준다. 무엇보다 선거의 슬로건으로 "사회주의 대신 자유"가 선택된 과정 자체가 그랬다. 1973년 개혁파의 대표적 인물이던 비덴코프는 트라우마에 가까운 결과를 안겨준 1972년 선거 이후에 선거 언어를 분석하는 '의미분석 팀(Arbeitsgruppe Semantik)'을 만들었다. 이 팀의 분석에 따르면 공동결정, 민주화, 삶의 질 등이 대표적으로 사민당에 의해 전유된 용어였다. '사회적'이나 '자유주의' 같은 개념, 혹은 '공정성과 연대' 등을 기민련의 어휘로 가져와야 한다는 이 팀의 결론에 따라 "안전한, 사회적인 그리고 자유로운" 등이 선거전에 활용할 어휘로 제시되었다. 자유와 안전을 조합할 필요가 있다는 것이 중요한 아이디어였다.

그러나 이 선거전에서 최종적으로 선택된 선거 슬로건은 "사회주의 대신 자유"였다. 이는 알렌스바흐 여론조사연구소(Allensbacher Institut für Demoskopie) 창립자 엘리자베스 노엘레-노이만(Elisabeth Noelle-Neumann)의 강력한 권고에 따른 것이었다. 이후에도 콜 집권 시기 내내 선거 캠페인의 방향성을 결정하는 데 중요한 역할을 했던 그녀는 반사회주의와 질서가 시민들 사이에서 기민련과 강하게 결부되는 용어이며, '사민주의는 결국 공산주의'라는 메시지로 사민당과 기민련의 차이를 분명히 할 필요가 있다고 주장했다. 이로써 기민련을 사회의 무게중심을 잡는 세력으로 자리매김할 수 있고, 이를 통해

정치적으로 무관심한 중산층 시민들을 정치적으로 동원할 수 있다는 것이
었다. 이미 1974년 바덴-뷔르템베르크 주정부 선거에서 "사회주의 또는 자
유"를 슬로건으로 내세운 기민련이 승리를 거둔 바 있었다는 점이 그 중요
한 근거가 되었다.

　　당의 개혁파들은 이렇게 부정적인 방식으로 이데올로기를 활용해서는
부동층 유권자들을 끌어들일 수 없다고 주장했으나, 종국에는 기사련의 프
란츠 요제프 슈트라우스가 개입하여 당내 개혁 세력의 반대를 무릅쓰고 이
를 1976년 선거 슬로건으로 내세우는 데 성공했다. 콜 자신은 중도를 지향
하는 선거전을 펴고자 했지만, 보다 양극화된 선거 구호를 선호한 슈트라우

스의 안을 수용함으로써 기사련과의 단합을 과시하는 편을 택했다. 그 결과 이들이 제시한 원안이었던 "사회주의 또는 자유"보다는 완화된 형태인 "사회주의 대신 자유"를 선거 구호로 채택하게 되었다.[83] 그 외에도 "독일은 어느 때보다 위협받고 있다", "자유를 선택한다", "독일에 대한 사랑에서" 등의 구호로 공산주의의 위협을 극적으로 제시함으로써 선거에 대한 유권자들의 관심을 높이고자 했다. 반면 당사무총장이던 개혁파 비덴코프는 총리 후보인 콜의 플래카드에는 이를 사용하지 않은 방식으로 그 영향력을 차단하고자 애썼다.[84] 당의 내분으로 인해 부동층 유권자들이 등을 돌릴 것을 우려한 차선책이었다.

다시금 사민당과 기민련 간의 이데올로기적 간극을 강조한 이 선거 캠페인은 구체적인 주제에 집중하기보다는 일반적인 이미지를 전달하는 미국식 선거 캠페인을 수용한 결과로서, 사민당에 맞설 대안적인 정치적 프로그램을 개발하지 못한 채 정적을 악마화하고 안보에 대한 국민의 우려를 극대화했다는 점에서 비판을 받았다. 독일 선거 캠페인의 전문화에 대해 연구한 이본느 쿤(Yvonne Kuhn)은 단순화, 탈정치화, 양극화, 감정화 등 오늘날 선거 캠페인에서 비판 받는 모든 요소들을 두루 겸비한 선거였다는 평가를 내렸다.[85] 그러나 선거 승리를 위해서는 전체 국민의 동의를 구하기보다 핵심 지지층의 지지를 얻는 것이 더 중요한 경우가 많고, 실제로 당시 설문조사 결과 안보 부문에서 기민련이 높은 평가를 받고 있었다는 점을 고려할

---

83 Michael Koß, "Scheitern als Chance. Helmut Kohl und die Bundestagswahl 1976", in: Daniela Forkmann/Saskia Richter (eds.), *Gescheiterte Kanzlerkandidaten: Von Kurt Schumacher bis Edmund Stoiber*, Verlag für Sozialwissenschaftenchaften, 2007, p. 191.

84 Thomas Mergel, *Propaganda nach Hitler*, Wallenstein Verlag, 2010, pp. 266~270.

85 Yvonne Kuhn, *Professionalisierung der deutschen Wahlkämpfe*, Deutscher Universitätsverlag, 2007, p. 82.

때 이해할 만한 선택이라는 평가도 있다.[86]

기민련/기사련의 1976년 선거 캠페인을 주도한 인물은 슈트라우스로서, 그가 선거에 대해 어떤 입장이었는지는 그 자신을 총리 후보에서 낙마시킨 설화 사건인 '존트호펜 연설(Sonthofener Rede)'에서 잘 드러난다. 그는 1974년 기사련 지방 조직 행사에서 "선거에서 중요한 것은 (…) 냉철하고 다루기 어려운 무수한 정치적 문제들이 아니라, 국민을 감정적으로 자극하는 것이며, 특히 내정적으로나 외정적으로나 두려움, 우려, 그리고 암울한 미래상들"을 동원하는 것이 필요하다고 주장했던 것이다.[87] 국익보다 당파의 이익을 전면에 내세웠다는 점에서 바이마르 시기의 정당정치를 연상시키는 이 연설이 『슈피겔』에 의해 폭로됨으로써, 사민당에게는 중요한 공격 목표가 되기도 했다.[88] 기본적으로 갈등을 찾아다니는 성향이던 슈트라우스는 자유민주당과의 연정 가능성을 열어둠으로써 부동층을 노리고자 했던 콜의 계획을 번번이 좌절시키곤 했다.

결국 1976년 연방의회 선거에서 기민련은 정권을 탈환하지 못했다. 선거

---

86 Thomas Petersen, "Helmut Kohls Wahlkämpfe", in: Nikolaus Jackob (ed.), *Wahlkämpfe in Deutschland*, VS Verlag für Sozialwissenschaftenchaften, 2007, p. 202.

87 "Aufräumen bis zum Redes dieses Jahrhunderts", *Der Spiegel*, 1975. 3. 10, pp. 34~41. https://www.spiegel.de/politik/aufraeumen-bis-zum-rest-dieses-jahrhunderts-a-ba391601-0002-0001-0000-000041533728.

88 슈트라우스는 '존트호펜 연설'이 언론에 보도되면서 콜과의 총리 후보 경쟁에서 밀리기 시작했다. Michael Koß, op.cit., 2007, p. 188. 비밀리에 녹음되어 『슈피겔』에 전달된 이 연설에서 슈트라우스는 야당이 어떤 독자적인 제안을 하기보다는 연금보험, 실업, 경기침체 등 여러 문제들을 해결하는 과정을 지켜보기만 하면서 지속적인 경기침체의 충격으로 사회-자유민주당 정부가 해체되기를 기다리자고 말한 것으로 보도되었다. "Aufräumen bis zum Redes dieses Jahrhunderts", *Der Spiegel*, 1975. 3. 10, pp. 34~41. https://www.spiegel.de/politik/aufraeumen-bis-zum-rest-dieses-jahrhunderts-a-ba391601-0002-0001-0000-000041533728.

직전의 여론조사에서 53%까지 치솟았던 지지율은 실제 선거에서 재연되지 못했다.[89] "승자 없는 선거"로 일컬어지는 1976년 선거에서 기민련/기사련은 1972년보다 3.7%의 지지를 더 얻어 48.6%의 지지를 얻었다. 이는 1957년 선거 이후 최고의 결과였다. 1976년 선거 직후부터 기민련은 자유민주당과의 연대를 통해 여당이 되고자 노력했다. 그러나 7.9%의 지지를 얻은 자유민주당은 이 제안을 받아들이지 않고 사민당과의 연정에 계속 참여하는 편을 택했다. 그리하여 사민당은 지난 선거보다 3.2% 감소한 42.6%의 지지를 얻어 지역구 의석 39석을 상실했음에도, 자유민주당과의 연정을 통해 50.5%를 확보함으로써 8석 차이로 기민련/기사련을 어렵사리 누르고 여당으로 남을 수 있었다.[90] 통일 이전 독일 내정에서 제3당이던 자유민주당의 정치적 영향력을 극명하게 보여준 사례인 셈이다.

기민련과 기사련의 갈등

기민련과 기사련은 1949년 최초의 기획처럼 별개의 정당으로 남았음에도 여러 변화무쌍한 정치적 국면을 함께 헤쳐 나갔다. 매번 함께하는 것도 어려운 일이었지만, 그렇다고 양당을 분리시키는 것도 쉽지 않았다. 기실, 기민련/기사련 당사 전체에서 양당 분열의 움직임이 가시화되었던 것은 딱 한 번이었다. 동방 정책을 둘러싼 사회적 분열이 가시화되고, 헬무트 콜을 능가하는 카리스마를 보유한 프란츠 요제프 슈트라우스가 기사련 대표로 있던 1976년의 일이다.

1961년 기사련의 슈트라우스가 기민련과 기사련의 협업이 "아데나워라

---

89   Hans-Peter Schwarz, *Helmut Kohl*, DVA, 2012, p. 207.

90   Michael Koß, op.cit., 2007, p. 198.

는 이름의 매력"과 "그가 이끈 정치의 성과와 광채"에 달려 있었다고 말했을 때, 기민련과 기사련의 분열은 이미 예견되고 있었다.[91] 대연정 시기에는 기사련을 배제한 채 기민련 일부가 사민당과 공조하는 일도 가능해졌다. 기사련의 정치적 행동 반경은 줄어들 수밖에 없었고, 기민련과의 관계는 점차 악화되었다.

기사련을 전국 정당화하여 4당 체제를 만들자는 움직임은 1972년부터 가시화되었으며, 동방 정책을 둘러싼 논란이 그 중요한 계기가 되었다. '제4당 창당모임(Aktionsgemeinschaft VIERTE PARTEI)'이 발간한 『본의 동방 정책의 실패』라는 유인물에 따르면 "동방 정책을 막기 위해서" 제4당이 창당되어야 했다. 동방 정책을 통해 "독일의 분열이 공고해졌고 통일에 대해 더 말할 수 없게 되었"으며, "독일 동부 지역에 대한 법적 요구"라는 "헌법에 보장된 권리가 쉽사리 포기"되었을 뿐만 아니라 동구권 국가들에 "800억 마르크라는 엄청난 금액"을 지원하여 결국 소비에트 군비를 독일이 재정 지원하게 되었다는 게 그들의 생각이었다.[92]

이러한 흐름은 1976년 10월 연방의회 선거에서 집권에 실패한 후 더욱 고조되었다. 기민련의 패배와 달리 이 선거에서 바이에른 기사련은 60%의 지지를 얻음으로써 승리를 구가했다. 한 달 후인 1976년 11월 18, 19일 기사련 소속 연방의회 의원들은 빌트바트 크로이쓰(Wildbad Kreuth)에 있는 기사련 재단에서 회의를 열고 독일 전역에 후보를 내는 전국 정당으로 체질을 개선하며, 연방의회에서는 기민련과 별도로 독자적 원내교섭단체를 구성하

---

91   Alf Mintzel, "Der Fraktionszusammenschluß nach Kreuth: Ende einer Entwicklung?", *Zeitschrift für Parlamentsfragen*, Vol. 8, No. 1, 1977, p. 61에서 재인용.

92   https://www.fjs.de/fileadmin/user_upload/FJS/Documents/parteivorsitzender/NLStraussPV_12955. pdf.

기로 결정했다. 바이마르 시기 중앙당과 바이에른인민당이 팔츠 지역에서 동시에 후보를 내고 경쟁했던 경험이 재연되려는 순간이었다.

이에 대해 기민련과 콜은 강경하게 대응했다. 바로 다음 날인 11월 20일의 최고위원회(Präsidium)와 이틀 후에 열린 당무위원회(Bundesvorstand)에서 기사련이 "기민련과 기사련 통합을 유지하려는 그들의 의사를 구속력 있는 당강령으로 분명히 표현하지 않을 경우, 기민련이 바이에른에 후보를 낼 수밖에 없"다고 선언한 것이다.[93]

'빌트바트 크로이쓰 회의' 직후인 11월 22일, 프란츠 슈트라우스는 기사련 당원들에게 보낸 서한에서 빌트바트 크로이쓰 선언이 나온 이유를 상세히 설명했다.[94] 그는 기본적으로 기민련/기사련의 교섭단체 구성이 의회 회기 시작 전 새롭게 체결되는 4년 계약의 성격을 갖고 있으며, 따라서 원칙적으로 계약 변경이 가능하다는 입장이었다. 구체적으로 자유민주당이 좌파당이 된 마당에 자유민주당과 연정을 기대할 수 없고, 기민련의 저조한 지지율에 기대서 절대과반을 통해 집권하는 것이 불가능해졌으며, 기사련이 독자 정당이 될 경우 의회 연설 시간이나 정부 지원금 확보 측면에서 절대적으로 유리해진다는 것 등 실용적인 이유들이 제시되었다. 동방 정책에 대해 분명한 비판의 목소리를 내고자 했으나 기민련의 반대로 실패하는 등, 기사련의 목소리가 제대로 반영되지 않는 현재의 구조에 대한 불만도 중요한 내용을 이루고 있었다.

그러나 기사련 의원과 당직자들의 탈당 선언이 줄을 잇는 등 기사련 전

---

93 Konrad-Adenauer-Stiftung (ed.), *Kleine Geschichte der CDU*, DVA, 1995, p. 119.

94 https://hlbredaktion.historisches-lexikon-bayerns.de/images/7/72/Artikel_46066_bilder_value_4_kreuth5.pdf.

국 정당화에 대한 당 내부의 반발이 본격화되고, 바이에른주 유권자들을 대상으로 한 설문조사에서도 슈트라우스보다 콜의 지지율이 높은 것으로 나타났다.[95] 그에 따라 슈트라우스는 기사련의 전국 정당화 계획을 철회할 수밖에 없었다. 하지만 이 3주간의 논의 과정을 거치면서 기사련 역시 상당한 몫을 확보할 수 있었다. 기민련/기사련 원내교섭단체를 지속시키기 위한 협의를 통해 구체화된 바에 따르면,[96] 원내 대표는 기민련/기사련이 공동으로 선출하되 원내 제1부대표는 기사련이 선출하게 되었고, 사안에 따라 기사련이 연방의회에서 독자적인 목소리를 낼 수 있도록 하는 등 하나의 교섭단체라는 울타리 안에서일망정 기사련의 독자성이 강화된 것이다. 아울러 기민련과 기사련 동수로 구성된 전략위원회가 공동의 정책 목표와 방향성에 대해 논의하도록 결정되었다. 1980년 연방의회 선거에서 슈트라우스가 총리 후보로 선출될 수 있었던 것은 이러한 논의의 결과였다.[97]

---

95 Wolfgang Jäger, "Helmut Kohl setzt sich durch, 1976~1982", in: Hans-Peter Schwarz (ed.), *Die Fraktion als Machtfaktor*, Pantheon, 2009, p. 144.

96 Vereinbarung über die Fortführung der gemeinsamen Fraktion zwischen CDU und CSU für die 8. Legislaturperiode des Deutschen Bundestages, 12. Dez. 1976. https://www.fjs.de/fileadmin/user_upload/FJS/Documents/parteivorsitzender/Kreuth_Vereinbarung_1976.pdf.

97 당시 콜이 총리 후보로 선출되는 데 적극적이지 않았고, 그것은 1980년 선거에서 기민련의 승산이 낮았기 때문이라는 분석도 제기되었다. 하지만 토마스 페터젠(Thomas Petersen)에 따르면 전반적으로 보수화된 시대 분위기에 더하여 경제 문제 등 중요한 부문에서 기민련의 능력을 높이 평가한다는 설문조사 결과가 나오고 있었기 때문에, 최소한 통계적으로 보자면 이는 타당하지 않다. Thomas Petersen, "Helmut Kohls Wahlkaempfe", in: Nikolaus Jackob (ed.), *Wahlkämpfe in Deutschland: Fallstudien zur Wahlkampfkommunikation 1912~2005*, Verlag für Sozialwissenschaftenchaften, 2007, p. 203.

슈트라우스의 등장과 '반-슈트라우스' 선거

프란츠 요제프 슈트라우스는 1915년 바이에른인민당(Bayerische Volkspartei)에서 활발히 활동하던 소상점주 가정에서 태어났다. 역사 교수나 김나지움 교사가 되기를 희망하던 청년 슈트라우스는 2차 대전에 참전한 후 행로를 바꾸어 정계로 뛰어들었다. 기사련의 창당 멤버로서 1949년 연방의회 의원이 된 이래 1953년부터 국방부, 재정부 등 여러 부서 장관을 역임했고, 1961년 기사련의 당대표가 되었으며 1978년에는 바이에른 주지사가 되었다. 두 직위 모두 사망하던 해인 1988년까지 유지했다.

그는 바이에른주 대학입학시험에 수석으로 합격하여[98] "모든 주제에 대해 강의가 가능"할 정도로 탁월한 지적 능력을 보였으며,[99] 특히 경제 분야에 전문적인 식견을 가진 것으로 여겨졌다. 연설에 능했던 그는 1949년 8월 초대 연방의회부터 참여하여 수도 본(Bonn)의 정치와 더불어 잔뼈가 굵었고, 독일 국내 정치에서나 국제 정치에서나 엄청난 네트워크를 갖고 있어 팔츠주 출신 시골뜨기 콜을 압도하는 후광을 가지고 있었다. 또한 그는 1970년대 기사련 당원수를 늘리고 원래 사민당 지역이던 바이에른 내 신교 지역에서 세를 불려 기사련의 지지율을 60%로 끌어올리는 데 성공했을 정도로 유능했다. 이로써 기사련 내에 경쟁자가 없던 야심가 슈트라우스는 이 빛나는 정치적 이력의 마지막을 연방 총리로 장식하기를 희망하게 되었다.

그러나 슈트라우스의 문제는 기사련과 기민련 핵심 지지층을 제외한 국민들에게 인기가 없다는 점이었다. 여전히 공식적인 총리 후보 선발 절차가 마련되지 못한 가운데 1980년 기민련/기사련의 원내교섭단체에서 슈트라

---

98 https://www.merkur.de/lokales/leserbriefe/im-blickpunkt/franz-josef-strauss-abitur-2896542.html.

99 Hans-Peter Schwarz, *Helmut Kohl*, DVA, 2012, p. 194.

우스를 총리 후보로 내세웠을 때, 그것은 찬반이 매우 엇갈리는 후보를 내세우는 모험이었다. 당 탈퇴, 의원직 사퇴 등 다양한 방식의 저항이 뒤를 이었다. 의원 투표가 아닌 여론조사에 근거했더라면 불가능한 선택이었다. 당시 여론에 따르면 콜이 대리로 내세운 니더작센 주지사 에른스트 알브레히트(Ernst Albrecht)가 47%의 지지를 받았던 반면, 슈트라우스의 지지율은 27%에 불과했다.[100]

총리 후보가 된 슈트라우스는, 기민련 당사무총장이 선거 캠페인을 주도하는 것이 일반적이었음에도, 개혁적인 성향의 기민련 당사무총장 하이너 가이슬러가 선거 캠페인을 주도하는 것을 거부했다.[101] 그리하여 1980년 선거 캠페인은 기민련 중앙당사가 있던 수도 본이 아니라 기사련 휘하인 뮌헨에서, 기민련이 아닌 기사련 사무총장 에드문트 슈토이버(Edmund Stoiber)의 주도로 시작되었다.

적군파인 RAF 테러가 빈번하게 발생하고 핵무장을 둘러싼 사회적 갈등이 커지고 있었으며 1, 2차 석유파동으로 인한 경제난도 심각한 상황이었기 때문에, 독일 사회 내에서는 안정에 대한 갈망이 커지고 있었다. 영국과 네덜란드에서도 보수 정당이 재집권에 성공한 상태였다. 이러한 시대적 조류를 배경으로 기민련/기사련의 1980년 선거 슬로건은 1978년에 기민련의 기본강령에서 근본 가치로 합의된 '연대와 공정성'이 아니라 '자유, 평화, 사회주의에 대한 투쟁'으로 결정되었다. 구체적으로 "평화와 자유를 위하여",

---

100 Saskia Richter, "Franz Josef Strauß. Das Scheitern eines Siegers", in: Daniela Forkmann/Saskia Richter (eds.), *Gescheiterte Kanzlerkandidaten: Von Kurt Schumacher bis Edmund Stoiber*, Verlag für Sozialwissenschaftenchaften, 2007, p. 220.

101 Sarah Elise Wiliarty, *The CDU and the Politics of Gender in Germany: Bringing women to the party*, Cambridge University Press, 2010, p. 111.

05 기민련 쇄신—비로소 야당으로 [1972~1982] 289

"사회주의를 멈추자—기민련을 선택하자", "낙관주의를 갖고 사회주의에 맞선 기민련" 등이었다.[102] 슈트라우스는 사민당의 정책이 '항복 또는 전쟁' 으로 귀결될 것이라고 국민의 공포심을 자극하면서 지독히 냉전적인 선거 전을 펼쳤다.[103] 1950년대에 아데나워가 걸어간 길에 재차 들어선 셈이었다.

---

102 https://www.kas.de/de/web/geschichte-der-cdu/wahlprogramme-und-slogans.

103 흥미로운 것은 슈트라우스가 효율성을 지향하고 특정한 이데올로기를 지양하는 경향성 을 보였다는 것이다. 재무부장관(Bundesminister der Finanzen)으로서 대연정에 참여했던 시 기에 그는 동구권과의 관계 개선에 열려 있었고, 사민당의 경제부장관이던 칼 쉴러와 더불 어 케인즈주의적 재정 정책을 폄으로써 기민련 내의 보수 세력과 차이를 분명히 했다. 그가 사민-자유민주당의 동방 정책, 경제 정책, 사회 정책에 적극적으로 맞서는 편을 선택한 것

급증한 국가부채, 연금재정 불안 등도 이처럼 감성적인 선거 캠페인에서 빠질 수 없는 항목이었다.

"거인들의 결투"로 불리던 1980년 선거에서는 무수한 선거법 위반이 나타났다.[104] 양당은 공정하게 사안에 집중하는 선거를 하겠다는 협약을 체결했지만, 이 협약이 지켜지는지 감시하기 위한 중재원(Schiedsstelle) 회의가 33회나 소집되어야 했다.[105] 그 결과 선거 캠페인의 스타일이 다시금 선거 캠페인의 주제가 되는 현상이 나타났다. 슈트라우스는 악마화되고 사민당의 슈미트는 "채무유발자"로 지탄 받았던 이 선거는 후일 연방의회 선거 역사상 "가장 양극화되고 가장 혼탁한 선거"였다고 평가받았다.[106]

1980년 선거를 통해 헬무트 슈미트는 3기 정권을 구성할 수 있게 되었지만, 이 선거는 '슈미트 선거'보다는 '반-슈트라우스 선거'로 기록되었다. 사민당은 42.6%의 지지로 1976년과 거의 비슷한 결과를 얻었고, 자유민주당은 2.7% 지지를 더 얻어 10.6%의 지지율을 기록함으로써 선거의 승리자로 기록되었다. 기민련/기사련은 지난 선거보다 4.1% 감소한 44.5%의 지지를 얻었다. 이는 1949년 이래 최악의 결과였으나, 어쨌든 가까스로 원내 제1당으로 남을 수는 있었다. 그렇지만 자유민주당과 연정한 사민당이 권력을 유지

은 야당으로서의 전략이었다는 평가를 받는다. Saskia Richter, "Franz Josef Strauß. Das Scheitern eines Siegers", in: Daniela Forkmann/Saskia Richter (eds.), *Gescheiterte Kanzlerkandidaten: Von Kurt Schumacher bis Edmund Stoiber*, Verlag für Sozialwissenschaftenchaften, 2007, p. 210.

104 Edgar Wolfrum, *Die geglückte Demokratie*, Pantheon, 2007, p. 352에서 재인용.

105 Christina Holz-Bache, "Wahlkämpfe in Deutschland", in: Andreas Dörner/Ludgera Vogt (eds.), *Wahl-Kämpfe*, Suhrkampf, 2002, p. 224.

106 Wolfgang Jäger, "Helmut Kohl setzt sich durch, 1976~1982", in: Hans-Peter Schwarz (ed.), *Die Fraktion als Machtfaktor*, Pantheon, 2009, p. 156.

하는 것을 막을 수는 없었다.[107] 자유민주당은 오랫동안 적대시해온 슈트라우스가 총리가 되는 것을 좌시할 수 없었기 때문에라도 사민당과의 연정에 참여해야 했다.

　슈트라우스가 아니라 콜이 후보였다면 이길 수 있는 선거였다는 분석이 드물지 않은 가운데,[108] 슈트라우스의 패배는 콜의 승리로 기록될 수밖에 없었다. 이 패배 이후 슈트라우스가 중앙 정치 무대를 떠나 바이에른 주 정치에 전념하게 되었다는 점에서도 그러했지만, 1980년 총리 후보 선출 직전 당내 권력다툼에서 철저히 밀려났던 콜이 이 선거를 기점으로 기사회생할 수 있었다는 점에서도 그러했다. 1980년 선거에서, 콜은 일반적인 예측과 달리 끝까지 충실하게 선거 캠페인에 임했다. 그로 인해 콜은 당과 원내교섭단체의 지지를 한몸에 받게 되었고, 다시 당권을 장악할 수 있었다. 이 선거 이후 콜은 원내교섭단체 대표로 다시 선출될 수 있었다. 무엇보다도 기민련/기사련 내에서 콜의 가장 강력한 맞수였던 슈트라우스가 이제는 콜을 지지하기에 이르렀다. 슈트라우스는 1981년 『슈피겔』과의 인터뷰에서 야당 대표인 헬무트 콜이 차기 총리가 되는 것이 타당하다고 말했다.[109]

---

107 한편 1980년 선거는 녹색당이 1.5%의 지지를 얻어 비록 원내 진출에는 실패했으나 최초로 참여한 선거였다는 점에서도 중요한 의미를 가진다.

108 Edgar Wolfrum, *Die geglückte Demokratie*, Pantheon, 2007, p. 352.

109 "»Ich bin doch kein Nostradamus« Der CSU-Vorsitzende Franz Josef Strauß über Kanzlerkandidaten und den Kurs der Union", *Der Spiegel*, 53, 1981. 12. 28. https://www.spiegel.de/politik/ich-bin-doch-kein-nostradamus-a-949605cc-0002-0001-0000-000014354180.

4. 사민-자민 연정 붕괴

사민당이 1966년부터 1982년까지 집권당 지위를 유지할 수 있었던 것은 자유민주당이 연정을 지속시키기를 희망했기 때문이었다고 해도 지나친 말이 아니다. 1972년 선거를 제외하고 사민당은 계속 득표율 2위에 머물렀기 때문이다. 그러나 사민당과 자유민주당의 십여 년에 걸친 연정은 점차 붕괴하고 있었다.

재무장 정책을 둘러싼 논쟁이 결정적인 계기가 되었다. 압도적 지지를 받은 동방 정책과 그에 뒤이은 긴장 완화 이후 다시금 강화된 냉전의 기류가 나타나면서 사민-자유민주당 정부뿐만 아니라 독일 사회 전체를 뒤흔들었다. 미국 레이건 정부가 소비에트를 '악의 제국(Evil empire)'으로 규정하고 핵전쟁까지 '가능하다'고 밝히는 가운데 재무장이 강화되는 추세였다. 1979년 12월의 '나토 이중결정'에 따라 독일에도 중거리 미사일 배치가 논의되었다. 독일이 전쟁터가 될 수 있다는 우려가 매우 높아진 것이다.[110] 미국 중거리 미사일의 독일 배치 포기를 요구하는 '크레펠트 호소(Krefelder Appell)'에 500만 명이 서명할 정도로, 서독 평화운동의 반향은 크고도 깊었다.[111]

---

110 이 이중결정은 소련의 중거리 핵미사일 증강에 대항하기 위해 미국이 서유럽에 중거리 핵미사일과 크루즈미사일을 배치하는 것, 그리고 미국과 소련 간의 군비 통제 협상을 개시한다는 것 등 두 가지 트랙으로 구성되어 있었다. 이와 관련해서 다음의 논문을 참조. 이승근, 「유럽 안보와 확장 억지—NATO에서의 경험과 정책적 함의」, 『국방연구』 제56권 제2호, 2013. 6, 23~45쪽. 서독에서는 재무장이 핵전쟁으로 이어질 수 있다는 우려로 인해 광범위한 평화운동이 일어났다. 당시 사민당의 좌파는 자당의 총리인 슈미트에 맞서서 바리케이드를 치고 저항했고, 녹색당의 출현이 이 평화운동과 긴밀히 결부되기도 했다. 그럼에도 불구하고 연방 하원은 1983년 11월 신형 중거리 미사일 배치를 결정했다.

111 https://www.1000dokumente.de/index.html?c=dokument_de&dokument=0023_kre&object=pdf&st

이러한 국제정치 기류는 경제불황과 더불어 나타났다. 1979년 이란혁명으로 인한 유가인상, 국제 화폐 불안정, 미국 수출 감소 등의 외부적인 요인 외에도, 독일 기업들이 일본과의 경쟁에서 뒤처지고 기술 혁신에서 뒤떨어지는 등 내부적인 요인으로 인해 경제 전반의 구조 변화가 요구되고 있었다. 중공업 부문, 특히 금속산업 분야가 그러했다.

1980년대 초의 여러 경제 지표들은 당시 사민-자유민주당 정부가 왜 붕괴할 수밖에 없었는지를 분명히 보여준다. 경제성장률이 1980년과 1981년, 1982년에 각각 1.9%, -0.2%, -1.1%를 기록했다. 실업률은 1981년에 5.3%, 1982년에 7.6%였다가 1983년에는 9.3%까지 치솟았고, 물가상승률은 6.1%에 달했다. 설령 어렵게 고용 상태를 유지한다 해도 실질소득 감소를 피할 길이 없었다. 이런 상황에서 세수는 급격히 감소했고 1970~1982년 사이 1,960억에서 5,480억 마르크로 늘어난 재정지출의 상당 부분은 점점 더 늘어가는 국가부채를 통해 확보할 수밖에 없었다. 사민당이 집권한 1970년부터 1982년 사이 국가부채는 1,250억 마르크에서 6,140억 마르크로 수직상승했다.[112] 또한 1970년부터 1981년 사이 국민총생산에서 사회복지 지출이 차지하는 비율은 16%에서 24%로 급증했다.[113]

경제불황에서 탈출하기 위한 방법을 둘러싸고 격렬한 논쟁이 벌어졌다. 국가의 고용 및 투자 프로그램, 구조조정 산업 분야에 대한 보조금 지급, 그리고 사회복지 유지를 통한 수요 자극이 해결책이라는 의견이 있는가 하면, 법인세 및 소득세 감면, 국가부채 축소, 이자율 인하, 사회복지 축소 등을 통

=&cl=de.

112   Ulrich Herbert, *Geschichte Deutschlands im 20. Jahrhundert*, C.H.Beck, 2014, p. 954.

113   Hans-Peter Schwarz, *Helmut Kohl*, DVA, 2012, p. 296.

해 투자를 촉진시킴으로써 극복해야 한다는 의견도 있었다.

다른 나라라면 여야 간에 일어났을 분열이 연정으로 인해 집권 세력 내부에서 일어났다는 게 독일 정치의 특징이었다. 이러한 입장차는 사민당과 자유민주당 간의 정치적 대립으로 이어지는 경우가 다반사였다. 예컨대 1976년 제정된 공동결정권 관련 법안을 둘러싼 노사 대립이 양당의 갈등을 격화했다. 또한 1978년 주당 35시간을 주장하는 금속노조의 파업에 직장폐쇄로 대응했던 사측의 태도와 관련하여, 자유민주당은 파업은 물론 직장폐쇄마저 합법이라고 보았지만 사민당은 직장폐쇄를 용인할 수 없다고 주장했다. 그런가 하면 당시 사민당은 국민 생애의 모든 위험들에 대한 보장을 위해 스웨덴 사민당의 정치적 수사였던 '국민의 집(Volksheim)' 구상을 실현하고자 했고, 자유민주당은 시민의 경제적 자립을 이상으로 고수하고 있었다.

이처럼 사회 정책과 경제 정책 분야에서 양당의 괴리를 좁히기 어렵다는 것이 점점 분명해졌다. 재정적으로 여지가 있었다면 두 정당 간의 조정이 가능했겠지만, 전반적인 경제 상황이 악화되자 두 당의 입장차가 점점 더 선명해졌다.

사민당과 자유민주당의 갈등은 사민당의 내분으로도 연결되었다. 군소 정당이자 재계의 이익을 대변하던 자유민주당은 명확한 입장 정리가 가능했지만, 중도를 지향하는 대중 정당이면서 동시에 노조의 강력한 지지를 받던 사민당의 입장은 복잡할 수밖에 없었다. 사민당 우파로 간주되던 슈미트 총리는 자유민주당과의 타협에 적극적이었지만, 사민당 좌파는 자유민주당과의 연대를 유지하기 위한 여러 양보 조치로 인해 정작 당의 주축이던 독일노총(DGB)과의 관계가 악화일로로 치닫고 있다며 비판의 목소리를 높였다. "총리는 사민당 좌파와 거의 모든 쟁점에서 맞섰다"라는 평가가 무색

하지 않은 상황이 반복되었다.[114]

결국 13년간 지속된 사민-자민 연정은 갑작스럽게 붕괴되었다기보다 사민당과 자유민주당, 그리고 사민당 내부의 갈등으로 인한 균열들이 누적된 끝에 점진적으로 해체되었다. 1982년 4월 사민당은 재무장과 관련된 나토 이중결정에 대하여 1983년 가을 군비축소회담의 결과가 나온 뒤 입장을 정하자는 슈미트의 노선을 지지했지만, 경제 및 고용 정책의 경우 채무를 동원해서라도 고용 촉진 프로그램을 실시할 것을 선언하는 등 연정 파트너인 자유민주당과 거리를 분명히 하고 사민주의적 색채를 강화하고자 했다. 이와 관련하여 슈미트 총리가 구속력이 없는 결의라고 공식 인정했음에도, 자유민주당 출신 경제부장관은 이를 "사회주의적인 고문 기구의 공포스러운 리스트들"이라고 공개적으로 비판했고,[115] 그해 6월부터는 콜과 겐셔가 기민련-자유민주당 연정에 대해 논의하기 시작했다.

이후 사민당과 자유민주당 양측에서 연정 해체를 논하는 목소리가 점점 높아졌다. 그리하여 1982년 여름부터는 연정 해체의 책임이 누구에게 돌아갈지가 이슈였을 뿐, 연정이 유지될 수 없으리라는 것이 점차 분명해졌다. 구체적인 촉발 계기가 된 것은 자유민주당 출신 경제부장관 오토 그라프 람브스도르프(Otto Graf Lambsdorff)가 슈미트 총리의 요청에 따라 9월 9일에 제출했던 경제 정책 관련 문서였다.[116] 그는 "성장 약화를 극복하고 실업에 대

---

114 다음에서 재인용. https://www.bundestag.de/webarchiv/textarchiv/2012/40797914_kw40_
misstrauensvotum_kalenderblatt-209576. 당시 사민당 당대표는 빌리 브란트로서, 총리이던 슈미트의 당내 영향력은 제한적이었다. 빌리 브란트는 1964년부터 1987년까지 23년간 당대표직을 유지했다.

115 Peter Stützle, *Auf den Spuren der CDU*, Aktuell, 1995, p. 172.

116 https://www.1000dokumente.de/pdf/dok_0079_lam_de.pdf.

처하기 위한 아이디어"라는 매우 무해해 보이는 문서에서 국가 개입의 확대와 투자 감소가 경제위기의 중심적인 이유이며 재정건전성을 확보하고 경제 정책의 시장경제 지향성을 강화할 것, 그리고 소비보다 투자를 촉진하는 데 국가 재정의 우선순위를 둘 것 등을 주장했다. 구체적으로 영업세 철폐, 임대법 자유화, 부가세 인상, 재산세 축소, 소득세에서 누진 비율 완화 등을 제안했다.

결국 시장경제 원칙의 일관된 이행, 재정건전성 강화, 사회복지 비용 축소로 요약될 수 있는 이 문건은 총리나 내각이라면 몰라도 사민당원들은 절대 받아들일 수 없는 도발적인 안이었고, 그런 의미에서 '이혼선언문'으로 읽혔다. 9월, 슈미트 총리는 네 명의 자유민주당 출신 장관들을 해임하고자 했으나 이들이 먼저 사직서를 던졌다. 연정은 붕괴되었다. 1982년 10월 1일 불신임 투표 결과 256 대 235로 헬무트 슈미트가 총리에서 물러나고 동시에 53세의 헬무트 콜이 새로운 연방 총리로 선출되었다. 불신임 투표를 통해 빌리 브란트 총리를 사퇴시키려던 바르첼의 시도가 실패한 지 꼭 10년 만이었다.[117]

1969년 연정 파트너를 바꾸면서 혹독한 정치적 위기를 경험한 자유민주당으로서는 또다시 연정 파트너를 바꾸는 것은 대단한 모험이었다. 실제로 1982년 내각이 붕괴한 후 불신임 투표가 실시되기 일주일 전에 치러진 헤센 주의회 선거에서 자유민주당은 3.1%의 저조한 지지를 얻었고, 기민련도 절대과반을 확보하지 못했기 때문에 결국 녹색당과 사민당이 연정을 통해 집권한 바 있었다. 이러한 결과가 충분히 예견되는 상황에서, 연정 붕괴의 책

---

117 https://www.bundestag.de/webarchiv/textarchiv/2012/40797914_kw40_misstrauensvotum_kalender blatt-209576.

임이 누구에게 돌아가느냐는 대단히 중요한 정치적 이슈였다. 연정 붕괴 이후 자유민주당의 겐셔 장관은 나토 이중결정 문제로 인해 슈미트 총리에 대한 사민당 내 지지가 약화되었기 때문에 연정이 붕괴되었다고 주장했지만, 빌리 브란트 당시 사민당 당대표는 "미사일 문제로 총리를 버리지 않았다"고 회고했다.[118]

정치학자 칼하인츠 니클라우스(Karlheiz Niclauss)는 예산 정책이나 경제 정책은 "연정 붕괴를 정당화하는 도구"였다고 평가한다.[119] 보다 근본적인 촉발계기는 사민당의 약화였다는 것이다. 1982년 3월 니더작센주 선거나 1982년 6월 함부르크 선거에서도 사민당의 지지율은 현저히 감소했고, 자유민주당으로서는 기민련과의 연정을 통해서만 여당으로 남을 수 있으리라 전망할 수밖에 없었다. 1982년 9월에 자유민주당은 헤센주에서 기민련과 연정하겠다고 선언했다. 사민당의 슈미트 총리는 자유민주당 중앙당 차원에서 이를 제지해달라고 요구했으나 수용되지 못했다. 정권유지를 원하는 자유민주당의 입장에서 보자면 사민당이야말로 가라앉고 있는 배였기 때문이다.

물론 이 시기 기민련 내부의 권력 관계가 기민련과 자유민주당 간의 연정이 생성되는 데 유리한 상황이었다는 사실도 기억할 필요가 있다. 기사련의 슈트라우스는 1962년 국방장관직에서 해임된 이래 자유민주당과 관계를 회복하지 못하고 있기도 했거니와, 자유민주당 출신 외교부장관인 발터 셸(Walter Scheel)과 한스-디트리히 겐셔(Hans-Dietrich Genscher)가 주도한 동방 정책을 '독일에 대한 배신'으로 간주하고 있었다.

---

118 Karlheinz Niclauss, *Kanzlerdemokratie: Regierungsführung von Konrad Adenauer bis Angela Merkel*, Springer, 2015, p. 196에서 재인용.

119 Ibid., p. 196.

1983년 기민련 전당대회에서 프란츠 요제프 슈트라우스
KAS-33657 (c) KAS - Harald Odehnal.

반면 콜의 경우 라인란트-팔츠주의 주지사 임기 첫 2년 동안 단독 집권
이 가능했음에도 자유민주당과 연정을 한 경험이 있을 정도로 자유민주당
과 우호적인 관계를 맺고 있었다. 콜은 다시 여당이 되기 위해서는 자유민
주당과의 연정 외에 다른 길은 없다고 판단했기 때문에, 꾸준히 자유민주당
과 관계를 개선하고자 노력했다. 이로 인해 자유민주당과의 분명한 절연을
선언하고 기민련/기사련이 독자적 과반수 지지를 확보해야 한다고 보았던
슈트라우스와 지속적으로 대립하기도 했다. 실제로 콜은 1976년 선거 직후
자유민주당에 연정을 제안한 바 있었다.[120] 불신임 투표를 통해 총리로 선출

---

120   Eckart Lohse, "Helmut Kohl als Oppositionsführer 1976~1982", in: Reinhard Appel (ed.), *Helmut Kohl im Spiegel seiner Macht*, Bouvier, 1990, p. 131.

된 직후 새로 연방의회 선거를 실시하여 사민-자민 연정 붕괴에 분노한 여론을 빌어 자유민주당을 축소시킬 계획이었던 슈트라우스를 제지하고, 6개월 후인 1983년 3월에 선거를 실시하여 자유민주당의 회생 가능성에 힘을 실어준 사람도 콜이었다.[121]

　콜이 이처럼 자유민주당과의 연정을 중시했던 것은 자유민주당을 기사련과의 관계에서 균형추로 활용하고자 했기 때문이었다. 그는 기민련과 기사련이 단독으로 집권한 가운데 기사련이 과도하게 영향력을 행사하여 당과 정부를 우파 쪽으로 몰아가는 상황을 원하지 않았다. 대신 그는 자유민주당을 연정 파트너로 끌어들임으로써 보다 폭넓고 안정적인 지지를 확보하려 했다. 때로 정책상 갈등이 생기거나 주정부 차원에서 사민당과 대연정이 이루어지는 경우도 있었지만, 자유민주당과의 연정은 콜의 통치에서 하나의 상수로 작용하고 있었다. 이후 콜의 통치 내내 자유민주당과 콜은 서로가 서로를 지탱하는 역할을 했다.

121　Günter Bannas, "Helmut Kohl - der CDU-Vorsitzende", in: Norbert Lammert (ed.), *Christlich Demokratische Union*, Siedler, 2020, p. 28.

06 '콜 시스템' ─ 기민련 장기집권의 재연 〔1982~1998〕

1980년대와 1990년대 독일 정치는 기민련이 주도했다고 해도 과언이 아닙니다. 1982~1998년까지 총리는 기민련의 콜이었고, 1979년부터 1999년까지 연방대통령도 기민련 출신이었다. 노르트라인-베스트팔렌, 함부르크, 브레멘을 제외하고 대부분의 주의회에서 기민련이 여당이었고, 이로써 하원뿐만 아니라 상원인 분데스랏에서도 지배적인 영향력을 확보할 수 있었다.

이 시기 기민련과 콜의 정치는 어떻게 평가받고 있는가? 정치가가 지속적으로 긍정적인 평가를 받기 어렵다는 점을 감안하더라도, 특히 콜은 언론과 우호적인 관계를 맺지 못한 정치가였다. 흥미롭게도 모두 함부르크에 본사를 두었던 슈피겔, 차이트, 슈테른 등 주요 언론의 주필 및 발행인들이 1980년대 내내 콜에 대해 가차 없는 비판을 가했고, 베를린의 슈프링거 그룹 계열 신문들, 혹은 다른 방송사들도 콜에 대해 매우 비판적이었다.

그리하여 콜의 인기는 기민련 지지율에 미치지 못했고, 그는 항상 인기 높던 전임자인 헬무트 슈미트의 그림자를 벗어나지 못했다.[01] 전체적으로

---

01 Hans-Peter Schwarz, *Helmut Kohl*, DVA, 2012, p. 329.

콜은 "세계적인 경제 전문가 헬무트 슈미트와 비교할 때 어느 모로 봐도 총 리직에 걸맞지 않은 인물"로 여겨졌다.[02] 그리하여 콜이 "미디어에 맞서 성 공한 마지막 정치가"라는 미디어 전문가 노버트 볼츠(Norbert Bolz)의 평가는 전혀 놀랍지 않다.[03] 16년에 걸친 기민련 정부가 "콜 16년은 이제 충분하다" 는 평가와 함께 끝난 뒤로도 오랫동안 콜의 시기는 '개혁 정체(Reformstau)'로 특징 지어질 뿐이었다.

기민련 측은 이러한 '기억 문화'를 비판하면서 콜의 업적에 대한 재평가 를 주장하고 있다.[04] 콜의 시대에 통일이 이루어졌고, 유로화 도입으로 상징 되듯이 유럽통합이 가속화되었다는 점을 고려할 때, 충분히 귀기울일 만한 주장이다. '정당 국가'인 독일 정치의 특성상 여당에 대한 장악력이 매우 컸 던 콜의 정치적인 입지가 없었다면, 통일의 전제로 유로화 도입을 추진해야 했던 상황에서 양자 모두를 동시에 진행시키는 상황을 생각하기 어려울 수 밖에 없다.[05] 기민련에 대한 장악력이 약한 총리가 권좌에 있었다면, 통일 과

---

02 Jan Fleischhauer, "Sehnsucht nach dem Ende", *Der Spiegel*, 2011. 6. 11. https://www.spiegel.de/spiegel/a-767938.html.

03 노버트 볼츠(Norbert Bolz)가 2011년 7월 13일 '바이에른방송(Bayerischer Rundfunk)'과의 인터 뷰에서 언급한 내용이다. https://www.youtube.com/watch?v=nHOsLq5k8ok.

04 "Vorwort", in: Günter Buchstab et.al. (eds.), *Die Ära Kohl im Gespräch*, Böhlau Verlag, 2010, p. XI에서 재 인용.

05 하이너 가이슬러 등의 '쿠데타'가 실패로 돌아가고, 헝가리 국경 개방 문제가 공식적으로 알 려졌던 1989년 9월 브레멘 전당대회 이후, 콜은 기민련 내부 권력투쟁에서 자신감을 되찾았 다. 그는 10월 3일 프랑스에 경제통화동맹을 위한 정부 간 협상 개최에 찬성할 것임을 알렸 다. 신종훈과 김지영은 이러한 콜의 결심이 1989년 하반기 동유럽 자유화 운동의 영향 탓이 라고 본다. "동독 정권 붕괴의 가능성으로 인해 가시권에 들어온 독일통일을 소화할 수 있는 강력한 유럽의 틀이 절실하게 요구되었기 때문"이라는 것이다. 신종훈/김지영, 「경제통화동 맹 창설과 독일통일의 동시성을 중심으로 고찰한 유럽통합과 독일 문제」, 『통합유럽연구』

정의 양상이 사뭇 달랐으리라는 판단이 자연스러운 것이다.

아데나워의 장기집권이 끝난 후에도 "지나치게 친서방적이었다"거나 "대자본의 보수 세력에 끌려다녔다"는 평가가 오랫동안 이어지다가 뒤늦게 재평가가 이루어졌다는 점을 고려할 때, 콜에 대한 폄하는 어느 정도 장기 집권에 따르는 불가피한 현상으로도 보인다.[06] 충분한 시간적 거리가 확보 되기 이전이라면 역사가들의 평가도 당대인들의 인식과 분리되기 어려울 수밖에 없으며, 콜의 경우처럼 집권 기간 내내 언론과 적대적 관계를 구축 했던 정치가라면 더욱 그러할 터이다.

1. 1983년 선거와 헬무트 콜의 총리 등극

앞서 살펴보았던 것처럼 기민련과 자유민주당은 연정 협상을 끝낸 후인 1982년 10월 1일 헬무트 슈미트 총리에 대한 '건설적 불신임 투표'를 실시하 여 의회 회기 내에 슈미트 총리를 몰아내고 콜을 총리로 앉혔다. 불신임 투 표 12일 전에 발표된 연정협약에 대해서는 자유민주당 의원 가운데 32명이 찬성을, 20명이 반대를 표했으며, 몇몇 자유민주당 정치가들은 항의의 표시 로 사민당으로 당적을 바꾸기도 했다.[07] 이렇게 슈미트를 몰아낸 후 헬무트

12권 3호, 2021, 16쪽. 콜 자신이 양자를 분리시키기를 원했지만 성공하지 못했으며 결국 타 협할 수밖에 없었다는 사실을 회고록에서 인정한 바 있었다. 같은 글, 23쪽.

06 "Vorwort", in: Günter Buchstab et.al. (eds.), *Die Ära Kohl im Gespräch*, Böhlau Verlag, 2010, p. XI에서 재 인용.

07 자유민주당 사무총장 퀸터 페어호이겐(Günter Verheugen)을 포함하여 세 명의 의원이 사민당 으로 당적을 옮겼다. Edgar Wolfrum, *Die geglückte Demokratie*, Pantheon, 2007, p. 354. 연정 파트너

콜이 어렵사리 총리가 되었다. 콜은 재선거를 통해 신임을 묻기 위해 자기 자신에 대한 '불신임 투표'를 통해 의회를 해산하고 조기총선을 실시하기를 원했다. 당 내부에서는 불신임 투표를 통해 어렵게 얻은 정권을 위태롭게 할지 모르는 조기총선을 반대하는 목소리도 높았다. 그러나 콜은 "새 정부는 새로운 선거를 통해서만 얻을 수 있는 강고한 정치적 토대가 필요하다"는 입장을 견지했다.[08] 반면 자유민주당은 당장 연방의회 선거가 실시되면 낮은 지지율로 말미암아 연방의회 진출 자체가 무산될 수도 있다고 우려했다. 결국 양당은 10월의 불신임 투표 이후 6개월 정도 시간이 흐른 다음 해 3월에 새로운 선거를 실시하기로 결정했다.

퇴임 후에도 오랫동안 가장 인기 있는 독일 정치가로 남았던 헬무트 슈미트 전 총리는 심지어 불신임 투표로 밀려난 이후인 1983년 3월 선거 전야에도 여전히 인기 있는 정치가였다. 따라서 이 선거에서는 그동안의 인물 중심 선거 경향이 완화될 수밖에 없었다. 기민련은 국내적으로는 일자리 창출, 사회적 정의 확보, 노동자 계층의 재산 형성, 환경보호를, 외교적으로는 긴장 완화, 군축, 평화 정책, 그리고 독일과 유럽통합을 지향하겠다고 선언했다. 또한 비관적이고 위협적인 선거 슬로건을 활용해온 전통적인 기민련의 선거 캠페인과 달리 1983년 선거에서는 "이 총리는 신뢰를 만든다(Dieser Kanzler schafft Vertrauen)"라는 온건한 슬로건을 내걸었다.[09]

이 선거에서는 연정이 중요한 이슈가 될 수밖에 없었다. 사민당은 자유

를 바꾼 것에 대한 항의의 의미로 당원 2만 명이 탈당하기도 했다. https://www.bundestag.de/webarchiv/textarchiv/2012/40797914_kw40_misstrauensvotum_kalenderblatt-209576.

08 Peter Stützle, *Auf den Spuren der CDU*, Aktuell, 1995, p. 174.

09 Thomas Mergel, *Propaganda nach Hitler*, Wallenstein Verlag, 2010, p. 280.

민주당을 배신자 당으로 낙인찍으면서 연민을 불러일으키려 했다. 반면 자유민주당은 연정 파트너를 바꾼 것을 정당화하면서 양대 정당 사이에 제3의 세력이 반드시 필요하다는 사실을 강조했다.

자유민주당은 연정 붕괴 직후 헤센,[10] 바이에른,[11] 함부르크 주의회 선거에서 모두 5% 장벽을 넘어서지 못했고, 특히 함부르크 연방주 선거에서는

---

10 이 선거에서 자유민주당 지지율은 3.1%였고, 직전인 1978년 선거에서는 6.6%였다. https://de.wikipedia.org/wiki/Landtagswahl_in_Hessen_1982.

11 1982년 자유민주당 지지율은 3.5%였지만, 직전인 1978년 선거에서는 6.2%였다. https://de.wikipedia.org/wiki/Landtagswahl_in_Bayern_1982.

사민당이 절대과반을 얻기도 했다.[12] 그러나 1983년 연방의회 선거에서는 자유민주당이 7%, 기민련/기사련이 48.8%를 얻음으로써 정권을 획득할 수 있었다. 자유민주당의 지지율은 1980년 선거에서 얻은 10.6%보다 급감했으나, 당시의 지지율 중 상당 부분이 연정을 기대한 사민당 지지자들에게서 온 것이었음을 고려할 때 이 정도 지지율 감소는 놀라운 일이 아니었다. 이 선거에서 녹색당은 5.6%의 지지를 얻어 연방의회에 진출함으로써, 1953년 이래 처음으로 의회 내에 제4당의 탄생을 알렸다.[13] 기존의 사민당 지지자들이 다수 녹색당 지지로 이동한 탓으로 분석된다. 그 결과 1961년부터 존재했던 사민당과 기민련이라는 양대 정당 사이에서 자유민주당이 캐스팅보트를 쥐던 구도가 사라지고, 사민당과 녹색당이 한편에, 기민련과 자유민주당이 다른 한편에 서는 양대 블록 구도가 나타나게 되었다.[14]

〈표 2〉 1983년 연방의회 선거 결과

	정당 지지율(%)	의석수(+베를린)
기민/기사련	48.8	244(+11)
사민당	38.2	193(+9)
자유민주당	7	34(+1)
녹색당	5.6	27(+1)

---

12 이 선거에서 사민당은 51.3%의 절대과반을 얻었고, 기민련은 38.6%, 자유민주당은 2.6%의 지지를 얻었을 뿐이었다. Thomas Petersen, "Helmut Kohls Wahlkämpfe", in: Nikolaus Jackob (ed.), *Wahlkämpfe in Deutschland: Fallstudien zur Wahlkampfkommunikation 1912~2005*, Verlag für Sozialwissenschaftenchaften, 2007, p. 205.

13 녹색당은 1979년 브레멘 주의회 진출을 시작으로 1980년에는 바덴-뷔르템베르크 주의회에 입성했다.

14 Karlheinz Niclauss, *Kanzlerdemokratie*, UTB, 2004, p. 234.

선거홍보회사를 다섯 팀이나 동원했던 기민련이 얻은 48.8%의 지지율은 기민련 역사상 두 번째로 좋은 성적이었다. 여러 경제지표가 악화된 상황에서 기민련이야말로 안정성을 가져다줄 정당이라고 인식시키는 데 성공한 결과였다. 당시 여론조사에서 기민련은 재정, 경제 정책뿐만 아니라 환경 문제에 있어서도 사민당과 비슷하게 능력을 평가받고 있었다. 특히 노동시장, 경제, 국가부채 등의 측면에서는 사민당보다 높은 점수를 얻었다. 외교는 동방 정책을 일관되게 표방해온 사민당이 높은 점수를 받는 분야였지만, 자유민주당의 한스-디트리히 겐셔(Hans-Dietrich Genscher)가 기민련과의 연정을 통해 외교부장관 자리를 유지할 것이 분명했기 때문에 외교 정책이 결정적인 이슈가 되기는 어려웠다.[15] 또한 이제 막 일어나고 있던 평화운동은 사민당보다는 새로 등장한 녹색당에 유리하게 작용하고 있었다.

재집권에 성공한 기민련은 1969년 권력을 잃었던 시점과 비교할 수 없을 정도로 근대적인 정당의 모습을 갖추고 있었다. 1983년 기민련의 당원은 73만 명에 달했고, 1978년에 합의된 새로운 정강을 갖고 있었으며, 1990년까지 연방상원(Bundesrat)에서도 확고히 과반을 차지했다. 또한 기사련과 자유민주당 양당 모두에게 지분 이상의 이익을 보존해줌으로써 콜 외의 대안이 없음을 각인시켰고, 그 결과 그는 이후 4번에 걸친 총리 선거에서 승리하여 16년 동안 집권함으로써 비스마르크 이후 최장기 집권 총리가 되었다.

그러나 집권 이후의 콜은 야당 대표 시절 기민련의 대표적인 개혁 세력으로 간주되던 과거와는 전혀 다른 모습을 보여주었다. 콜 스스로 "고비사

---

15 겐셔는 1992년 통일 2주년에 즈음하여 최장수 외교부장관으로서 은퇴했고, 동시에 33년간 활동했던 연방의회 의원 자리도 내려놓음으로써 불명예 퇴임을 한 콜의 반례로 언급되고 있다. Göttrik Wewer, "Vom Modell Deutschland zur Standortdebatte", in: Göttrik Wewer (ed.), *Bilanz der Ära Kohl*, VS Verlag für Sozialwissenschaftenchaften, 1998, p. 10.

막을 관통하는 긴 행진"이라고[16] 표현한 바 있을 정도로 험난했던 당 내외의 적대 세력과의 대결에서 살아남았다는 점을 생각하면, 인간적으로 이해할 만한 일이기도 할 것이다. 그리하여 1983년 집권 이후 콜은 자신의 정치적 생존에만 급급한 정치가라는 이미지를 얻게 되었고, 이는 "통일총리"라는 새로운 명칭을 얻고서야 희석될 수 있을 정도로 강력했다.

2. 콜 정권의 '중도연합' 정치

1982년 10월 13일 취임 선언에서 헬무트 콜은 "국가가 시민들을 위해 무엇을 더 할지가 아니라 어떻게 자유와 역동성, 자기책임이 발현될 수 있는지에 따라 독일의 미래가 결정될 것"이라고 선언했다.[17] 그는 사민당이 주도한 연방정부의 정책이 경제적, 재정적, 그리고 정신적·도덕적 위기를 낳았으며, 이를 극복하기 위해서는 '중도연합(Koalition der Mitte)'을 통한 정치적 진로 변경이 필요하다고 주장했다. 그는 이처럼 '중도연합'을 모토로 삼고, 이를 통해 사민당을 편벽한 좌파로 주변화하고자 했다. 무엇보다 정부의 재정 건전성을 도모하고, 국가 개입 대신 자기책임을 강조하며 시장의 기능을 강화하는 방식으로 국가와 시장의 역할을 새롭게 조정하는 '사회적 시장경제의 혁신', 그리고 동시에 공동체의 복원을 강조했다.[18]

---

16   Hans-Peter Schwarz, *Helmut Kohl*, DVA, 2012, p. 226.

17   Edgar Wolfrum, *Die geglückte Demokratie*, Pantheon, 2007, p. 361.

18   이를 위해 구체적으로는 여러 사회복지 분야의 지원을 축소하는 긴축재정, 기업을 위한 여러 부담 경감, 외정의 연속성, 그리고 시민들의 자조와 상호부조를 강조했다. Manfred G. Schmidt, "Sozialstaatliche Politik in der Ära Kohl", in: Göttrik Wewer (ed.), *Bilanz der Ära Kohl*, VS

그러나 실제로 콜이 들어선 이후의 정책들은 앞선 사민-자유민주당 정부의 연장선상에 있는 경우가 많았다. 대연정 시기에 이루어진 개혁들은 대체로 유지되었다. 같은 시기에 집권한 대처나 레이건과는 전혀 다른 길을 걸어간 셈이다. 콜 자신은 1988년 대처주의와 관련된 기민련/기사련 교섭단체 논의에서, 대처와 달리 자신은 절대과반 의석을 확보하지 못했기 때문에 대처주의가 "불가능"하고, 독일 경제의 생산성이 영국보다 30% 이상 높기 때문에 대처주의는 "불필요"하며, 그 자신이 시장경제가 아닌 사회적 시장경제 지지자이기 때문에 대처리즘을 따라해서는 "안 된다"고 단언한 바 있었다.[19] 결국 콜은 재정건전성을 유지하기 위해 노력하면서도 사회국가를 지속시킨다는 두 가지 목표를 동시에 추구하고 있었다.

페터 카첸슈타인(Peter J. Katzenstein)은 이제는 고전이 된 그의 저서 『서독의 정책과 정치(Policy and Politics in West Germany)』에서, 콜 집권 이후 서독 정치에 나타난 변화는 사민당 40년 통치 이후 집권한 스웨덴 보수당의 변화에 미치지 못했고, 1955년부터 정권을 놓은 적이 없는 일본 보수당의 정책 변화보다도 못한 정도였다고 평가한 바 있었다.[20] 그는 여기서 연정, 연방제, 그리고 다양한 준정부 기구들의 존재와 공고한 국가 관료제로 인하여 특정 정권이 낳을 수 있는 변화의 폭이 대단히 작은 독일적 특성을 발견할 수 있다고 주장한다.[21]

Verlag für Sozialwissenschaftenchaften, 1998, p. 59.

19 Hans-Peter Schwarz, *Helmut Kohl*, DVA, 2012, p. 333f.

20 Peter J. Katzenstein, *Policy and Politics in West Germany*, Temple University Press, 1987, p. 349.

21 카첸슈타인은 관료제의 관성으로 인해 적절한 정치적 변화가 이루어지지 못함으로써 지속적으로 정치적 봉기가 이어져온 프랑스와 달리, 독일의 경우 노동시장과 환경의 변화에 부응하는 작은 변화가 누적되어온 점은 인정할 만하다고 보았다. 그 결과 독일 정치가 미국, 영

그의 평가에 동의할지 여부를 차치하고라도, 실제로 아데나워의 서방통합, 빌리 브란트의 동방 정책과 개혁 정책 등에 버금가는 콜의 정치적 브랜드를 찾아내기는 어렵다. 뒤늦게 얻은 "통일의 아버지"라는 타이틀을 제외하고는 그의 16년 통치를 설명할 키워드를 알 수 없다. 그에게는 정권유지 이상의 목표가 없었다는 비판이 그의 측근들에 의해 빠짐없이 제기되고 있다. 실제 콜 정부의 여러 정책들을 살펴보면 어떤 판단이 가능할까.

기민련 정부의 경제 및 노동 정책

1980년부터 경기가 악화되면서 미국과 영국은 레이거노믹스, 대처리즘 등을 각각 표방하고 있었다. 기업의 수익 구조가 개선되면 기업이 재투자에 나서게 되고, 그로써 고용이 창출되고 실업이 줄어들며 소비가 활성화된다는 것이 이 정책의 기조였다. 독일에서도 콜이 '정신적 도덕적 전환(Geistig-moralische Wende)'을 강조하는 등 변화를 부르짖고 있었다.

이 시기 '전환'을 위해 가장 강조된 것은 '어떻게 경제를 부흥시킬 것인가'였다. "국가축소, 시장확대(Weniger Staat, mehr Markt)"라는 모토가 콜 집권을 전후하여 인구에 회자되고 있었다. 신케인즈주의에서 신자유주의로의 전환이라는 방향성은 분명했다. 지금까지 당내 좌파 세력이 정강에 대한 논의를 주도했다면, 이 시기 당의 강령 정비에는 경제계가 나서기 시작했다. 에른스트 알브레히트(Ernst Albrecht)는 「실업 문제를 해결하기 위한 열 가지 테제들」이라는 문건에서 고임금과 고용보호, 공동결정권을 경제 상황 악화의 주범으로 지목했으며, 법인세를 20% 경감시키는 대신 부가세를 높이자

국, 프랑스 등이 아니라 스웨덴, 노르웨이, 덴마크 등 유럽의 강소 국가들과 유사한 패턴을 보인다는 것이 그의 결론이다. Ibid., p. 350.

고 주장했다. 이 논의는 1984년 의결된 '80년대를 위한 슈튜트가르트 정강 (Stuttgarter Leitsätze für die 80er Jahre)'으로 이어졌다.[22]

기실, 기민련의 경제 정책은 다른 어떤 분야보다도 사민당과의 차이가 두드러진 분야였다. 콜은 사회 정책 및 경제 정책에서 사회적인 요소를 강조하던 1970년대와 달리, 국가 예산의 건전성을 도모하고 중간계급을 지원하는 정책 목표 아래 지출을 줄이고 세금을 경감하는 정책을 펴기 시작했다. 단기적으로는 부가세를 인상하는 등의 방식으로 적자 폭을 줄였지만, 장기적으로는 재산세와 법인세를 낮추는 등 세금을 인하했다. 이러한 일련의 조치들은 기업가와 고소득자층에게 도움이 되었지만 저소득층에게는 부담스러울 수밖에 없었다. 노조는 서민을 희생양 삼아 재정건전성을 도모한다고 비판했으나, 기민련은 경제가 활성화되어야 사회적 공정성이 가능해진다고 맞섰다. 이는 우리에게도 매우 익숙한 논쟁이다.

1980년대에 기민련은 경제 정책의 측면에서 운이 좋았다. 세계적인 불경기가 1982년 저점에 도달한 이후 경기 회복 국면에 접어들었기 때문이다. 미국의 고이자 정책, 달러 강세 등으로 인해 독일 상품의 가격경쟁력이 높아지면서 수출이 급격히 증가했다. 1988/89년 국제 경기가 정점에 이르렀을 때 독일의 무역흑자는 전례 없이 높았다. 경제성장률은 1982년 -1.1%에서 1984년에는 3.3%가 되었고, 1990년에는 5.5%로 상승했다. 이처럼 세계적으로 경기가 좋아지면서 사민당 집권 말기인 1983년 55조 마르크에 달하던 국가 부채는 콜 집권 이후 24조로 감소했다.[23]

---

22 https://www.kas.de/c/document_library/get_file?uuid=3737a86e-163b-dca4-95be-e574aa13f326& groupId=252038.

23 Dietrich Orlow, *A History of Modern Germany*, Pearson, 2011, p. 292.

경제성장률이 높아지고 인플레이션 비율 및 신규 부채가 감소했지만, 문제는 실업이었다. 아이러니하게도 이 시기 기민련은 한편으로 경제 부흥의 정당이면서 다른 한편 대량실업의 정당이기도 했다. 경제성장률이 4%에 육박하게 되었음에도 성장의 정점이던 1985년 실업률은 8.9%로 치솟아 1948년 화폐 개혁 이후 최고를 기록했다(과거의 실업률은 평균 5% 정도였다).[24] 숫자로 보자면 실직자는 200만 명 이상이었다. 베이비붐 세대가 노동시장에 진입하고, 여성들의 경제 활동 비율이 높아지면서 높은 실업률은 불가피한 현상이었지만, 그렇다고 문제의 심각성이 줄어드는 것은 아니었다.

실업 문제를 해소하기 위해 외국인 이민 노동자들이 중요한 타깃이 되었다. 사민-자유민주당 연정 아래서는 외국인 노동자들을 통합하기 위한 노력이 이어졌지만, 실업 문제가 심각해지자 이러한 정책은 지지를 받지 못했다. 콜은 취임 연설에서 "독일은 이민 국가가 아니며, 이민 국가가 될 수도 없다"라고 선언했다.[25] 콜의 기민련 정권은 기존 이주민들을 통합시키고, 더 이상 이주민들이 들어오지 못하게 하는 것과 더불어, 경제적 인센티브를 제공하여 외국인 노동자들을 돌려보내는 등 세 가지 이민자 정책을 표방했다. 특히 외국인 노동자들의 실업 문제를 극복하기 위해 연방정부는 가족 당 1만~15만 마르크에 달하는 귀환 비용을 한꺼번에 지급하는 방안을 마련하기도 했다. 이를 통해 6년 내에 460만에서 200~300만 명으로 이주민을 줄이고자 했으나, 귀환 노동자의 수는 예년과 크게 다를 바 없는 30만 명 정도에

---

24 Edgar Wolfrum, op.cit., Pantheon, 2007, p. 357.

25 Dorothea Jung, "Wie Deutschland ein Einwanderungsland wurde", *Deutschlandfunkkultur*, 2011. 10. 24에서 재인용. https://www.deutschlandfunkkultur.de/wie-deutschland-ein-einwanderungsland-wurde-100.html.

그쳤다.[26]

콜은 이민자 규제를 강화함과 동시에, 내국인 노동시장에 대한 규제는 약화시키고자 했다. 고용촉진법을 제정하여 비정규직, 임시직 등을 가능케 했고, 노동자들의 파업권에 제한을 가했다. 또 한시적인 고용계약을 용이하게 하는 등 노동시장을 유연화했다. 경제 분야 전반의 통제를 완화하기 시작하여, 상점 개장 시간 등을 늘릴 수 있도록 했다.

이처럼 콜이 이민 노동자 규제 및 내국인 노동시장 자유화를 통해 실업을 해결하고자 했던 반면, 실업률을 낮추기 위한 노조의 해법은 노동시간 단축이었다. 과거 공동결정권이 노동자들의 중심적인 요구였듯이, 1970년대와 80년대에는 보다 인간적인 노동조건과 더불어[27] 35시간 노동이 주요 쟁점이었다. 1980년대 들어 실업률이 점차 높아지자 인간적인 노동조건보다도 35시간 노동이 더욱 중요한 문제로 부각되었다.

당시 실업 문제 해결을 위해 정부가 내세운 방안은 58세 조기 퇴직이었고, 실제로 당시 요식업 노조(Gewerkschaft Nahrung-Genuss-Gaststätten, NGG)는 58세 이후 명목임금의 75%를 연금으로 수령하는 대가로 조기퇴직에 동의하기도 했다.[28] 그러나 여타 노조들은 임금을 유지한 채 주당 노동시간을 40시간에서 35시간으로 줄이는 방안이 최적이라고 보았다. 이런 입장차로 인해 1984년 서독 역사상 가장 격렬한 노동쟁의로 꼽히는 파업이 일어났다. 독일금속

---

26 Ulrich Herbert, *Geschichte Deutschlands im 20. Jahrhundert*, C.H.Beck, 2014, p. 992.

27 스웨덴처럼 사업장의 위험 요건을 줄이고 콘베이어 벨트의 반복적인 노동을 축소하며, 노동자들에게 더 많은 자율권을 부여하도록 노동 과정을 재편하는 것이 인간적인 노동조건과 관련된 이슈들이었고, 1970년대 단체협약을 통해 이러한 조건들이 점차 수용되었다.

28 "35-Stunden-Woche: Sorgsam ausgesucht", *Der Spiegel* 20, 1984, 1984. 5. 13. https://www.spiegel.de/wirtschaft/sorgsam-ausgesucht-a-a1fbed42-0002-0001-0000-000013508448.

노조(IG Metall)가 주로 자동차산업 하청업체(Zulieferbetriebe)들을 중심으로 파업을 조직했고, 이에 맞서 기업가들은 직장폐쇄를 단행했다.[29] 기업가들은 "파업 전에도, 파업 중에도, 파업 후에도" 40시간 이하로 노동시간을 축소할 수 없다고 주장했다.[30] 결국 7주간의 파업 끝에 정부 중재안이 받아들여져, 38.5시간으로 노동시간이 조정되었다.

그 과정에서 또 하나 문제가 되었던 것은, 직장폐쇄 상태에서 노동청이 실업기금 성격의 '단기노동기금(Kurzarbeitergeld)'을 지불하는 게 불가능하다는 점이었다.[31] 브레멘, 헤센주 등의 지방사회법원(Sozialgericht)에서[32] 이를 문제시하는 판결이 연이어 나오기도 했지만, 1986년 노동촉진법(Arbeitsförderungsgesetz) 116조의 개정을 통해 파업 기간 동안 노동시간이 단축되거나 실업 상태에 처한 노동자들에 대한 지원이 현저히 제한되기에 이르렀다.[33]

기본적으로 신자유주의적이었다고 평가되는 기민련 정부의 정책에 대

---

29 인쇄업의 경우 13주간 지속된 파업으로 인해 신문 인쇄가 중단되기도 했다. "Arbeitskämpfe in der Industrie", *tagesschau*, 2010. 12. 16. https://www.tagesschau.de/jahresrueckblick/meldung376052. html.

30 "35-Stunden-Woche: Sorgsam ausgesucht", *Der Spiegel* 20, 1984, 1984. 5. 13. https://www.spiegel.de/ wirtschaft/sorgsam-ausgesucht-a-a1fbed42-0002-0001-0000-000013508448.

31 https://www.igmetall.de/ueber-uns/geschichte/der-kampf-um-die-35-stunden-woche. 당시 연방 노동청(Bundesanstalt für Arbeit) 의장이던 프랑케의 이름을 따서 '프랑케-포고(Franke-Erlaß)' 라 불렸던 이 조항에 따르면, 각 지역 노동청들이 노동쟁의 기간 동안 파업 참여자들에게 실업기금을 지불하는 것이 금지되었다. 이 조치와 관련하여 헤센주의 연방사회법정은 금속노조의 권리를 제한하고 노동쟁의에서 노동청의 중립 의무에 위배된다는 이유로 불법 판결을 내렸다. ""Franke-Erlaß" Unrecht", *taz archiv*, 1989. 12. 22. https://taz.de/Franke-Erlass-Unrecht/!1786817/. 다른 주들에서도 마찬가지 판결이 내려졌다.

32 독일 법원은 일반법원, 노동법원, 행정법원, 사회법원, 재정법원 등 다섯 부문으로 구분된다.

33 금속노조 임금용어사전(Tariflexikon)의 "Anti-Streik-Paragraf" 항목에서 찾을 수 있다. https:// www.igmetall.de/tarif/tariflexikon?buchstabe=A&begriff=Anti-Streik-Paragraf.

한 비판자들은 '2/3 사회'에 대해 언급하기 시작했다. 대다수 소득 수준이 높고 사회적으로 보호받는 국민과 실업과 빈곤의 위협에 처한 소수 국민들로 독일 사회가 분열되고 있다는 것이었다.

1982~1990년의 사회복지 정책

1989년부터 1990년까지의 기간에는 사회복지 분야의 축소를 지향하는 정부의 목표를 실현하기에 용이한 조건들이 다수 있었다. 1982년부터 1991년까지 기민련은 연방의회뿐만 아니라 연방 상원에서도 다수를 차지하고 있었다. 따라서 2/3 이상의 지지를 얻어야 하는 헌법 개정을 제외하고는 1990년대 중반까지 사민당의 협조 없이도 법 개정이 가능했다. 또한 기본적으로 공공지출 삭감에 호의적인 여론이 존재했다. 사민-자유민주당이 집권하던 1970년대 후반에는 국민 다수가 국가의 공공지출을 줄이는 것을 반대했으나, 1980년대에는 과반수 이상의 응답자들이 재정건전성 도모에 찬성하는 설문조사 결과가 나왔다.[34]

물론, 기민련의 사회 정책은 사민당의 복지 정책과 양상을 달리했다.[35] 콜이 "너무나 많은 사람들이 너무나 오랫동안 다른 사람의 비용으로 살아왔다", "국가는 시민의 비용으로, 시민은 동료 시민의 비용으로, 그리고 우리

---

34 Manfred G. Schmidt, "Sozialstaatliche Politik in der Ära Kohl", in: Göttrik Wewer (ed.), *Bilanz der Ära Kohl*, VS Verlag für Sozialwissenschaftenchaften, 1998, p. 63.

35 먼저 시장과 가족 등 사회 영역들의 자율성을 존중하고 정치의 우위를 인정하지 않았다는 점을 꼽을 수 있다. 각종 민간 복지 단체가 사회복지 분야에서 중요한 역할을 담당하고, 국가가 개입하는 사회복지 정책은 보조적인 역할에 머무르게 하려고 했다. 또한 사적 소유를 중시하되 정당한 가족 임금, 공동결정, 노동자 소유 등 도덕적인 원칙의 틀과 소유권을 연결시키고자 했다. 아울러 계급 모델, 사회 갈등 모델과는 달리 유기적인 사회 모델을 제창했으며, 개인이 아닌 가족을 사회의 근본 단위로 삼아 보호하고자 했다.

가 솔직히 말해야 하는 바, 우리 모두가 다음 세대의 비용으로 살아왔다"고 선언했던 것을 고려하면,[36] 설령 대처리즘에 상응하는 사회복지 철폐 조치가 나타났다고 해도 놀라운 일은 아닐 것이다.

이러한 배경과 원칙 아래서 기민련 집권기 복지국가의 철폐(Sozialabbau) 혹은 재구성(Umbau)이 부분적으로나마 이루어지기는 했다. 연금이 명목임금이 아닌 실질임금에 따라 산정되도록 한 점, 여성의 연금 수령 연령을 60세에서 65세로 높인 점, 연금에서 노동자 부담 몫을 늘린 점, 입원이나 치료 시자기부담을 두 배로 늘리고, 이 기간 동안 지불되는 임금을 낮추어 지출 감소를 이룬 점 등을 꼽을 수 있다. 이러한 정책의 결과 국민총생산에서 사회복지 분야의 지출은 1982년 33%에서 1990년 29%로 줄어들었다.[37]

그러나 표준연금, 자녀수당, 질병보조금, 질병 시 지불되는 임금 등 여러 지표의 측면에서 보자면 사민-자유민주당 정부와의 연속성이 크다는 평가도 있다.[38] 이러한 연속성과 관련하여 다양한 설명들이 제시되었다. 요제프 슈미트(Josef Schmid)는 노동자와 사용자 단체, 가톨릭 세력, 강력한 중간계급, 교회와 복지 단체 등을 망라하는 기민련의 이질적인 구성 탓에 단일한 전략과 노선을 구사하기가 어려웠다는 점을 그 이유로 꼽았다.[39]

하지만 기민련의 당 내부 구조에 근거한 설명을 넘어서서 보다 구조적

---

36 "Koalition der Mitte: Für eine Politik der Erneuerung", Regierungserklärung des Bundeskanzlers am 13. Oktober 1982 vor dem Deutschen Bundestag in Bonn. https://ghdi.ghi-dc.org/sub_document. cfm?document_id=1143&language=german.

37 Manfred G. Schmidt, "Sozialstaatliche Politik in der Ära Kohl", in: Göttrik Wewer (ed.), *Bilanz der Ära Kohl*, VS Verlag für Sozialwissenschaftenchaften, 1998, p. 64.

38 Josef Schmid, "Eine sozialpolitische Bilanz", in: Göttrik Wewer (ed.), *Bilanz der Ära Kohl*, VS Verlag für Sozialwissenschaftenchaften, 1998, p. 99.

39 Ibid., p. 99.

인 원인들에 집중할 필요성도 제기된다. 만프레드 슈미트(Manfred G. Schmidt)는 독일에서 기본적으로 하나의 정권이 사회와 경제의 방향성을 조정할 수 있는 가능성이 높지 않다고 보았다. 같은 맥락에서 기민련 정권이 사회복지 분야나 사회경제적인 구조를 조정하고 변화시킬 수 있는 가능성을 과대평가해서는 안 된다는 입장이었다. 이에 더해 기민련 정권 역시 '가족 촉진'이라는 사회복지 정책의 다른 목표를 가지고 자녀수당, 육아휴가를 도입했고, 육아휴가 기간을 연금 산정 기간에 포함시키는 등의 개혁을 추구하고 있었다는 점 역시 지적했다. 이는 사회복지 분야에서 새로운 지출이 생겨나게 된다는 사실을 의미했다.[40] 결국 사회복지 분야의 지출은 지속적으로 30% 내외를 오가게 된다는 것이다.

어쨌든, 콜 정부하에서 '사회적 시장경제'라는 기본적인 가치 자체가 도전받은 적은 없었다고 결론내릴 수 있을 것이다. 성장과 복지 중 무엇을 우선시할지에 대한 논쟁은 현재까지도 전 세계에서 동일한 패턴으로 반복되고 있고, 독일도 마찬가지였다. '독일주식회사'는 1980년대의 경제위기를 거치고 회복되었다가 다시 불황을 겪고 회복되기를 반복했다.[41] 그러나 경제

---

40 Manfred G. Schmidt, op.cit., 1998, p. 77.

41 '독일주식회사'는 경제를 경영하는 독일적인 방침을 지칭하는 표현이었다. 베르너 아벨스하우저(Werner Abelshauser) 등 경제사학자들은 이를 '조합주의적 경제(corporate economy)'라고 명명하기도 했다. 노조와 재계, 그리고 국가 간의 공식·비공식적인 협조를 통해 경제를 관리한다는 의미였다. 구체적으로 기업은 주로 은행을 통해 재원을 마련하고, 은행 대표가 회사 감사회(Aufsichtsrat)에 참여하여 공동으로 책임을 지며, 노사 관계가 '사회적 파트너십'이라고 지칭될 만큼 협조적이고, 직업교육 체계가 전문화되어 있어 기업이 실업학교 교육과 깊이 결부되어 있고, 중소기업이 강하다는 것 등이 특징이었다. 이렇게 사회 여러 조직들 간의 상호 협조와 네트워크가 발전했기 때문에, 다른 나라들과 달리 시장의 규정성이 훨씬 약한 것이 독일 모델의 특징으로 지목된다. 그러나 1980년대 말부터 다수의 신자유주의 경제학자들은 이 독일 모델이 '경쟁력이 없다'는 판결을 내렸다. '독일주식회사'와 같은 국민경제 모

성장과 사회적 연대를 상호 배타적인 것으로 보지 않는 특성은 어떤 경우에라도 독일인들의 DNA로 남아 있을 듯하다.

콜의 외교 정책

콜은 '제2차 냉전'이 한창이던 1980년대 초반의 국제정세에도 불구하고 브란트, 슈미트로 이어지는 동방 정책을 계승해 나갔다. 독일사학자 이동기의 표현을 빌자면 "모든 면에서 실용주의를 강조하는 한국의 보수 정권이 (…) 대북 정책에서만은 (…) 규범주의적 이념성을 강조"하는 것과 달리,[42] 콜 정부는 독일 정책과 관련해 실용주의적인 태도를 견지했다. 그는 1973년 유엔 동시가입이 논란이 될 당시에도 당대표 바르첼과 더불어 동서독 유엔 동시가입을 지지했다. 콜 집권하에서 동독과 관련한 무수한 위원회들, 전문가 대담, 협상 등이 "대단한 공적인 조명 없이 전문적인 분위기 속에서 이어지고 심화되었다."[43]

이처럼 표면적으로 동방 정책은 사민-자민 연정에서 기민-자민 연정으로 이어졌지만, 차이는 있었다. 슈미트와 콜의 차이는 상호성에 대한 강조에서 발견된다. 1983년 연설에서 그는 서독 정부가 "기본법과 기본조약 (Grundlagenvertrag) 및 여러 법적 구속력을 지닌 협약들의 정신과 자구를 엄격히 고수할 것"임을 강조하면서도 동시에 "계약에 대한 신의를 마찬가지로 동

델은 세계화 시대를 맞이하여 몰락하리라는 것이었다. 이 모델을 둘러싼 논쟁은 결국 끝날 수 없는 논쟁으로 남아 있다.

42 이동기, 「보수주의자들의 '실용주의'적 통일 정책—1980년대 서독 콜 정부의 동방 정책 계승」, 『역사비평』 83권, 2008. 368쪽.

43 Wolfgang Jäger, "Die CDU und das Ziel der deutschen Einheit", in: Norbert Lammert (ed.), *Christlich Demokratische Union*, Siedler, 2020, p. 301~334.

독 측에도 기대"한다고 힘주어 말했다.[44]

실제로, 콜 시기 동독 정책은 동독의 체제 안정성을 중시하여 경제적 지원을 하되, 동독 체제 내에서 인권이 보장될 수 있도록 하고, 두 독일 간의 접촉을 확대하는 것을 주된 내용으로 했다. 구체적으로 재정 지원을 해주는 대신 국경을 안정시키고 동독 시민들의 여행에 대한 규제를 완화시키고자 했다. 1981년 지불 불능을 선언한 폴란드나 루마니아처럼 동독에서도 경제 상황이 악화되어 정치적인 혼란이 발생하는 것을 원치 않았기 때문이었다.

이런 맥락에서 기사련의 프란츠 요제프 슈트라우스가 1983년 '바이에른 주은행(Bayerische Landesbank)'을 통해 10억 마르크의 차관을 제공한 것을 필두로, 1984년 도이체방크를 통해 9.5억 마르크 차관을 제공했고, 다시 1985년에 8.5억 마르크의 무이자 신용대부를 1990년까지 제공하기로 하는 새로운 합의가 이루어졌다.[45] 그 반대급부로 1985년 호네커와의 모스크바 정상회담이, 그리고 1987년에는 호네커의 국빈 방문이 이루어졌으며, 연간 합법적인 서독 방문자의 수를 지속적으로 늘리는 등 두 독일 간의 인적 교류를 용이하게 하는 여러 조치들이 마련되었다. 그 결과 1982년에는 45,000명의 동독인들이 서독을 방문했지만, 1986년에는 573,000명, 1987년에는 120만 명으로 방문자가 급증했다.[46] 현대사학자 울리히 허버트(Ulrich Herbert)가 "돈과 인권 간의 연계사업(Koppelgeschäft Geld gegen Menschenrechte)"이라고 표현한 이러한 접근법은 주거니 받거니가 즉각 이루어지는 계약의 원칙을 따르지는 않았지만, 장

---

44 Matthias Fritton, *Die Rhetorik der Deutschlandpolitik*, M&P: Verlag für Wiss. und Forschung, 1998, p. 270.

45 Karlheinz Niclauss, *Kanzlerdemokratie*, UTB, 2004, pp. 257~258.

46 Ulrich Herbert, *Geschichte Deutschlands im 20. Jahrhundert*, C.H.Beck, 2014, p. 1041.

기적으로 볼 때 서독 측은 원하는 결과를 얻었다고 볼 수 있다.[47]

상호성에 대한 강조와 더불어 동독과의 관계에서 기민련과 사민당의 보다 근본적인 차이는 그 목표에서 찾을 수 있다. 정치학자인 볼프강 예거 (Wolfgang Jäger)에 따르면, 사민당은 두 국가 체제를 바꾸기 어려운 사실로 수용하는 가운데 긴장 완화를 통해 동독 체제의 자유화를 꾀한 반면, 기민련은 긴장 완화와 동서독 교류를 통해 민족의식이 싹트고 통일이 가능해진다는 목표를 갖고 있었다.[48] 기민련 당 차원에서는 1988년 전당대회에서 독일 정책 및 외정의 목표를 정하는 과정에서 통일을 정책 목표에서 빼려고 할 정도로 통일에 대해 무관심한 기류도 있었지만, 콜 자신이 이를 적극 나서서 저지하는 등 정치적 목표로서 통일을 중시하는 모습을 보였다.[49] 이동기의 연구에서 드러나듯, 콜 정부는 "민족의 통일을 유지하고 자유로운 자기결정에 의거해 독일의 통일과 자유를 달성하는 것"이라는 목표를 수사학적인 차원에서나마 분명히 했다.[50]

---

47 Ibid., p. 1026.

48 콜은 1982년 취임 연설에서 헬무트 슈미트의 나토 이중결정을 지지하고 대서양동맹을 강조하는 가운데, 중립주의적이고 평화적이며 반미적인 당대의 평화주의 세력들과 차이를 분명히 했다. 그는 독일 문제는 열린 문제라고 주장했다. "독일에는 두 개의 국가(zwei Staaten in Deutschland)가 있지만, 하나의 독일 국민(eine deutsche Nation)이 있다"는 표현으로 독일통일을 강조하면서도 여러 차원에서 대화와 화해 모드를 이어갔다. "분단 상태를 더 견딜 만하게 만들고 무엇보다 덜 위험하게 만드는 것"이 그의 목표임을 역설하기도 했다. Wolfgang Jäger, "Die CDU und das Ziel der deutschen Einheit", in: Norbert Lammert (ed.), *Christlich Demokratische Union*, Siedler, 2020, p. 317.

49 Göttrik Wewer, "Vom Modell Deutschland zur Standortdebatte", in: Göttrik Wewer (ed.), *Bilanz der Ära Kohl*, VS Verlag für Sozialwissenschaftenchaften, 1998, p. 18.

50 이동기, 「'더 나은 통일안은 없었는가?—1989/90년 헬무트 콜, 국가연합 그리고 독일통일」, 『독일연구』 20호, 2010. 12, 79~80쪽.

이러한 차이는 여러 계기로 구체화되었다. 1987년에는 미뤄두었던 호네커의 서독 방문이 이루어졌다. 공식적인 국빈 방문은 아니었지만 내용상 국빈 방문이었다는 사실이 당시 동독에 대한 서독의 태도를 잘 보여준다. 통일을 당위로 선언하기를 포기하지 않으면서도 적극적으로 이를 추구하지 않는 것이 1980년대 기민련의 독일 정책이었다. 이처럼 미묘한 태도를 유지했기 때문에 1989년의 독일과 같은 변화 국면에서 모순 없이 움직여갈 수 있었는지도 모를 일이다.

반면 녹색당, 사민당은 통일 직전까지도 민족 문제 자체를 터부시할 정도로 탈민족주의적인 태도를 견지하고 있었으며,[51] '통일을 포기한 두 국가' 체제야말로 독일의 미래라는 입장이었다. 사민당의 빌리 브란트가 1988년에도, 그리고 베를린 장벽 붕괴 불과 한 달 전인 1989년 9월에 출간된 회고록에서도 통일에 대한 희망이야말로 "두 번째 공화국 필생의 거짓말(Lebenslüge)"이라고 언급함으로써 보수주의 정치가들과 언론인들로부터 공격을 받았던 것은 대표적인 사례였다.[52] 녹색당도 마찬가지였다. 심지어 베를린 장벽이 붕괴하기 하루 전인 1989년 11월 8일 연방의회 논의에서 녹색당의 안트예 폴머(Antje Vollmer)는 동독의 시민운동과 관련하여 "그렇게 명징한 시민의식이 있다면 사회주의에서의 삶이 나쁘기만 했을 리 없으"며 "동독에서 생겨나

---

51 이동기에 따르면 녹색당 정치가들은 "탈민족적 현실 발전에 기초한 초민족적 유럽 구상"을 갖고 있었고, 사민당의 경우 동방 정책을 표방한 빌리 브란트 총리도 가까운 장래에 통일이 현실정치적 주제가 될 것이라고 보지 않았다. 그러나 그는 최소한 이들 가운데 일부가 유럽 공동안보 구상과 국가연합안이라는 구상을 갖고 있었다는 점에서 평가할 만하다는 입장이다. 이동기, 「1989/90년 독일통일 과정 시 서독 좌파의 비판과 대안들」, 『서양사연구』 43권, 157~188쪽.

52 빌리 브란트 재단의 ",Jetzt wächst zusammen, was zusammengehört" – Deutsche Einheit 1989/90"에서 재인용. https://www.willy-brandt-biografie.de/politik/deutsche-einheit/.

고 있는 것은 독일 영토에서 처음으로 스스로 획득한 민주주의"라고 평가하는 가운데, 통일을 강조하는 콜을 "연방독일의 복지 쇼비니즘"이라고 비판했다.[53]

결과적으로 통일이 되었기 때문에 이들의 입장이 전적으로 틀렸다고 말할 수는 없다. 단지 기민련의 경우 통일을 포기한 적이 없었기 때문에 장벽이 붕괴되고 통일이 이루어지기까지 기민련의 정책에서 내적인 모순을 줄일 수 있었다고는 말할 수 있을 것이다.

3. "콜 시스템"이 된 기민련

콜을 다른 기민련의 정치가와 구분 짓는 특징은 그가 '기민련의 붙박이장'이라 불릴 만큼 당에 깊이 뿌리 내린 인물이었다는 점이다. 그의 전기 작가인 한스-페터 슈바르츠에 따르면 콜은 "기민련의 전 지구당을 그의 바지 주머니 속만큼 잘 알았다."[54] "콜 시스템"은 지역 조직까지 깊이 뿌리내리고 있었으며, 콜은 당의 어떤 지도자보다도 기층 당원들과 깊은 유대를 형성하고 있었다. 원대한 정치적 비전을 갖지 못했다는 점에서 빌리 브란트에 뒤쳐져 있었고, 유능하고 지적인 세계적 정치가가 되지 못했다는 점에서 헬무트 슈미트에 뒤쳐져 있었지만, 그는 그를 반대하는 세력의 분위기를 일찍 알아차리고 중화시킬 수 있는 본능을 가지고 있었다는 점에서 독보적인 정

53 Plenarprotokoll 11/173, Deutscher Bundestag Stenographischer Bericht 173. Sitzung Bonn, Mittwoch, den 8. November 1989, 13031. https://dserver.bundestag.de/btp/11/11173.pdf.

54 Hans-Peter Schwarz, *Helmut Kohl*, DVA, 2012, p. 171.

당정치가였다.[55] "당은 그의 고향"이었고, 그에게 "당직은 정부의 어떤 자리보다 중요했다"는[56] 한 측근의 말은 결코 과장이 아니었다.

그는 여러 인재를 발굴해서 중요한 정치가로 키웠고, 자신의 측근들을 지역 정치에 배치시켜 지역 기민련 정치와 중앙당을 연계하는 권력을 확보할 수 있었다. 대단히 바쁜 일정에도 지구당 회합에 정기적으로 참여하고, 지방의회와 당 관료들을 매번 총리 관저로 불러들였다. 또한 당내 어느 파벌과도 거리를 둔 채 파벌들 간의 조정 역할을 담당함으로써, 당내에서 자신의 입지를 확고히 했다. 그가 "네트워크의 장인(Master Networker)"이었다는 평가는 이러한 당내 권력 관계의 맥락에서 이해될 수 있다.[57] 그리고 이와 같은 당과의 밀착은 전임 총리인 에어하르트나 키징어에게서도, 후임인 앙겔라 메르켈에게서도 전혀 찾아볼 수 없는 모습이었다.

원래 헬무트 콜은 아데나워의 장기집권에 맞서던 청년 정치인 시절 당의 민주화, 당 개혁을 상징하는 인물이었다. 그는 당과 정부를 분리해서 정당정치를 강화해야 한다고 주장했고, 아데나워의 통치 스타일을 격렬히 비판하던 당무위원회(Bundesvorstand)의 주요한 논객이었다.

그러나 1980년대 그가 당수가 된 기민련에서는 1950년대와 마찬가지로 다시금 총리당으로 전락하고 있지 않나 하는 우려가 점차 높아지고 있었다. 1980년대의 콜은 대단히 개인적인 통치 스타일을 내보였다. 공식적인 기구를 통한 당내 토론으로 문제를 해결하기보다 개인적인 친분 관계를 통해

---

55 Ulrich Herbert, *Geschichte Deutschlands im 20. Jahrhundert*, C.H.Beck, 2014, p. 980.

56 Wolfgang Jäger, "Helmut Kohl setzt sich durch", in: Hans-Peter Schwarz (ed.), *Die Fraktion als Machtfaktor*, Pantheon, 2009, p. 159.

57 Michael Mertes, "Helmut Kohl's legacy for Germany", *Washington Quarterly*, Vol. 25, No. 4, 2002, p. 71.

권력 작용을 하는 편을 택했다. 공식 당위원회, 심지어 내각회의조차 그가 비공식 모임에서 측근들과 더불어 이미 결정한 것을 확인하는 역할을 맡을 때가 많았다. 그의 이런 통치 스타일로 인해 기민련 중앙당과 내각의 힘은 불가피하게 약화되었고 권력 중심은 총리 관저로 이동했다.[58] 소장 정치가 시절 당과 행정부 분리를 요구함으로써 당을 강화하고자 했던 콜이지만, 이제는 당뿐만 아니라 행정부조차 약화시키는 통치를 했던 것이다.

그는 또한 '느림'의 대명사였다. 논의의 여지가 있는 문제는 결정짓지 않고 가능한 한 오랫동안 논의되도록 두는 그의 정치 스타일은 여러 이해 당사자들을 만족시켰다는 평가를 받는다. 이는 그가 야당 시절에도 정부 여당의 정책을 적극적으로 공격하고 대안을 제시하기보다는, 여당의 연정이 붕괴하기를 기다리는 편을 택했다는 평가와도 맞물리고 있다. 이처럼 기다리는 태도는 그의 지도력에 대해 의구심을 가지게 하기에 충분했다. 콜은 침대차를 타고 권력에 다가가고자 할 뿐이라거나 "헬무트 콜 총리처럼 편안하게 통치한 총리가 없다"는 측근의 비판,[59] 그에게는 실현하고자 하는 정치적 프로젝트가 없다는 당의 청년연합의 비판은 모두 그의 "기다리는 태도"를 겨냥한 것이었다. 언론인 에카르트 로흐제(Eckart Lohse)는, 콜이 "제너럴리스트"라는 비판을 들으면서도 전문 분야에 대한 식견을 키우고자 노력하지 않았던 것 역시 같은 맥락에서 이해할 수 있다는 흥미로운 주장을 펼치기도 했다. 결국 그는 정부의 구체적인 정책에 대한 날카로운 비판을 통해 권

---

58 Karlheinz Niclauss, *Kanzlerdemokratie*, UTB, 2004, pp. 236~241.

59 Eckart Lohse, "Helmut Kohl als Oppositionsführer 1976~1982", in: Reinhard Appel (ed.), *Helmut Kohl im Spiegel seiner Macht*, Bouvier, 1990, p. 141에서 재인용.

노버트 블림 노동부장관과 헬무트 콜 총리
왼쪽에서 세 번째가 블림 장관, 네 번째가 콜 총리이다. KAS-3255 (c) Bundesregierung.

력을 쟁취할 수 있다고 보지 않았다는 것이다.[60]

그는 어떤 구체적인 정책을 관철시키는 것보다 당의 통합 혹은 연정 내부의 조화를 중시한 정치가였다. 콜은 기민련의 중요한 분파 대표들이 당과 내각에서 주요한 자리를 차지할 수 있도록 안배함으로써 당내 통합을 유지했다. "에어하르트의 참된 상속인"인[61] 게하르트 슈톨텐베르크(Gerhard Stoltenberg)를 재무부장관에 앉혀서 1982년부터 1989년까지 북독일 출신 신교 세력을 대변하도록 하거나, CDA 대표인 노버트 블림(Norbert Blüm)을 노동부장관에 임명하고 16년간 재직하도록 함으로써 기독교 사회주의 세력들을

---

60   Eckart Lohse, "Helmut Kohl als Oppositionsführer 1976~1982", in: Reinhard Appel (ed.), *Helmut Kohl im Spiegel seiner Macht*, Bouvier, 1990, p. 146.

61   Hans-Peter Schwarz, *Helmut Kohl*, DVA, 2012, p. 309.

배려하는 식이었다. 그가 통치하던 1982년부터 1998년 사이 다수의 각료들이 각 파벌 대표들이었다.

이를 위해서 필요할 경우 각료 수를 늘리는 아데나워의 방식을 따랐다. 그 결과 슈미트 총리 3기 내각에서 16명이었던 내각 각료 수는 콜 3기 내각에서 24명에 달할 정도로 증가했다. 통일 이후 5명의 동독 정치가들을 '정무 장관(Minister für besondere Aufgaben)'으로 임명하고, '청소년·가족·여성 및 보건부 (Ministerium für Jugend, Familie, Frauen und Gesundheit)'를 셋으로 나누어 세 명의 여성 장관을 임명했던 것도 그가 내각을 구체적인 행정 업무 측면에서 보기보다 당 화합 및 연정을 유지하기 위한 도구로 바라보고 있었음을 보여주는 대표적인 사례이다.[62]

4. 플릭 스캔들, "팔려 나간 공화국(Gekaufte Republik)"[63]

1970년대 '플릭(Flick) 스캔들'은 1960년대의 '슈피겔 사건'과 더불어 서독 역사상 가장 큰 스캔들 중 하나로 꼽히고 있다.[64] 정당법에 따라 2만 마르크 이상의 기부금은 공개하도록 되었지만, 기민련은 물론이고 사민당과 자유민주당 역시 이를 지키지 않았다. 기부협회 혹은 유령회사 계좌를 통해 불법적인 기부가 이어졌다. 그러던 중 발생한 플릭 스캔들은 도이체방크가 관

62 Karlheinz Niclauss, *Kanzlerdemokratie*, UTB, 2004, p. 243.

63 당시 의회 논의 과정에서 등장한 표현이다. http://webarchiv.bundestag.de/archive/2010/0824/das parlament/2006/11/Kehrseite/003.html.

64 Ulrich von Alemann, "Flick-Affäre", *Skandale in Deutschland nach 1945*, Kerber, 2007, pp. 114~119.

련되었을 뿐만 아니라 여러 연방 장관들, 현직 총리, 정당들의 회계 책임자 (Bundesschatzmeister), 그리고 연방의회 의장과 여러 정부 관리들이 등장하는 대형 스캔들이었다.

'플릭 스캔들'은 정치자금을 제공한 기업가인 프리드리히 칼 플릭(Friedrich Karl Flick)의 이름에서 유래했다. 플릭 가문은 백만장자 가문으로 바이마르 시기부터 나치를 거쳐 서독에 이르기까지 지속적으로 정치자금을 제공했다. 플릭의 창업주는 나치에 정치자금을 제공한 혐의로 뉘른베르크 전범재판에 회부되기도 했다. 1970년대 창업주의 셋째 아들로 플릭 콘체른을 물려받은 칼 프리드리히 플릭(Karl Friedrich Flick)은 다임러 벤츠의 대주주였고, 제지공장, 화학 콘체른, 철강기업, 보험 콘체른 등을 소유하고 있었다.

플릭 스캔들은 1975년 국세청 조사 과정에서 리히텐슈타인 소재 기업자문회사 '유럽기업자문(Europäische Unternehmensberatung, EU)'이 엉성한 자문 보고서를 써주는 대가로 다임러벤츠, 지멘스, 폭스바겐 등 여러 독일 회사들로부터 1972~1974년 사이 소위 '자문료' 160만 마르크를 수령했고, 이 돈이 기민련에 전달되었다는 사실이 밝혀짐으로써 시작되었다. 독일의 정치자금법에 따르면 정당에 대한 기부는 세금을 이미 납부한 상태의 소득에서 이루어져야 했을 뿐만 아니라 2만 마르크 이상인 경우 공시 의무가 있었다.

당시 국세청 담당자였던 클라우스 푀스터(Klaus Förster)는 원래 기민련 지지자로서 빠르게 승진가도를 달리던 젊고 유능한 공무원이었다. 그는 이 건을 즉시 상부에 보고했지만, 기민련, 사민당, 자유민주당 관련자 모두의 비밀 합의 아래 더 이상 조사하지 말 것을 요구받았다. 푀스터가 이를 거부하자 좌천 등 여러 압박이 가해졌고, 3년 후 그는 결국 사임했다. 하지만 그는 이미진한 조사에 대해 자진신고를 해버림으로써 검사가 그 과정을 수사할 수

밖에 없게 만드는 방식으로 문제를 공론화했다.[65]

원래는 독일 대기업 다수가 연루된 기민련 '정치자금' 문제였던 이 사건
은 시간이 지남에 따라 다른 양상으로 변모했다. 점차 플릭 콘체른이 1969
년부터 1980년 사이 기민련, 사민당, 자유민주당 등 녹색당을 제외한 모든
정당, 정당 재단 및 개별 정치가들에게 2,500만 마르크에 달하는 정치자금을
제공한 '매수 스캔들'로 확대되었던 것이다.[66] 이 기업의 비밀장부에 따르면,
정당 및 정당 재단뿐만 아니라 기사련의 슈트라우스에게 250,000마르크씩
세 번에 걸쳐 총 750,000마르크가 지불되었고, 헬무트 콜에게는 도합 565,000
마르크가 지불되는 등 다수의 정치가들에게 개인적으로도 지불되었다.[67] 노
벨문학상 수상자 하인리히 뷜(Heinrich Böll)은 "현금-포르노"라는 말로 당시 독
일 사회가 이 문제에 대해 느낀 불쾌감을 생생하게 표현했다.[68]

'매수' 혐의가 운위되었던 것은 플릭 콘체른이 특정 투자에 대한 감세
혹은 면세를 목표로 하고 있었기 때문이었다. 플릭이 1975년 19억 마르크에
달하는 다임러벤츠 주식을 도이체방크에 팔았을 때, 그에 대한 세금만 해도
절반인 10억 마르크에 달할 것으로 예상되었다. 그러나 자유민주당 출신의

---

65 이 사건의 진행 과정에 대해서는 Thomas Ramge, *Die Flicks*, Campus, 2004, pp. 218~247.

66 금액에 대해서는 논의의 여지가 있다. 『슈피겔』은 2010년에도 이를 2,600만 마르크로 썼
다. "Ehepaar von Brauchitsch nahm sich das Leben", *Der Spiegel*, 2010. 11. 9. https://www.spiegel.de/
wirtschaft/soziales/freitod-mit-83-ehepaar-von-brauchitsch-nahm-sich-das-leben-a-716939.html.
그러나 2,500만 마르크로 보는 저자들이 복수로 존재하기 때문에 여기서는 2,500만 마르크로
기록했다. Thomas Ramge, *Die Flicks*, Campus, 2004, p. 240.

67 "Was hat Kohl mit Flick zu tun?", *Die Zeit*, 1984. 11. 2. https://www.zeit.de/1984/45/was-hat-kohl-
mit-flick-zu-tun.

68 "Trotzig im Ungefähren", *Der Spiegel* 33/1999, 1999. 8. 15. https://www.spiegel.de/politik/trotzig-im-
ungefaehren-a-112681d7-0002-0001-0000-000014225442.

두 재무장관들이 연이어 판매수익 가운데 3/4에 해당하는 금액이 다른 기업 주식에 재투자되었다는 이유로 소득세법(Einkommensteuergesetz) 6b항의 "국민경제상 정부 후원이 필요한 재투자(volkswirtschaftlich förderungswürdige Reinvestition)"로 인정해준 덕분에 세금 감면 혜택을 받을 수 있었다. 이는 기민련과 자유민주당뿐만 아니라 사민당 역시 당내 반발을 무릅쓰고 지지해주었기 때문에 가능한 일이었다. 이로써 감세된 금액은 총 7억 마르크에 달했다.[69]

당시 뇌물 혐의로 기소된 재무부장관 오토 람브스도르프 백작(Otto Graf Lambsdorff)은 곧 사임했고, 칼 프리드리히 플릭 자신은 전임 장관인 한스 프리데리히스(Hans Friderichs), 플릭 콘체른의 담당자이자 독일 재계의 거물이던 에버하르트 폰 브라우히취(Eberhard von Brauchitsch)와 더불어 재판을 받은 끝에 매수 혐의에서는 무죄, 세금탈루 혐의에 대해서는 유죄를 선고받았다.[70]

이 스캔들이 정계에 큰 파문을 불러왔던 것은, 앞서 언급한 것처럼 대부분의 정당이 연루되었다는 사실이 밝혀졌기 때문이었다. 검찰 조사를 통해 1969년부터 1980년 사이 2,500만 마르크가 스위스 은행 계좌를 통해 사민당

---

69 구체적인 액수는 논란이 있으나, 울리히 허버트의 계산을 따르기로 한다. Ulrich Herbert, *Geschichte Deutschlands im 20. Jahrhundert*, C.H.Beck, 2014, p. 987f. 혹자는 콜에게는 5만 마르크가 지불되었을 뿐이라고 주장하지만, 5만 마르크씩 수차례 송금된 것으로 보인다. 비밀장부에는 1977년 12월 6일에만 5만 마르크가 송금된 것으로 기록되어 있는데, 이와 같은 송금은 그 후에도 빈번했을 것이다. Thomas Ramge, *Die Flicks*, Campus, 2004, p. 227.

70 흥미롭게도 주범이라 할 폰 브라우히취는 1999년에 발간된 회고록 『침묵의 대가(Der Preis des Schweigens)』에서 정당에 지불한 정치자금은 간접세에 다름 아니며, 각 정당들이 국가 예산에서 직접 정치자금을 확보하게 됨으로써 재계가 국가의 의사결정에 영향을 미치지 못하게 되어 안타깝다고 말했다. 그는 이 회고록에서 당시 『슈피겔』이 플릭 스캔들 보도에 적극적이었던 것은 슈타지의 지령을 받아 "골수 반공주의자(Kommunistenfresser)"인 자신을 제거하기 위해서였다고 주장했다. "Trotzig im Ungefähren", *Der Spiegel* 33/1999, 1999. 8. 15. https://www.spiegel.de/politik/trotzig-im-ungefaehren-a-112681d7-0002-0001-0000-000014225442.

을 포함한 모든 정당으로 흘러들어갔음이 드러났다. 당시 플릭 콘체른의 회계 담당자에 따르면 세금 탈루로 마련된 자금 중 1,500만 마르크가 기민련에, 650만 마르크가 자유민주당에, 그리고 430만 마르크가 사민당에 전달되었다는 것이었다.[71]

이 사건은 1984년 당시 연방의회 의장이던 라이너 바르첼(Rainer Barzel)이 교섭단체 대표를 지내던 1973년부터 1982년 사이에 플릭 콘체른으로부터 자문료 명목으로 170만 마르크를 수령했으며, 이는 플릭 측이 당선 가능성이 더 높은 후보로 지목한 콜에게 기민련 대표직을 물려준 대가였다는 의혹을 받으면서 정점에 달했다.[72] 바르첼은 이를 부정했지만, 무죄를 입증하지 못한 채 결국 사임하고 말았다.

사법 절차뿐만 아니라 정치적 절차 역시 기다리고 있었다. 기민련, 자유민주당, 그리고 사민당까지 대사면을 통해 이 스캔들을 종식시키고자 정치적인 협상에 나섰으나, 사민당 소속 법무부장관과 일부 사민당 의원들의 반대로 무산되었다. 당시 자유민주당은 사면이 이루어지지 못할 경우 연정을 중단시키겠다고 위협했으며,[73] 실제로 다수의 사민당원들은 이 사면법에 대한 사민당원들의 반대로 인해 1982년 10월 1일 사민-자민 연정이 붕괴되었다고 믿었다.[74]

콜이 총리로 취임한 이후 다시 한 번 대사면에 대한 논의가 진행되었지만, 이번에는 자유민주당 좌파의 반대로 무산되었다. 사민당에서 기민련으

---

71 Ulrich Herbert, *Geschichte Deutschlands im 20. Jahrhundert*, C.H.Beck, 2014, p. 988.

72 "Flick's gifts begin to take their toll on Kohl's party", *NYT*, 1984. 10. 28. https://www.nytimes.com/1984/10/28/weekinreview/flick-s-gifts-begin-to-take-their-toll-on-kohl-s-party.html.

73 Thomas Ramge, *Die Flicks*, Campus, 2004, p. 234.

74 Ibid., p. 243.

로 어렵사리 연정 파트너를 바꾸었던 겐셔 당대표로서는 다시 한 번 자유민주당 내 좌파 세력을 실망시킨다면 당이 유지되지 못할 거라고 우려했기 때문에 이들의 입장을 지지할 수밖에 없었다. 상황이 한층 더 심각해진 것은, 1983년 연방의회 선거를 통해 정치자금 문제로부터 완전히 자유로운 녹색당의 원내 진출이 이루어졌기 때문이었다. 결국 녹색당의 압력으로 1983년 여름부터 국정조사가 실시되었다. 그리고 이 논의는 정치자금법 개정으로 이어졌다.

독일 정당사에서 가장 큰 스캔들로 꼽히는 이 정치자금 의혹 사건은 기민련뿐만 아니라 자유민주당과 사민당도 연루되어 있었지만, 가장 많은 자금을 수수한 기민련에 가장 치명적이었다. 특히 콜 총리는 "몰랐다"거나 "기억이 나지 않는다"고 말하면서 정치가로서의 이미지에 큰 상처를 입었다. 실제로 녹색당이 그를 위증 혐의로 라인란트-팔츠 주의회 조사위원회에 회부했을 때, 콜은 이 자금이 당의 회계 담당자에게 모두 전달되었다고 주장하고 기민련 당 차원에서도 이를 인정함으로써 간신히 처벌을 모면하고 가까스로 총리직을 유지할 수 있었다. 당시 콜은 "민주적인 정당들에 재정적인 수단을 제공했을 뿐인 흠 없는 시민이 범죄시되"고 있는 "견딜 수 없는 상황"이라고 맞섰다.[75] 슈트라우스 역시 "초도덕적인 슈퍼 엄격주의"라고 비판하면서, 이 간접적인 정당 지원 방식에 대해 수년 동안 모두가 알고 있었으며, 이는 누구에게도 해가 되지 않았다고 불만을 토로했다.[76]

현대사학자 울리히 허버트(Ulrich Herbert)는 이 사건이야말로 독일인들 사

---

75 그러나 2000년에 기민련 회계 담당자 우베 뤼트예(Uwe Lüthje)를 통해 이는 모두 거짓이었음이 밝혀졌다. Ulrich Deupmann, "Lügen, fest verinnerlicht", *Der Spiegel* 40, 2000. https://www.spiegel.de/politik/luegen-fest-verinnerlicht-a-7ed2227e-0002-0001-0000-000017483215.

76 Ulrich Herbert, *Geschichte Deutschlands im 20. Jahrhundert*, C.H.Beck, 2014, p. 989.

이에서 정치 혐오가 확산된 주요한 계기였다고 평가한다.[77] 이러한 사회적 인식에도 불구하고, 콜은 이 사건에 대해 성찰하는 모습을 보이지 않았고, 그 결과 '플릭 스캔들' 당시 콜이 보인 모습은 10여 년 뒤 '콜 스캔들'에서 고스란히 반복 재연되었다.

5. 1987년 선거와 콜의 위기

1987년 연방의회 선거와 콜의 위기

통일 직전 콜의 통치는 여러 스캔들로 점철되고 있었다. 나치 과거와 관련해서라면 기민련 내에서 '방어적'이라고 표현될 법한 일련의 움직임이 존재했다. 먼저 나치 시기 해군 법무관이었으며 기민련의 극우 그룹에 속하던 한스 필빙어(Hans Filbinger)가 "당시에 합법이었던 것이 오늘날 불법일 수 없다"는 말로 나치 과거를 옹호하고 나섰다가 1978년 바덴-뷔르템베르크 주지사직에서 물러났다. 또 나치 살인죄 소멸시효 폐지와 관련한 표결에서 기민련/기사련 의원의 85%가 반대표를 던지는 일도 있었다.[78]

이처럼 기민련에서 지속적으로 등장했던 나치 과거 청산에 대한 거부감은 콜의 역사 정책을 통해 다시금 가시화되었다. 역사학 박사 출신인 콜은 독일 근현대사가 나치 체제 등장으로 귀결된 일련의 과정으로만 이해되고 있다는 비판적인 인식 아래, 과거사에 대한 반성뿐만 아니라 독일의 정체성

---

77 Ibid., p. 989.

78 Klaus-Dietmar Henke, "Die Auseinandersetzung mit der NS-Vergangenheit", in: Norbert Lammert (ed.), *Christlich Demokratische Union*, Siedler, 2020, p. 44; Frank Bösch, "Die CDU-Vorsitzenden und -Generalsekretäre", in: Norbert Lammert (ed.), *Christlich Demokratische Union*, Siedler, 2020, p. 288.

에 대한 자부심 역시 중요하며 양자를 결합시켜 통일에 대한 전망을 가질 수 있도록 새로운 역사상을 만들어내야 한다고 생각했다. 그는 전쟁의 가해 자와 피해자를 구분하기보다 모든 당대인들이 전쟁과 독재 체제의 희생자 라는 인식을 반영한 기념관 건립을 주장함으로써 엄청난 저항을 불러일으 켰고,[79] 1984년 이스라엘을 방문하여 "늦게 태어난 자의 축복"을 말함으로써 이스라엘과 독일 양국에서 동시에 엄청난 파문을 불러오기도 했다. 또한 2 차 대전 종전 40주년 기념일에 독일을 방문하기로 예정되어 있던 레이건의 동선에 나치 친위대 장교들도 묻혀 있는 비트부르크(Bitburg)의 국립묘지를 넣었다가 엘리 위즐(Elie Wiesel) 등 유대계 미국인들의 격렬한 반발에 부딪혔 다. 결국 그는 비트부르크 방문 직전 베르겐 벨젠의 강제수용소 방문을 포 함시키는 것으로 이 일을 무마했다.

무엇보다 중요했던 것은 1983년과 1985년 사이에 있었던 주정부 선거들 에서 다시 사민당이 승리를 거두기 시작했다는 점이었다. 이 시기 사민당의 승리는 플릭 스캔들에 기민련 정치가들이 다수 연루되었던 탓이었다.

1987년 선거는 양당 모두 낙관적인 분위기에서 선거에 임할 수 없는 상 황이었다. 플릭 스캔들에 더해 여러 스캔들이 연이어 나타나면서 『슈피겔』 은 "마이너스 총리"를 운위했고,[80] 『슈테른』은 "참사 내각"이라는 논평을 내

---

79 이는 1993년 신위병소(Neue Wache) 건물에 '중앙 추모지'를 건립하고 그 한가운데 캐테 콜 비츠의 1937년작인 〈죽은 아들을 안은 어머니〉의 모사품을 설치하는 것으로 귀결되었다. 전진성은 보편적 모성애를 통해 국가주의적 편향으로부터 얼핏 자유로워보이는 이 기념 비가 나치 사망자까지 피해자에 포함시킴으로써 "적극적 희생(sacrifice)에서 수동적 희생 (victimization)으로" 변천해간 서독 기억 문화의 완결판이 되었다고 본다. 전진성, 「현충과 추 모 사이」, 『독일연구』 49권 1호, 2022, 298쪽.

80 "Mit dem minus-Kanzler zur Minus-Partei", *Der Spiegel*, 1986. 3. 31. http://www.spiegel.de/spiegel/ print/d-13519580.html.

놓는 등, 기민련이 열세에 있었던 것은 분명했다. 그러나 사민당이 처한 상황도 녹록치 않았다. 녹색당과 연정하지 않겠다고 선을 그으면서 사실상 연정 파트너가 없어진 사민당으로서는 절대과반을 확보하는 것이 집권할 유일한 방법이었다. 그러나 이는 독일 선거에서 불가능한 일에 가까웠다.

1987년 1월에 치러진 이 선거는 특별한 쟁점이 없었기 때문에, 기민련 측에서는 무엇보다도 정부의 업적들을 선거의 핵심으로 내세웠다. "이대로쭉, 독일. 안정된 물가, 확실한 연금, 많은 일자리. 기민련. 미래", "앞으로도그렇게, 독일. 좋은 미래를 위해", "앞으로도 그렇게, 독일. 적녹 연정 대신 미래", "독일을 위한 결정" 등이 구체적인 모토였다. 이는 설문조사에 응한 국민들이 최소한 기민련의 역량에 대해서는 긍정적으로 평가하고 있다는 분석에 기초한 것이었다.

이는 헬무트 콜에 집중했던 1983년의 선거 전략과는 판이하게 달랐다. 선거와 관련한 콜의 가장 큰 약점은 언론과 매끄러운 관계를 갖지 못했다는 점이었다. 어떤 총리도 "처음부터, 그리고 그렇게 오랫동안 그만큼 저평가된" 경우는 없었다.[81] 콜에 대한 저평가와 선거에서의 연이은 승리가 공존하는 현상은 당대의 여러 정치 평론가들에게 하나의 "수수께끼"였다.[82]

정치학자 토마스 패터젠(Thomas Petersen)에 따르면, 1960년부터 1990년대까지 미국 미디어에서는 정치가들이 스스로 입장을 표명하는 시간이 점점 줄어들고 정치가들에 대한 미국 언론의 보도는 점점 더 부정적이 되는 현상이 나타났다. 그는 같은 현상이 독일에서도 관찰되거니와, 콜의 경우 언론에서 특히 부정적으로 언급된 정치가였다고 본다. 그는 여론조사 기관인 알

---

81   Hans-Peter Schwarz, *Das Gesicht des Jahrhunderts*, Goldmann, 2001, p. 730.

82   Karlheinz Niclauss, *Kanzlerdemokratie*, UTB, 2004, p. 272.

렌스바흐 연구소의 설문조사 결과를 분석한 끝에, 텔레비전 시청 시간이 짧은 유권자일수록 콜에 대해 긍정적인 이미지를 가졌다는 분석을 내놓았다. 콜은 통일 직후인 1990년 선거에서 기민련 당 지지율보다 높은 지지율을 기록했지만, 그것이 처음이자 마지막이었다.[83]

반대로 이 시기 사민당 총리 후보였던 요하네스 라우(Johannes Rau)는 대중적 지지도가 매우 높은 인물이었다.[84] 이 선거에서 기민련은 라우를 개인적으로 공격하는 일을 삼감으로써, 그를 선거 캠페인의 중심으로 끌어들이지 않기 위해 노력했다. 요하네스 라우를 공격하지 않는 것 외에 낙관적인 미래를 만들어낼 믿음직한 정당으로 기민련을 그려내는 것, 그리고 사민당과 녹색당의 무능함을 공격하는 것이 당시 기민련의 선거 전략이었다. 기민련은 녹색당과 사민당의 연정 가능성을 언급하면서 사민당 유권자의 불안감을 자극했다. 또한 기민련은 녹색당이 그 평화운동의 뿌리로 인해 반미주의적이며, 반미주의는 친공산주의일 수밖에 없다는 논리로 기민련 지지자들 단속에 나섰다.

1987년 선거는 투표 참여율이 89.1%에서 84.4%로 급감하여 1949년 연방의회 선거 이후 가장 낮은 참여율을 기록했다. 이 선거에서 기민련과 기사련은 44.3%의 지지를 얻었고, 이는 1949년 최초의 연방의회 선거 이래 가장 나쁜 성적이었다. 1983년 선거와 비교할 때 지지율은 4% 하락한 상태였다.[85]

---

83 Thomas Petersen, "Helmut Kohls Wahlkämpfe", in: Nikolaus Jackob (ed.), *Wahlkämpfe in Deutschland: Fallstudien zur Wahlkampfkommunikation 1912~2005*, Verlag für Sozialwissenschaftenchaften, 2007, p. 205.

84 실제로 이후 요하네스 라우는 1999~2004년 시기에 국민적 지지와 존경을 받는 대통령이 되었다.

85 그러나 위르겐 팔터는 기민련이 과거 선거에서 보여온 지지율은 44.5%(1980), 44.9%(1972),

그럼에도 1987년 1월 말의 11대 연방의회 선거에서 기민련이 다시 집권할 수 있었던 것은, 사민당이 대안으로 보이지 않았던 탓이었다. 이 시기 자유민주당은 9.1%의 지지를 얻어서 기민련 지지자들 일부의 지지나마 흡수할 수 있었다.

결국 이 선거는 서독의 정치 지형에서 나타나고 있는 커다란 변화를 보여주었다. 기민련의 지지율이 감소했음에도 사민당 지지율 역시 38.2%에서 37%로 감소했다. 사민당은 1972년에 기록적인 승리를 기록한 이래 지속적인 지지율 하락을 경험하고 있었다. 이 선거의 승자는 녹색당이었다. 1983년 5.6%의 지지를 받았다가 1987년에는 8.3%로 지지율이 급등한 것이다. 이러한 경향은 1987년 이후에도 지속되었다. 사민당으로서는 녹색당과의 연정 없이는 재집권이 불가능하다는 사실을 받아들이지 않을 수 없었다.[86]

45.3%(1961), 45.2%(1953)로서, 절대적으로 지지율이 격감했다고 보기는 어렵다는 견해를 내놓았다. Jürgen W. Falter, "Die Bundestagswahl von 1987: Ursachen und Auswirkungen des Wählergebnisses", in: Peter Haungs/Eckhard Jesse (eds.), *Parteien in der Krise?*, Wissenschaft und Politik, 1987, p. 258. 오히려 그는 양대 정당이 동시에 지지율 하락을 경험한 것이야말로 1987년 선거의 특징이었다고 보았다.

86 사민당과 녹색당의 연정이 처음부터 자명했던 것은 아니었다. 이는 1987년 사민당이 선거 전략을 짜는 과정에서 겪은 혼란을 통해 잘 드러난다. 1987년 선거에서 사민당의 선거 정책은 양분되어 있었다. 뒤셀도르프에 선거 캠프를 차린 요하네스 라우(Johannes Rau)가 절대과반을 획득하는 데 주력했다면, 본의 사민당 중앙당은 다시 연정을 구상하고 있었다. 사민당이 단독과반을 획득하는 것도 어려운 일이었으나, 자유민주당이나 녹색당과 연정에 나서는 것도 불가능한 상황이었다. 사민당의 마지막 보루로 여겨지던 라인과 루어의 산업지대에서는 환경과 실업이 동의어로 간주되고 있었기 때문에 녹색당과 사민당의 연정은 불가능한 것으로 여겨졌다. 따라서 라우는 지역 선거를 포기하지 않기 위해서라도 연정을 선거의 목표로 내세워서는 안 된다는 입장이었다. 녹색당과의 연정 가능성에 대한 논란으로 인해 통일된 선거 전략을 세울 수 없는 구도였던 것이다.

콜의 위기

1989년 장벽 붕괴와 1990년의 통일이 아니었다면 콜의 재선은 불가능했으리라는 것은 여러 학자들이 동의하는 바이다.[87] 콜은 당 내부에서 지지를 잃어갔을 뿐만 아니라 여론 주도층으로부터도 경원시되고 있었다. 당대 대표적인 지식인이던 정치학자 빌헬름 헤니스(Wilhelm Hennis)가 "그간 콜의 정치적 연설 가운데 주목할 만한 연설이라곤 하나도 없었다"고 말한 것은 그 상징적인 예였다.[88] 국민들의 지지가 이반되고 있다는 것은 확실했다. 1989년 설문조사 결과 콜의 정치에 대한 지지율은 27%까지 하락했고, 그해 5월의 설문조사에서는 응답자의 45%가 총리의 사퇴를 주장하기도 했다.[89] 1989년 9월 정치적인 의제가 통일로 변모되었을 때에야 비로소 콜 총리와 기민련에 대한 긍정적인 평가가 나타났다.

이처럼 1987년 선거 이후 콜이 기록적인 지지율 감소를 경험하는 동안, 사민당과 녹색당 간의 적-녹 연정의 가능성이 무르익고 있었다. 산업화가 진전됨에 따라 생태적 측면의 위기감이 고조되었고, 그 결과 녹색당은 정당 정치 체계에 굳건히 자리를 잡을 수 있었다. 사민당도 이런 시대적인 변화를 인정하지 않을 수 없었기 때문에 녹색당과 사민당의 적-녹 연정이 당내에서 점차 받아들일 만한 것으로 간주되기 시작했다. 실제로 뮌헨, 하노버

---

87 Gerd Langguth, *Das Innenleben der Macht*, Ullstein, 2001, p. 37; Günter Bannas, "Helmut Kohl - der CDU-Vorsitzende", in: Norbert Lammert (ed.), *Christlich Demokratische Union*, Siedler, 2020, p. 44; Frank Bösch, "Die CDU-Vorsitzenden und -Generalsekretäre", in: Norbert Lammert (ed.), *Christlich Demokratische Union*, Siedler, 2020, p. 68.

88 Frank Bösch/Ina Brandes, "Die Vorsitzenden der CDU. Sozialisation und Führungsstil", in: Daniela Forkmann/Michael Schlieben (eds.), *Die Parteivorsitzenden in der Bundesrepublik Deutschland 1949~2005*, VS Verlag für Sozialwissenschaftenchaften, 2005, p. 50.

89 Karlheinz Niclauss, *Kanzlerdemokratie*, UTB, 2004, 272f.

등 대도시에서는 사민당과 녹색당이 이미 성공적으로 공조하고 있는 상황이었다. 그에 따라 주정부 단위, 연방의회 단위에서 연정에 필요한 신뢰가 축적되고 있었다.

또한 사민당 내에서는 새로운 지도자군이 등장하고 있었다. 1985년 오스카 라퐁텐(Oskar Lafontaine)이 잘란트(Saarland)주에서 과반 의석을 확보하면서 일찌감치 차세대 주자로 등장했고, 후일 총리가 된 니더작센의 게하르트 슈뢰더(Gerhard Schröder), 라인란트 팔츠에서 16년간의 기민련 집권을 종식시킨 루돌프 샤핑(Rudolf Scharping) 등이 사민당의 차세대 주자로 입지를 다지고 있었다. 기민련이 총리당으로 전락한 것과는 정반대로 사민당은 세대교체를 통해 활기를 얻어가고 있었던 것이다.

이 시기 사민당이 45세 미만 인구에게서 압도적 지지를 받고, 다수의 전문가 집단이 사민당 지지로 돌아선 것은 기민련에 위기감을 불러일으켰다.[90] 당 내부에서는 이를 해결할 방안을 둘러싸고 갈등이 나타났다. 무엇보다 두드러진 문제는 기민련에 대한 정당 지지가 감소하고 있을 뿐만 아니라, 콜 총리 개인의 인기가 급감하고 있다는 점이었다. 1989년까지 콜은 가장 인기 없는 총리에 가까웠다. 콜의 지지율은 항상 기민련의 지지율을 밑돌았다.[91]

기민련 정당 활동의 양대 축은 최고위원회(Präsidium)와 당무위원회(Vorstand)이다. 콜 집권 시기 당대표, 회계 책임자, 사무총장, 원내 대표, 국회의장 및 부의장, 기민련 출신 주지사 등 20명 정도로 구성된 최고위원회는[92] 3~4주마

---

90 Winfried Becker et.al. (eds.), *Lexikon der Christlichen Demokratie in Deutschland*, Schöningh, 2002, p. 91.

91 Franz Walter et.al., *Die CDU*, Nomos, 2011, p. 58.

92 Karlheinz Niclauß, *Kanzlerdemokratie*, UTB, 2004, p. 247.

다 한 번씩 열린 반면, 중앙당의 당무위원회(Bundesvorstand)는 약화되었다. 아데나워와 마찬가지로 콜 총리 역시 당사무처(Bundesgeschäftsstelle)를 기피하는 경향을 보였다. 그에 따라 당사무처의 위상은 1980년대 내내 점차 약화되었고, 기민련의 공식 기구는 위축되었다. 무엇보다 중요한 문제는 콜의 정치에 기민련의 각종 위원회들이 영향을 미치지 못했다는 점이었다.

이 시기 당대표이자 총리이던 콜과 당사무총장이던 하이너 가이슬러의 대결 구도는 기민련 당사의 매우 중요한 주제이다. 청년 시절 당 개혁의 대표 주자로서 정당민주주의를 강조했던 콜이지만, 점차 당대표와 원내교섭단체 대표직을 겸직하고 당의 자원을 내각으로 끌어들여 충성을 확보하는 등, 당과 교섭단체, 내각을 권력의 세 축으로 활용하여 독점적 권력을 강화해갔다. 반면 하이너 가이슬러는 당사무총장을 맡기 위해 장관 자리에서 물러날 정도로 당을 중시하고 있었다. 달변으로 유명한 그는 기민련이 여당이라 해도 "독자적인 역할을 유지"해야 하지 "정부의 박수부대"가 되어서는 안 되며, "권력의 교만함"은 야당으로의 첫걸음이라고 쓴 소리를 아끼지 않았다.[93] 1980년대 중반 "콜의 총리청과 가이슬러가 지배하던 본의 기민련 당사라는 두 권력 중심이 존재"했다고 언급될 정도였다.[94]

당의 혼란상은 선거에도 반영되었고, 콜의 지도력에 대한 의구심이 높아가고 있었다. 1989년 콜은 가장 큰 위기에 봉착했다. 먼저 1989년 4월 유럽의회 선거에서 기민련은 8.9% 지지율 감소를 경험했으며, 주의회 선거에서도 신통치 않은 성적을 거두었다. 여론조사 결과 27%의 국민만이 정부 정책

---

93   Ibid., p. 249에서 재인용.

94   Günter Bannas, "Helmut Kohl - der CDU-Vorsitzende", in: Norbert Lammert (ed.), *Christlich Demokratische Union*, Siedler, 2020, p. 42.

에 동의하고 있었다. 또한 당의 부채가 너무 많아서 대량해고와 예산 절감에 나설 수밖에 없었고, 그로 인해 콜에 대한 당 내부의 지지는 약화될 수밖에 없었다.

급기야 1989년 브레멘 전당대회에서는 하이너 가이슬러, 쿠어트 비덴코프, 리타 쥐스무스(Rita Süssmuth), 노버트 블륌 등 다수의 비중 있는 기민련 정치가들이 바덴-뷔르템베르크주의 주지사이던 로타 슈패트(Lothar Späth)를 내세워 당대표를 교체하는 계획을 세우기에 이르렀다.[95] '쿠데타'로까지 지칭되던 이 계획은 소비에트를 방문하여 고르바쵸프를 만날 정도로 총리직 도전 의사를 보였던 슈패트 자신이 당대표 후보로 입후보하지 않음으로써 무산되었다. 보쉬(Bosch), 도이췌방크(Deutsche Bank) 등 재계에서 기민련 총리인 콜을 무너뜨리는 데 대한 부정적인 입장이 슈패트에게 전달되었기 때문이라는 증언도 있다.[96]

당시 콜은 여름휴가 기간 내내 개인적으로 전화를 돌려서 전당대회 참여자들의 분위기를 자신에게 우호적인 쪽으로 바꿔놓았다. ZDF 다큐멘터리 〈콜에 맞선 쿠데타를 역사화하다(Geschichte treffen Putsch gegen Kohl)〉에 따르면, 헬무트 콜의 전화번호부에는 기민련 지역 지도자들 수백 명의 전화번호가 기록되어 있었다고 한다. 그들 가운데 여럿이 이 시점에서 개인적으로 콜의

---

95 이에 대한 ZDF 다큐멘터리가 있다. 〈콜에 맞선 쿠데타를 역사화하다(Geschichte treffen Putsch gegen Kohl)〉. https://www.youtube.com/watch?v=jL8gjxC2vVU. 1973년부터 당대표를 지낸 콜이 이미 16년간 그 자리에 머무른 상황에서 여러 설문조사 결과 콜의 퇴진을 바라는 여론이 매우 높았던 것이 주요한 배경이 되었다.

96 ZDF 다큐멘터리, 〈콜에 맞선 쿠데타를 역사화하다(Geschichte treffen Putsch gegen Kohl)〉. https://www.youtube.com/watch?v=jL8gjx C2vVU.

전화를 받았다고 증언했다.[97] 다른 한편으로 콜은 헝가리 정부가 동독 시민들에게 여행의 자유를 허용했다는 사실을 '쿠데타'가 기획되었던 전당대회에서 알리고 이 주제로 논의를 이끌어감으로써 자신에게 유리한 분위기를 만들어냈다.

그 결과 콜은, 90% 이상의 지지율이 일반적인 기민련 당대표 선거에서 77%라는 초라한 지지율로 어렵사리 당대표로 재선될 수 있었다. 콜은 당대표직을 잃는 것은 정권을 잃는 것과 같다는 입장이었다. 불과 1년 전인 1988년 라인란트-팔츠주 주지사였던 베른하르트 포겔(Bernhard Vogel)이 주의회 교섭단체에 의해 지구당 대표직에서 내쫓긴 후 결국 주지사 자리마저 내놓는 드라마가 펼쳐졌다는 점을 고려할 때 이해할 만한 일이기도 했다.[98]

콜에 맞선 '쿠데타' 세력들은 더 큰 상처를 입을 수 밖에 없었다. 슈패트는 최고위원회(Präsidium)에서 밀려나고 하이너 가이슬러는 당사무총장에서 해임되었다. 일찍이 1977년 당사무총장이던 쿠어트 비덴코프가 콜이 당대표와 원내교섭단체 대표를 겸직하는 데 반대하면서 반기를 들었던 것과 같은 상황이 12년 만에 재연된 셈이었다. 이 브레멘 전당대회를 거치면서 기민련은 '총리당'으로의 변화를 더욱 분명히 하게 되었다. 당사무처(Bundesgeschäftsstelle)는 힘을 잃고, 여러 당직자들이 중앙당을 떠나야 했다. 새로 선출된 사무총장은 외교 및 안보 전문가로서 당 내부 정치에 밝지 못하다는 평가를 받던 원내 부대표 폴커 뤼에(Volker Rühe)였다.[99] 브레멘 전당대회 이

---

97 https://www.youtube.com/watch?v=jL8gjxC2vVU.

98 "»Ich habe die richtige Nase«", *Der Spiegel* 47, 1988. https://www.spiegel.de/politik/ich-habe-die-richtige-nase-a-9588502a-0002-0001-0000-000013531440.

99 폴커 뤼에가 국방부장관으로 임명된 이후, 병역 거부 문제를 담당해온 목사 출신 연방의회 의원 페터 힌체(Peter Hintze)가 1992년부터 1998년까지 당사무총장직을 역임했다. 그는 기민

후 쥐스무스, 가이슬러 등 당 개혁파들이 세력을 잃으면서 이들이 속했던 기민련의 기독교 사회주의 세력과 여성 조직도 약화되었다.

6. 콜과 통일

"콜 시스템"으로 가능했던 통일

1987년 호네커가 서독을 국빈 방문했을 때, 콜은 통일의 당위성을 강조하면서도 구체적으로 추진해갈 정치적인 아젠다가 아님을 분명히 한 바 있었다. 따라서 콜이 '통일총리'가 될 수 있었던 것은 계획이 아닌 상황 탓이었으며, 이처럼 유동적인 상황에 적극 대응한 총리청의 결단 덕분인 측면도 크다.[100] 물론 총리청에서 결단을 내린다고 해서 그 결정이 그대로 수용되리라 기대하기는 어려운 예측불허의 상황이었다. 이런 상황에서 가령 콜이 아니라 에어하르트, 키징어처럼 당과 긴밀한 관련성을 맺지 못한 총리였다면, 역사는 사뭇 달랐을 수 있을 것이다. 정치학자 유진숙이 언급한 대로 총리와 "정당 간의 상호작용의 형태와 강도"에 따라 총리 "권력의 실질적 구현" 양상이 다를 수밖에 없는 것이[101] 독일 정치였다. 콜은 최측근 세력이 총리

련의 여성할당제인 "Frauenquorum"을 제도화하여 연방의회 여성 의원을 현저히 늘리는 데 기여했으며, 생태 및 사회적인 시장경제를 주된 내용으로 하는 기본강령이 도입되는 데도 많은 기여를 했다.

100 통일 연구자 이동기도 콜 총리 개인에 대한 "영웅사관식 일방적 찬양"에 대해서는 비판적이지만, 그의 "유연한 정치적 결정과 추진력"을 인정할 필요가 있다는 입장이다. 이동기, 「1989/90년 독일통일 과정 시 서독 좌파의 비판과 대안들」, 『서양사연구』 43권, 156쪽.

101 유진숙, 「독일통일의 국내정치적 결정 요인 분석」, 『한국정치학회보』 45(4), 2011, 296쪽.

청 및 정부에 빈틈없이 포진한 '콜 체제'를 구축한 상태였기 때문에 총리청을 중심으로 긴박한 역사적 국면에 신속하고 주도적으로 대응할 수 있었다.

1989년 동독에서는 1989년 봄의 선거에서 저질러진 부정에 대한 반대 시위 등 저항 움직임이 활발해졌고, 여름부터는 헝가리, 오스트리아를 거친 동독민들의 탈출이 잇따라 일어나고 있었다. 8월 말부터는 서독 정부도 그 과정에 적극 개입하기 시작했다. 구체적으로는 헝가리-오스트리아 국경이 개방되었을 때[102] 헝가리에 5억 마르크에 달하는 차관을 제공했다.[103] 이를 두고 콜이 경제적 지원을 통해 국경 개방을 이끌어냈고, 이는 전당대회에서의 쿠데타에 맞서기 위한 것이었다는 해석도 있지만, 헝가리 전문가인 영국 학자 나이젤 스웨인(Nigel Swain)은 헝가리 정부가 국경 개방 결정을 내린 것은 8월 22일로서, 콜 및 겐셔와 헝가리 정부의 회담이 열린 8월 25일보다 사흘 전이라는 점을 강조한다. 즉 헝가리 정부가 동독보다 서독을 파트너로 삼기 위해 사인을 보낸 것은 사실이지만 직접적인 협상의 '결과'로 국경 개방을 결정한 것은 아니며, 당시 헝가리 정치가들은 그런 정치적인 협상을 하기에는 "너무 순진(naive)"했다는 것이 헝가리 전문가인 그의 입장이다.[104]

어쨌든 9월 11일부터 실제로 국경이 개방됨으로써 그해 말까지 3만 명에 달하는 동독 시민들이 헝가리를 거쳐 서독에 도착했다. 동독을 벗어나려

---

102 이 국경 개방 과정과 관련하여 메리 새럿(Mary Elise Sarotte)은 콜 회고록을 인용하여 헝가리 측에서 먼저 국경개방을 제안했고 콜 총리가 그에 대한 감사의 표시로 도이체방크와 드레스드너 방크를 통해 경제적 지원을 했다고 쓰고 있다. Mary Elise Sarotte, *1989: the Struggle to create post-cold war Europe*, Princeton University Press, 2009, p. 31, 1장 각주 82.

103 Mary Elise Sarotte와 Patrick Major 모두 500만 마르크였다고 본다. Ibid., p. 31, 1장 각주 82; Patrick Major, *Behind the Berlin Wall*, Oxford University Press, 2010, p. 239.

104 2022년 7월 30일 저자와의 이메일 교류에서 그가 주장한 내용이다.

하는 시민들을 강경 진압할 경우 동독 체제 유지에 절대적으로 필요한 서독의 경제적 지원이 사라질 상황이었기 때문에 동독 정부로서는 대응책 마련이 불가능했다. 동독 외교부장관이 모스크바에 서한을 보내 이런 상황에서 작동하지 않는 연대가 무슨 소용인지 물었지만, 모스크바 측의 지원은 끝내 없었다.[105]

1989년 9월 이후 콜 정부는 적극적인 상황 대응에 나서기 시작했다. 9월 초 라이프치히에서 본격적으로 시작된 시위가 드레스덴, 할레, 마그데부르크 등 여러 도시들로 확산되고 있었다. 그에 따라 호네커가 집권한지 18년 만인 1989년 10월 18일 공식적으로는 "건강상의 이유로" 퇴진하게 되었다.[106] 호네커의 후임으로 선출된 에곤 크렌츠(Egon Krenz)가 천안문에 대한 유혈 진압을 지지한 인물이었던 탓에 동독 주민들의 시위는 더욱 거세졌다.

11월 말에 콜은 연방의회에서 '독일과 유럽의 분단을 극복하기 위한 10개 강령(Zehn Punkte Programm zur Überwindung der Teilung Deutschlands und Europas)'을 발표했다. 강령 제3조의 "두 국가 간 협력"의 "포괄적인 확충을 목표"로 하겠다는 말, 제10조의 "독일의 국가적 통일을 다시 확보(Seine Einheit wiedererlangen)"하겠다는 말은[107] 독일 정부가 통상적으로 정치적 목표로 삼던 내용이었지만, 장벽 붕괴 이후의 시점에는 전혀 다른 의미를 가질 수밖에 없었다. 이 강령은 기민련 내부 논의를 거친 것이 아니라 측근들과의 논의를 통해 만든 것이었기 때문에, 사민당은 물론 외교부장관 겐셔도 당황했을 정도였다.[108]

---

105 Ulrich Herbert, *Geschichte Deutschlands im 20. Jahrhundert*, C.H.Beck, 2014, p. 1102.

106 https://www.bpb.de/themen/zeit-kulturgeschichte/deutschland-chronik/132187/18-oktober-1989/.

107 10개조의 원문은 https://www.chronik-der-mauer.de/material/180402/rede-von-bundeskanzler-helmut-kohl-im-bundestag-10-punkte-programm-28-november-1989.

108 유진숙의 연구에 따르면 이는 콜이 주로 볼프강 쇼이블레의 총리청을 중심으로 중요한 결

이후 콜은 1989년 12월 19일 드레스덴의 프라우엔 키르헤 연설 도중 동독인들의 열광적인 반응을 접하며 통일을 장기 목표로 삼겠다는 기존의 태도를 버리고 즉각적인 통일을 위한 외교적 노력에 나섰다. 1990년대 초부터 콜은 워싱턴, 파리, 런던, 모스크바에서 각국 정상들이 독일 통일에 대해 어떻게 생각하는지 가늠하는 데 집중했다. 1990년 1월에만 2만 명의 동독인들이 서독으로 이주하고 있는 상황에서 더 이상 통일을 미루기는 어려워 보였다.[109]

그러나 1990년대 초까지도 통일이 기민련과 콜 총리에게 유리하게 작용하리라는 보장은 사실상 없었다. 통일은 매우 논쟁적인 이슈였기 때문에, 통일을 향한 행보는 모험에 가까웠다. 잘란트(Saarland) 주지사인 사민당의 오스카 라퐁텐이 동독의 이주자들을 받아들이는 것에 대해 비판적인 태도를 표명한 뒤에 치러진 1990년 1월의 잘란트주 선거에서 사민당은 절대과반을 확보했다. 당시 라퐁텐은 사민당의 유력한 총리 후보였고, 1990년 초에 콜 총리의 통일 방안에 대한 대안을 만들어내고자 노력하고 있었다. 그는 동독에서 서독으로 자유로운 이주가 일어나면 서독의 사회보장 체계가 위협을 받게 될 거라고 우려했고, 이후에는 통일이 너무 빠른 속도로 이루어질 경우 천문학적인 통일 비용이 발생할 거라고 경고했다. 잘란트 선거에 뒤이어 1990년 5월에 있었던 노르트라인-베스트팔렌, 니더작센 주의회 선거에서 사민당이 승리하자, 여론이 그런 태도를 지지하고 있다는 사실이 분명해졌다. 같은 시기의 설문조사에서 사민당의 라퐁텐은 지지율 50%를 얻었는데

정을 내렸기 때문이었다. 당시 통일 문제에 대해 소극적이고 신중하던 겐셔 외교부장관과는 견해를 달리하고 있었다. 유진숙, 앞의 글, 2011, 305쪽.

109 Karlheinz Niclauss, *Kanzlerdemokratie*, UTB, 2004, p. 265.

콜 총리는 39%의 지지밖에 얻지 못했다는 것은 당시 통일에 대한 서독인들의 태도를 잘 보여주는 통계라고 해석해도 무방할 것이다.[110]

　그러나 이후의 과정은 다르게 흘러갔다. 동독에 서독의 마르크화를 도입하는 것이 합리적인지에 대해 전문가들 사이에서는 논란이 많았지만, 사민당이 실질적인 대안을 제시하지 못했기 때문에 수용되었다. 또한 사민당으로서는 이후 콜이 주도한 1990년 8월 31일의 '통일협약(Einigungsvertrag)'이나 1990년 9월의 '2+4 협약'도 지지하지 않을 수 없었다. 1989년 11월 9일 베를린 장벽이 붕괴되고 나서 1년 만인 1990년 10월 3일에 통일이 선언되기까지의 과정은 이처럼 콜 총리의 주도로 이루어졌다.

　물론 콜의 주도로 이루어진 통일 과정에 대해서도 비판적인 목소리는 끊이지 않았다. 무엇보다 비판받는 지점은 비용 마련이었다. 동독인들에게는 "빛나는 국가"를 약속하고 서독인들에게는 세금 인상이 없으리라는 잘못된 희망을 불러일으켜서 정치에 대한 신뢰를 떨어뜨렸다는 비판을 피하기는 어렵다. 실제로 연대세(Solidaritätszuschlag)가 도입되었고, 부가세 등 세금 인상이 뒤따랐다. 이와 관련하여 콜은 "대패질하는 곳에는 대팻밥이 떨어지기 마련(wo gehobelt wird, (da) fallen Späne)"이라는 말로 응수할 뿐이었다.[111]

유로화 도입과 독일통일

　독일통일이라는 드라마는 유로화 도입이라는 드라마와 동시에 발생했다. 전임자인 슈미트 총리가 유럽통합에 회의적이었던 반면, 콜은 기회 있

---

110 Ibid., p. 273.

111 Göttrik Wewer, "Vom Modell Deutschland zur Standortdebatte", in: Göttrik Wewer (ed.), *Bilanz der Ära Kohl*, VS Verlag für Sozialwissenschaftenchaften, 1998, p. 18에서 재인용.

을 때마다 유럽통합을 강조하던 '유럽주의자'였다. 콜은 1992년까지 관세 및 국경 장벽을 없애고 통합된 유럽 시장을 만들어내는 데 성공했다. 무엇보다도 이미 1970년대부터 언급되었으나 각국에서 유럽통합에 대한 회의가 고조되며 진전되지 못하고 있던 통일유럽의 화폐 구상에 적극 나섰다. 화폐 통합은 정치 통합 과정의 종착점이 아니라 그 과정의 촉진제가 되어야 한다는 것이 콜의 입장이었다. 1990년대 내내 화폐 통합에 대한 논의가 이어졌다. 그 결과 1998년 프랑크푸르트에 유럽중앙은행(European Central Bank)이 설립되었고 유로화 도입도 결정되었다. 콜 자신이 2002년 한 인터뷰에서 "한 가지 점(유로화 도입)에서 나는 독재자였다"라고 언급할 정도로 결단이 필요한 일이었다.[112]

유로화는 독일의 패권을 추구하는 구상의 소산이었다고 생각하기 쉽지만, 실제는 다르다. 니더작센 주지사이자 유럽의회의 외교위원장을 지낸 다비드 맥알리스터(David McAllister)는 "콜 총리가 유럽통합에 맹세"했고, "공동화폐를 쓰겠다는 약속"을 했기 때문에[113] 프랑스가 독일통일을 승인한 것이라고[114] 평가하기도 했다. 당시 유럽통합시장이 생겨나고 화폐가 통합되기 이

---

112 다음에서 재인용. Bert Rürup, "Die EZB setzt die Reputation des Euros aufs Spiel", *Handelsblatt*, 2021. 11. 26. https://www.handelsblatt.com/meinung/kommentare/kommentar-der-chefoekonom-die-ezb-setzt-die-reputation-des-euros-aufs-spiel/27833170.html.

113 데이비드 맥알리스터(David McAllister), 「헬무트 콜 총리의 통일 리더십」, 『한독워크숍자료집』, 2014. 11, 2쪽.

114 프랑스가 독일통일에 대해 미온적, 혹은 적대적이었다는 평가를 받고 있지만, 최근 들어 이와는 다른 결론을 담은 연구들이 나오고 있다. 민유기는 프랑스가 독일통일을 방해했다기보다는 "탈냉전의 새로운 질서를 좌우할 것으로 예상되는 미국을 필요한 경우 최소한이라도 견제할 수 있는 유럽을 만들기 위해 독일통일 문제를 안보와 경제 영역에서 실제적 협력이 가능할 유럽통합의 진전에 연계"시킨 것일 뿐이라고 본다. 민유기, 「독일 재통일과 프랑스의 탈냉전 세계질서 구상」, 『역사비평』 133권, 2020, 42쪽. 그에 따르면 프랑스 외교부의 사

전에도 유럽에서 독일 경제의 영향력은 압도적이었기 때문에, 오히려 통합 유럽의 기구를 통해 비대해진 독일 경제의 영향력을 통제할 수 있다는 기대가 높았다.

반면 서독 정부는 복잡한 국민 경제들이 단일한 통화 정책을 추구하기가 매우 어려울 것이라고 우려했고, 경제 및 재정 정책을 조정하기 위해서는 긴 이행기가 필요하다는 입장이었다. 1948/49년에 도입된 마르크화가 서독의 경제기적을 상징하고 있었기 때문에, 그런 마르크화를 포기하는 것에 대한 독일 여론의 우려도 컸다. 심지어 콜이 독일통일에 대한 영·프의 불만을 잠재우기 위해 유럽통합을 가속화시켰으며, 결국 스스로 "통일총리"가 되기 위해 마르크화를 희생시켰다는 평가마저 나왔다.[115] 같은 맥락에서 한국의 유럽통합 전문가인 신종훈은 경제통화동맹 창설의 배경에 "유럽의 통화 정책에서 독일연방은행의 지배를 무너뜨리고, 독일 마르크화가 유럽의 기축통화가 되는 것을 막으려는 프랑스의 의도가 자리"하고 있다고 보았다.[116] 그에 따르면 긴박한 통일 국면이라 할 1989년 11월 30일 이후에도 미테랑 프랑스 총리는 경제통화동맹이 독일통일보다 먼저 진행되어야 한다고

료에 나타난 바, 프랑스는 독일이 동유럽으로 팽창할지도 모른다거나, 영국과 미국처럼 특별한 관계를 맺어 프랑스 및 유럽에서 멀어질지도 모른다는 등의 우려를 갖고 있었다. 당시 미테랑 정부는 유럽통합과 독일통일을 결부시켜야 한다는 입장이었지만, 소련은 중립화된 독일통일안을 선호했고, 미국의 경우 대서양주의에 입각한 통일, 즉 나토와 긴밀히 결부된 통일독일을 희망하고 있었다. 결국 소련은 통일독일의 나토 잔류를 허용하는 대신 차관을 얻어내는 편을 택했다.

115   Göttrik Wewer, "Vom Modell Deutschland zur Standortdebatte", in: Göttrik Wewer (ed.), *Bilanz der Ära Kohl*, VS Verlag für Sozialwissenschaftenchaften, 1998, p. 45에서 재인용.

116   신종훈/김지영, 「경제통화동맹 창설과 독일통일의 동시성을 중심으로 고찰한 유럽통합과 독일 문제」, 『통합유럽연구』 12권 3호, 2021, 12쪽.

반복적으로 주장했다.[117]

결국 경제성장에 대한 기대로 인해 국민들에게 받아들여지긴 했지만, 기본적으로 유럽통합은 각국 정치 엘리트들의 작품이었다. 그 과정에서 콜은 대표적인 '유럽인'이었고, 향후 콜의 정치에 비판적인 인사들조차 그가 유럽통합이라는 비전을 가진 정치가였다는 점만은 인정하고 있다. 유럽연합의 국가수반들은 프랑스의 전설적인 정치가 장 모네(Jean Monnet)에게만 주어졌던 '명예유럽시민(Honarary Citizen of Europe)' 타이틀을 1998년 콜에게 수여했다.[118] 콜의 정치를 가차 없이 비판하는 정치학자 괴트릭 베버마저 "콜이 어떤 정치적 비전이라도 가진 적이 있다면 그것은 유럽통합이었"음을 인정한다.[119]

통일과 유로화 도입이라는 두 거대한 과업이 시간적으로 맞물리며 엄청난 부담이 불가피했다. 하지만 통일을 추진하는 과정에서 얻은 압도적 국민적 지지가 없었다면 유로화 도입이라는 정치적 부담이 매우 큰 과제를 추진할 수도 없었을 것이다. 혹은 반대로 유로화 도입을 단행할 수 없는 상황이었다면 이웃 유럽 국가들, 특히 프랑스의 강경한 태도를 생각할 때 통일 과정이 사뭇 다르게 진행되었을 가능성도 배제할 수 없다.

이후 "통일총리"로 자리를 굳힌 콜은 더 이상 누구의 견제도 받지 않을

---

117 위의 글, 18~19쪽.

118 Michael Mertes, "Helmut Kohl's legacy for Germany", *Washington Quarterly*, Vol. 25, No. 4, 2002, p. 69.

119 Göttrik Wewer, "Vom Modell Deutschland zur Standortdebatte", in: Göttrik Wewer (ed.), *Bilanz der Ära Kohl*, VS Verlag für Sozialwissenschaftenchaften, 1998, p. 44. 이처럼 콜이 유럽인으로서 명성을 떨치는 과정에서 국내정치적 부담이 발생한 것은 필연적인 일이었다. 유로화로의 화폐 개혁이 가능하기 위해서는 국가부채 비율을 최대 3%까지만 허용하는 등 재정건전성 확보가 중요했지만, 문제는 같은 시기에 엄청난 통일 비용이 발생했다는 사실이었다.

정도로 위상을 굳혔다. 동독 기민련 조직이 합류하면서 당 조직은 더욱 비대해졌고, 그 과정의 혼란은 콜에게 유리하게 작용했다. 내각은 콜의 은혜를 입은 각료들로 채워졌고, 연이은 지방의회 선거 실패는 아이러니하게도 지역 맹주가 콜의 경쟁자로 성장하지 못하게 하는 결과를 낳았다. 결국 기민련 내에서 콜을 넘어뜨릴 수 있는 사람은 콜 자신밖에 없는 상황이 되었고, 실제 역사는 그 길을 따라갔다.

7. 콜의 몰락

1990년, 1994년, 1997년 선거

1990년 12월의 연방의회 선거는 동서독 전체에서 이루어졌다. 이 선거에서 기민련은 43.8%의 정당지지율을, 자유민주당은 11%의 지지율을 기록했다. 사민당은 1957년 이래 가장 나쁜 성적을 거두었고, 특히 동독 지역에서 고작 24.3%의 지지를 얻었다. 사민당 후보 라퐁텐이 독일통일에 대해 유보적이었던 탓으로도 해석할 수 있을 것이다.

1990년과 1994년의 선거는 콜 개인에게 초점이 맞춰진 선거였다. 총리직에 오른 초기와는 달리, 통일 이후 그는 더 이상 여론에 의해 저평가되는 정치가가 아니었다.[120] 통일과 더불어 당내에서 그의 지위 역시 확고부동해졌

---

120 그가 중요한 정치적 문제들에 대해 무능하다거나 변덕스럽다거나 독자적인 입장을 갖지 못한다고 보는 비율은 1990년 통일 직후에도 46%로서 여전히 높았다. 그러나 1990년과 1994년 선거 모두 선거일이 다가올수록 총리의 이미지가 개선되는 양상이 반복해서 나타났다. Thomas Petersen, "Helmut Kohls Wahlkämpfe", in: Nikolaus Jackob (ed.), *Wahlkämpfe in Deutschland: Fallstudien zur Wahlkampfkommunikation 1912~2005*, Verlag für Sozialwissenschaftenchaften, 2007, p.

다. 하이너 가이슬러는 통일이 아니었다면 "매우 높은 가능성으로 연방의회 선거에서 패배했으리라"고 단언하기도 했다.[121]

물론 1991년 선거 이후 통일에 대한 열광은 사라지고, 천문학적 통일 비용과 증가하는 실업 문제 등이 다시금 주목받았다. 이는 주정부 선거 결과에 즉각 반영되었다. 1991년 선거에서 헤센과 라인란트-팔츠주는 사민당을 다시금 집권당으로 선택했고, 1993년부터는 전국적인 여론조사에서도 사민당이 기민련을 앞서기 시작했다.

이렇게 통일 덕분에 가려졌던 콜과 기민련의 위기가 전면에 드러났는데도, 예상과 달리 기민련은 1994년 선거에서 다시금 집권 연장에 성공했다. 1994년 선거에서 기민련이 집권을 연장할 수 있었던 중요한 배경으로 자유민주당의 성공을 꼽을 수 있다. 자유민주당은 1994년 초에 있었던 주의회 선거 및 유럽의회 선거에서 5차례나 연이어 5% 장벽에 부딪혔지만, 콜은 자유민주당과의 연정을 지속시킬 것임을 분명히 했다. 실제 1994년 선거에서 자유민주당은 6.9%의 지지를 얻어서 기민련 정권이 유지되는 데 크게 기여했다.[122]

그러나 1994년 선거 후 얼마 지나지 않아 콜과 기민련에 대한 지지는 급

208.

121 Göttrik Wewer, "Vom Modell Deutschland zur Standortdebatte", in: Göttrik Wewer (ed.), *Bilanz der Ära Kohl*, VS Verlag für Sozialwissenschaftenchaften, 1998, p. 12.

122 Karlheinz Niclauss, *Kanzlerdemokratie*, UTB, 2004, p. 278. 자유민주당과의 연정은 콜의 정치에서 핵심적인 부분이다. 사민당이나 녹색당 혹은 동독 지역에 뿌리를 둔 공산당(Partei des Deutschen Sozialismus, PDS)과의 연정은 당시 기민련에게 불가능한 조합이었다. 그러나 1990년부터 1998년까지 사민당이 연방상원(Bundesrat)에서 다수를 점하게 되자, 사민당과의 공조도 필수적인 것이 되었다. 통일 과정의 중요한 사안들에 대한 구체적인 결정들은 사민당과의 공조를 통해서만 가능했다.

격히 사그라들었다. 통일 이후 특히 동독 지역에서 실업율이 급격히 증가하고 통일비용으로 인해 국가부채가 급증한 탓이었다.

어쩌면 너무 당연한 일이지만, 이 시기 기민련의 총리 후보를 결정하는 문제도 간단치 않았다. 당시 콜의 후임으로 꼽히던 원내교섭단체 대표 볼프강 쇼이블레는 하염없이 즉위를 기다리던 영국의 찰스 왕세자와 비교되는 상황이었다. 그는 선거 전인 1997년 1월 『슈테른(Stem)』과의 인터뷰에서 총리직에 출마하느냐는 질문에 "총리직은 아마도 내가 거부하지 못할 유혹일 것"이라 답하며 출마 의사를 피력했다.[123] 그러나 콜은 1997년 4월 매우 사적인 장소인 휴가지에서 텔레비전 인터뷰를 가지고 여섯 번째로 총리 후보에 나서겠다고 천명했다. 기민련 당 지도부나 교섭단체와 논의를 거치지 않은 채 '스스로 지명(Selbstnominierung)'을 한 셈이었다.[124]

결국 콜은 기민련 총리 후보가 되었고, 1998년 선거에서 콜과 기민련은 명백한 패배를 경험했다. 당시 사민당은 40.9%의 지지를 얻어 35.15%의 지지를 얻은 기민련과 기사련을 크게 앞섰다. 1994년 선거에서 기민련이 41.4%, 사민당이 36.4%의 지지를 얻었던 것과 비교하면 기민련의 패배는 더욱 명백했다. 이 1998년 선거는 연방 선거사상 최초로 정부에 참여하는 정당이 전부 야당으로 교체되었다는 점에서 완벽한 정권교체이기도 했다. 이 선거에서 사민당은 모든 직업군에서 높은 지지를 받았지만, 기민련은 전통적인 지지층인 농민층에서조차 지지율 감소를 드러냈다. 특히 옛 동독 지역 노동자 세력 사이에서 뚜렷한 지지율 감소가 일어났다.

---

123 Günter Bannas, "Helmut Kohl - der CDU-Vorsitzende", in: Norbert Lammert (ed.), *Christlich Demokratische Union*, Siedler, 2020, p. 47.

124 Karlheinz Niclauss, *Kanzlerdemokratie*, UTB, 2004, p. 255.

이 선거에서 사민당에 대한 노동자의 지지와 기민련에 대한 가톨릭 세력의 지지는 뚜렷하게 이어져, 양당의 전통적인 지지층은 여전히 충실한 지지자로 나타났다. 하지만 사회 구조의 변화와 더불어 관료와 회사원 등 새로운 중간계급이 전체 유권자의 54%까지 늘어난 가운데, 이들의 정치적 선택은 대단히 변동성이 높았다. 특히 냉전 체제의 해체와 더불어 이데올로기적인 요소가 더 이상 유권자를 끌어당기는 역할을 제대로 하지 못하는 가운데, 유권자들은 자신들의 이해관계와 긴밀히 결부된 문제에 대하여 누가 해결책을 제시하는지를 중시했다. 실제로 1994년과 1998년 선거 전의 여론 조사에 따르면 연금보장, 과세부담 조정, 가격 안정화, 실업 해결 등 여러 구체적인 주제들과 관련하여 사민당에 대한 평가가 현저히 개선되고 있었음을 볼 수 있다.[125]

98년 이후

1998년 패배 이후 콜은 당대표직을 사임했고, 학자에 따라서는 "기민련에서 가장 위대한 정치적 능력자"라 꼽기도 하는[126] 볼프강 쇼이블레(Wolfgang Schäuble)가 당대표가 되었다. 1972년 불과 30세의 나이로 연방의회 의원이 된 이래 거의 50년간 의원직을 유지했으며, 1984년부터 1991년까지 콜의 내각에서 총리청장, 내무부장관 등 요직을 거쳤고, 1991년부터 원내 대표를 지내

---

125 Thomas Petersen, "Helmut Kohls Wahlkämpfe", in: Nikolaus Jackob (ed.), *Wahlkämpfe in Deutschland: Fallstudien zur Wahlkampfkommunikation 1912~2005*, Verlag für Sozialwissenschaftenchaften, 2007, p. 210.

126 Frank Bösch, "Die Vorsitzenden der CDU", in: Daniela Forkmann/Michael Schlieben (eds.), *Die Parteivorsitzenden in der Bundesrepublik Deutschland 1949~2005*, VS Verlag für Sozialwissenschaften-chaften, 2005, p. 53.

헬무트 콜과 볼프강 쇼이블레(우)
KAS-3486 (c) KAS - Rainer Unkel.

는 등 빈틈없는 경력을 쌓아온 쇼이블레가 당대표가 된 후, 기민련은 즉각 당내 개혁을 추진하고자 했다. 1969년 야당이 된 후에 당내 개혁을 미루었던 것과는 사뭇 다른 모습이었다. 그에 따라 각 지역에서 여러 젊은 지도자들이 등장하여 지역 선거에서 기민련을 승리로 이끌었고, 머지않아 기민련이 다시 정권을 장악할 수 있을 거라는 기대가 높아졌다.

그러나 상황은 간단치 않았다. 콜은 기민련을 떠나지 않았다. 그는 명예대표로서 여러 주요 위원회들에 참석할 자격이 있었고, 그가 회의장 의석을 차지하고 있는 가운데 '콜 체제'에 대한 개혁을 시도하기란 난망한 일이었다. 총리에서 물러난 아데나워가 에어하르트에 맞서던 상황이 재연될 가능성이 높았다. 콜 스캔들이 아니었다면 이런 상황이 언제까지 이어졌을지 알 수 없는 일이었다.

콜 스캔들

콜 스캔들은 1971년부터 1992년까지 21년 동안 기민련의 회계 책임자를 지낸 발터 라이슬러 킵(Walther Leisler Kiep)이 1999년 11월 초 아우쿠스부르크(Augsburg) 지역 검찰에 뇌물죄로 기소됨으로써 시작되었다. 무기상인 칼하인츠 슈라이버(Karlheinz Schreiber)가 1991년 당시 기민련의 회계 총책임자이던 킵에게—한국에서도 엘리베이터 회사로 유명한—튀센(Thyssen) 그룹의 자금 백만 마르크를 현금으로 제공했으며, 이 거래는 튀센 그룹이 36대의 탱크를 사우디아라비아에 수출한 지 6개월 정도가 지난 시점에서 이루어졌다는 것이 그 이유였다. 매수 혐의가 짙었지만 입증은 쉽지 않았고, 기껏해야 탈세 혐의를 받을 뿐이었다. 그러나 킵이 이 돈을 기민련의 비밀계좌에 송금했다고 '주장'함으로써 '킵 스캔들(Kiep-Affäre)'은 콜 스캔들, 더 나아가 기민련 스캔들로 비화했다.

1999년 12월에 국정조사가 시작되었고 2002년 6월까지 지속된 조사에서 기민련이 여러 계좌를 통해 불법적으로 정치자금을 수령했음이 드러났다. 1977년부터 1989년까지 기민련 사무총장을 12년간 역임한 하이너 가이슬러조차 기민련의 비밀계좌에 대해 알지 못했다고 주장함으로써[127] 결국 의혹이 눈길은 최종적으로 콜을 향했다. 콜은 이 불법계좌의 존재를 인정했으면서도 "명예를 건 약속(Ehrenwort)"을 했음을 강변하며 기부자의 이름을 공개하지 않았다.[128]

---

127 "Heiner Geißler zu Gast bei Maischberger", Youtube. https://www.youtube.com/watch?v=Vch3rpWH5yc.

128 1999년 말, 콜 자신이 1993년부터 1998년 사이에 2백만 마르크를 익명의 기부자들로부터 현금으로 수령했으며, 이를 동독 및 그의 고향인 팔츠주의 기민련 지구당 조직 운영비로 사용했다는 것을 언론 인터뷰를 통해 인정했다. 이로써 그는 정당법을 위반했을 뿐만 아니라 당

그러는 사이 콜의 후임으로 당대표가 되었던 볼프강 쇼이블레도 1993년 슈라이버로부터 1만 마르크의 정치자금을 수령했음이 밝혀짐으로써 리더십에 타격을 입었다.[129] 쇼이블레 역시 2000년 2월 16일 기민련 당대표직에서 물러나야 했다.[130] 불법 정치자금 문제는 중앙당뿐만 아니라 지구당으로 확산되었다. 플릭 스캔들의 여파로 해산된 '국가시민협회(Staatsbürgerliche Vereinigung)'의 잔여 자금 2,080만 마르크가 스위스 은행 비밀계좌를 거쳐 기민련 헤센 지부로 전달되어 주의회 선거를 위한 정치자금으로 유용되었음이 밝혀졌다. 그 와중에 캐나다에 머물던 칼하인츠 슈라이버는 언론을 통해 스캔들에 연루된 독일 정치가들을 계속 협박했다. 이러다간 기민련이—1943년 창당 이후 40년간 상하원 양원에서 득표율 1위를 기록하며 이탈리아 정치를 주도했지만 마피아 연루 등 부패 스캔들 때문에 형해화되다시피 했던—이탈리아 기민당(Democrazia Cristiana)의 전철을 밟지 않을까 하는 우려가 높아진 것도 무리는 아니었다.

콜 자신은 이 정치자금이 '정치'에 이용되었을 뿐 자신의 개인적인 치부에 이용되지 않았으며, 부유한 사민당에 맞서기 위해 정치자금의 사적인 수령이 불가피했다고 강변했다. 하지만 그의 말이 사실이라 할지라도 "누구를 위한 정치인가"를 물어야 할 필요는 있다. 콜의 불법 정치자금은 당내에

의 재원을 고시하도록 되어 있는 기본법 21조에 위배되는 행동을 했음을 스스로 인정한 셈이었다.

129 그 과정에서 기민련 회계 담당 당직자가 자살하기도 했다. "A German suicide is tied to scandal", *NYT*, 2000. 1. 21. https://www.nytimes.com/2000/01/21/world/a-german-suicide-is-tied-to-scandal.html.

130 Ludger Helms, "Is there Life after Kohl? The CDU Crisis and the Future of Party Democracy in Germany", *Government and Opposition*, Vol. 35, No. 4, 2000, p. 428.

서 콜의 권력을 강화하는 방식으로 널리 활용되었기 때문이다.[131]

'콜 시스템'이란 결국 콜이 동원한 정치자금 덕분에 가능했다는 것은 분명한 사실이다. 기민련 당사무총장을 지낸 쿠어트 비덴코프는 콜이 당내에 사조직을 만들어가는 양상을 중세 봉건영주를 거느린 왕에 비유한 바 있었다. 또한 사회학자 랄프 다렌도르프(Ralf Dahrendorf)에 따르면, 기민련 연방의회 의원의 절반 정도는 당대표인 콜에게 개인적인 채무감을 느끼고 있었다.[132]

기민련이라는 공적인 기구가 콜을 위한 사적인 기구로 작동하고 있었다고 볼 만한 정황은 이 밖에도 차고 넘쳤다. 앞서 보았듯이 1987년 여론조사 결과가 콜에게 매우 부정적이던 시점에 콜은 기민련의 모든 당원들에게 개인적인 서한을 보냈다. 이 비용은 당의 공식 재원이 아니라 "운 좋게도 다른 방식으로" 마련되었다. 특정 지구당 조직이나 기민련 연계 특정 단체들을 다양한 방식으로 지원하는 일은 다반사였다. 그 방법 중에는 'Dico-Soft'라는 기민련 소유 컴퓨터회사를 설립하여 전당대회 기간 동안 지구당에 컴퓨터를 제공하는 것도 포함되어 있었다.[133]

콜 스캔들과 관련하여 연방의회 의장은 2000년 2월 기민련에게 정당법

---

131 이 시기 기민련이 받던 부패 의혹은 매우 다양했다. 동독 정유회사의 민영화와 관련된 뇌물수수 의혹에 더해, 프랑스 대통령 미테랑이 국영 에너지 그룹인 Elf를 통해 기민련에 송금함으로써 독불 간 특별한 관계를 유지하고 유럽통합이라는 공동의 이상을 지키고자 했다는 혐의도 제기되었다. 이에 더해 헤센주의 기민련 조직이 수년 동안 스위스 은행 비밀 계좌를 통해 유대인들로부터 기부를 받았다고 전직 당 간부가 폭로하기도 했다. 이에 대해서는 다음을 참조. Ludger Helms, "Is there Life after Kohl? The CDU Crisis and the Future of Party Democracy in Germany", *Government and Opposition*, Vol. 35, No. 4, 2000, pp. 423~427.

132 Thomas Ramge, *Die großen Polit-Skandale: Eine andere Geschichte der Bundesrepublik*, Campus, 2003, p. 251.

133 Karlheinz Niclauss, *Kanzlerdemokratie*, UTB, 2004, p. 254.

위반에 대한 벌금으로 국고 지원금 가운데 4,130만 마르크를 반환할 것을 명령했다.[134] 이 금액에는 헤센주의 기민련이 해외에서 불법적으로 수령한 1,800만 마르크에 대한 벌금이 포함되었지만, 헬무트 콜의 기부금은 포함되지 않았다. 따라서 2000년 7월 기민련은 다시 650만 마르크를 벌금으로 낼 것을 명령받았다.[135]

이를 위해 콜은 800만 마르크의 기부금을 모았다. 『슈피겔』에 따르면, 콜의 배우자인 하넬로레 콜(Hannelore Kohl)의 구걸에 가까운 노력 덕분이었다.[136] "팔츠주의 바비 인형"으로 폄하되면서도 "어떤 경우에도 규율을 놓지 않고" 영부인 역할에 최선을 다했던 그녀는 햇빛 알레르기로 인해 "지구상에서

---

134 1959년 국고 지원을 시작한 이래 1967년 정당법이 제정되고 1984년과 1994년에 개정이 이루어졌다. 1959년의 경우 하원에 진출한 정당을 대상으로 '정치교육' 명목으로 지원금이 제공되었고, 1966년부터 1994년까지는 선거비 보전의 명목으로 국가보조금이 지불되었다. 1994년부터는 정당 활동 전반에 대한 국고 지원이 가능해졌지만, 국고보조금의 절대적 상한선이 제시되고 매칭 펀드 시스템에 따라야 하는 등의 제한도 받아야 했다. 그 결과 1960년대부터 2000년대에 이르기까지 국고보조금은 정당 재정 전체의 30% 정도를 담당하게 되었다. 독일 국고보조금 체제의 특징에 대해서는 유진숙, 「국고보조금 제도의 형성과 담론」, 『국제정치논총』 52-1, 2012, 249~269쪽 참조. 이처럼 국고 지원이 수차례에 걸쳐 개선되었음에도 헬무트 콜의 스캔들을 통해 기존 정당법의 보고 의무 및 처벌 조항이 충분치 않다는 것이 드러났다. 그에 따라 연방대통령 요하네스 라우(Johannes Rau)는 새롭게 정당 재정 개혁을 위한 독립적인 위원회를 구성했고, 이 위원회의 보고서에 근거하여 2002년 정당법 8차 개정안이 통과되었다. 이 개정안의 가장 큰 특징은 정당법을 어길 경우 처벌을 강화한 것이었다. 정당법 31조에 따라 연방대통령에게 허위 보고서를 제출한 개인 당직자가 최고 3년형을 받을 수 있도록 했고, 500유로를 넘는 익명 기부 및 1,000유로를 넘는 현금 기부는 금지되었으며, 기부금은 즉시 당의 회계 책임자에게 보고되어야 했다. 법 조항은 다음과 같다. https://www.gesetze-im-internet.de/partg/__31.html.

135 Ludger Helms, "Is there Life after Kohl? The CDU Crisis and the Future of Party Democracy in Germany", *Government and Opposition*, Vol. 35, No. 4, 2000, p. 425.

136 "Sehnsucht nach dem Ende", *Der Spiegel*, 2011. 6. 11. https://www.spiegel.de/spiegel/a-767938.html.

가장 자연스러운 두 가지인 빛과 태양에 맞서는 헛된 노력"을 하다가 2011
년 20통에 가까운 유서로 가까운 지인들에게 개인적인 작별을 고하고 스스
로 생을 마감했다.[137] 68혁명으로 인해 전통적인 주부 역할에 대한 사회적인
의구심이 커져가던 상황에서도 내조에 집중하는 아데나워 시기 여성상을
체현한 인물로 유명했던 그녀는 퍼스트 레이디 시절 지속적으로 폄훼당했
다. 그러나 뒤늦게 밝혀졌듯이 2차 대전 말기에 러시아 병사들에게 성폭행
을 당하는 등 "인생에서 정말로 나쁘고 기가 막힌 시기"를 경험한 그녀와 그
녀 세대 여성들을, 스스로 말했던 대로 "결혼이 고향"이었다는 이유로 비난
만 할 수는 없을 성싶다.[138]

콜의 시대

헬무트 콜에 대한 정적들의 평가는 콜 스캔들 이전에도 매우 인색했다.
쿠어트 비덴코프, 하이너 가이슬러 등 최측근들조차 그가 매우 무능하다고
말하는 것을 주저하지 않았다. 콜이 관심 있는 것은 그 자신의 권력 유지일
뿐 국가를 이끌어가거나 독일 사회의 실제적인 문제를 해결하는 데는 도통
관심이 없다고 말했던 사람은, 콜이 발탁하여 연방대통령까지 올랐던 리하
르트 폰 바이체커였다. 물론 적지 않은 사람이 그런 평가에 동의했다. 콜은
어떤 특정한 정치적인 관념이나 프로그램을 가진 적이 없었고, 그저 "현재
적인 것의 천재(Genie des Gegenwärtigen)"였을 뿐이었다는 역사가 로타 갈의 평가

---

137 "Sehnsucht nach dem Ende", *Der Spiegel*, 2011. 6. 11. https://www.spiegel.de/spiegel/a-767938.html. 한
편 그녀가 단지 우울증을 앓고 있었을 뿐이라는 내용을 담은 전기가 사후에 출간되어 베스
트셀러가 되기도 했다.

138 "Die Verkannte: Das Leben der Hannelore Kohl", *Hamburger Abendblatt*, 2011. 6. 24. https://www.
abendblatt.de/kultur-live/article108034091/Die-Verkannte-Das-Leben-der-Hannelore -Kohl.html.

도 어색하지 않다.[139]

이 책을 쓰고 있는 2023년은 기민련의 DNA 그 자체였던 인물, 헬무트 콜이 서거한 지 불과 5년이 흐른 시점이다. 아직 그에 대해 역사가의 객관적인 평가를 내릴 수 있을 만큼 충분한 시간이 흘렀다고 보기는 어렵다. 콜의 정치적 업적이 무엇인지 물으면 단연 독일통일과 유로화로 상징되는 유럽통합을 떠올리게 된다. 물론 이러한 '사건'들이 16년이라는 콜 통치 기간을 대표할 수 있는가라는 날카로운 비판이 제기되기도 하지만, 가령 헬무트 콜이 1990년의 시기를 그냥 넘겼더라도 독일이 통일될 수 있었을지 조심스럽게 물을 필요는 있을 듯하다. 유로화건 통일이건, 그 자체만이 아니라 그것이 관철되는 방식 자체를 포함하여 종합적인 고려가 가능해지는 시점에서야 비로소 정치가 콜에 대한 온전한 평가가 가능해질 것이다.

---

139 Göttrik Wewer, "Vom Modell Deutschland zur Standortdebatte", in: Göttrik Wewer (ed.), *Bilanz der Ära Kohl*, VS Verlag für Sozialwissenschaftenchaften, 1998, p. 15에서 재인용.

07 앙겔라 메르켈의 시대 [2005~2021]

만 16년, 5,860일간 재직함으로써 "영원한 총리"로 불리던 앙겔라 메르켈에 대한 한국 사회의 관심은 매우 깊다. 역대 독일 총리 가운데 가장 지적 능력이 탁월하고, 권위보다는 정확한 지식에 근거해 통치하는 가장 현대적인 정치가로 평가받는 이 여성에 대해서 여러 종의 번역서와 전기가 출간되었고,[01] 그에 뒤질세라 학계에서도 그의 연설문부터[02] 복식에[03] 이르기까지 매우 다양한 주제의 논문들이 출간되었다. 언론은 더 말할 나위도 없다. 정치 진영 간 대립이 극명한 가운데 간단한 사실 보도조차 합의하기 어려운 한국 언론들이 유독 메르켈에 대해서만은 상찬을 아끼지 않으며 드물게도 의

01　매슈 크보트럽 지음, 임지연 옮김, 『앙겔라 메르켈—유럽에서 가장 영향력 있는 리더』, 한경BP, 2017; 폴커 레징 지음, 조용석 옮김, 『앙겔라 메르켈』, 한들출판사, 2010; 게르트 랑구트 지음, 이수연 외 옮김, 『앙겔라 메르켈—통일독일의 선택 최초의 여성 총리』, 이레, 2005; 니콜 슐라이 지음, 서경홍 옮김, 『앙겔라 메르켈』, 문학사상, 2006.

02　이재원, 「공감의 연설문—앙겔라 메르켈의 경우」, 『독어교육』 64, 2015, 27~48쪽.

03　한지은/정성혜, 「독일 총리 앙겔라 메르켈의 패션 스타일—패션 정치와 이미지 전략을 중심으로」, 『복식』 68-4, 2018, 112~127쪽.

견 일치를 보고 있는 것이다.

이처럼 많은 관심을 받는 정치가에 대해 서술하는 것은 쉽지 않은 일이다. "아직 연기가 나고 있는 동안에도 역사를 써야 하고 쓸 수 있는가?"라는 오래된 문제제기가 여전히 타당하기도 하거니와,[04] 메르켈 자신의 세평 자체가 정치가에 대한 평가가 얼마나 가변적일 수 있는지를 잘 보여주는 사례이기도 하다. 별다른 이유 없이 나타나는 지지율 변동으로 인해 독일어책을 오독하지나 않았는지 페이지를 뒤로 넘겨보는 경우가 잦았고,[05] 개인에 따라, 정치적 입장에 따라, 혹은 기대 수준에 따라 평가가 엇갈리고 있음을 볼 수 있었다.[06]

정치가로서 메르켈의 업적을 어떻게 평가하건, 메르켈이 여러모로 독특한 정치가였다는 점은 부인할 수 없다. 독일통일 과정에서 신성처럼 등장한 이 정치가는 자발적으로 권력을 내려놓음으로써 "가야 할 때가 언제인지를 분명히 알고 가는 이의 뒷모습이 얼마나 아름다운가"를 보여주었다. 아데

---

04 Hans-Peter Schwarz, "Die neueste Zeitgeschichte", *Vierteljahrshefte für Zeitgeschichte*, Vol. 51, No. 1, 2003, p. 5에서 재인용.

05 예컨대 2008년 3월의 여론조사에서 메르켈은 도전자인 사민당의 프랑크-발터 슈타인마이어(Frank-Walter Steinmeier)에 20% 앞섰지만, 2008년 12월에 이르면 응답자의 74%가 슈타인마이어의 정치 활동을 높이 평가했고, 메르켈은 65%였다. 그러나 누구를 총리로 뽑겠느냐는 문항에 대해서는 흥미롭게도 메르켈이 52%, 슈타인마이어는 35%에 불과했다. Karlheinz Niclauß, *Kanzlerdemokratie: Regierungsführung von Konrad Adenauer bis Angela Merkel*, Springer, 2015, pp. 357~358.

06 2021년에도 메르켈의 퇴임과 더불어 메르켈 시대를 총괄하는 저명한 언론인의 저서 두 권이 출간되었다. 랄프 볼만(Ralph Bollmann)의 『앙겔라 메르켈—총리와 그의 시대(Angela Merkel: Die Kanzlerin und ihre Zeit)』, 그리고 우어줄라 바이덴펠트(Ursula Weidenfeld)의 『총리—한 시대의 초상(Die Kanzlerin: Porträt einer Epoche)』이었다. 후자의 경우 다음과 같이 번역되었다. 우어줄라 바이덴펠트 지음, 박종대 옮김, 『앙겔라 메르켈—독일을 바꾼 16년의 기록』, 열린책들, 2022.

나워에게서도, 콜에게서도, 심지어 에어하르트에게서도 보지 못했던 모습이었다. 그는 또한 드물게도 과학계의 애정 어린 관심을 받은 정치가였다. 우수한 물리학자였던 메르켈에 대해 과학 전문지 『네이처』는 그의 퇴임 즈음에 메르켈이 "증거"를 중시하는 정치를 하는 매우 예외적인 정치가였고 "증거에 기초한 사고라는 강력한 유산을 남겼다"는 사설을 실었다.[07] 그런가 하면 엠마누엘 마크롱, 도널드 트럼프, 실비오 베를루스코니, 블라디미어 푸틴, 버락 오바마 등 동시대의 정치가들 대부분이 사치와 치부로 인해 구설에 오르는 가운데, 총리 재직 기간 내내 2005년 기준 평방미터당 임대료가 20유로인 임대주택에 거주하는 청렴함으로 군계일학이 되었다.[08]

이러한 '개인기' 없이 메르켈의 이력을 설명할 수는 없지만, 당연하게도 이 개인기 역시 기민련의 자장 없이 홀로 빛날 수는 없었다. 한 프랑스 언론인이 "프랑스인들은 메르켈에 대해 경탄하고 그를 존경하지만 프랑스에서라면 메르켈은 총리가 될 수 없었을 것이다"라고 말했던 것은 그런 의미였다.[09] 여러 다양한 집단들 간의 할당을 중시하는 기민련의 조직 운영 방식 자체가 여성, 신교, 동독 출신으로 당내 소수파에 속하던 메르켈의 초기 이력에 결정적이기도 했거니와, 다수당의 당수로서 의회에서 선출되는 독일 총리직이 아니라 직접 선거를 통해 선출되는 프랑스 대통령직에 도전해야 했다면, 스스로도 인정했듯이 언변이나 카리스마가 부족했던 그의 정치인생도 사뭇 달라졌을 것이다. 메르켈의 범상치 않은 이력이 기민련의 내적 작

---

07 "Politics will be poorer without Angela Merkel's scientific approach", *Nature Editorial*, 2021. 9. 15. https://www.nature.com/articles/d41586-021-02479-6.

08 "Hier wohnt die Kanzlerin", *Stern*, 2005. 12. 22. https://www.stern.de/politik/deutschland/angela-merkel-hier-wohnt-die-kanzlerin-3502160.html.

09 Ursula Weidenfeld, *Die Kanzlerin*, rowohlt, 2021, p. 18에서 재인용.

동 방식을 통해서만 설명되는 것은 이런 이유 때문이다.

1. 메르켈의 성장과 기민련

연방대통령을 지낸 요아힘 가우크(Joachim Gauck), 국회의장 볼프강 티어제(Wolfgang Thierse), 사민당 당대표 마티아스 플라첵(Matthias Platzeck), 공산당(PDS) 및 그 후신인 좌파당(Linke)의 명망가 그레고어 기지(Gregor Gysi) 등은 통일 전후 국면에서 정치에 참여한 대표적인 동독 출신 정치가들이다. 서독의 68세대에 비견되곤 하는 이들은 실제로 사민당, 녹색당, 좌파당에 가담함으로써 68세대와 자신들의 유사성을 입증했다. 뿐만 아니라 메르켈의 직계 가족 역시 사민당, 녹색당에 가입하거나 가까웠지만, 메르켈 자신은 1990년 시민운동 단체인 '독일의 각성(Demokratische Aufbruch, 이하 DA)'을 선택했고, 이후 이 단체가 기민련에 통합됨으로써 기민련 소속 총리가 될 수 있었다.

1990년 기민련에 가입한 메르켈은 놀라운 속도로 당의 고위직을 향해 직진했다. 1990년 12월 연방의회 의원으로 선출된 직후 여성청소년부장관(1991~1994)에 임명되었고,[10] 이후 5년간 환경부장관(1994~1998)으로 재직했다. 1991년 당의 부대표(Stellvertretender Bundesvorsitzende)직을 맡아서 1998년까지 활동

---

10 68혁명의 여파로 1986년 청소년가족보건부(Bundesministerium für Jugend, Familie und Gesundheit)가 청소년가족여성보건부(Ministerin für Jugend, Familie, Frauen und Gesundheit)로 개칭됨으로써 여성 문제를 담당하는 부서가 처음으로 생겨났다. 이후 여러 번 개칭된 여성부의 명칭은 메르켈이 장관으로 있던 시기에는 '여성청소년부(Ministerium für Frauen und Jugend)'였다. 여성부의 역사에 대한 여성부 자체의 기록을 보기 위해서는 https://www.bmfsfj.de/resource/blob/83980/e7c35fca44fd0c99946f585c4993ec7a/20-jahre-frauenministerium-data.pdf.

1990년 '독일의 각성' 시절의 앙겔라 메르켈
KAS/ACDP 10-031: 60000 CC-BY-SA 3.0 DE.

했으며, 1998년부터 2년간 당사무총장직을 맡았다. 2000년부터 2018년까지 당대표, 2002~2005년에는 기민련/기사련의 원내교섭단체 대표를 지냈으며, 2005년에 총리가 됨으로써 정치적 이력의 정점에 이를 수 있었다.

이처럼 놀라운 상승 과정에는 여러 조력자들이 있었다. DA의 대표로서 동독의 마지막 총리(Ministerpräsident)였던 로타 드 메지에르(Lothar de Maizière)에게 메르켈을 부대변인으로 추천한 라이너 에펠만(Rainer Eppelmann), 메르켈을 메클렌부르크 서-포메른 지역 기민련 지역구 후보 명단에 올리고 동독 몫의 여성 장관으로 추천한 귄터 크라우제(Günther Krause), 메르켈을 여성부 및 환경부장관으로 임명한 헬무트 콜(Helmut Kohl), 그리고 1998년 그를 당사무총장으

로 임명한 볼프강 쇼이블레(Wolfgang Schäuble) 등이 그들이다.[11]

당내 민주주의가 잘 작동하고 있었다면 이처럼 소수 남성들의 추천에 의해 거의 엘리베이터에 올라탄 듯한 커리어 행진은 불가능했을 것이다. 따라서 메르켈의 성공은 기민련의 비민주성에 일차적으로 기인했다고도 볼 수 있다. 그리고 이들 남성들이 반복적으로 메르켈을 추천했던 것은 아데나워 시기부터 이어지는 기민련의 할당 관행 때문이기도 했다.

기민련은 민주적인 당 운영에 관심을 보이기보다 조합주의적인 초당파적 정당(catch-all party)으로서 당내 소수파에 대해 산술적인 안배를 하는 전통을 유지해왔다. 따라서 여성이자 신교도이면서 동독 출신인 앙겔라 메르켈처럼 3중의 소수파인 경우, 3중의 할당 대상으로서 초고속 승진이 가능한 구조였다. 메르켈이 최초로 여성부장관으로 입각한 것도, 그리고 당대표 직전의 지위였던 당사무총장으로 임명될 수 있었던 것도, 동독 출신 신교도 여성으로서 '동독', '신교도', '여성'이라는 세 집단의 할당 몫을 혼자 채울 수 있었기 때문이었다.

이 구조는 메르켈이 2000년에 기민련 당대표가 되는 과정에서도 결정적으로 유리하게 작용했다. 당대표와 원내 대표를 겸함으로써 헬무트 콜의 명실상부한 후계자였던 볼프강 쇼이블레가 당대표직에 오른 지 15개월 만인 2000년 2월 정치자금 스캔들로 낙마한 후, 이제는 공석이 된 두 자리의 새 주인을 찾아야 했다. 원내 대표에 북독일 출신의 프리드리히 메르츠(Friedrich Merz)가 2월 말 일찌감치 확정되자, 메르켈의 강력한 경쟁자이던 북독일 출신의 베른하르트 포겔(Bernhard Vogel) 등은 자연스럽게 당대표 물망에서 멀어

---

11 Werner Reutter, "Who's afraid of Angela Merkel?", *International Journal*, Vol 61, No. 1, Winter 2005~ 2006, p. 222.

여성은 한 명도 없는 아데나워 총리 시기 최고위원회
KAS-ACDP/Peter Bouserath, CC-BY-SA 3.0 DE.

졌다.

영국 총리 마가렛 대처, 독일 총리 앙겔라 메르켈, 캐나다 총리 킴 캠블 (Kim Campbell) 등이 모두 여성평등을 중시하는 좌파 정당이 아니라 중도우파 정당 소속이었다는 아이러니에 주목할 필요가 있다.[12] 메르켈의 경우로 한 정하여 이 문제를 생각해보면, '기민련의 보수성에도 불구하고'가 아니라 '기민련의 보수성으로 인해' 수직상승이 가능했다고도 볼 수 있을 것이다.

물론 이러한 삼중의 할당제는 메르켈의 정치적 이력에서 필요조건일 뿐 충분조건일 수는 없었다. 단적으로, 메르켈과 함께 통일 직후 동독 몫으로 초대 내각 장관에 임명된 3인 가운데 임기를 마칠 수 있었던 것은 메르켈 뿐이었다. 특히 그와 더불어 교육과학부서의 장관으로 임명되었던 동독 출

---

12 Sarah Elise Wiliarty, "Chancellor Angela Merkel-A sign of hope or the exception that proves the rule?", *Politics & Gender* 4:3, 2008, p. 491.

신 수학자 라이너 오르트랩(Rainer Ortleb)이 동서독 간의 문화 차이에서 오는 갈등과 여러 감당하기 어려운 비판으로 인해 우울증과 알콜 중독에 빠지고 결국 중도사퇴했다는 점을 생각하면, 메르켈이 보여준 적응력이 얼마나 예외적인 것이었는지 짐작할 수 있다.[13] 마찬가지로 메르켈의 후임으로 기민련 당대표가 된 안네그레트 크람프-카렌바우어(Annegret Kramp-Karrenbauer)가 메르켈과 달리 지구당 조직에서의 자원봉사로 출발하는 기민련 내의 전통적인 사회화 과정인 '옥센투어(Ochsentour)'를 거치고 잘란트(Saarland) 주지사를 7년이나 역임하는 등 충분한 정치 경험을 쌓았음에도 1년여 만인 2020년 2월에 중도사퇴를 발표했던 사실 역시 메르켈의 예외적인 권력의지와 역량을 반증하고 있다.

당내 소수파 안배와 더불어 메르켈의 부상을 설명하는 데 중요한 기민련의 특징은 지구당과 중앙당의 길항 관계이다. 전통적으로 연방 주지사들 가운데서 기민련 지도부가 배출되곤 했다는 점에서 알 수 있듯이, 기민련 내에서 지구당과 중앙당은 상호 견제와 균형 관계에 있었다. 오랫동안 콜의 황태자였던 쇼이블레가 몰락하고 메르켈이 당대표로 선출되기 전, 메르켈은 지구당 조직의 민심을 추스른다는 명목으로 당사무총장으로서 한 달간 일련의 지역 회의들을 주재함으로써 지역 대표들의 지지를 확보했다. 이 과정에서 가장 인구가 많은 노르트라인-베스트팔렌 지구당을 포함하여 모든 지구당원들이 기부금 스캔들에 연루되지 않은 메르켈을 환영하고 지지하기에 이르렀다. 메르켈 자신은 당대표 출마를 공식 선언하기보다 지구당 조직의 이러한 반응을 "기다리고 지켜보는(Wait-and-see)" 전략을 채택했지만, 지

---

13 Jürgen Leinemann, "Die Krankheit Politik", *Der Spiegel* 6, 1994. https://www.spiegel.de/politik/die-krankheit-politik-a-785bdca1-0002-0001-0000-000013684074?context=issue.

구당 조직들의 강력한 지지로 인해 메르켈의 경쟁자이자 원내 대표이던 프리드리히 메르츠마저 "당은 여성 대표를 받아들일 준비가 되어 있다"고 선언할 수밖에 없었다.[14] 이후에도 메르켈은 당 지역위원회를 순회하며 지지받는 모습을 언론에 노출시킴으로써 당의 공식위원회들에 대한 영향력을 강화하는 데 활용했다.[15]

이처럼 기민련 없이는 메르켈의 이력이 불가능했던 게 사실이지만, 그렇다고 메르켈이 아데나워나 콜처럼 기민련 당 조직에 깊이 뿌리내리고 당 엘리트들을 장악하고 있었던 것은 아니었다. '안데스동맹(Andenpakt)'은 기민련 재단인 아데나워 재단이 후원한 1979년 청년연합의 남미 여행 참가자들이 만들어 "독일에서 가장 강한 정치결사(Polit-Loge)"가 된 기민련의 사조직 중 하나였다. 크리스티앙 불프(Christian Wulff), 롤란트 코흐(Roland Koch), 프리드리히 메르츠, 아르민 라쉐트(Armin Laschet) 등 기민련의 주요 남성 정치가들이 이 모임에 속해 있었다.[16] 메르켈만 빼고 기민련의 중요 인물들이 다 포진해 있었던 이 조직은, 여러 시점에 다양한 방식으로 메르켈의 경쟁자들을 계속 배출해냈다. 2002년 메르켈을 배제하고 기사련의 슈토이버를 기민/기사련 총리 후보로 내자고 먼저 결정했던 것도 이 그룹이었다.[17] 기민련 핵심에서 배제된 국외자의 위치는 사소한 정치적 실수만으로도 천길 낭떠러지로 떨어질 수 있는 구조였다. "당의 밀실에서 담배를 태우며 세월을 보낸 경험이

14 Ralph Bollmann, *Die Kanzlerin und ihre Zeit*, C.H.Beck, 2021, p. 208.

15 Karlheinz Niclauß, *Kanzlerdemokratie: Regierungsführung von Konrad Adenauer bis Angela Merkel*, Springer, 2015, p. 374.

16 Hajo Schumacher, ""Anden-Pakt" nimmt Friedrich Merz auf", *Der Spiegel*, 2005. https://www.spiegel.de/politik/deutschland/union-anden-pakt-nimmt-friedrich-merz-auf-a-382963.html.

17 Ralph Bollmann, *Die Kanzlerin und ihre Zeit*, C.H.Beck, 2021, p. 223.

없"었던[18] 메르켈이 해외순방 일정을 단축해서라도 기민련 전당대회 등 중요 행사에는 불참하지 않도록 최선을 다한 것은 그런 맥락에서였다.

2. 메르켈, 총리로

콜의 후계자 볼프강 쇼이블레가 정치자금 문제로 물러난 지 두 달 후인 2000년 4월, 메르켈은 96%의 지지율로 기민련 당대표에 선출되었다. 하지만 메르켈이 기민련/기사련의 총리 후보가 되는 것은 또 다른 문제였다. 사민당의 경우 1993년부터 당원들이 총리 후보를 선출하도록 했지만, 놀랍게도 기민련/기사련은 현재까지도 공식적인 총리 후보 선출 절차 없이 경우에 따라 다른 방식의 합의를 통해 후보를 선택하고 있기 때문이다. 예컨대 에어하르트, 키징어, 슈트라우스는 원내교섭단체의 결정으로 총리 후보로 지명되었고,[19] 2021년에도 여전히 공식 선출 절차 없이 연방의회 선거를 앞두고 기사련 후보의 양보를 받아 결정되었다.[20] 경쟁이 당연한 한국의 정치 문화에 비추어보면 이해할 수 없는 불투명성이지만, 독일의 정치 문화에서는 "패배한 후보가 체면을 유지하는 것"이 중요했다.[21]

당대표가 된 뒤 처음으로 맞닥뜨린 2002년 연방의회 선거는 메르켈의

---

18 존 캠프너 저, 박세연 역, 『독일은 왜 잘하는가—성숙하고 부강한 나라의 비밀』, 열린책들, 2020, 93쪽에서 재인용.

19 Karlheinz Niclauß, "Einer muss verzichten", *FAZ*, 2002. 1. 10.

20 "Was die Union beim Asylrecht ändern will", *tagesschau*, 2022. 12. 16. https://www.tagesschau.de/inland/innenpolitik/union-kanzler-kandidat-laschet-soeder-103.html.

21 Karlheinz Niclauß, "Einer muss verzichten", *FAZ*, 2002. 1. 10.

리더십을 시험하는 중요한 리트머스 시험지였다. 주지사 경력을 통해 지도자로 부각되는 기민련의 전통상, 주지사 경력이 없이 내각과 당직만으로 성장해온 메르켈에 대해 당내 경쟁자들뿐만 아니라 여론도 호의적이지 않았다. '안데스동맹'에 속한 기민련의 여러 대표주자들이 기사련의 에드문트 슈토이버(Edmund Stoiber)를 지지하고 나섰고, 여론조사에서도 슈토이버가 더 승산이 높은 후보라는 결과가 나오고 있었다.

기민련/기사련이 승산 높은 에드문트 슈토이버를 후보로 선출할 것이 분명해 보일 무렵, 메르켈은 슈토이버의 뮌헨 자택을 방문하는 예외적인 행보를 취하며 자발적으로 총리 후보직을 양보했다. 후보 선출에 나섰다가 좌절한 끝에 당대표마저 물러나야 할 가능성을 사전에 차단한 것이다.

이 2002년 선거에서 슈토이버가 간발의 차이로 사민당과 녹색당의 적녹연정에 패배한 뒤 2005년 다시 총리 후보를 선출해야 했을 때, 메르켈은 손쉽게 기민련/기사련의 총리 후보로 선출되었다. 이 2005년 선거에서 메르켈이 이끄는 기민련이 근소한 차이로 제1당이 되었고, 이를 발판으로 메르켈은 총리가 될 수 있었다. 그리고 이후 2009, 2013, 2017년 세 차례의 선거를 더 치르며 4기의 정부를 이끌었다.[22]

16년에 걸친 메르켈의 통치에 대한 평가는 매우 분분하다. "용기가 없다는 점에서 그녀는 하나의 전형"이며, 언제나 더 이상 늦을 수 없는 시점에 가서야 결정을 내리고 "반드시 해결해야 하는 문제만 해결"할 뿐 어떠한 정치적 비전도 없다는 말은 메르켈에 대한 가장 흔한 비판이었다.[23] 그가 콜 집

---

22 2009~2013년 자유민주당과 연정에 참여한 것을 제외하고는 세 번에 걸쳐 사민당과 대연정 정부를 구성했다. https://www.bundestag.de/resource/blob/196254/5554f37ce7a3d80c42a7d632f42c cd19/Kapitel_06_06_Koalitionen_und_Opposition_im_Bundestag-data.pdf.

23 Ursula Weidenfeld, *Die Kanzlerin*, rowohlt, 2021, p. 20.

권기 내내 영향력이 컸던 기민련의 기독교 사회주의 세력을 약화시키고 사회안전망을 약화시켰으며 프리드리히 메르츠가 제안한 급진적인 세제 개혁을 지속시키고 해고 보호 철폐, 임금협약 구속력 약화, 주간 노동시간 연장 등 기민련 내 시장자유주의 세력의 주장을 충실히 반영했다는 비판에 대해서는,[24] 그녀에게 무엇을 기대했는가에 따라 평가가 엇갈릴 수 있다. 특히 기민련의 장점이자 특성이었던 좌우 양 세력을 아우르는 경향에서 벗어나 고립되어 있다는 프랑크 뵈쉬의 비판은 흘려듣기 힘든 아픈 지적이었을 터이다. 뵈쉬에 따르면, 메르켈 집권 시기 기민련이 당내 보수 세력과의 연계를 상실함으로써 1960년대 이래 최초로 기민련보다 보수적인 정당인 '독일을 위한 대안(Alternative für Deutschland)'이 연방의회에 진출하게 되었고, 믿을 만한 사회 정책 전문가(Sozialpolitiker)를 보유하지 못함으로써 저소득층 국민들과의 접점도 상실하게 되었다.[25]

그럼에도 불구하고 메르켈이 "개인적인 학습 능력과 비-이데올로기적인 실용주의"를 통해[26] 유로화 위기, 브렉시트, 난민 위기, 코로나 위기 등 여

---

24 Frank Bösch/Ina Brandes, "Die Vorsitzenden der CDU. Sozialisation und Führungsstil", in: Daniela Forkmann/Michael Schlieben (eds.), *Die Parteivorsitzenden in der Bundesrepublik Deutschland 1949~2005*, VS Verlag für Sozialwissenschaftenchaften, 2005, p. 62.

25 Ibid., p. 62. 나치와 결부된 극우 정당이던 독일민족민주당(Nationaldemokratische Partei Deutschlands, NPD)이 1966년 헤센주를 시작으로 5%가 넘는 지지를 얻어 주의회에 진출하는 데 성공했지만, 1969년 연방의회 선거에서 실패한 바 있었다. 이후 최초로 연방의회 진출에 성공한 정당이 '독일을 위한 대안'이었다. 이와 관련하여 다음을 볼 것. 정대성, 「민주주의 위기와 독일 68운동—APO(의회외부저항운동)의 '위대한 거부'」, 『서양사론』 134집, 2017, 129~132쪽.

26 Manuela Glaab, "Political Leadership in der Großen Koalition. Führungsressourcen und -stile von Bundeskanzlerin Merkel", in: Christoph Egle/Reimut Zohlnhöfer (eds.), *Die zweite Große Koalition: Eine Bilanz der Regierung Merkel 2005~2009*, VS Verlag für Sozialwissenschaftenchaften, 2010, p. 125.

러 국제정세 변화들 속에서 독보적인 '위기관리인(Krisenmanagerin)'이었다는 평가에 대해서는 그에 대한 비판가들도 반박하기 어려울 것이다.

3. 메르켈의 정치

행정부와 의회가 긴밀히 결부된 의원내각제의 특성상, 메르켈 행정부의 정책과 기민련의 정책을 분리시키기는 어렵다. 그러나 4기, 16년에 걸친 메르켈 행정부 가운데 3기가 사민당과의 대연정이었던 점을 생각하면, 메르켈 정부의 정책을 기민련으로만 귀결시키기 어려운 것도 사실이다. 전통적으로 기민련이 선호해온 자유민주당과의 '소규모 연정'은 메르켈 2기 정부에서 딱 한 번 가능했다.

국제적으로 비교해보면, 기본적으로 독일 총리의 정치적 영향력은 매우 제한적인 편이다. 강한 정부보다 안정적인 정부를 목표로 구상된 독일의 정치 체제에 대해 정치학자들은 '분산된 리더십(Dispersed leadership)'이라는 표현을 사용하기도 했다.[27] 물론 독일 총리도 다른 나라 총리들과 마찬가지로 연방정부에 대한 통제력을 가지고 있긴 하지만, 단독 집권이 사실상 불가능하고 연정을 통해 내각이 구성되는 마당에 여당이 되더라도 기민련 몫의 장관은 그 수가 제한될 수밖에 없었다.

---

27 Manuela Glaab, "Political Leadership in der Großen Koalition. Führungsressourcen und stile von Bundeskanzlerin Merkel", in: Christoph Egle/Reimut Zohlnhöfer (eds.), *Die zweite Große Koalition: Eine Bilanz der Regierung Merkel 2005~2009*, VS Verlag für Sozialwissenschaftenchaften, 2010, p. 124에서 재인용.

하물며 대연정은 말할 나위도 없다.[28] 대연정이 작동하기 위해서는 사민당이 받아들일 수 없는 기민련의 정치적 목표는 저 멀리 밀쳐두는 중도의 정치를 지향해야 했다. "연정 파트너에게 근본적인 의미를 가지는 문제라면 내각에서 다수결로 결정하지 않는다"고 연정협약에 명시했는가 하면, 내각, 총리청 등 기존의 권력 기구에 더해 원칙상 한 달에 한 번 혹은 필요에 따라 연정위원회(Koalitionsausschuss)를 개최하도록 되어 있었다.[29] 이러한 조건하에서 사민당은 행정부 수반인 메르켈이 기민련에 경도된 정치를 한다고 비판했지만, 기민련에서는 메르켈이 기민련 당대표로서의 입장을 충분히 개진하지 않고 사민당에게 너무 많은 양보를 한다고 비판했다.[30] 구체적으로 주지사들은 메르켈의 정책을 직접 비토하고 나서거나 혹은 자신들의 영향력을 직접 행사할 수 있었던 분데스랏(상원의원)을 통해 메르켈의 운신의 폭을 현저히 좁혔다. 메르켈이 2005년 연방의회에서 행한 취임 연설에서 "작은 걸음을 똑바로 걸어가겠다"고 말한 것은 이처럼 운신의 폭이 좁은 상황에 대한 정확한 판단에 근거한 표현이었을 것이다.[31]

---

28 1기 내각에서 메르켈이 독자적으로 임명할 수 있었던 장관은 총리청장관과 교육연구부장관, 두 명뿐이었다.

29 Koalitionsvertrag von CDU, CSU und SPD: Gemeinsam für Deutschland. Mit Mut und Menschlichkeit: Koalitionsvertrag von CDU, CSU und SPD, 2005. 11. 11, p. 164. https://www.bundesregierung.de/resource/blob/974430/778548/262e947ed0871d9e14c68e682188dffe/koalitionsvertrag-data.pdf?download=1. 실제로는 연정위원회가 자주 열리지 않았다. 예컨대 2012년에는 한 해 동안 3회 개최되었을 뿐인데, 이는 연정위원회 내부 논의가 지나치게 언론의 조명을 받았기 때문이다. 메르켈 2기의 연정위원회는 긍정적인 결과가 예정되었을 때만 열렸다는 평가를 받을 정도였다. Karlheinz Niclauß, *Kanzlerdemokratie: Regierungsführung von Konrad Adenauer bis Angela Merkel*, Springer, 2015, p. 366.

30 Manuela Glaab, op.cit., 2010, p. 140.

31 "Kommentar: Politik der kleinen Schritte verspricht Großes", *DW*, 2005. 11. 30. https://www.dw.com/

독일 역사상 대연정이 처음은 아니었지만, 메르켈 정부 대연정의 특징은 이 대연정이 '연정협약'에 의거해 있었으며, '연정협약'이 반드시 준수되어야 할 계약으로 간주되었다는 점이었다. 1966년 키징어 총리하에서 최초의 대연정이 이루어질 당시에는 서면 합의서가 단 몇 페이지에 불과했다. 그러나 메르켈 1기 정권을 위한 「독일을 위해 함께」라는 제목의 연정협약은 226페이지에 달했으며,[32] 메르켈 4기의 연정협약도 175페이지[33]에 달했다. 이 협약의 구체적인 항목들을 "항목마다 실현하는 것"이 메르켈 통치의 특징이었다.[34] 어떤 드라마가 나타나기 어려운 구조였고, 이러한 구조 속에서 메르켈 총리는 고유한 정치 비전을 실현하기 위한 적극적인 통치가 아니라 매우 적응력 있고 중재하는 형식의 통치를 보일 수밖에 없었다.

그러므로 메르켈의 통치와 관련하여 "기민련의 사민주의화"가 운위되는 것은 대연정의 당연한 결과일 수밖에 없다. 연방군의 직업군화, 최소임금제 도입, 원전 폐지 등은 그 주요한 근거로 언급되고 있다. 그러나 메르켈의 정책을 역사적인 맥락에서 세밀히 고려하면 다른 판단도 충분히 가능하다. 먼저 나토군 내에서 이탈리아, 네덜란드, 벨기에와 폴란드 등 여러 국가들이 직업군제로 개편하는 전반적인 흐름이 있었고, 최소임금의 경우 기민련 내 기독교 사회주의 세력이 당내 논의를 통해 기민련의 정책으로 삼는

---

de/kommentar-politik-der-kleinen-schritte-verspricht-gro%C3%9Fes/a-1797355.

32 https://archiv.cdu.de/system/tdf/media/dokumente/05_11_11_Koalitionsvertrag_Langfassung_navigier bar_0.pdf?file=1&type=field_collection_item&id=543.

33 https://www.bundesregierung.de/resource/blob/974430/847984/5b8bc23590d4cb2892b31c987ad672b 7/2018-03-14-koalitionsvertrag-data.pdf?download=1.

34 Ursula Weidenfeld, *Die Kanzlerin*, rowohlt, 2021, p. 185.

데 성공한 바 있었다.[35] 사민당에서 주장해온 내용이기는 하지만, "기민련의 사민주의화"로만 해석하기도 어려운 것이다. 결국 각각의 구체적인 정책에 대해 세밀한 검토가 이루어져야 메르켈 총리 시기 기민련 정권의 성격이 분명해질 수 있을 것이다.

아래에서는 여성 정책과 난민 정책에 집중하여 메르켈 정권의 특징을 가늠해보고자 한다. 이 두 정책은 가장 논란이 분분했던 주제들이니 만큼 메르켈 정권의 성격을 가늠하기에 적절한 주제로 볼 수 있을 것이다.

여성 정책

메르켈의 급작스러운 성장은 물론 메르켈 자신의 역량을 통해 설명되어야 하지만, 그것만으로는 부족하다. 메르켈은 남편 혹은 부친의 정치적 후광을 배경으로 성장한 정치가가 아니라 지난 100년에 걸친 여성운동의 성과를 발판으로 성장한 정치가이다. 메르켈이 독일 최초의 여성 총리로서 우뚝 서기는 했지만, 독일 정치권에는 이미 많은 여성들이 활동하고 있었다. 메르켈이 총리가 된 2005년 기준 연방의회에서 여성 비율은 32.6%였고, 세계경제포럼(World Economic Forum)에 따르면 독일의 여성 정치력 순위는 6위였다. 여성할당제는 1986년 녹색당, 1988년 사민당, 그리고 1996년 기민련 순으로 이미 제도화된 상태였다.[36] 여성 정치가에 대한 저항과 희구가 공존하고 있기는 했지만 '광야의 목소리'는 아니었기 때문에 운신의 폭을 어느 정도 확보할 수 있었다는 점은 분명하다.

---

35 Udo Zolleis, "Auf die Kanzlerin kommt es an", in: Reimut Zohlnhöfer/Thomas Saalfeld (eds.), *Politik im Schatten der Krise: Eine Bilanz der Regierung Merkel 2009~2013*, Springer, 2015, p. 84.

36 Sarah Elise Wiliarty, "Chancellor Angela Merkel-A sign of hope or the exception that proves the rule?", *Politics & Gender*, Vol. 4, No. 3, 2008, pp. 487~488.

메르켈이 페미니스트인지에 대해서는 상당한 논란이 있었다. 메르켈이 페미니스트인지를 둘러싼 논란은 메르켈 퇴임 직전인 2021년 9월에야 일단락되었다. 페미니스트 작가 응고지 아디치에(Ngozi Adichi)와 인터뷰하면서 네덜란드 여왕 막시마(Maxima)를 인용하는 가운데, 페미니즘은 "남성과 여성이 사회참여와 인생 전체에서 평등한지와 관련되며, 그러한 점에서 페미니스트라고 믿는다"[37]라고 밝혔던 것이다. 그러나 주목할 것은, 그가 2017년 '우먼20 회의(Women20 Summit)'에서 동일한 질문을 받았을 때는 제대로 답하지 않았다는 사실이다.

기실, 메르켈은 총리 재직 기간 중에 페미니스트로서 적극 나선 바가 없었고, 여성 정책을 자신의 브랜드로 삼지도 않았다. 여성 정치가가 여성 유권자의 이익을 적극 대표하고 나설 경우 '특수한 이해'를 대변하는 것으로 치부되는 것이 현실임에도, 메르켈이 그의 성정체성을 전면에 내세우지 않는 데 대한 비판의 목소리도 높았다. 그러나 사회학자 마이라 막스 페리(Myra Marx Ferree)에 따르면 이러한 요구는 "정치적 자살을 요구하는 위선적인 호소"였다.[38]

여성 정치가들은 자신의 의지, 페미니즘 운동과의 관련성 여부와 무관하게 언제나 여성으로 먼저 인식되고, 여성 문제에 직면할 수밖에 없었으며, 그런 점에서 메르켈도 예외는 아니었다. 유럽 문화에서는 예외적으로 그녀의 어깨에 손을 올리고 몸을 잡아끄는 남성 정치가들의 모습이 영상에 담겨 기록으로 남아 있지만, 그것이 성희롱인지 아닌지 판단하기는 어렵다.

---

37 "'Yes, I am a feminist,' says Merkel", *DW*, 2021. 9. 9. https://www.dw.com/en/germanys-angela-merkel-declares-yes-i-am-a-feminist/a-59127993.

38 Myra Marx Ferree, "Angela Merkel: What Does it Mean to Run as a Woman?", *German Politics & Society*, Vol. 24, No. 1, Spring 2006, p. 98.

최소한 그녀의 어깨 마사지를 한 것으로 유명한 조지 W. 부시(George W. Bush)는 그에 대해 사과한 바 있었다.[39] 그런가 하면 니더작센 주지사이자 연방대통령 크리스티안 불프(Christian Wulff), 헤센주 주지사 롤란트 코흐(Roland Koch), 바이에른 주지사 에드문트 슈토이버 같은 기민련의 맹주들은 메르켈의 능력에 의구심을 지니고 있다는 말을 공공연히 했다. 외교부장관을 지냈으며 촌철살인의 언명으로 유명한 녹색당의 요슈카 피셔는 메르켈이 '오븐 속에서는 좋아 보이지만 밖으로 나오자마자 망가지는 수플레'라고 말하기도 했다.[40] 역시 메르켈이 여성이었기 때문에 받아야 했던 폄훼라고 단정 짓기는 어렵지만, 다수 독일인들이 그렇게 인식한 것도 사실이었다.

한편, 여성 총리로서 메르켈의 통치가 남성 총리와 본질적으로 같았던 점은 일반적으로 '키친 내각(Kitchen cabinet)'이라 지칭되는 측근 그룹에 주로 동성인 여성들이 배치되었다는 점이다. 힐러리 클린턴의 최측근이던 후마 애버딘(Huma Ebedin)처럼, 쇼핑부터 정책 결정에 이르기까지 총리청의 베아테 바우만(Beate Baumann)과 언론담당관 에바 크리스티안젠(Eva Christiansen)이 "걸스 캠프(Girls Camp)"라 불릴 정도로 메르켈과 긴밀한 관계를 유지했다. 그 외에도 교육연구부장관을 지낸 아네테 샤반(Annette Schavan), 청년연합의 대표를 지낸 힐데가드 뮐러(Hildegard Müller), '가족노인여성청소년부(Bundesministerium für Familie, Senioren, Frauen und Jugend)'와 국방부를 거쳐 유럽연합 집행위원회 위원장(President of the European Commission)이 된 우어줄라 폰 데어 레이엔(Ursula von der Leyen), 메르켈의 후임으로 기민련 당대표가 된 안네그레트 크람프-카렌바우어(Annegret

---

39 George W. Bush reflects on Angela Merkel's legacy (Exclusive interview): DW Documentary. https://www.youtube.com/watch?v=E-QcTTngCeo.

40 디트릭 올로, 『독일 현대사』, 미지북스, 2021, 708쪽.

유럽연합 집행위원회 위원장이 된 폰 데어 레이엔(2019)

Kramp-Karrenbauer) 등이 측근 그룹으로 꼽힌다. 독일 정치에서, 그것도 보수당인 기민련 정권에서 여성들이 권력의 핵심에 이토록 가까웠던 적은 없었다. 가부장적이던 아데나워는 말할 것도 없고, 여성 유권자의 지지를 확보하고자 여성 정책에 비교적 적극적이었던 헬무트 콜의 측근 그룹에도 여성은 결국 비서이던 율리안네 베버(Juliane Weber)뿐이었다.

여성들이 권력의 최정점에 있었던 결과 어떤 다른 양상의 통치가 이루어졌는지 밝히는 것은, 결국 개인의 여러 정체성들 가운데 어떤 요소들이 구체적인 정책 결정에 어떻게 영향을 미치는지를 밝히는 일일 수밖에 없다. 학문적인 접근이 불가능한 것이다. 범위를 여성 및 가족 정책으로 한정한다고 문제가 간단해지지는 않는다. 양성평등의 원칙에 근거한 여성 및 가족 정책은 여성의 이해에 부합하는 일로 간주될 수도, 일반적인 합리성의 진전으로 볼 수도 있고, 혹은 단순한 선거 전략으로 간주될 수도 있다.

다른 모든 정책에서와 마찬가지로, 양성평등 정책의 측면에서 보더라도 메르켈의 태도는 매우 복합적이었다. 물론 분명하게 양성평등의 메시지를 제시한 경우도 있었다. 국빈 방문을 할 때, 그는 어디서건 여성의 문제를 제기했다. 히잡 없이 사우디아라비아를 방문하여 여성 지도자들과 대담했고, 나이지리아에서는 여성피난처(Women's shelter)를 방문했으며, 한국에 왔을 때는 이화여대를 방문해서 여성의 정치참여를 강조했다.

그러나 젠더와 관련된 여러 쟁점들에 대해 메르켈은 보수적인 기민련의 유권자들과 정면충돌하지 않는 편을 택했다. 그의 이런 태도는 낙태법과 관련된 논의에서 극적으로 드러났다. 통일 과정에서 동서독 간의 법조항이 충돌할 경우 서독의 법률이 동독의 법을 대신하는 방식이 일반적이었지만,[41] 낙태 문제에 대해서는 그런 방침이 유지될 수 없었다. 동독 사회 시스템 자체가 낙태의 자유 및 여성 노동력 동원이라는 원리에 따라 구성되어 있었기 때문이다. 그에 따라 이행기인 1992년 말까지 동독의 낙태법을 허용하되 전체 독일에 적용될 수 있는 낙태 관련 법을 새롭게 제정되도록 하는 선에서 통일협약이 마무리되었다. 가능한 최선의 해결책이란 낙태 관련 법을 새롭게 만들어내는 것일 수밖에 없었다. 이 시기 여성부장관으로서 메르켈은 실질적으로 임신 3개월 이내 낙태가 자유로운 동독의 낙태안에 근접한 법안을 제안하면서도, 이 법안을 헌재에 제소하려는 기민련 의원들과 보조를 맞추는 양가적 태도를 취했다.[42]

---

41 Peter E. Quint, *The Imperfect Union*, Princeton University Press, 1997, p. 156.

42 Ursula Weidenfeld, *Die Kanzlerin*, rowohlt, 2021, p. 155.

동성결혼 합법화에 대해서도 "양심의 문제"로서 개인이 결정할 문제라는 입장을 표명하면서 당론을 정하지 않은 채 의회 표결을 진행하도록 했다. 결국 이 법안은 기민련 일부 의원들, 사민당, 녹색당, 자유민주당, 좌파당 등의 지지를 얻어 합법화되었다. 그런데 낙태법 때와 마찬가지로 메르켈 자신은 이 표결에서 대다수 기민련 의원들과 함께 반대표를 던졌다.

어쨌든 메르켈 총리 아래서 남성 가부장제에 근거한 전통적인 가족 모델을 유지해온 기민련의 궤도에 변화가 생겨났다고 볼 근거는 충분하다. BBC가 2013년 독일인과 영국인의 일상을 비교하며 만든 다큐멘터리 〈한 명의 독일인 되기(Make me a German)〉에 따르면, 전업주부임을 부끄러워하게 하는 사회 분위기인 영국과 달리 독일 여성들에게 '전업주부'는 그 자체로 충분한 사회적 인정을 받는 직업이었다.[43] 평생에 걸쳐 경제적 보상을 하도록 하는 이혼 제도, 장기간 소득과 무관하게 지불되는 육아보조금, 충분치 못한 영유아 시설, 불규칙하지만 대체로 일찍 귀가하는 학교 시스템 등, 독일 사회는 전체적으로 여성이 육아를 담당하는 가족 모델에 근거해 있었다. 그 결과 여성의 경제 활동 참가율은 메르켈이 여성부장관이던 1991년 당시 64%였고, 이들 가운데 상당수는 시간제 노동이었다.[44]

그러나 메르켈은 여성의 80%가 대체로 전일제 노동에 참여하던 동독 사회에서 성장한 인물이었다. 메르켈 시기 기민련의 여성 정책은 콜 총리 때와 다르게 여성들의 사회 활동을 촉진하고 가족 구조를 변화시키는 데 집중되어 있었다. 그리고 이는 기민련 여성 정책의 역사에서 볼 때 매우 예외적인 일이었다.

---

43 https://www.bbc.co.uk/programmes/n3csvjbd.

44 Ursula Weidenfeld, *Die Kanzlerin*, rowohlt, 2021, p. 149.

먼저 여성할당제의 경우를 살펴볼 수 있다. 할당제와 관련하여 메르켈 개인의 입장은 시대에 따라 변화했다. 1996년 기민련 내에서 할당제가 논의 되던 시기에는 전혀 적극성을 보이지 않았지만,[45] 30년 뒤인 2018년 여성참정권 100주년 기념 연설에서 그녀는 "할당제(Quoten)가 과거에는 중요했지만, 현재의 목표는 [할당제를 넘어서서] 남녀 동수라야 한다는 사실을 회피해서는 안된다"고 강조했다.[46]

구체적으로 정당 차원에서 기민련은 1996년에 녹색당이 이미 1982년에 도입했던 여성할당제의 일종인 '프라우엔크보룸(Frauenquorum)'을 5년간 한시적으로 도입한 바 있었다. 원래 논의되었던 것은 '크보테(Quote)' 였지만 당내 반발이 너무 컸기 때문에 이를 누그러뜨리기 위한 전략으로 좀 더 온건하게 들리는 '크보룸(Quorum)' 이라는 말을 사용한 것이었다. 여성할당제는 전당대회에서 논쟁적인 주제에 개입하는 일이 거의 없었던 헬무트 콜이 적극 나섰음에도 1995년에 한 번 기각되고 1996년에야 간신히 통과되었다. 그리하여 기민련 당규 15조는 남녀 간의 평등을 선언하는 가운데 이를 실현하기 위해 "여성들은 기민련의 당직과 공직들(an Parteiämtern in der CDU und an öffentlichen Mandaten)에서 적어도 1/3을 참여해야 한다" 는 문장을 담고 있었다.[47] 갈수록 낮아지는 여성들의 기민련 지지율을 끌어올리기 위한 조치였다.

메르켈이 당대표로 있던 2001년 기민련은 재투표를 통해 이 조치를 무

45 Ibid., p. 161.

46 Rede von Bundeskanzlerin Merkel bei der Festveranstaltung „100 Jahre Frauenwahlrecht" am 12. November 2018. https://www.bundeskanzler.de/bk-de/aktuelles/rede-von-bundeskanzlerin-merkel-bei-der-festveranstaltung-100-jahre-frauenwahlrecht-am-12-november-2018-1548938.

47 Statutenbroschüre der CDU Deutschlands, 12. https://archiv.cdu.de/system/tdf/media/dokumente/statutenbroschuere_cdu_verlinkt.pdf?file=1.

기한 연장했다. 목표치를 달성한 지구당 조직을 공개하여 격려할 뿐, 목표치를 채우지 못한 조직을 강제할 힘은 없었지만, 불과 10년 전인 1991년에 할당제에 대한 입장차가 너무 커서 전당대회뿐만 아니라 여성연합(Frauen Union)의 전체회의에서조차 안건으로 상정하지 못했음을 고려할 때,[48] 기민련 전체의 합의사항으로 명문화되었다는 것은 매우 큰 진전이었다.[49]

여성할당제와 관련하여 메르켈 행정부는 솔선수범을 했다. 4기에 걸친 내각에서 여성 장관의 비율은 31~43.8%에 달했다.[50] 그러나 민간 기업의 할당제 적용은 행정부나 의회보다 더 큰 난관이었다. 2001년 평등법을 통해 민간 부문도 스스로 여성 비율을 높일 것을 요구했지만 가시적인 변화로 이어지지는 못했다. 점차 기업의 이사회와 감사회에서 여성할당을 의무화할 것을 주장하는 목소리가 높아졌고, 특히 일곱 명의 아이를 둔 주부이자 노동부장관이던 폰 데어 레이엔(Ursula von der Leyen)이 적극적이었다. 폰 데어 레이엔은 이사회 및 감사회 구성원 40%를 여성으로 임명하는 것을 법적인 의무로 만들고자 했을 정도였다. 2012년 최종적으로 '유연할당제(Flexiquote)', 즉 기업이 2020년까지 자발적으로 30%를 달성하도록 노력하게 하자는 안이 기민련 전당대회에서 당론으로 결정되었다.[51] 기업 측 입장을 대변하던 자유민주당은 법적인 여성할당에 반대하고, 다수의 기민련 여성위원들은 할당에 찬성하는 등 상충하는 흐름이 공존하는 가운데 이루어진 타협책이었다. 2020년에 이르면 여성 정책에서 가장 보수적인 정당이라 할 기사련의

48 Frank Bösch, *Macht und Machtverlust: Die Geschichte der CDU*, DVA, 2002, p. 256.

49 CDU, *Das Frauenquorum in der CDU*, 2010. https://web.archive.org/web/20101125082732/http://www.cdu.de/doc/pdfc/071022-broschuere-frauenquroum.pdf.

50 https://de.statista.com/infografik/13061/zusammensetzung-der-bundeskabinette-seit-1961/.

51 K. Niclauss, *Kanzlerdemokratie*, Springer, 2015, p. 378.

마쿠스 죄더(Markus Söder)까지도 독일 기업 이사회와 감사회의 여성할당제를 지지하는 것이 어색하지 않은 분위기가 조성되었다.[52]

그럼에도 불구하고 가시적인 지표를 개선하는 것은 또 다른 차원의 일이었다. 2018년 여성참정권 100주년 기념행사에서 메르켈 자신이 유감을 표하며 언급한 대로, 두 명 이상의 이사회 구성원으로 여성을 임명한 대기업 비율은 미국이 90%, 영·프가 50%인 데 비해 독일은 16.7%에 불과했다.[53]

할당제와 더불어 메르켈 정부가 중시하던 또 다른 여성 관련 정책으로 '일과 가정의 양립을 위한 부모휴가법안'을 꼽을 수 있다. 이 법은 2006년에 통과되어 2007년 1월부터 발효되었다. 1998년 이전까지는 3년간의 육아휴직 및 고용보장이 가능했고, 첫 2년 동안 매월 300마르크까지 양육비를 지급받을 수 있었다. 사민당이 집권한 1998년부터 2005년 사이에는 매월 450유로씩 받고 12개월간 유급 육아휴직을 쓰거나 24개월간 매월 300유로를 받으며 휴직할 수 있었다. 육아휴직의 방식은 다양해서, 부모가 동시에 육아휴직을 쓰되 주당 30시간까지 일하는 것도 가능했고, 자녀가 8세가 되기 전 아무 때라도 육아휴직을 신청할 수 있었다.

이처럼 육아휴직과 양육비 지급이라는 기본틀은 기존에도 존재했지만, 2006년에 통과되고 2007년 1월 1일부터 발효된 '일과 가정의 양립을 위한 부모휴가법안'의 특징은 정액지불이 아닌 임금대체를 담고 있었다는 점이다. 매월 450유로, 혹은 300유로 등 정액을 지불하던 사민당 정권과 달리, 육아휴직 1년 동안 직전 실질소득(Nettoeinkommen)의 67%까지, 최대 1,800유로를 지

52   Ursula Weidenfeld, *Die Kanzlerin*, rowohlt, 2021, p. 161.

53   "Rede von Bundeskanzlerin Merkel bei der Festveranstaltung "100 Jahre Frauenwahlrecht" am 12. November 2018". https://www.bundeskanzler.de/bk-de/aktuelles/rede-von-bundeskanzlerin-merkel-bei-der-festveranstaltung-100-jahre-frauenwahlrecht-am-12-november-2018-1548938.

불받을 수 있도록 한 것이 새로운 법안의 골자였다. 이처럼 혁신적인 조치는 원래 사민주의 정권들이 채택하는 조치로서, 기독교 민주주의 계열의 정당들은 보통 낮은 수당을 장기간 지불함으로써 자녀를 가진 여성들이 임금노동에 종사하기보다 집에 머물도록 유도하고자 했고, 전통적으로 기민련도 마찬가지 입장을 표방해왔었다. 반면, 새로운 법은 여성 소득의 중요성과 여성의 경력에 대한 인정으로 평가되었다. 이로써 40억 유로의 추가 비용이 발생할 것으로 추산되었다.[54]

이 법안과 관련하여 심각한 논쟁이 벌어졌던 긴 기간 동안 메르켈은 이에 대한 공식적인 입장을 전혀 표명하지 않았고, 거의 합의가 이루어졌을 무렵에야 비로소 법안에 대한 찬성의 뜻을 밝혔다. 결국 2006년 가을에 이 법이 통과되었다.[55] 도시 여성 유권자들의 지지를 얻고자 하는 계획의 일환이었다. 실제로 2009년 선거에서 사민당 지지자들은 남녀의 차이 없이 모두 23%대였지만, 남성 유권자들의 24.8%, 여성 유권자의 29.6%가 보수 정당을 지지함으로써 기민련에 대한 여성 유권자 지지가 높아졌음이 드러났다.[56] 기민련을 지지하지 않으면서도 메르켈을 지지하기 위해, 혹은 메르켈 정권의 정책을 지지하고자 기민련을 지지하는 여성들이 점차 증가했던 것이다.

물론 법과 현실의 괴리는 피할 수 없었다. 사민당과의 대연정이 끝나고 2009년 기민/기사련-자유민주당 연정이 들어서자 보수적인 기사련은 좀 더

---

54 Sarah Elise Wiliarty, *The CDU and the Politics of Gender in Germany: Bringing women to the party*, Cambridge University Press, 2010, p. 180.

55 Ibid., p. 182.

56 Annette Henninger/Angelika von Wahl, "Drei Schritte vor und zwei zurück? Familien- und Gleichstellungspolitik 2009~2013", in: Reimut Zohlnhöfer/Thomas Saalfeld (eds.), *Politik im Schatten der Krise*, Springer, 2015, p. 454.

강한 입장을 드러내게 되었고, 이와 더불어 '기민련의 사민주의화'라는 비판이 신경쓰였던 기민련 역시 보수적인 유권자들의 지지를 얻는 데 더 관심을 기울이게 되었다.[57] 구체적으로 여성가족부 예산이 40억 유로나 삭감되었고, 그 파장은 고소득층 부모를 위한 양육비(Elterngeld) 및 실업기금 II(ALG II) 예산의 삭감으로 이어질 수밖에 없었다.[58]

한편 기사련이 연정 파기까지 불사하겠다고 위협하면서 강조했던 돌봄지원비(Betreuungsgeld)는 끝내 연정협약에 포함되었고, 우여곡절 끝에 2012년 법제화되었다. 15개월 이상의 영유아를 시설에 맡기지 않을 경우 최대 22개월간 매월 최고 100유로를 수령하도록 하는 법안이었다. 이는 영유아 자녀를 둔 여성들의 고용 활동 중단을 유도하기 위해 구상된 조치로서 기민련뿐만 아니라 자유민주당의 비판에도 불구하고 제도화되었다.

이 시기 기민련의 양성평등 정책과 관련된 한 논문의 제목이 "세 걸음 전진, 두 걸음 후퇴"였던 것은[59] 이러한 상황에 아주 잘 들어맞는다. 두 걸음 후퇴했더라도 결국 한 걸음 나아갔다는 사실을 부인할 수는 없는 것이다. 두 가지 간단한 통계가 현재 독일 여성들의 상황을 잘 드러내주고 있다. 첫째, 유럽에서 가장 출산율이 낮은 국가로 손꼽히던 독일이 1965년 이후 처음으로 베이비붐을 겪고 있다.[60] 여성 1인당 출산율은 1.59로 1973년 이후 50

---

57 Ibid., p. 452.

58 Ibid., p. 458.

59 앞서 언급된 다음 논문의 제목이 그러하다. Annette Henninger/Angelika von Wahl, "Drei Schritte vor und zwei zurück? Familien- und Gleichstellungspolitik 2009~2013", in: Reimut Zohlnhöfer/ Thomas Saalfeld (eds.), *Politik im Schatten der Krise*, Springer, 2015.

60 1962년부터 1968년 사이를 전후 베이비붐의 시기로 꼽지만, 실제로는 1965년에 베이비붐이 끝났으며 이는 경구피임약의 대중 보급 효과 때문이었던 것으로 분석되었다. 그러나 정용숙은 피임약 보급은 계기일 뿐이며, 1920년대부터 출산율 저하 경향은 지속되었다는 입장이

년 만에 가장 높은 수치를 기록 중이다.[61] 둘째는, 여성 고용율이 2006년 64%에서 2019년 73%까지 상승했다는 것이다.[62]

난민 정책

메르켈의 집권 시기는 금융위기, 유로위기, 난민위기, 코로나위기 등 여러 차원의 위기로 인한 예외 상황들로 점철되었다. 메르켈 자신은 퇴임 당시의 인터뷰에서 코로나와 더불어 난민 위기를 본인이 접한 두 가지 난제로 꼽았다.[63] 2015년 여름 백만 명의 난민이 독일에 도착했고, 메르켈은 개방적인 난민 정책을 통해 유럽을 넘어 세계의 인도주의적인 지도자로 부상할 수 있었다. 당시 메르켈이 남긴 짧고 분명한 메르켈다운 말, 즉 "우리는 해낼 수 있다(Wir schaffen das)"는 인구에 널리 회자되었다.

메르켈의 말처럼, "독일은 해냈는가"? 메르켈과 셀카를 찍어 유명해진 시리아 난민 아나스 모다마니(Anas Modamani)는 현재 베를린에 정착하여 경제학을 전공하는 학생이 되었지만, 유럽에서 테러 공격이 일어났을 때 그가 테러리스트라는 가짜 뉴스가 널리 유포되었다는 사실은 독일 난민 수용 상

다. 1960년대의 베이비붐은 일시적으로 결혼연령이 하락함으로서 결혼 건수가 늘어난 탓에 불과하다는 것이다. 정용숙, 「전후 서독의 가족과 가족 정책—1950~60년대 서독 가족 정책 '탄생'의 역사적 배경」, 『서양사론』, 125권, 2015. 6, 71~72쪽.

61 "Economy, incentives and migrants give Germany baby boom", *Reuters*, 2018. 3. 28. https://www.reuters.com/article/us-germany-population-idUSKBN1H41PP.

62 Joyce Marie Mushaben, "Against All Odds: Angela Merkel, Ursula von der Leyen, Anngret Kramp-Karrenbauer and the German Paradox of Female CDU Leadership", *German Politics*, Vol. 31, No. 1, 2021, p. 13.

63 "The DW Interview with German Chancellor Angela Merkel", DW News. https://www.youtube.com/watch?v=WMvoxx7XFuc&t=1034s.

황의 현주소를 정확하게 보여준다.[64]

좌고우면하며 마지막 순간에 결단을 내리는 것으로 유명해 "중요한 상황에서 아무것도 하지 않으며 분명히 말하지 않는다"라는 의미의 '메르켈하다(Merkeln)'라는 신조어가 2015년 올해의 청소년 단어로 선정되었을 정도인[65] 메르켈이다. 그런 그녀가 100만에 달하는 난민을 수용하기로 신속하게 결정한 것은 일견 놀라운 일이지만, 21세기 독일의 이민자 통합 정책의 전체적인 기조에 비추어보자면 자연스러운 흐름이기도 했다.

장기적으로 볼 때 유럽대륙의 복판에 위치한 독일이 이민을 금지하거나 피할 수는 없었다. 먼저 1955~1973년 동안에는 노동력 부족을 해결하기 위해 주로 지중해 국가들로부터 대규모 노동 이민을 수용했다.[66] 1973년 경제 불황으로 공식적인 노동력 동원이 끝난 뒤에도[67] 상당한 숫자의 가족 이민이 이어졌으며,[68] 그런가 하면 유고 내전(1991~1999) 이후 73만 유고슬라비아

---

64 "Teilwiederholung der Bundestagswahl in Berlin", *tagesschau*, 2022. 11. 11. https://www.tagesschau.de/inland/btw21/merkel-selfies-101.html.

65 이 단어는 2015년 올해의 청소년의 단어로 선정되었다. ""Merkeln" über alle Zweifel erhaben", *Die Welt*, 2015. 10. 31. 이 단어의 의미와 관련해서는 https://de.wiktionary.org/wiki/merkeln.

66 이들 가운데 400만 정도가 1973년 공식적인 노동력 동원이 종료된 이후 독일에 남았다. Simon Green, "Chapter 11. Towards an Open Society? Citizenship and Immigration", in: Stephen Padgett/William Paterson/Gordon Smith, *Developments in German Politics* 3, Palgrave, 2003, p. 228. 이후 이들의 가족들도 이민해 왔다.

67 당시 총 1,400만 명에 달하는 외국인 노동자가 동원되었고, 1,100만 명은 자국으로 귀국했다. "Stichtag: 28. April 1965 - Ausländergesetz wird verkündet", *WDR*, 2015. 4. 28. https://www1.wdr.de/stichtag/stichtag-226.html.

68 1973년 노동 이민 중단 이후 10년 동안 튀르키예계 독일인의 숫자는 75만 명에서 150만 명으로 늘어났다. Dorothea Jung, "Wie Deutschland ein Einwanderungsland wurde", *Deutschlandfunkkultur*, 2011. 10. 24. https://www.deutschlandfunkkultur.de/wie-deutschland-ein-einwanderungsland-wurde-100.html.

출신 난민 가운데 48%가 독일을 선택했듯이[69] 1985~2001년 사이 난민 신청
자도 260만 명에 달했다. 이들 가운데 8.3%만이 난민 인정을 받았지만, 상당
수는 불법체류자로 독일에 남는 편을 택했다. 또한 1950~2001년 사이 폴란
드, 루마니아 혹은 과거 소비에트연합으로부터도 420만 명에 달하는 독일
계가 이민했다. 이에 더해 1998년 사민-녹색당의 적녹 연정이 들어서자, 정
부는 IT 분야를 중심으로 한 전문직 노동력 부족 문제를 해결하기 위해 개
방적인 이민 정책을 펴기 시작했다. 그 결과 이미 2001년 말 이민 배경을 가
진 독일인 인구는 730만 명으로 전체 인구의 8.9%에 달했고, 프랑크푸르트,
뮌헨, 슈투트가르트 등 대도시에서 이 비율은 20%를 넘어선 상태였다.[70]

　　그럼에도 불구하고 1998년 선거를 통해 적녹 연정이 나타나기까지, 독일
이민 정책의 기조는 "독일은 이민 국가가 아니"라는 것이었다. 주로 규정 등
으로 대응하다가 통일 이전에 제정된 유일한 외국인 관련법이 1965년의 외
국인법(Ausländergesetz)이었다. 이 법 2조 1항에 따르면, 영주권 부여 여부는 "독
일연방공화국의 이익에 (…) 위해가 되지 않아야 한다(Die Anwesenheit des Ausländers
Belange der Bundesrepublik Deutschland nicht beeinträchtigt)"고 규정되었다.[71] '유보 조건을 단
허가법(Erlaubnisrecht mit Vorbehelt)'이었기 때문에 정치적인 분위기나 노동시장의
상황에 따라 정부의 재량권이 컸고, 정부는 이민을 제한하는 행정을 폈다.[72]

69　"Statistiken zur Migration und Integration von Migranten Kriegsflüchtlinge aus dem ehem. Jugoslawien in
　　　verschiedenen Staaten". http://www.efms.uni-bamberg.de/ds27_2_e.htm.

70　Simon Green, "Chapter 11. Towards an Open Society? Citizenship and Immigration", in: Stephen
　　　Padgett/William Paterson/Gordon Smith, *Developments in German Politics* 3, Palgrave, 2003, p. 228.

71　https://www.bgbl.de/xaver/bgbl/text.xav?SID=&tf=xaver.component.Text_0&tocf=&qmf=&hlf=
　　　xaver.component.Hitlist_0&bk=bgbl&start=%2F%2F*%5B%40node_id%3D%27983180%27%5D&s
　　　kin=pdf&tlevel=-2&nohist=1&sinst=9285CDBE.

72　"Stichtag: 28. April 1965 - Ausländergesetz wird verkündet", *WDR*, 2015. 4. 28. https://www1.wdr.de/

특히 콜 집권기에는 강경한 난민 정책을 시행하면서, 서독의 여러 사회 문제에 대해 이민자를 희생양으로 삼는 경향마저 나타났다.[73]

실제로 높은 이민자 비율과 이민 국가가 아니라는 정책 기조 사이에서 여러 모순이 발생할 수밖에 없었다. 심지어 이민자 집단들마다 별도의 정책이 등장하기도 했다. 노동 허가와 체류 정책이 별개로 존재해서, 이미 고용상태이거나 심지어 고용주임에도 거주 허가가 나지 않는 경우도 있었다. 1980년대 내내 귀화율은 0.4%에 머물러, 유럽연합 어느 국가보다도 낮았다. 독일인인 부모를 통해서만 출생을 통한 국적 취득이 가능했기 때문에 2001년 기준으로 외국인 가운데 독일 출생인 경우가 21%에 달했고, 3대째 외국인인 경우도 있었다.[74]

이민 국가가 아니라는 공식적인 선언에도 불구하고 실제로는 이민국이 되어가는 상황에서, 2004년 사민-녹색당 정부는 외국인법 대신 소위 '이민법(Zuwanderungsgesetz)'을 제정하여 2005년 새해부터 적용되도록 했다.[75] 가장 큰

stichtag/stichtag-226.htmlhttps://www1.wdr.de/stichtag/stichtag-226.html.

73 Isabelle Hertner, "Germany as 'a country of integration'? The CDU/CSU's policies and discourses on immigration during Angela Merkel's Chancellorship", *Journal of Ethnic and Migration Studies*, Vol. 48, No. 2, 2022, p. 463.

74 Simon Green, "Chapter 11. Towards an Open Society? Citizenship and Immigration", in: Stephen Padgett/William Paterson/Gordon Smith, *Developments in German Politics* 3, Palgrave, 2003, p. 230. 사이먼 그린(Simon Green)에 따르면 통일 이전 독일의 국적법은 1913년에 제정된 제국법의 연장선상에 있던 기본법 116조로서, 동독 시민들을 서독 시민과 동일시하고 있었다. 그에 따라 동독이 존재하는 한 1913년에 얼개가 만들어진 국적법을 개정하는 것이 불가능했다는 것이다. Simon Green, op.cit., 2003, p. 233.

75 https://www.bmi.bund.de/SharedDocs/gesetzestexte/DE/Zuwanderungsgesetz.pdf?__blob=publicationFile&v=1. 이 이민법은 이후 수차례 확대 개정되었다. 2015년과 2016년의 난민법안(Asylpakete), 2016년의 통합법(Integrationsgesetz), 2019년 이민법(Migrationspaket), 그리고

변화는 통제 일변도에서 벗어나 이민자 통합을 국정 과제로 설정했으며, 노동 이민을 허가하기 시작했다는 점이었다.[76]

메르켈 정부도 이러한 흐름을 수용하여 지속적인 노동 이민이 이루어질 수 있도록 학력 요건, 최저 소득 수준 등 자격 요건을 점차 완화했고, '통합수뇌부회의(Integrationsgipfel)', '독일이슬람위원회(Deutsche Islam Konferenz)' 등 정부 자문 기구를 발족시켜 이민자 통합을 촉진할 400여 가지 조치를 마련하기도 했다.[77] '환영문화(Wilkommenskultur)'라는 말이 널리 회자된 것은 그런 흐름에 따른 자연스러운 현상이었다. 1973년 서독의 이민 노동자는 260만 명으로 4.9%에 불과했지만, 2019년에는 독일인의 26%가 '출생 시 부모 중 한쪽이 독일 국적이 아닌 경우'를 지칭하는 '이민의 배경을 가진 독일인(Deutschen mit Migrationshintergrund)'이었다.[78] 현재 5세 미만 아동의 약 40%가 이민 배경을 가진

2020년의 전문인력 유입법(Fachkräfteeinwanderungsgesetz) 등이 그것이다. 2005년 이후 이민법 변화 과정을 잘 정리한 글로는 Annette Ranko, "Vom Zuwanderungsgesetz zum Migrationspaket", *Informationen & Recherchen*, Konrad Adenauer Stiftung, 2020. 12. 11, pp. 1~13. https://www.kas.de/documents/252038/7995358/Vom+Zuwanderungsgesetz+zum+Migrationspaket.pdf/0bd7155c-6e26-9f44-37cf-bd284f36fb9b?t=1607693454966.

76 산업 국가 독일의 국제적 위상에 비춰보면 놀라운 일이지만, 1973년 노동 이민이 중단된 뒤 1991년 개정된 외국인법(Ausländergesetz)에서도 재확인되었듯, '이민법(Zuwanderungsgesetz)'이 제정되기 전까지 합법적인 노동 이민은 불가능했다. 그 결과 합법 이민은 주로 난민 혹은 가족 관련 이민으로 제한되었다. Annette Ranko, "Vom Zuwanderungsgesetz zum migrationspaket", *Informationen & Recherchen*, Konrad Adenauer Stiftung, 2020. 12. 11, p. 3. https://www.kas.de/documents/252038/7995358/Vom+Zuwanderungsgesetz+zum+Migrationspaket.pdf/0bd 7155c-6e26-9f44-37cf-bd284f36fb9b?t=1607693454966.

77 Isabelle Hertner, "Germany as 'a country of integration'? The CDU/CSU's policies and discourses on immigration during Angela Merkel's Chancellorship", *Journal of Ethnic and Migration Studies*, Vol. 48, No. 2, 2022, p. 464.

78 독일통계청의 정의에 따랐다. Statistisches Bundesamt, Pressemitteilung No. 279, 2020. https://www.

것으로 집계되고 있다. 베를린의 경우 2018년에 태어난 아이들에게 가장 많이 사용된 이름이 무함마드(Mohammed)였을 정도였다.[79]

이러한 정책 변화의 기저에는 노동력 부족에 직면한 독일 경제계의 필요가 있었다. 적-녹 연정이 이민 정책의 기조를 변경한 것은 1990년대 말부터 가시화된 고학력 노동력 부족으로 인한 기업계의 강력한 로비 때문이었다. 2001년 독일산업가연맹(BDI)은 매년 30만 명에 달하는 전문 노동력 부족이 예상된다고 경고했고, 고학력자들의 이민을 용이하게 해야 한다고 주장하고 나섰다.[80] 2020년부터 실행된 '전문인력 이주법(Fachkräfteeinwanderungsgesetz)'은 고학력 외국인의 고용 절차를 용이하게 하는 법으로서, 이러한 변화의 연장선상에서 이해될 수 있다.

이민 정책에서 나타난 이런 변화는 난민 정책의 변화도 동반했다. 난민들의 노동시장 통합을 어렵게 하던 기존의 난민 정책에서 벗어나자, 난민들을 노동시장에 통합시키는 데 개방적인 분위기가 산업계에서부터 나타나기 시작했다. 2015년의 '난민위기'가 발생하기도 전인 2014년에 독일산업가연맹(Bundesverband der Deutschen Industrie, BDI) 의장은 독일이 적극적으로 난민을 받아들여야 한다고 주장한 바 있었다. 즉 난민을 노동 이민으로 받아들이자는 적극적인 분위기는 이전부터 최소한 부분적으로는 존재하고 있었던 것이

destatis.de/DE/Presse/Pressemitteilungen/2020/07/PD20_279_12511.html.

79 "Namen-Ranking 2018: Mohammed beliebtester Erstname in Berlin", *Berliner Zeitung*, 2019. 5. 2. https://www.bz-berlin.de/archiv-artikel/mohammed-beliebtester-erstname-in-berlin.

80 Barbara Laubenthal, "Spillover in der Migrationspolitik. Die Asylpolitik der dritten Merkel-Regierung und der Wandel Deutschlands zum Einwanderungsland", in: Reimut Zohlnhöfer/Thomas Saalfeld (eds.), *Zwischen Stillstand, Politikwandel und Krisenmanagement. Eine Bilanz der Regierung Merkel 2013~2017*, Springer, 2018, p. 521.

다.

물론 이견도 존재했다. 결국 개방적인 이민 정책의 대상은 난민이건 이주민이건 전문인력 집단에 한정되어 있었다. 이러한 맥락에서 볼 때, 노동시장의 개방을 통해 개발도상국의 숙련노동력을 받아들임으로써 임금을 둘러싼 경쟁을 심화시키려 한다는 사민당 정치가 오스카 라퐁텐(Oskaar lafontaine)의 비판도 충분히 설득력이 있었다.[81]

메르켈의 난민 수용 정책으로 돌아가자면, 처음부터 백만 명의 난민을 받아들이기로 기획했던 것이 아니기도 하거니와, 가령 10만 명의 난민을 받아들이는 것과 백만 명의 난민을 받아들이는 것이 같을 수는 없다. 그러나 기본적으로 2015년 메르켈의 전향적인 난민 정책은 메르켈이 시작한 것이 아니라 이전부터 이미 존재하던 흐름, 즉 독일 노동시장의 전문노동력 부족이라는 사회적 필요와 결부시켜 이해해야 한다는 점 역시 분명하다.

2015년 독일에 난민 신청을 한 백만 명의 난민들이[82] 모두 독일에 거주허가를 받을 수는 없었다. 이들은 5년 뒤 영주권 심사를 받아야 했고, 독일 정부는 가족 초청을 어렵게 하거나 심사 절차를 강화하고 귀국 조치를 단행하는 등 난민법을 강화했다. 그러나 이로써 독일 국내를 넘어 유럽 전역에 만연한 난민에 대한 우려를 불식시킬 수는 없었다. 영국이 유럽연합을 떠나기로 결정하는 과정에서도 메르켈의 난민 정책이 큰 영향을 미쳤다는 것은

---

81 Jörg Michael Dostal, "The German Federal Election of 2017: How the Wedge Issue of Refugees and Migration took the Shine off Chancellor Merkel and transformed the Party System", *Political Quarterly*, Vol. 88, No. 4, 2017, p. 595.

82 2015년 한 해에만 난민 신청자의 숫자가 백만을 헤아렸다. "Flüchtlingspolitik: Fünf Jahre nach "Wir schaffen das!"", *Deutsche Welle*, 2020. 8. 25. https://www.dw.com/de/f%C3%BCnf-jahre-fl%C3%BCchtlingskrise-merkel-wir-schaffen-das/a-54649579.

이미 논란거리가 아니다.[83] 메르켈은 튀르키예에 300억 유로, 40조에 달하는 엄청난 금액을 지원하는 조건으로 시리아와 튀르키예 사이 국경에 장벽을 세워 난민의 유입을 막도록 했다.[84]

국내적인 파장은 무엇보다 기사련과의 갈등이 공고해진 것이었다. 기사련과의 갈등은 2018년 바이에른 주의회 선거를 앞두고 나타났다. 기사련 대표 호스트 제호퍼(Horst Seehofer)는 난민 정책과 관련하여 기민련과 다른 입장임을 드러내며 이민자 유입을 막기 위해 독자적인 국경 통제에 나서겠다고 선언했고, 메르켈은 이를 불복종으로 간주하겠다고 대응했다.[85] 기사련과의 갈등은 2018년 최초로 각자 교섭단체 회의를 열 정도로 일촉즉발의 위기로 치달았다가 유럽연합에서 이 문제와 관련하여 공동대응하기로 결정함으로써 간신히 봉합되었다.

83　브렉시트에 찬성한 보수당 하원의원 오웬 피터슨(Owen Peterson)이 2020년까지 360만명의 난민이 메르켈의 관용적 난민 정책의 대상이 될 것이며, 그들은 유럽연합 시민권을 확보해서 영국과 유럽을 자유롭게 돌아다니게 될 것이라고 경고함으로써, 브렉시트와 메르켈 난민 정책의 관련성을 분명히 보여주었다. "Reality Check: How many refugees in Germany will become EU citizens?", *BBC*, 2016. 4. 29. https://www.bbc.com/news/uk-politics-eu-referendum-36169684.

84　"Angela Merkel takes big gamble on migration deal with Turkey", *Financial Times*, 2016. 3. 8.

85　경제 정책으로는 기민련보다 더 좌파적이되 사회문화적으로는 보수적이던 기사련의 당 대표이자 바이에른 주지사인 호스트 제호퍼(Horst Seehofer)는 "이민자를 제한하는 것이 국가 안전의 전제"라며 연간 20만 명을 난민 수용 한계로 제시했고, 이를 받아들이지 않는 메르켈을 동독 독재를 지칭할 때 사용하던 단어인 "부정의의 통치"라는 말로 비난했다. Isabelle Hertner, "Germany as 'a country of integration'? The CDU/CSU's policies and discourses on immigration during Angela Merkel's Chancellorship", *Journal of Ethnic and Migration Studies*, Vol. 48, No. 2, 2022, p. 15. 그는 다른 유럽 국가들에 망명을 신청한 이민자들이 독일에 입국하는 것을 막을 수 있도록 EU와 협상하지 않으면 국경에서 경찰력을 동원해 이민자를 돌려보내겠다고 나섰고, 메르켈은 이를 불복종으로 간주하겠다고 맞섰다. 기민련/기사련 연정사상 이토록 극적인 대치 국면은 없었다. "Future of Germany's Angela Merkel in Question After Coalition Allies Reject Migration Deal", *Dow Jones Institutional News*, 2018. 7. 1.

이러한 굴곡을 뒤로 하고 2018년 바이에른 연방주의회 선거에서 기사련은 최초로 40% 이하의 성적을 거두었다. 극우정당인 '독일을 위한 대안(Alternative für Deutschland)'이 10.2%의 지지를 얻어 최초로 주의회에 진출했는가 하면, 녹색당 지지율도 9% 증가하여 17.6%를 기록했다. 난민 정책에서 기민련과 대립하는 강경책을 통해 보수 정당의 이미지를 강화하려던 시도는 결국 성공하지 못했던 것이다. 기사련의 난민 정책은 누군가에게는 모자랐고, 다른 누군가에게는 지나쳤다.

기사련뿐만 아니라 기민련 기층 당원들도 난민 정책을 둘러싸고 깊이 분열되었다. 사민당이 2003년 신자유주의적인 노동시장 개혁 조치로 여겨진 '하르츠 IV'를 둘러싸고 분열되었던 상황에 비견될 정도였다. 난민 이슈와 관련하여 다수의 보수적인 유권자들이 기민련에 등을 돌린 가운데, 메르켈의 이민 정책은 독일의 기독교적 정체성을 위태롭게 하고 이슬람화하고 있다는 선동이 널리 받아들여졌고, 극우 정당의 세는 점점 더 확고해졌다.

연방대통령 요아힘 가우크(Joachim Gauck)가 이민자 통합을 기준으로 "밝은 독일"과 "어두운 독일"을 나누었지만, 다수의 독일인들은 국내에서 안전이 확보되지 못하고 있다고 느꼈다. 이주민에 '의한' 테러와 이주민에 '대한' 테러가 번갈아 발생하는 가운데, 이민을 옹호하던 발터 뤼프케(Walter Lübcke)가 우파 테러로 사망한 것을 필두로 여러 정치가들이 테러 위협을 받았다.[86] 그리고 이는 정보 부서를 멀리해온 메르켈의 정책 탓이라는 비판이 제기되었다.[87] 2017년 ARD의 설문조사에서는 독일에서 가장 중요한 문제를 묻는 질

---

86 무소속의 쾰른 시장 헨리에테 레커(Henriette Reker), 기민련 소속 알테나 시장 안드레아스 홀슈타인(Andreas Hollstein) 등도 테러의 희생자가 되었다. 존 캠프너 저, 박세연 역, 『독일은 왜 잘하는가—성숙하고 부강한 나라의 비밀』, 열린책들, 2020, 175~176쪽.

87 Ursula Weidenfeld, *Die Kanzlerin*, rowohlt, 2021, p. 237.

2022년 유럽 중도 우파 정당들의 모임인 유럽국민당회의(European People's Party Congress)에 참여한 프리드리히 메르츠

EPP_Congress_Rotterdam_-_Day_1_(52111657167). Creative Commons Attribution 2.0 Generic license.

문에 대해, 사회적 불평등과 가난, 교육, 실업과 노동시장 문제, 범죄 등보다도 난민과 이민 문제가 더 중요하다는 응답자가 44%에 달했다.[88]

2023년 현재 시점에서 메르켈의 난민 정책을 평가하기란 불가능하다. 2021년 11월 13일자 『프랑크푸르터 알게마이네 차이퉁』에는 메르켈의 "우리는 할 수 있다"는 말을 패러디해 「메르켈 여사, 우리가 무엇을 이루었나요?」라는 제목의 기사가 실렸다. 기사는 백만 명에 달하는 갑작스러운 난민

---

88 Jörg Michael Dostal, "The German Federal Election of 2017: How the Wedge Issue of Refugees and Migration took the Shine off Chancellor Merkel and transformed the Party System", *Political Quarterly*, Vol. 88, No. 4, 2017, p. 591.

수용 이후에도 법치 국가가 유지되었고 어떠한 사회적 혼란도 나타나지 않았다는 점에서는 성공했다고 볼 수 있다고 인정했다. 하지만 난민을 일단 수용하는 것과 그들을 장기적으로 사회에 통합시키는 것은 전혀 차원이 다른 문제이며, 이와 관련하여 메르켈은 세계적인 명망을 챙겼을 뿐 뒷치닥거리는 사회 전체의 몫으로 떠넘겼다고 비판했다.[89] 서울에 거주하는 독일 정치학자인 외르크 미하엘 도스탈(Jörg Michael Dostal)은 유럽의 개방성은 국경 통제가 가능하다는 전제하에서만 유지될 수 있으며, 기후위기 대책이나 전염병 정책에서처럼 이민 정책도 강경한 조치를 꺼린다면 곧 상황에 대한 통제력을 잃어버릴 수 있고, 결과적으로 민주주의를 딜레마에 빠뜨릴 것이라고 경고했다.[90]

2002년 메르켈에 의해 원내교섭단체 대표에서 물러난 뒤 2009년에는 연방의회 의원직마저 내려놓은 채 와신상담하던 정적 프리드리히 메르츠가 정계를 떠난 지 10여 년 만인 2022년 '주도 문화(Leitkultur)'를 강조하며 다시 압도적 지지로 기민련 당수가 된 것은, 이민 문제와 관련한 기민련의 방향성에 대한 당내 갈등이 얼마나 첨예한지를 잘 보여주는 하나의 '사건'으로도 볼 수 있다. 그리고 이처럼 이민자 통합 문제로 극심한 사회 분열을 겪고 있는 독일의 현재는 초저출산의 늪에 빠진 우리 자신의 미래일 수밖에 없을 것이다.

---

89 Reinhard Müller, "Was haben wir geschafft, Frau merkel?", *Frankfurter Allgemeine Zeitung*, 2021. 11. 13. https://www.faz.net/aktuell/politik/inland/fluechtlingskrise-und-asylrecht-was-haben-wir-geschafft-frau-merkel-17632188.html.

90 Jörg Michael Dostal, op.cit., 2017, pp. 589~602를 볼 것.

4. 메르켈 시기의 선거

"선거 이후는 선거 이전"은 모든 나라에 해당되는 말이지만 독일 정치에서는 특히 그렇다. 연방의회 선거가 4년마다 열리는 것과 별도로 16개 연방주의회 선거가 연이어 치러지기 때문에, 선거가 없는 해가 없을 정도이다.[91] 기민련 대표로서 메르켈은 연방주의회 선거 결과에 대해 웃을 수도 울 수도 없는 상황에 처하곤 했다. 연방주의회 선거가 정부에 대한 평가의 의미로 받아들여지는 것도 사실이지만, 헤센 주지사 롤란트 코흐(Roland Koch) 등을 위시하여 메르켈의 경쟁자들이 위상을 높인 통로 역시 이 연방주의회 선거였던 것이다.

2002년 선거에서 사민당과 기민련의 격차는 6천 표에 불과했고, 사민당이 정권을 유지할 수 있었던 것은 녹색당이 자유민주당보다 선전한 덕분이었다.[92] 이렇게 비교적 지지 기반이 취약한 상태에서 집권에 성공하기는 했지만, 사민당은 이후의 주의회 선거에서 7전 7패를 기록했다. 특히 1966년 이래로 39년간 한 번도 정권을 빼앗긴 적이 없을뿐더러 1,700만으로 인구가 가장 많은 연방주였던 노르트라인-베스트팔렌주 선거에서 패배했다는 것은 사민당에게 매우 심각한 문제였다. 이런 상황에서 사민당의 슈뢰더 총리는 불신임 투표를 유도하여 가결시키고 2006년으로 예정되어 있던 선거를 앞당겨 2005년에 조기 총선을 실시하기로 결정했다.

연방공화국 사상 세 번째로 치러진 조기 총선에서 기민련은 사민당과의

---

91   https://www.bundesrat.de/DE/termine/wahl-termine/wahl-termine.html.

92   Geoffrey K. Roberts, "The German Bundestag Election 2005", *Parliamentary Affairs*, Vol. 59, No. 4, 2006, p. 668.

대연정을 통해 다시 집권여당이 될 수 있었다. 이 2005년 선거에서 기민련/기사련은 승리한 것이 아니라 단지 지지 않았을 뿐이었다. 선거 직전 여름 여론조사에서는 25%나 앞서고 있었는데, 막상 투표가 실시되었을 때 기민련은 35.2%, 사민당은 34.2%의 지지를 받았다.[93] 이 2005년 선거 결과는 1949년 이후 기민련이 받아든 가장 낮은 성적이었고, 대연정이 아니고서는 기민련 정권을 창출할 길이 없었다. 대연정이 만들어질 당시 슈뢰더 총리는 선거에서 1%의 근소한 차이로 지기는 했어도 자신이 총리가 아닌 대연정을 생각할 수 없었다. 그는 "나의 사민당이 메르켈 여사를 총리로 받아들이리라고 진지하게 믿느냐"는 질문을 던져서 역사에 길이 남을 여성 폄하의 장면을 연출하기도 했다.[94] 선거 다음 주 화요일에 열린 기민련 전당대회에서 메르켈이 98.6%의 압도적 지지를 받아 당대표로 선출되었고, 이로써 메르켈은 연정 구성 과정에서 자신의 발언권을 보장받을 수 있었다.[95]

2005년 선거 이후 두 달간의 씨름 끝에 구성된 대연정에서, 기민련은 총리직과 4석의 장관직, 기사련은 3석, 사민당은 부총리직을 포함하여 8석을 갖기로 합의했다. 각료 인선의 합의에 이어 16개 그룹으로 나뉜 의원과 전문가 그룹에서 143페이지에 달하는—당시로서는 가장 긴—연정협약을 만들어낸 끝에 메르켈 정권이 등장했다.

---

93 Sarah Elise Wiliarty, *The CDU and the Politics of Gender in Germany: Bringing women to the party*, Cambridge University Press, 2010, p. 1.

94 "Elefantenrunde: 10 Jahre legendärer Schröder-Auftritt", phoenix. https://www.youtube.com/watch?v=hS3Vw-H_hCA.

95 Manuela Glaab, "Political Leadership in der Großen Koalition. Führungsressourcen und stile von Bundeskanzlerin Merkel", in: Christoph Egle/Reimut Zohlnhöfer (eds.), *Die zweite Große Koalition: Eine Bilanz der Regierung Merkel 2005~2009*, VS Verlag für Sozialwissenschaftenchaften, 2010, p. 127.

메르켈 1기 정권 동안 메르켈의 위상은 점차 강화되었다. 2008~2009년에 이르러 메르켈은 전성기의 콜만큼이나 강력하다고 평가될 정도였다.[96] 바이에른주 선거에서 기사련이 절대과반을 이루지 못해 연정이 들어서면서 기사련 내 권력 교체가 시작되고 있었고, 사민당 역시 안정된 지도자를 내세우지 못하고 있었다는 조건들 또한 메르켈의 지위를 공고히 하는 데 보탬이 되었다. 이에 더해 자유민주당, 녹색당, 좌파당의 정치적 입장이 서로 현저히 달라서 야당들이 단합된 진영을 구성하지 못했던 것도 메르켈의 위상을 강화하는 데 도움이 되었다.

2009년 선거에서는 기민련/기사련이 33.8%를 득표함으로써 또다시 1949년 서독 건국 이래 최악의 득표율을 보였다. 여당으로 남을 수 있었던 것은 지난 선거보다 11% 감소한 23%의 지지를 얻어 전후 독일사상 가장 낮은 지지율을 얻은 사민당의 패배가, 창당 이래 가장 높은 지지율인 14.6%를 달성한 연정 파트너 자유민주당의 성공과 맞물렸기 때문이었다.

양대 정당이 모두 기록적으로 낮은 지지율을 얻은 이 선거 결과는 동시대 유럽 기성 정당들의 쇠퇴와 맞물려 언론으로 하여금 '대중 정당의 종말'을 선언하게 했다. 개인주의화, 세속화, 파편화 경향으로 인해 대중 정당의 소멸은 불가피하다는 의미였다.

그러나 2013년 선거 결과는 또 전혀 달랐다. 2013년 선거는 1990년 이후 기민련이 가장 좋은 성적을 거둔 선거로 기록되었다. 메르켈에 대한 지지가 극대화된 결과 기민련은 41.5%의 지지를 얻음으로써 1994년 이후 처음으로 40% 지지를 넘어섰다.[97] 이 선거 결과가 '휘발성'으로 분석된 것은, 개인 앙

96　K. Niclauss, *Kanzlerdemokratie*, Springer, 2015, p. 346.

97　Harald Schoen/Robert Greszki, "Gemeinsames Regieren, getrennte Rechnungen Bürgerurteile über die

겔라 메르켈의 인기에 근거한 것일 뿐 지속 가능한 기민련의 구조적 장점 덕분이 아니라는 판단 때문이었다.[98] 실제로 선거 직전인 2013년 여론조사에서 메르켈은 사민당 후보를 60 : 28의 비율로 앞서고 있었다.[99]

그에 따라 기민련에서는 2017년 선거에서도 강력한 경제지표들과 더불어 메르켈 개인의 인기에 기대고자 했다. "우리가 잘살고 행복한 독일을 위하여"와 "안전한 직업을 가진 강한 경제를 위하여"가 슬로건이었다. 실체가 부족하다는 비판에도 불구하고 모두를 향한 메시지를 담고 있는 것으로 이해되었다. 그러나 이 선거에서 기민련/기사련 지지율은 8.7% 감소하여 33%가 되었다. 1949년 이후 최악의 선거 결과였다. 반면 "이슬람은 독일에 속하지 않는다"를 선거 모토로 삼았던 '독일을 위한 대안'이 12.6%의 지지율로 연방의회에서 97석을 확보하는 데 성공했다. 이로써 1949년 서독 건국 이래 최초로 극우 정당이 5% 장벽을 넘어 연방의회에 입성하는 기록이 세워졌다. 한 가지 위로라면 사민당이 20.5% 지지율로 1892년 선거에 참여한 이래 1932년 선거를 제외하고는 가장 저조한 성적을 거둠으로써[100] 대연정을 통해 정권을 유지할 수 있었다는 사실 뿐이었다.

그러나 대연정 구성 과정도 간단하지는 않았다. 대연정으로 메르켈 3기 정권에 함께 참여했던 사민당 대표 지그마 가브리엘(Sigmar Gabriel)이 메르켈

Regierung Merkel II und Wahlverhalten 2013", in: Reimut Zohlnhöfer/Thomas Saalfeld (eds.), *Politik im Schatten der Krise*, Springer, 2015, p. 25.

98   Udo Zolleis, "Auf die Kanzlerin kommt es an", in: Reimut Zohlnhöfer/Thomas Saalfeld (eds.), *Politik im Schatten der Krise: Eine Bilanz der Regierung Merkel 2009~2013*, Springer, 2015, p. 74.

99   K. Niclauss, *Kanzlerdemokratie*, Springer, 2015, p. 400.

100   Ralph Bollmann, *Angela Merkel: Die Kanzlerin und ihre Zeit*, C.H.Beck, 2021, p. 619.

2017년 기민련 전당대회에서 앙겔라 메르켈
KAS-9215 (c) KAS - Juliane Liebers.

의 연정에 참여하지 않겠다고 선언함으로써[101] 녹색당, 자유민주당과의 연정 구성을 본격 논의하는 등의 복잡한 상황이 이어졌고, 때문에 혹자는 "기본법 제정 이래 가장 어려운 정부 구성"이었다고 말하기도 했다.[102] 재선거마저 거론되었다는 점, 전례 없는 기민련 특별당대회를 열어서 연정협약에 대한 동의를 구해야 했으며 연방의회 선거 이후 총리 선출까지 6개월이나 소요되었다는 점 등을 고려할 때, 그런 평가가 과장이라고 보기는 어렵다.

---

101 "Kohl wäre im Leben nicht derart mit Staaten umgesprungen", *Die Welt*, 2017. 1. 7. https://www.welt.de/politik/deutschland/article160958775/Kohl-waere-im-Leben-nicht-derart-mit-Staaten-umgesprungen.html.

102 Ralph Bollmann, op.cit., p. 623.

갖은 진통 끝에 메르켈 4기 정부는 어렵사리 사민당과의 대연정을 이어가게 되었다.

기민련의 2017년 지지율은 유럽의 전통적인 정당의 운명과 궤를 같이하는 것으로 보였다. 이 시기 유럽 국가들에서는 기독교 민주주의 정당이건 사회주의 정당이건 30% 이상의 지지를 얻은 정당이 없었다. 따라서 놀라운 것은 2017년의 낮은 지지율이 아니라 2013년의 높은 지지율이라는 지적도 있을 정도였다.[103]

2017년 연방의회 선거 패배 이후 연정을 구성하기까지는 6개월 이상이 소요되었고, 그동안 메르켈에 대한 반대 목소리는 점점 거세졌다. 난민 문제로 인한 기사련과의 갈등이 격화되었으며, 다양한 방식의 불복종이 나타났다. 대표적으로 2018년 9월 메르켈의 중요 파트너로서 2005~2018년 동안 원내 대표를 역임했던 폴커 카우더(Volker Kauder)가 메르켈의 분명한 지지에도 불구하고 원내 대표 선거에서 패배했고, 여론은 이를 메르켈의 패배로 해석했다.[104] 한 달 뒤에는 헤센 주의회 선거에서 주지사의 개인적인 인기에도 불구하고 11%나 낮아진 27%의 지지를 얻게 되었다. 이 선거 이후 메르켈은 "나는 총리로 태어나지 않았으며 이 사실을 잊은 적이 없다"는 말로 선거 패배의 책임을 인정했다.[105] 구체적으로는 더 이상 당대표직에 출마하지 않을 것이며 잔여 총리 임기만 채우겠다는 입장을 피력했다. 그리고 2021년 12월

---

103 이 주장은 2021년 선거를 통해 확증되었다. 2021년 기민련/기사련의 정당 지지율은 25.8%였다. 사민당의 지지율이 개선되기는 했지만 역시 26.4%를 얻었을 뿐이다.

104 https://www.kas.de/de/web/geschichte-der-cdu/personen/biogramm-detail/-/content/volker-kauder -v1.

105 "Ich wurde nicht als Kanzlerin geboren und das habe ich nie vergessen", *Die Zeit*, 2018. 10. 29. https:// www.zeit.de/politik/deutschland/2018-10/cdu-angela-merkel-parteivorsitz-liveblog.

8일 이후 어떤 공직도 맡지 않은 자유인이 되었다.

5. 메르켈과 여론

메르켈과 미디어

앙겔라 메르켈의 퇴임에 즈음하여 BBC는 "독일인들은 이 총리에 대해 무엇을 그리워할 것인가?"라는 질문을 던지고, 메르켈이 많은 독일인들에게 "집안 가구의 일부"였다고 답했다. BBC 인터뷰에 응한 독일인들은 그녀가 "안정감을 준" "위대한 위기관리자"였다고 평했다. 여성에게는 "리더가 되는 것이 가능하다는 것을 보여주었"다는 평을 받았고, "메르켈 세대"인 청년들은 그녀가 환경 문제에 충분히 대비하지 않는 등 전체적인 사회 변화에 대한 준비가 미비했다고 비판했지만 그럼에도 그녀를 "존경"했다.[106]

한국에서라면 철도, 도로, 인터넷망 등 사회 전반의 기초 인프라에 충분한 투자가 이루어지지 못해 일상에서 놀라울 정도의 불편을 감내해야 하는 현실만으로도 충분히 비판적인 이미지를 만들어낼 수 있었겠지만,[107] 독일 여론의 반응은 복합적이었다. "메르켈이 이룬 모든 것은 미디어의 도움 덕

---

106 "Angela Merkel: What will Germans miss about the chancellor?", *BBC*, 2021. 9. 23. https://www.bbc.com/news/av/world-europe-58657354.

107 독일의 디지털화는 2022년에도 여전히 유럽연합 국가들 가운데 13위에 불과하다. "Digitalisierungsgrad der EU-Länder gemäß dem Index für die digitale Wirtschaft und Gesellschaft (DESI*) im Jahr 2022." https://de.statista.com/statistik/daten/studie/1243006/umfrage/digitalisierungsgrad-der-eu-laender-nach-dem-desi-index/. 2021년 현재 독일 철도인 '도이체반'은 1/4이 정시에 출발하지 못하고 있다. Corinna Budras, "Ein Jahr des Grauens für die Deutsche Bahn", *Frankfurter Allgemeine*, 2022. 1. 5.

분이었다"라는 논평이 나오기에 이르렀던 것도 그런 배경에서였다.[108] 그러나 한 가지 분명한 사실은, 그녀가 총리가 되던 2005년 당시 언론이 메르켈에게 전혀 호의적이지 않았다는 점이다. 독일의 대표적인 페미니스트 알리체 슈바르처(Alice schwarzer)는 티비 토론에 대한 분석에서 슈뢰더에게는 스치듯이 질문을 던지고 메르켈만 닦아세운 ARD 인터뷰를 예로 들면서 언론이 메르켈에게 호의적이지 않았다고 지적했다.

메르켈이 자신에 대한 언론의 태도를 비교적 성공적으로 바꾸어낸 이유는 여러 가지로 분석되었다. 무엇보다 먼저 그 자신이 언론 담당자로서 공적 활동을 시작했다는 점이 지적된다. 메르켈이 과학자로서의 삶을 청산하고 처음으로 시민운동단체인 '독일의 각성(DA)'에 참여했을 때 그는 이 단체의 대변인이었고, 이어서 동독 정부 대변인이 되었다. 정치적 이력의 시작점에서 매체와의 대화나 정치적인 메시지를 매체를 통해 전달하는 것 등에 대한 훈련을 받을 수 있었던 것이다. 사안에 대한 매우 정확한 내용을 정확한 언어로 전달한다는 점에서 이미 대변인 시절부터 높이 평가받았고, 이로 인해 1990년 12월에는 최초의 전 독일 연방의회 선거 이전에 이미 총리청에 가 있는 상태였다.

---

108 Alena Schomburg et.al., "Angela Merkel", in: T. Birkner (ed.), *Medienkanzler*, Springer, 2016, p. 263. 메르켈이 월드컵 때 축구에 대한 전문지식을 과시하는 방식으로 국민정서에 호소하거나, 내정으로부터 거리를 유지하고 정상회담 등 외정을 적절히 활용함으로써 '국가수반'의 이미지를 공고히 했다는 것 등은 널리 언급되는 예들이다. 물론 메르켈과 미디어의 관계에 대해 긍정적인 평가만 있을 수는 없다. 메르켈이 논쟁에 뛰어드는 것은 출구가 보장되어 있고, 그것도 긍정적으로 보장되어 있을 경우에 한정되었으며, 인기 없는 결정이 이루어지는 장은 피하고 다른 사람에게 넘겼다는 비판도 높다. 독일군의 리비아 파병은 외교부장관에게, 연방군 개혁 문제는 국방장관에게, 다른 정치적 스캔들은 연방대통령, 교육부장관 등이 담당하도록 해서 총리에게는 긍정적인 이미지만 남도록 했다는 것이다. Alena Schomburg et.al., "Angela Merkel", in: T. Birkner (ed.), *Medienkanzler*, Springer, 2016, p. 287.

메르켈은 정치적 이력의 중요한 국면마다 미디어를 적절히 활용했다는 평가를 받는다.[109] 그가 미디어를 잘 활용한 대표적인 사례로 꼽히는 것이 『프랑크푸르터 알게마이네 차이퉁』 1999년 12월 22일자에 실린 기고문이다. 「헬무트 콜이 허가한 과정이 당에 엄청난 해를 끼쳤다」라는 제목의 기고문에서, 메르켈은 콜이 당대표로 재직한 25년 동안 회계보고서에서 숨겨진 계좌에 대해 아직 충분히 밝혀지지 않았으며, 어쩌면 국세청 등 행정 당국에게는 이 정도로 충분할지 모르겠지만 "기민련 공동체의 구성원에게는 충분치 않다"고 비판했다. "하나의 당은 하나의 영혼을 가졌"으며 "참된 기초 위에만 참된 역사상이 설 수 있다"는 것을 헬무트 콜도 기민련도 받아들여야 한다고 주장했다. 헬무트 콜이 당장 정계를 은퇴할 수는 없는 상황이므로 기민련이 "미래를 스스로 손에 넣어야"하고 "오랜 군마"인 콜 없이 미래로 나아가고, 정적과의 싸움을 받아들여야 한다"고 썼다. 그는 그 과정이 "사춘기 청소년이 집을 떠나 자신만의 길을 가는 것"과 같은 이치라고 씀으로써, 당시 기민련이 얼마나 헬무트 콜에게 의지하고 있었는지를 분명히 드러내 보여주었다.[110]

이 기사는 "모두가 알고 있지만 누구도 공식적으로 말하지 않는" 바를

---

109 메르켈이 언론에서 표상되는 이미지를 다루는 데 능란했다는 점에 대해서는 여러 학자들이 동의하고 있다. Alena Schomburg etl.al., "Angela Merkel", in: T. Birkner (ed.), *Medienkanzler*, Springer, 2016, p. 277; K. Niclauss, *Kanderdemokratie*, Springer, 2015, p. 351; Manuela Glaab, "Political Leadership in der Großen Koalition, Führungsressourcen und stile von Bundeskanzlerin Merkel", in: Christoph Egle/Reimut Zohlnhöfer (eds.), *Die zweite Große Koalition: Eine Bilanz der Regierung Merkel 2005~2009*, VS Verlag für Sozialwissenschaftenchaften, 2010, pp. 150~151.

110 Angela Merkel, "Die von Helmut Kohl eingeräumten Vorgänge haben der Partei Schaden zugefügt", *Frankfurter Allgemeine Zeitung*, 1999. 12. 22. https://ghdi.ghi-dc.org/docpage.cfm?docpage_id=4595.

말하고 있었고, 그 자체로 "폭약"이었다.[111] 그리고 불과 석 달 뒤인 2000년 4월 10일, 그는 기민련의 당대표가 되어 있었다. 독일 정치에서 수사학이 얼마나 중요한지를 보여주는 대표적인 사례로 꼽힐 수 있을 것이다.

장수 총리인 메르켈과 미디어의 관계에서 특징적인 것은 미디어에 대한 메르켈의 관심이었다. 그의 최측근인 베아테 바우만(Beate Baumann)과 에바 크리스티안젠(Eva Christiansen)은 총리청에 장기간 재직하면서 언론과 매우 우호적인 관계를 맺고 있었고, 이들은 극소수가 참여하는 총리 주재 주간회의의 구성원이기도 했다. 미디어 관련 업무를 총리청 관할로 일원화했던 콜과 달리, 연방언론정보국(Bundespresseamt) 책임자에게 연방정부 대변인을 겸직하게 하고 참모들 중에서 그와 가장 많은 시간을 보냈다. 자신과 정부에 적대적인 태도를 보이는 언론에 대해서는 모든 협력을 거부하고 무시로 일관했던 콜의 총리 시절 행적과 현저히 다른 태도였다. 메르켈은 언론 보도의 대상에 머물지 않고 직접 소통에 나서기도 했다. 15년간 640회 이상 팟캐스트를 올렸고,[112] 트위터 등 SNS를 통한 직접 소통에 나서기도 했다.[113]

전통적인 인쇄 매체만 상대했던 전임 총리 게하르트 슈뢰더와 달리, 메르켈 집권 16년은 전혀 새로운 대안 매체들의 출현으로 특징지어진다. 광고와 구독이라는 전통적인 인쇄 매체의 재정 모델은 수명을 다한 듯했지만, 이미 무료 매체가 즐비한 인터넷 공간에서 대안적인 수익 모델을 창출하지 못한 채 여러 매체들이 출간을 중단하거나 파산을 선언하기에 이르렀다. 이

---

111 "Merkel geht auf Abstand zu Kohl, Schäuble entfernt sich von Merkel", *Tagesspiegel*, 1999. 12. 22. https://www.tagesspiegel.de/politik/merkel-geht-auf-abstand-zu-kohl-schaeuble-entfernt-sich-von-merkel/112222.html.

112 https://www.bundesregierung.de/breg-de/service/archiv/archiv-podcasts.

113 https://twitter.com/cdumerkel.

러한 매체 변화의 시기에 메르켈의 기민련은 최소한 시대에 뒤지지는 않았다는 평가가 가능하지 않을까.

'좋았던 시절'

메르켈의 정책에 대한 학문적인 평가를 위해서는 많은 시간이 필요하겠지만, 상당수 독일인들이 그의 시기를 '좋았던 시절'로 기억하게 될 성싶다. 2005년 초반 독일의 경제성장률은 0.7%에 불과했고, 그해 5월에 실업자는 521만 명을 넘어섰다. 정부부채 규모는 1조 4,000억 유로로 불어났고, 정부 예산의 절반이 부채에 대한 이자와 국민연금으로 지출되고 있었다. 이로 인해 교육이나 기간산업 등에 대한 투자는 불가능한 상황이었다.[114]

그러나 메르켈이 집권한 16년간 중요 경제지표들은 뚜렷이 개선되었다. 실업률은 11.7%에서 코로나가 시작되기 전인 2019년 기준 5%로 감소했고, GDP는 2005년 23조 유로에서 2020년 33조 유로로 늘어났으며, 수출 초과액은 2005년 1,580억 유로에서 2019년 기준 2,230억 유로에 이르렀다.[115] 물론 2023년 3월 현재 1,997만이라는 엄청난 조회수를 기록하며 도하 일간지에 소개된 유튜버 레초(Rezo)가 "기민련 정치가 사회에 미친 가장 큰 해악"으로 지목한 것이 빈부격차의 심화였던 것처럼,[116] 이러한 경제적 성과가 사회 내에서 광범위하게 공유되었는지를 고려한다면 '좋았던 시절'에 대한 평가는 전혀 달라질 수도 있다.

'콜의 소녀'라는 별칭의 메르켈이 2005년 총리가 되었을 때, 사람들은 그

---

114 니콜 슐라이 저, 서경홍 역, 『독일 첫 여성 총리 앙겔라 메르켈』, 문학사상, 2006, 147~148쪽.

115 Ursula Weidenfeld, *Die Kanzlerin*, rowohlt, 2021, p. 181.

116 "Die Zerstörung der CDU". https://www.youtube.com/watch?v=4Y1lZQsyuSQ&t=2870s.

녀가 역대 기민련 리더들이 처한 두 가지 운명, 즉 기민련의 복잡한 권력 메커니즘 앞에서 좌초할 것이냐—루드비히 에어하르트, 쿠어트 게오르크 키징어, 라이너 바르첼처럼—, 아니면 콘라드 아데나워, 헬무트 콜처럼 장기집권 총리의 계보에 이름을 올릴 것이냐의 기로에서 전자의 운명에 처하리라고 예상했다. 그러나 메르켈은 콘라드 아데나워, 헬무트 콜 등 거인의 계보에 서는 역사를 썼다. 2005년 당시에는 이후의 국내외 정세를 예측할 수 없었기 때문에 미래 예측이 쉽지 않았을 테지만, 가장 예상 외의 요소는 메르켈의 권력의지였을 것이다. 독일 국내외, 기민련 안팎으로부터 제기되는 끝없는 결투의 상황에서 지난 16년간 메르켈은 반대파들도 인정하지 않을 수 없는 침착함과 인내로 권력을 유지하는 데 성공했다. 메르켈은 권력을 어떻게 인식했을까. 2005년 한 인터뷰에서 메르켈은 "민주주의 체제에서 어떤 일을 이루기 위해서는 권력이 필수불가결하다"고 말했다.[117]

마지막으로 주목할 점은 메르켈의 청렴함이다. 콜의 극단적으로 긴 재임 기간이야말로 기민련 부패 스캔들의 가장 중요한 배경이자 원인이었으며,[118] 그보다 짧게 재직했던 아데나워도 정치자금의 출처와 용처를 밝히는 것을 극도로 경계했다는 점을 고려할 때, 메르켈이 일체의 정치자금 스캔들과 연루되지 않은 채 정치를 해 나갈 수 있었다는 점에 대해서는 칭찬을 아끼지 말아야 할 것이다.

---

117 니콜 슐라이 저, 서경홍 역, 『독일 첫 여성 총리 앙겔라 메르켈』, 문학사상, 2006, 129쪽에서 재인용.

118 Ludger Helms, "Is there Life after Kohl? The CDU Crisis and the Future of Party Democracy in Germany", *Government and Opposition*, Vol. 35, No. 4, 2000, p. 426.

결론

박완서는 『그 많던 싱아는 누가 다 먹었을까』에서 명절을 앞두고 송도에서 할아버지가 사온 "덕국의 물감"에서 "문명의 냄새, 문화의 예감"을 느꼈다고 표현한 바 있었다. 근대화 초기부터 자리한 독일에 대한 이런 이미지는 큰 변화 없이 지속되어온 듯하다. 19세기에 저가의 질 낮은 독일 덤핑 상품과 영국 상품을 구분하기 위해 영국 측에서 붙인 라벨이었던 "Made in Germany"가 1880년대 이후[01] 오랫동안 독일 상품 및 독일 경제 체제의 안정성에 대한 인정의 표식으로 수용되고 있다는 사실 자체가 이를 웅변한다.

　이러한 인정은 기본적으로 정치적 혼란 그 자체였던 바이마르공화국이나 비인간을 넘어 반인간적이던 나치 체제에 부여된 것이 아니라 독일연방공화국에 부여된 것일 수밖에 없다. '정당국가' 독일연방공화국 정치의 가장 큰 특징은 연정이다. 독일의 연정을 이해하기 위해서는 '연합(Union)'이라는 하나의 단어로 함께 지칭되곤 하는 기민련과 기사련의 관계가 먼저 설

01　Werner Plumpe, *German Economic and Business History in the 19th and 20th Centuries*, Palgrave Macmillan, 2016, pp. 5~6.

명되어야 한다. 다른 나라의 경우라면 '기민련 바이에른지구당'이 되었을 기사련을 기민련으로 합당하려는 시도는 한 번도 없었다. 오히려 1976년 야심가였던 기사련의 슈트라우스가 바이에른을 넘어 독자적인 전국 정당화를 시도했던 때도 있었지만, 당내외의 반발로 삽시간에 실패로 돌아갔다. 바이에른인민당으로 거슬러 올라가는 독자적인 역사를 가진 정당인 기사련은 현재까지도 기민련과 별도의 정당 구조를 갖고 있지만 원내교섭단체를 함께 구성하고 함께 총리 후보를 내며 함께 내각을 구성하는 등 단일 정당처럼 움직이고 있다.

독일 정치 구도상 기민련과 기사련 간의 '연합'을 넘어서는 '연정'은 필수적이었다. 연방공화국 선거에서 과반 이상 득표를 한 정당이 나타난 것은 1957년 선거가 처음이자 마지막이었다. 이 절대과반 획득에도 불구하고 아데나워가 독일당과의 연정을 택했기 때문에, 독일에서 하나의 정당이 단독으로 집권한 적은 없었다.[02]

독일당, 추방민동맹 등 초기에 연정에 참여했던 군소 정당들이 사실상 기민련으로 흡수된 이후 기민련이 선호하는 연정 파트너는 자민당이었다. 자유로운 사회질서 및 시장자유주의를 강조하는 자민당은 아데나워와 대립하던 1956년부터 61년 사이, 그리고 기민련이 사민당과 대연정에 나선 시기들을 제외하고는 기민련 정권에서 하나의 상수에 가까운 연정 파트너였다. 이러한 구도는 연정 파트너 교체가 엄청난 정치적 위험을 무릅쓰는 일이었다는 사실을 내포하고 있기도 하다. 여전히 '충실함'을 중시하고 '배신'은 심각한 비판의 언어인 독일 사회에서는, 연정 파기조차 '배신'이라 불리곤 했다. 예컨대 자민당이 기민련이 아닌 사민당과 연정에 나섰던 1969년에

---

02   https://de.wikipedia.org/wiki/Liste_der_deutschen_Bundesregierungen.

도, 그 연정에서 탈퇴하여 다시 기민련과 연정에 나섰던 1982년에도, 자민당은 연방대통령 선거 등에서 공조하며 협력의 기록들을 쌓고 이를 통해 유권자들을 설득했음에도 5%에 미치지 못하는 지지를 얻어 주의회에 진입하지 못하는 등 거센 후폭풍을 맞아야 했다.

21세기 들어서면서부터는 연정이 '계약'으로 간주되는 듯하지만, 각 정당들은 기본적으로 정치에서 실현해야 할 목표와 지켜야 할 원칙의 범위를 설정해두고 그 안에서 움직일 수밖에 없기 때문에 단기적인 정치적 이익 계산에 따라 변화무쌍한 정치가 나타날 수는 없는 구조이다. 동방 정책을 수용하라는 요구가 거셌던 시기 자민당 우파를 대변하던 에리히 멘데가 "그토록 급격한 변화를 시도할 경우 신뢰성을 잃게 될 것이기 때문에 어떤 정당도 감히 시도할 수 없을 것"이라고 거부했던 것은 이러한 상황을 웅변한다. 정치가 '기록'되고 '기억'되는 '논리'인 것이 독일 정치의 기본 속성이라는 것은 평가 이전에 하나의 사실인 셈이다.

흔히 독일은 강력한 노조의 영향 아래서 복지 자본주의를 표방하는 북유럽 국가들과, 시장에 초점을 두는 미국 혹은 영국식 자본주의 사이의 중간길을 택했다고 평가된다. 이는 독일 경제가 신자유주의로 회귀했다고 평가되는 1980년대 초에 정권을 장악한 헬무트 콜 총리 스스로가 "대처리즘의 영국은 통제되지 않는 자본주의로서, 따라해서는 안 될 모델"이라고 말한 데서도 잘 드러난다.[03]

---

03 Dominik Geppert, "The Crisis of the Welfare State: Thatcherism as a Model for German Christian Democracy", in: Arnd Bauerkämper (ed.), *Britain as a model of modern society*, Wissner Verlag, 2006, p. 171.

혼히 '서구'로 통칭되기는 하지만, 독일의 자본주의는 영미권 자본주의와 현저히 다르다. 기실 영미식의 자유방임 자본주의는 독일에 뿌리내린 적이 없는 시스템이었다. 산업화의 후발주자로서 독일의 산업화 자체가 적극적인 국가 개입을 통해 시작되었거니와, 나치 시기에 이르기까지 독일 국가는 사회복지 정책의 시혜자이자 경제 활동의 가장 중요한 행위자였다. 이국가가 몰락하고 난 이후에도 많은 독일인들은 이미 익숙한 조합주의적 시장경제 및 가부장적 사회복지 체제가 지속되기를 희망하고 있었다. "전체주의 체제가 그토록 강하게 내재화된 이후 이러한 보호 메커니즘을 완전히 포기하는 것은 상상하기 어려웠다."[04]

그 결과 전후 독일에 뿌리내린 경제 체제는 시장에 대한 국가 규제와 노동 참여로 특징 지어지는 사회적 시장경제 체제, 혹은 '라인 자본주의(Rheinischer Kapitalismus)'로서, 경기 국면에 따라 그 효용성에 대한 의구심이 높아질 때는 있어도, 영미권 자본주의에 맞서는 대안적인 모델을 찾는 많은 이들이 기댈 수 있는 견고한 벽으로 기능하고 있다. 기민련의 대표적인 정치가인 쿠어트 비덴코프는 "독일에는 기업이 돈으로만 구성되는 것이 아니라 무엇보다 인간으로 구성되며, 따라서 하나의 기업은 하나의 사회적 결사체

04　Joachim Scholtyseck, "Ludwig Erhards Soziale Marktwirtschaft als radikale Ordnungsinnovation und die Realität des bundesrepublikanischen "Wirtschaftswunders"", in: Werner Plumpe/Joachim Scholtyseck (eds.), *Der Staat und die Ordnung der Wirtschaft*, Franz Steiner Verlag, 2012, p. 109. 그에 따라 발터 오이켄(Walter Eucken), 알프레트 뮐러-아르막(Alfred Müller-Armack), 프란츠 뵘(Franz Böhm) 등 전후 독일의 대표적인 경제학자들은 시장과 국가의 적합한 관계를 설명하는 데 적극적이었다. 이들의 아이디어를 현실 경제에서 실현한 기민련의 경제부장관 에어하르트에 따르면, 경제적 자유 없는 자유는 생각할 수 없는 것이었고, 이 경제적 자유가 잘 작동하기 위해서는 국가 개입이 필수였다. 그 결과 탄생한 것이 '독일 모델(Modell Deutschland)'이었다. 이 경우 국가의 개입이란 시장을 억압하기 위한 것이 아니라 시장을 보호하기 위한 것이었다.

라는 관념이 있다"는 말로 라인 자본주의의 본질을 설명했다.[05] 독일사학자인 이진일이 "우리가 독일의 경험에서 배워올 수 있는 것이 있다면 그것은 미래와 노동에 대한 인간 중심의 사고"라고 표현했을 때,[06] 이는 한국 사회가 독일을 대하는 한 단면을 보여준다고 할 수 있다.

그리하여 독일은 '시장자유주의'라면 국민이 두 말도 못하는 대다수 산업 국가들과는 상당히 다른 국가이다. 이는 1949년에 들어선 독일연방공화국 74년의 역사 속에서 50년 넘는 세월을 집권당으로서 보냈으며, 1969년 정권을 내놓고도 3년이 지난 1972년에야 비로소 야당의 자의식을 갖게 된 '체질상 여당', 기민련의 역사에서도 잘 드러난다. 1947년의 '알렌 강령'을 필두로 하여, 1949년 '뒤셀도르프 강령', 1953년의 '함부르크 강령', 68혁명으로 불붙은 당 개혁에 대한 요구에 따라 만들어진 1975년 '만하임 선언', 1978년의 '기본강령', 그리고 통일 후에 만들어진 1994년 '기본강령', 가장 최근에 선포된 2007년의 '기본강령'에 이르기까지 기민련에서 '사회적 시장경제'라는 원칙이 사라진 적은 없었다.[07]

사회적 시장경제를 실현하는 중요한 방식으로 '공동결정권'이라는 독일 특유의 제도가 기민련의 반대가 아닌 협조를 통해 제도화되었던 것도 그런 맥락에서였다. 공동결정권에 대한 논의는 19세기에 사민당에 의해 시작되었지만, 석탄 철강 분야로 제한된 공동결정권이 최초로 제도화된 것은 아데나워 집권기인 1951년이었다. 그리고 이 공동결정권은 1953년의 함부르크

---

05 "Biedenkopf: Das Mitbestimmungsgesetz hat sich bewährt", *Deutschlandfunk*, 2023. 4. 11. https://www.deutschlandfunk.de/biedenkopf-das-mitbestimmungsgesetz-hat-sich-bewaehrt-100.html

06 이진일, 「'4차 산업혁명'—일종의 독일적 자본주의 모델?」, 『인문과학』 68집, 2018, 55쪽.

07 기민련은 2023년 현재 1978, 1994, 2007년의 기본강령에 이은 네 번째 기본강령을 준비하고 있다.

강령, 1975년의 만하임 선언, 1994년의 기본강령 등 기민련의 주요 정치 강령들에 포함되었다. "경제적으로도 국가 통치상으로도 지탱 불가능할 권력을 노조의 손에 집중시킨다"는 이유로 사용자 측이 격렬히 비판했음에도, 공동결정권의 범위를 전 산업 분야 2천 명 이상 대기업으로 확대시킨 공동결정법이 1976년 최초로 제정되고 실현될 수 있었던 것도 기민련/기사련의 지지 없이는 불가능했다.[08]

이처럼 기민련은 시장자유주의를 표방하면서도 영미식 자유방임 시장자유주의와 거리를 두었다. 이는 무엇보다도 기민련의 기독교 사회주의적인 뿌리에서 기인한 것이었다. 보수주의 세력과 더불어 시장자유주의 세력이 대주주이기는 했지만, 동시에 기독교 사회주의 세력도 기민련의 3대 세력 가운데 하나였고, 현재도 그러하다.[09]

이들 기독교 사회주의 세력은 기독교 민주주의 노동자단(Christlich-Demokratische Arbeitnehmerschaft), 자칭 기민련 사회위원회(CDU-Sozialausschüsse)라는 기민련의 외곽 조직을 발판 삼아 기독교적 이상을 현실 정치에서 실현해 갈 수 있었다. 아데나워 내각에서 '노동과 사회질서부(Bundesminister für Arbeit und Sozialordnung)' 장관을 지낸 테오도어 블랑크(Theodor Blank), 당내 기독교 사회주의 세력 2세대로서 콜 집권 16년 내내 고용노동부장관을 맡았던 노버트 블륌(Norbert Blüm), 예수회 수도사 출신이자 당사무총장으로서 '새로운 사회 문제'

---

08 의결 과정에서 참석 의원 중 389명이 찬성했고 반대는 22명에 불과했다. "Vor 40 Jahren: Bundestag verabschiedet Mitbestimmungsgesetz", *bpb*, 2016. 3. 16. https://www.bpb.de/kurz-knapp/hintergrund-aktuell/223149/vor-40-jahren-bundestag-verabschiedet-mitbestimmungsgesetz/.

09 2022년 기민당의 기본원칙 선언에서도 "우리의 뿌리"가 "기독교 사회주의, 자유주의, 보수주의"임을 천명하고 있다. CDU, Grundwertcharta der CDU Deutschlands: Beschluss des 35. parteitags der CDU Deutschlands, 2022. 9. 9~10, p. 4. https://www.cdu-parteitag.de/sites/www.pt22a.cdu.de/files/beschluss_antrag_a_grundwertecharta_der_cdu_deutschlands_.pdf.

를 공론화한 하이너 가이슬러(Heiner Geißler), 비록 단기간이지만 기민련 당대표를 지낸 안네그레트 크람프-카렌바우어와 아르민 라쉐트도 이 위원회의 구성원이었다는 사실은 CDA가 기민련 내에서 가진 위상을 잘 보여주고 있다.

경제성장과 사회적 연대를 상호배타적인 것으로 보지 않는 이 독일식 시스템이 21세기에도 20세기에 그러했던 것처럼 경제적인 성과를 보일 수 있을지는 미지수일 수밖에 없다. 그러나 한 가지 기억해야 할 점은 사회적 시장경제가 사민당이 아니라 기민련의 브랜드로 시작하여 독일인들의 DNA로 뿌리내린 상태이며, 지구촌의 많은 사회들과 달리 시장자유주의를 강조하는 자유민주당의 지지율이 지난 70년간 10% 내외를 오갈 뿐이라는 사실이다.

사회적 시장경제와 더불어 반공주의가 기민련의 주요한 정치적 지향이었다는 사실도 분명하다. 분단국이라는 프리즘을 통해서 보면, 기민련의 정치에서 동병상련을 목도하는 순간도 많다. 전쟁 직후 아데나워와 야콥 카이저의 권력 다툼에서 아데나워가 승리할 수 있었던 것은 냉전 체제가 강화되는 과정 없이는 설명할 수 없으며, 통일에 이르기까지 긴 세월 동안 사회주의에 대한 국민적 우려는 기민련 지지의 주요한 기반이 되었다.

1949년 최초의 연방의회 선거는 말할 나위도 없고, 68혁명을 경험하면서 기민련 개혁의 요구가 고조되었던 1976년에조차 기민련의 선거 슬로건은 당 개혁 세력이 주장한 '새로운 사회 문제'가 아니라 당내 보수 우파가 주장한 '사회주의 대신 자유'였다. 또한 사민당의 빌리 브란트가 동방 정책을 추구한 끝에 1972년 노벨 평화상을 받고도 8년이 더 지난 1980년 선거에서도 기민련은 '자유와 안보'를 부르짖으며 국민의 공포심에 호소하는 편을 택했다. 명백한 퇴행이었다. 그런가 하면 통일 이후인 1994년에도 "높이 미래로 (…) 그러나 붉은 양말은 피해서(Auf in die Zukunft… aber nicht auf roten Socken)!"라는 구호가 사용되었다.[10]

이처럼 모든 형태의 사회주의를 안보에 대한 위협으로 보이게 함으로써 사민당을 고립시키는 전략은 기민련 선거전에서 오랫동안 상수로 기능했다. 전후 군사독재의 경험이 없고 사민당의 뿌리가 깊고 넓었던 독일에서 보이는 이런 선거 패턴은 냉전 체제가 종식된 21세기의 시선으로 볼 때 놀랍지만, 서독 역시 냉전 체제하 분단국이라는 숙명으로부터 그리 자유롭지는 못했다는 결론이 가능할 듯하다.

그럼에도 불구하고 이 반공주의를 간단히 동독에 대한 적대와 등치시킬 수는 없다. 1970년대 초 동방 정책을 둘러싼 논란이 가열되던 당시 기민련 다수는 서독이 유일하게 합법적인 독일 국가이기 때문에 동독을 국가로 인정할 수 없다는 '할슈타인 원칙'을 고수하고 있었고, 이에 따라 동독 혹은 동독과 관계를 맺고 있는 동구 국가들과의 외교조약들을 인정할 수 없다는 입장이었다. 그에 따라 동방 정책 관련 외교 조약 비준을 둘러싸고 같은 시기 기민련 당 지도부와 원내교섭단체가 의견을 달리할 정도로 격렬한 분쟁이 일어나기도 했지만, 1972년 선거를 통해 동방 정책에 대한 국민적인 지지가 분명해지자 이를 현실로 인정하고 콜 정권이 들어선 이후에도 슈미트 정부에서 외교부장관이었던 겐셔를 유임시킴으로써 슈미트 정부의 동방 정책의 근간을 유지해갔다.[11]

---

10 기민련의 선거구호를 전체적으로 조망하기 위해서는 다음을 볼 것. https://www.kas.de/de/web/geschichte-der-cdu/wahlprogramme-und-slogans

11 콜 정권이 정권교체 이후에도 동방 정책을 지속시킨 것에 대해서는 이동기, 「보수주의자들의 '실용주의'적 통일 정책」, 『역사비평』 83호, 2008, 350~373쪽.

이미 1972년 동방 정책 관련 조약들이 비준될 당시 기권을 통해 조약이 비준될 수 있도록 한 바 있었거니와, 1978년에 마련된 기민련 최초의 기본 강령 133조에 "독일연방공화국이 외국 및 동독과 체결한 모든 조약들은 구속력을 가지"게 된다는 문구를 포함시키기도 했었다.[12] 1970년대 후반 기민련 내에서도 보수적인 민족주의 세력이 당에 대한 장악을 높여가고 있었고, 이들은 사민당의 동방 정책에 대해 여전히 비판적이었지만, 1980년 선거 패배와 더불어 기민련 내 중도 좌파에 속하는 콜이 당내 주도권을 쥐게 된 이후 더는 정치적 기회를 갖지 못했다.

물론 독일의 동방 정책 역시 한국의 햇볕 정책만큼이나 '퍼주기' 논란으로부터 자유롭지 못했다. '접근을 통한 변화'라는 동방 정책의 명분과 달리, 사통당 정권과의 협상에 주력한 나머지 동독과 동유럽 지역에서 인권 상황 개선을 도외시하고 도덕적 상대주의에 빠지게 되었다거나, 혹은 서독의 정치가들이 호네커 면담을 위한 경쟁에 돌입할 정도로 동독과의 관계 개선을 통해 국내 정치적 위상을 높이려 했다는 비판은 우리에게도 낯설지 않다. 동방 정책의 결과 '안정을 통한 자유화'를 이루기는커녕 '자유화 없는 안정', '변화 없는 접근', 그리고 종래는 '안정화가 아닌 탈안정화'만 남았다는 지적도, 우리의 상황에 비추어 쉽사리 이해될 수 있는 대목이다.[13]

---

12 Grundsatzprogramm "Freiheit, Solidarität, Gerechtigkeit" 26, Bundesparteitag, 23.~25. Oktober 1978, Ludwigshafen. https://www.kas.de/c/document_library/get_file?uuid=c44fbaf4-a603-d097-6898-e72e6fae6f39&groupId=252038

13 노엘 케리(Noel D. Cary)는 동방 정책이 동독 체제의 서독 의존을 낳았고, 이 의존이 탈안정화를, 탈안정화가 통일을 낳은 것은 사실이지만, 이를 동방 정책의 결과로 볼 수 없을뿐더러, 이는 서독 정부가 마지막까지 막고자 했던 상황이었다는 입장이다. Noel D. Cary. "Reassessing Germany's Ostpolitik. Part I: From Detente to Refreeze", *Central European History*, Vol. 22, No. 2, 2000, p. 253.

동방 정책이 사회주의 몰락을 가속시켰는지 혹은 지연시켰는지, 반체제 세력들의 저항을 도왔는지 방해했는지에 대한 논쟁은 지속될 수밖에 없을 것이다. 하지만 동방 정책을 기민련 당사와 결부시킬 때 중요한 것은 동방 정책이 도입되기 이전에도, 도입될 당시에도, 그리고 이후에도 기민련을 거슬러서가 아니라 기민련과 더불어서 가능했다는 사실이다.[14] 결국 동방 정책은 사민당의 정책이었던 것만큼이나 기민련의 정책이기도 했다. 정권이 바뀔 때마다 대북 정책이 바뀜으로써 누적된 경험과 지혜를 발휘할 길이 없어 보이는 우리의 처지에 비추어볼 때 충분히 눈길을 끄는 대목이다.

정당이 문패를 만들어 그 문패를 걸고 집권하는 것과 하나의 민주적인 정당이 만들어지는 것은 전혀 다른 차원의 일이다. 73년 동안 존재해온 기민련이지만, 이 정당이 집권 여부와 무관하게 독립적이고 안정적인 하나의 정당으로 기능한 역사는 그보다 훨씬 짧았다. 심지어 에어하르트처럼 선거 때만 활동하는 유권자 정당으로 충분하다고 믿는 당대표도 있었다. 그 결과, 기민련이 하나의 정당으로서 전국적·체계적인 조직을 갖추고 뚜렷한 당의 프로그램을 갖기 위해 노력하기 시작한 것은 창당 이후 20년이 지난

---

14 대표적인 동방 정책 비판자인 티모시 가튼 애쉬(Timothy Garton Ash)의 경우, 1970년대에 동방 정책을 실시한 것은 합리적이었지만, 동유럽에서 역사 발전의 경로가 달라졌음에도 1980년대에도 이를 고수한 것은 "멍청한 일(foolish)"이었다고 주장하기도 한다. Timothy Garton Ash, *In Europe's Name: Germany and the Divided Continent*, Random House, 1993, p. 375. 여전히 출구가 보이지 않는 분단 체제를 살아가고 있는 한국 학계에서 이를 전혀 다르게 해석하는 것도 무리는 아니다. "지리적 시대적 문화적 차이에도 불구하고 다양한 차원에서 현재의 한반도와 유사한 이 역사적 조건에서 당시 서독의 보수 정치가들이 보여준 '실용주의적' 통일 정책과 그 성공의 역사 경험"이 여전히 매우 아쉬운 것이다. 이동기, 「분단 시기(1949~1989) 동독과 서독 간 대화와 협상—남북한 대화 평가를 위한 관점들과 관련하여」, 『사림』 30호, 2008, 95쪽.

1969년, 보다 정확히는 1972년 선거 패배 이후부터 1982년까지, 그리고 다시금 권력을 잃은 1998년 이후였다. 독일 정치사가 토마스 메르겔(Thomas Mergel)이 인정하듯이, 기민련이 당원 및 대중과 소통하고 제대로 기능을 갖추기 위해 노력하는 것은 집권당일 때가 아니라 권력을 빼앗긴 이후였다.[15]

집권당이던 시기는, 특히 아데나워와 콜, 메르켈의 집권기는 모두 총리가 당대표를 겸직하면서 당의 공식적인 조직이 약화, 심지어 무화된 시기였다. 즉 기민련이 정권을 내놓고 불안정해질 때에야 기민련은 하나의 정당으로서 활기를 되찾고, 총리 중심으로 권력이 강해지는 시기에는 다시금 당의 공식 조직이 약화되는 양상이 반복적으로 나타나고 있었다.

그리하여 당권과 대권을 분리하는 것은 당의 개혁을 부르짖는 세력들에게 핵심적인 요구사항이었다. 하지만 청년 정치가 시절, 그리고 중견의 야당 대표 시절에도 당권과 대권의 분리를 외치던 헬무트 콜 자신이 총리가 된 후 당대표와 총리직을 겸직했던 데서 선명히 드러나듯이, 권력은 집중화로의 집요한 관성을 보여주었다. 당조직의 강화를 강조하던 쿠어트 비덴코프, 하이너 가이슬러, 리타 쥐스무스 등 기민련의 내로라하는 정치가들은 숙청에 가까운 대우를 받으며 물러날 수밖에 없었다.

정도 차는 있었지만 이러한 경향 자체는 앙겔라 메르켈 시기에도 마찬가지였다. 메르켈은 총리 재직 시기 거의 내내 당대표직을 유지했고, 당 사무총장에 측근을 앉히기 위해 공을 들였다. 메르켈이 당대표가 될 수 있었던 것 자체가 당대표와 원내 대표를 분리하자는 당내 분위기로 인해 가능한 일이었지만, 메르켈 자신은 당대표가 된 지 오래지 않은 2002년 라이벌

---

15 Thomas Mergel, "CDU", in: Axel Schildt (ed.), *Deutsche Geschichte im 20. Jahrhundert: Ein Lexikon*, C.H.Beck, 2005, p. 93.

이자 원내 대표였던 프리드리히 메르츠를 몰아내고 원내 대표직까지 차지했다. 총리직 수행을 위해 원내 대표직을 내려놓았을 때도 측근인 폴커 카우더가 이 자리를 13년 동안 유지할 수 있도록 했다.

극우 정당이 등장함으로써 정당정치의 판세가 현저히 달라진 2017년에 이르기까지, 초대 의회를 제외하고 2~18대 연방의회에는 무소속 의원이 전무했다. 그 정도로 독일은 정치에서 개인이 아닌 정당 조직이 중심이 되는 것으로 정평이 나 있다. 그럼에도 불구하고 기민련은 집권 여부와 무관하게 항상적인 프로그램을 갖는 체계적인 조직, 민주적인 의사결정이 이루어지는 조직으로 굳건히 자리 잡지 못했다. 2021년 기민련/기사련의 총리 후보 선출 과정에서도 당무위원회가 결정할지, 교섭단체가 결정할지, 혹은 지구당대표회의체에서 결정할지를 둘러싸고 논란이 있었던 데서 잘 드러나듯이,[16] 현재까지 공식적인 총리 후보 선발 절차조차 마련되지 못한 것만으로도 기민련 당 조직의 허약성을 읽어내는 데 무리는 없어 보인다.

이처럼 권력이 집중된 구도 아래서 권력 교체는 극히 어려운 일일 수밖에 없었다. 1876년 생인 콘라드 아데나워와 1930년생인 헬무트 콜은 거의 두 세대 차이가 나지만, 둘 다 같은 시기 기민련 지역 조직 창당에 관여하는 것으로 정치에 발을 내디뎠다. 콘라드 아데나워는 생을 마감하기 1년 전인 1966년까지 당대표를 지냈고, 콜은 정치자금 스캔들로 인해 2000년에 물러나기까지 반세기 이상 기민련을 주도했다. 콜을 인정할 수 없었던 많은 독일인들에게는 지긋지긋한 세월이었을 것이다. 앙겔라 메르켈도 2005년부터

---

16 "Laschet oder Söder: Wie entscheidet die Union über ihren Kandidaten?", *Deutschlandfunk*, 2021. 4. 17. https://www.deutschlandfunk.de/laschet-oder-soeder-wie-entscheidet-die-union-ueber-ihren-100. html.

2021년까지 16년간 총리를 지냈을 뿐만 아니라, 2000년부터 2018년까지 19년간 기민련의 당수였다.[17]

그리하여 73년 기민련의 역사를 파악하기 위해서는 극소수의 정치가를 거론하는 것만으로 충분할 정도이다. 그만큼 권력의 그림자는 길고도 짙었다. 기민련 역사에서 매우 긴 기간 동안 권력 교체라는 것은 거의 불가능해 보일 정도였다. 그 긴 기간 동안 독일인들은 제도적으로 '개입'하고 '참여'하는 것이 아니라, 축구 경기를 보듯, 티비 드라마를 보듯 '관전'할 수밖에 없었을 것이다. 1989년 베를린 장벽 붕괴 직전인 여름 콜에게 맞섰던 쿠데타의 주역 가운데 한 명인 리타 쥐스무스가 ZDF와의 인터뷰에서 "정치에서는 (…) 오늘이 마지막인 것으로 생각해야 한다"고 말했던 것을 떠올리면,[18] 이들의 장기집권은 더더욱 놀랍다.

이와 관련하여 정치사회학자 로베르트 미헬스의 분석은 경청할 만하다. 100여 년 전인 1911년에 출간된 『정당론』에서 그는 "다양한 형태의 민주주의에서 과두 체제가 형성되는 것은 유기적인 과정"이며 "사회주의적 조직이든 아나키즘적 조직이든 할 것 없이, '모든' 조직에서 필연적으로 나타나는 경향"이라고 일갈한 바 있었다.[19] 그는 주로 사회주의 정당에 대한 분석을 통해 이러한 결론에 이르렀지만, 기민련 당사에서도 비슷한 경향성을 발견할 수 있다.

물론, 이를 두고 김황식 전 총리처럼 "풍부한 경험과 경륜"이 유실되지

17　기사련의 경우도 마찬가지여서, 프란츠 요제프 슈트라우스가 1961년부터 1988년까지 27년간 당대표를 지냈고, 73세로 사망할 당시 현직 바이에른 주지사였다.

18　ZDF Documentary, "Geschichte treffen Putsch gegen Kohl". https://www.youtube.com/watch?v=jL8gjxC2vVU.

19　로베르트 미헬스 저, 김학이 옮김, 『정당론』, 한길사, 2015, 509쪽.

않고 "소신과 철학"을 가진 정치가 가능하기 때문에 "중후한 정치"를 할 수 있다고 해석하는 경우도 있다.[20] 5년 임기의 정권이 국가 운영마저 5년 단위로만 사고하는 듯한 한국의 정치 상황에 대한 피로는 깊이 공감한다. 아데나워뿐만 아니라 콜과 메르켈 등이 모두 집권 1기가 아니라 어느 정도 경륜을 쌓은 뒤 성과를 냈다는 점을 떠올리게 되기도 한다. 그러나 아데나워와 콜은 임기 어느 시점부터인가 부패와 스캔들로 점철되고 여론에 무감각해지는 모습을 보였으며, 결국 기민련 주요 정치가들 상당수가 연루된 정치자금 스캔들 등 대참사를 통해 권력을 내려놓았다. 퇴임 직전의 메르켈에 대하여 콜의 궤도를 따라가고 있다는 비판이 거셌다는 점도 잊을 수 없다. 권력의 근처와 정점에 오래 서 있는 개인이 법인카드와 관용차의 안온함에 익숙해지지 않고 업무 수행 능력만 신장시키기를 기대해도 좋을까? 이는 결국 인간관의 문제일 수밖에 없을 것이다. 특정한 정치적인 제도가 시공을 초월하여 동일하게 작동하기를 기대할 수 있는가의 문제는 별도로 하고서라도 말이다.

이처럼 압도적으로 존재감이 높은 총리와 당대표가 존재했던 정당이면서도 동시에 매우 분권적인 구조가 기민련의 중요한 특징이었다는 것은 아이러니한 일이다. 1871년에야 통일을 이룬 이 나라의 지방분권 구도는 지역들 간에 확고한 위계질서가 형성되는 것을 불가능하게 만들었다. 그에 더해 전후 독일의 정치 구조는 나치와 같은 강력한 정치권력의 출현을 막는 것을 궁극의 목표로 삼고 있기도 했다. 그 결과 쾰른이건 함부르크건 본을 부러워하지 않았고, 여전히 베를린을 부러워하지 않는 상황이다.

---

20   김황식, 『독일의 힘, 독일의 총리들』 1, 21세기북스, 2022, Ebook, p. 97.

이런 상황에서 기민련의 중앙당 조직이 강성했을 리 만무하다. 1966년 대연정이 시작되면서 사실상 권력 상실에 근접하고, 1967년 정당법이 제정되면서 당의 운영을 정당법 조항에 맞추어야 했던 1967년에야 비로소 지역 조직에 영향을 미치는 사무총장 자리를 만들어낼 수 있을 정도였다. 기민련이 창당된 지 16년 만의 일이었다.

연방의회 지역구 후보가 결정되는 방식도 최소한 원칙상으로는 분권적이다. 기민련 의원의 절반 정도가 당대표인 콜에게 "개인적으로 빚이 있다"고 느꼈다는 사회학자 다렌도르프의 평가에 비추어보자면 실제 운영 방식이 달랐을 수는 있지만, 적어도 형식적으로는 연방의회 지역구 후보가 중앙당 차원의 공천 방식이 아니라 선거구(Wahlkreis) 차원 혹은 연방주 조직(Landesebene) 차원의 선거를 통해 선출되고 있다.[21]

그리하여 지역 조직이 중앙당의 완전한 하부 조직이 되는 방식의 '체계화'는 현재까지도 존재하지 않는다. 이처럼 지역 조직이 중앙 조직으로부터 일정하게 분리되어 있었기 때문에, 중앙정치 차원에서 위기를 겪더라도 기민련이 총체적 위기에 직면하는 법은 없었다. 야당일 때도 지역 의회를 장악하고, 이를 발판 삼아 연방 상원을 장악했는가 하면, 당이 위기에 처했을 때 이 강성한 지역 조직에서 수혈이 이루어지는 경우도 많았다. 대표적으로 키징어는 바덴-뷔르템베르크 주지사, 콜은 라인란트-팔츠주 주지사 경력을 발판으로 중앙정치무대에 들어설 수 있었다. 기민련 정치자금 스캔들에 당의 주요 정치가들이 연루되어 혼란스럽던 시기에 당사무총장이던 앙겔라 메르켈을 당대표로 끌어올린 것도 노르트라인-베스트팔렌 지구당 등 기민련 지방 조직이었다.

---

21 https://www.bundestag.de/parlament/bundestagswahl/passives-wahlrecht-inhalt-505808.

이처럼 분권화된 조직이 속도감을 갖고 움직였을 리는 만무하다. "대충 만들고 계속 수리해서 쓰는 방식"이 일반적이라는[22] 영국 정치와 달리 "느리더라도 확실하게(Langsam aber sicher)"를 추구하는 독일의 정치가들은 논의하고, 논의하고, 또 논의한다.[23] 그 가운데서도 기민련은 특히 매우 느리게 움직이는 정당이었다. 공동결정권은 이미 1940년대에 CDA가 가장 중요한 요구사항으로 꼽은 이래[24] 20년 이상 논의된 끝에 제도화되었고, 1971년 리하르트 폰 바이체커(Richard von Weizsäcker)를 위원장으로 하는 기민련 기본강령위원회(CDU-Grundsatzkommission)가 구성된 이래 1978년 전당대회에서 기본강령이 의결되기까지는 7년이 소요되었다.

그렇게 전진도 매우 어렵지만, 길고 지루한 논쟁을 거쳐 결정된 쟁점에서 후진은 더 어려울 수밖에 없다. 기민련 내에서 가장 논쟁적이었다고 볼수 있는 공동결정법의 경우가 대표적이다. 공동결정권은 얼핏 사민당만의 아젠다로 보이지만, 아데나워 집권기인 1951년 석탄 철강 분야에서 먼저 제도화되었고, 한해 뒤인 1952년 제정된 '경영조직법'도 각 사업장 내의 문제들을 결정하는 '사업장평의회'와 더불어 감사회 구성원 1/3을 노동자 측에 안배하도록 하는 내용을 담고 있었다. 당시 독일 노동자들은 이 비율에 만족하지 않았지만, 지구촌의 수많은 기업들이 노조마저 합법적인 파트너로

---

22 존 캠프너 저, 박세연 역, 『독일은 왜 잘하는가―성숙하고 부강한 나라의 비밀』, 열린책들, 2020, 116쪽.

23 연방주와 중앙정부 간의 구조 개혁을 위한 헤어촉위원회(Herzog-Kommission)(1992), 이민자 통합을 위해 만들어진 쥐스무스-위원회(Süssmuth-Kommission)(2000), 노동시장 개혁을 위한 하르츠-위원회(Hartz-Kommission)(2002) 등이 긴 시간의 논의 끝에 보고서를 제출하고 그에 근거하여 법개정을 이루었던 대표적인 사례이다.

24 William L. Patch, *Christian Democratic Workers and the Forging of German Democracy, 1920~1980*, Cambridge University Press, 2018, p. 109.

인정하지 못하는 경우가 태반인 것을 잊을 수는 없다.

한 걸음 더 나아가 1976년 2천 명 이상 작업장을 대상으로 공동결정권이 제도화될 당시 389 : 22로 통과될 수 있었던 것은 이 공동결정권 관련 법안이 기민련에서 제시한 타협안과 크게 다르지 않았기 때문이었다. 공동결정권이 제정되던 당시에도, 그리고 "경제의 유럽화와 경제의 세계화"라는 이중의 거센 파도 앞에 서게 된 현재에도,[25] 공동결정권이 독일 기업들의 경쟁력을 떨어뜨리고 있다는 비판은 공고하다. 그럼에도 불구하고 2006년 메르켈 총리가 공동결정권 30주년 기념식에서 "누구도 독일에서 공동결정법에 대해 근본적으로 의문을 제기하지 않는다"고 선언할 수 있었던 것은 이 공동결정법이 길고긴 논의 끝에 기민련 전당대회를 관통하여 법제화되었기 때문이었다.[26] 기민련의 쿠어트 비덴코프가 1966년에도, 그리고 40년 후인 2005년에도 공동결정 관련 위원회의 의장을 맡을 수 있었던 것은 공동결정법이 기민련과 독일 사회에 얼마나 깊은 뿌리를 내리고 있는지를 더할 나위 없이 잘 보여준다 할 것이다.[27]

---

25 이는 2005년 공동결정권 개편을 위한 위원회의 대표를 맡았던 비덴코프가 위원회가 필요한 이유로 꼽은 내용이다. "Biedenkopf: Das Mitbestimmungsgesetz hat sich bewährt", *Deutschlandfunk*, 2023. 4. 11. https://www.deutschlandfunk.de/biedenkopf-das-mitbestimmungsgesetz-hat-sich-bewaehrt-100.html

26 "30 Jahre Mitbestimmung: Die Mitbestimmung bleibt, aber nicht ohne Reform", *Der Spiegel*, 2006. 8. 30. https://www.spiegel.de/politik/ausland/30-jahre-mitbestimmung-die-mitbestimmung-bleibt-aber-nicht-ohne-reform-a-434360.html.

27 얼마나 많은 기업이 공동결정권 제도를 도입하고 있는지에 대한 좌파당(Die Linke)의 질문에 독일연방정부가 2022년 연방의회에 보고서를 제출한 바 있다. 그에 따르면 500인 이상 2,000명 이하의 사업장으로서 감사회 구성원 1/3이 노동자 대표인 경우는 2009년 현재 1,500개로 계산되었으며, 그 이후 연구가 더 이루어지지는 못했다. 감사회 구성원이 노사동수라야 하는 2,000명 이상 사업장은 참여 기업의 숫자가 2002년 767개로 정점에 달했다가 2021년 현재

이처럼 느리고 일관되게 움직이는 기민련의 작동 방식은 개별 정치가들의 동선에서도 잘 드러난다. 아데나워는 서방통합, 에어하르트는 사회적 시장경제, 바르첼은 동방 정책에 대한 유연한 태도, 헬무트 콜은 유럽통합과 독일통일, 쿠어트 비덴코프는 공동결정, 하이너 가이슬러는 새로운 사회 문제, 리하르트 폰 바이체커는 기민련 기본강령 등 기민련의 대표적인 정치가들은 각자의 정치적 브랜드를 갖고 일관되게 추진해 나가는 양상을 보여주었다. 기민련과 독일 정치의 느린 속도로 인해 가능한 일이었을 것이다.

독일 정치의 느린 속도는 독일 정치가 '협상'을 중시한다는 것과도 깊은 관련이 있다. 연정이 필수인 정치 구조하에서 협상력은 독일 정치가들의 주요 덕목일 수 밖에 없었다. '까다로운 협상 파트너를 다루는 부문의 마이스터'로 꼽히던 아데나워는 말할 나위도 없고, '걸어다니는 중재위원회'로 꼽히던 키징어, '통합가(Integrator)이자 중재자(Moderator)' 바르첼, '탁월한 협상가' 콜, '탁월한 청중' 앙겔라 메르켈 등, 에어하르트를 제외한 모든 기민련의 당대표들이 당대의 협상 전문가들이었다. 적극적이고 강단있는 정치를 원하는 분위기였다면 이들의 강점이 빛을 발하기 어려웠겠지만, 싸워서 이기는 것보다 안정과 통합을 중시하던 독일인들은 '느리더라도 확실하게'를 선호했다.

빠름이 효율성과 등치되는 시대에 기민련이나 독일 정치의 느림을 찬양할 수만은 없다. 독일의 느린 정책 결정으로 인한 문제점은 코로나 위기 시에 전면적으로 드러난 바 있거니와, 적절한 시점에 필요한 결정이 빠르게 일어나지 못할 경우 통계로 가시화되지 못하는 손실이 어느 정도일지 가늠

656개인 것으로 보고되고 있다. 보고서 원문은 https://dserver.bundestag.de/btd/20/046/2004622.pdf.

하기도 어려운 것이 21세기 정치의 현실이다. 그러나 마치 모든 것을 녹여내는 용광로인 듯 고유한 인성이나 고유한 노선을 가진 개인 정치가를 찾기 어렵게 하는 것이 정치권력의 일반적인 속성처럼 보이는 현실 속에서, 타협에 타협을 거듭하며 느리고 일관성있게 움직이는 기민련 정치가들의 행보야말로 독일 정치의 특징이라고 말할 수는 있을 것이다.

정치가 부패의 늪을 건너기가 극히 어렵다는 것 역시 기민련의 역사에서 수차례 드러난 바였다. 어디서나 정치라면 사람을 동원해야 가능한 일이고, 그러기 위해서 돈과 얽히는 것은 필연이다. 그리하여 정치가와 돈, 정치가와 부패는 작용과 반작용의 물리법칙처럼 맞물려 있는 듯 보인다. 집권당의 정치자금이 속속들이 밝혀지는 경우는 역사상 없을 것이다. 기민련의 구체적인 재정 운영 방식도 소수의 연구를 제외하고는 베일에 싸인 편에 가깝다. 전통적인 자산에 더해 다수 당원들의 당비를 통해 안정적인 자원을 확보했던 사민당도 심심치 않게 정치자금 스캔들에 오르내렸다. 하물며 기민련은 오랫동안 불투명한 방식으로 정치자금을 운용했고, 이는 대형 정치자금 스캔들이 나타날 수밖에 없는 구조가 되었다.

아데나워 집권 초기인 1951년에 이미 수도 선정 과정에서 정치자금이 제공된 것과 관련하여 국정조사까지 이루어졌지만, 정치자금의 불투명성은 남았다. 공식적인 회계 담당자가 아니라 아데나워의 최측근이 기민련의 정치자금을 주무르는 양상이 지속되었고, 아데나워는 정치자금 공개 요구에 대해 '세상물정을 모른다'는 말로 맞섰다. 1959년 국고 지원이 시작되고 난지 한참 후인 1975년 플릭 스캔들 당시 '공화국이 팔려 나갔다'거나 '현금 포르노'라는 표현이 인구에 회자될 정도로 큰 타격을 받았다가 위증 교사를 통해 간신히 살아남았음에도 불구하고, 콜은 계속해서 비밀계좌를 운영했다. 이 사실이 모두 드러난 2000년에야 비로소 콜은 명예대표직을 반납하고 정계에서 은퇴했다.

아마 아데나워 역시 같은 생각이었겠지만, 정치자금을 받았으되 개인의 치부를 위해 사용하지 않았다는 콜의 항변은 독일 국민들에게 위로가 될 수 있었을까? 하지만 아데나워와 콜이 이 정치자금을 특정 정치가를 키우거나 정적을 제거하고 자신의 당내 지지율을 높이는 데 사용했다면, 그것은 개인적인 치부에 사용된 것보다 오히려 더 치명적인 일일 법하다.

콜 스캔들 이후 2002년 정당법 개정을 통해 독일 정당의 당직자가 정치자금의 출처와 활용에 대해 투명하게 보고하지 않을 경우 3년 이하 징역에 처하도록 하는 등 처벌 규정이 강화되었다. 메르켈 총리의 장기집권에도 불구하고 정치자금과 관련된 어떠한 논쟁도 불거지지 않은 것은 이런 배경에서 이해되어야 할 것이다.

결국 지난 수십 년간 기민련의 부패, 더 나아가 독일의 정치적 부패는 감소했다. 단순 숫자 비교는 너무도 거칠지만, 플릭 스캔들에서 언급되었던 정치자금 규모가 2,600백만 마르크, 1,330만 유로, 185억 원이었음에 비해, 콜의 경우 그 규모는 200만 마르크, 즉 120만 유로, 28억 원 정도이다. 재계의 정치자금이 기민련으로 흘러가는 통로이던 '정치후원협회(Fördergesellschaft)'는 불법이 된 지 오래이며, 정당들은 회계를 공개하고 있다. 이 과정에 대해 학자에 따라서는 '도덕의 승리'라는 표현을 쓰기도 했다.[28] 2022년 기준 '부패인지지수(Corruption Perceptions Index)'에서 독일은 180개국 가운데 9위를 차지했다.[29]

---

28 이 숫자는 미하엘 코스(Michael Koss)의 계산을 따랐다. Michael Koss, *Staatliche Parteienfinanzierung und politischer Wettbewerb*, Verlag für Sozialwissenschaften, 2008, p. 133

29 https://www.transparency.org/en/cpi/2022. 대한민국은 31위를 기록하고 있다.

정치자금과 관련한 투명성 증대가 아니고서는 생각하기 어려운 순위인 것이다.

2023년 현재까지를 담은 독일 정당사를 서술하는 것은 매우 큰 위험을 동반하는 일이 되었다. 학자에 따라 의견이 엇갈리기는 하지만, 최소한 2005년부터 독일 정당 체제는 전혀 다른 양상을 보이고 있기 때문이다. 정당 체제에 대한 교과서적 텍스트인 『독일연방공화국의 정당 체계(Das Parteiensystem der Bundesrepublik Deutschland)』에 따르면, 독일의 정치사는 2005년 이후 현저히 다른 국면에 들어서게 되었다. 물론 이미 1998년부터 자유민주당, 녹색당, 공산당이 모두 5% 넘는 지지율로 연방의회에 진출했고, "나머지" 정당 27개가 선거운동에 참여하여 도합 5.9%의 지지를 획득하는 등 정당 간 경쟁이 극히 치열해지는 변화가 나타나고 있었다.[30] 그러나 2005년 이후 변화는 훨씬 더 본질적인 양상으로 나타났다. 먼저 기존의 거대 양당이 당원수에서나 지지율에서나 현저한 약세를 보이게 되었다. 2021년 현재 현재 기민련 당원수는 38만 명으로, 1990년 당시의 78만 명에 비해 절반 이하에 불과하다. 위로라면 1990년 94만 명을 헤아리던 사민당원도 39만 명으로 급감했다는 사실 정도일 것이다. 현재 당원 평균연령은 기민련과 사민당이 각각 61세와 60세로 앞서거니 뒤서거니 하고 있다.[31]

이런 상황에서 2017년 사민당과 기민련은 대연정에 나섰지만 양당의 지

30   Ulrich von Alemann et.al., *Das Parteiensystem der Bundesrepublik Deutschland*, Springer, 2018, pp. 91~92.

31   Durchschnittsalter der Mitglieder der politischen Parteien in Deutschland am 31. Dezember 2019, Statista, 2022. 1. 24. https://de.statista.com/statistik/daten/studie/192255/umfrage/durchschnittsalter-in-den-parteien/.

지율 합계는 53.5%에 불과했다.[32] 1965년 선거 결과로 대연정이 이루어졌을 때 지지율 합계가 86.9%였던 것과 비교하면, 그 차이는 극명하다. 무엇보다 위협적인 것은, 합법과 불법 사이에 걸쳐 있는 극우 정당 '독일을 위한 대안(Alternativ für Deutschland)'의[33] 지지율이 2017년 12.6%, 2021년 10.3%로 유지되고 있다는 사실이었다.

이는 물론 민주주의 체제 자체에 대한 실망과 결부된 현상이다. 2019년의 한 여론조사 결과에 따르면 독일인들 과반수가 독일 민주주의에 대해 불만족스럽다고 답했다. 구체적으로 살펴보면, 교육과 소득 수준이 높은 이들은 민주주의 체제에 만족하고 있지만, 저소득층일수록, 중소도시나 농촌에 거주할수록, 동독 지역에 거주할수록 선거 참여율은 낮고 민주주의에 대한 불만족도가 높았다. 독일 정당에 대한 신뢰도는 23%로서, 대학이나 연구기관에 대한 신뢰도(83%)와 비교할 때 터무니 없이 낮은 수준에 머물러 있다. 마찬가지로 정치가들이 "지킬 수 있는 것보다 많은 약속을 하"며, "다음 선거만 생각한다"는 응답자는 각각 89%와 84%였지만, "나라를 위해 최선이 무엇인지 생각한다"거나 "본인처럼 평범한 사람들을 염려한다"고 느끼는 비율은 43%와 27%에 불과했다.[34] 한국 정치인에 대한 여론조사 통계를 군이 비교할 필요도 없을 정도로 공감이 되는 내용이다.

---

32 Ulrich von Alemann et.al., *Das Parteiensystem der Bundesrepublik Deutschland*, Springer, 2018, p. 97.

33 브란덴부르크, 작센, 작센-안할트, 튀링엔주에서는 AfD를 이미 민주주의의 적으로 간주하고 "의심스러운 사례"로 범주화한 상태이다. "Duell vor Gericht: AfD versus Verfassungsschutz", *DW*, 2022. 3. 7. https://www.dw.com/de/duell-vor-gericht-afd-versus-verfassungsschutz/a-56376129.

34 Rita Lauter, "Mehrheit der Deutschen ist demokratieverdrossen", *Zeitonline*, 2019. 8. 13. https://www.zeit.de/gesellschaft/zeitgeschehen/2019-08/friedrich-ebert-stiftung-demokratie-ostdeutsche-westdeutsche-zufrieden-studie.

정치가가 일반인보다 나은 사람이기를 기대하는 것은 무리이며, 정당이 다른 사회 기구보다 더 도덕적이거나 미래지향적이거나 합리적이기를 기대하는 것은 무망한 일일 수밖에 없다. 그러나 앞서 서문에서 언급된 리하르트 폰 바이체커 전 대통령의 말처럼, 정당은 "시간의 한계를 넘어서 생각하고 행동"할 의무가 있으며, 마찬가지로 서론에서 언급된 독일 헌법재판소의 판결처럼 "시민들의 문제를 인식하고 해결하기 위해 노력"하는 것이 정당의 본령인 것도 부정할 수 없는 사실이다. 이처럼 정당 본연의 과제가 무엇인지 진지하게 성찰함으로써만, 전 세계적으로 만연한 정당민주주의에 대한 불신으로부터 벗어날 길을 찾을 수 있을 것이다. 그리고 이 책에서 다룬 기민련의 역사는 "군국주의와 전쟁, 홀로코스트, 그리고 분열과 동의어"였으며, "그렇게 짧은 기간 안에 그토록 엄청난 피해를 세상에 입힌" 국가였던 독일이 "그토록 짧은 시간 안에 그렇게 많은 것을 이룩한"[35] 나라가 되기까지 정당정치의 본령에 대해 깊이 고민하고 치열하게 씨름한 기록이다. 큰 틀에서 보아 "청년의 치유할 수 없는 이상주의와 노년의 치유할 수 없는 지배욕 사이"의 투쟁이 "끝없이 이어진" 역사라고도 볼 수 있을 것이다.[36] 아데나워에 뒤이어 '회의적인 세대', '개혁적인 45년 세대'가 나타났고, 68혁명 시기에는 '대안 68세대'가, 그리고 통일 이후에는 앙겔라 메르켈, 요아힘 가우크 등 동독 출신 정치가들이 당에 새로운 색깔을 입혔다. 독일인들 자신에게도 그러하겠지만, 정당민주주의의 작동 방식에 대한 실망감이 깊고도 깊은 우리 사회에서도 곱씹어볼 가치가 있는 주제이다.

---

35 존 캠프너 저, 박세연 역, 『독일은 왜 잘하는가—성숙하고 부강한 나라의 비밀』, 열린책들, 2020, 9쪽.

36 로베르트 미헬스 지음, 김학이 옮김, 『정당론』, 한길사, 2015, 517쪽.

변화무쌍한 한국 사회에서 '오래된'이라는 수식어는 그 자체로 부정적인 함의를 내포하는 듯하다. 특히 '정당'과 '역사'가 상호 배타적인 단어처럼 보이는 것이 한국의 정치 현실이다. '좀 굴러본' 관록의 정치인이라면 증대된 숙련도와 전문성을 갖추었다고 보기보다 '손을 더럽힌' 것으로 평가되는 것이 일반적이다.[37] 그러나 정치가 초보일수록 높이 평가받는 직무일 뿐이라면, 우리 모두의 삶은 위태로울 수밖에 없다. 정치의 본질적인 특성인 복합성, 다양성, 모호성에 개인의 타고난 지력이나 직관으로 맞설 수 있다고 믿는 것은 온당하지 못하다.

결국 정치도 다른 모든 인간의 활동과 마찬가지로 역사성을 가질 수밖에 없고, 그리하여 정당의 역사가 선거를 둘러싼 한판 승부의 역사로서 '산화'되어버리는 것이 아니라, 긍정적인 의미에서건 부정적인 의미에서건 여러 정치적 실험들의 보고로서 '저장'되고 '비축'될 수밖에 없다는 것을 좀 더 의식할 수 있기를 희망한다. 정치가 역사성을 가지며 역사에 기록된다는 사실을 사회 전체가 매 순간 기억할 수 있다면, 선거권자도 피선거권자도 좀 더 의연하게 정치를 하고 또 그 정치를 바라볼 수 있지 않을까.

---

37 이창민, 「좀 굴러본 정치인에 대한 재평가」, 『경향신문』 2022. 12. 21. https://www.khan.co.kr/opinion/column/article/202212210300035.

참고문헌

1. 기민련 사료

Ahlener Programm(1947).

Wirtschaftspolitische Leitsätze der Arbeitsgemeinschaft der CDU/CSU(1949).

Hamburger Programm(1953).

Berliner Programm(1968).

Mannheimer Erklärung: "Unsere Politik för Deutschland"(1975).

Grundsatzprogramm der Christlichen Demokratischen Union Deutschlands: "Freiheit, Solidarität, Gerechtigkeit"(1978).

Grundsatzprogramm: "Freiheit in Verantwortung"(1994).

Grundsatzprogramm: "Freiheit und Sicherheit: Grundsätze für Deutschland"(2007).

2. 한국어 자료

1) 논문

권형진, 「하이마트(Heimat)를 잃은 사람들, 하이마트로 돌아온 사람들」, 『독일연구』 38집, 2018, 83~137쪽.

김영태, 「독일연방의회 선거 체계의 제도적 효과」, 『국제정치논총』 41(3), 2001, 279~296쪽.

김유정, 「대서양주의의 기원과 발전」, 『세계역사와 문화연구』 60집, 2021, 269~288쪽.

김진호, 「1969~74년 시기의 독일연방공화국의 독일 정책(Deutschlandpolitik)과 CSCE」, 『평화연구』 17권 1집, 2009, 206~245쪽.

김진호, 「독일 문제와 유럽의 평화 정책」, 『역사문화연구』 33권, 2009, 317~360쪽.

김진호, 「1970년대 오더나이세 국경선 문제와 서독, 폴란드 간 경제협력」, 『독일연구』 19, 2010, 145~180쪽.

김진호, 「독일 문제와 제1차 베를린 위기—미·소의 독일 정책과 통화 개혁(Währungs-reform)을 중심으로」, 『역사교육』 130, 2014, 235~274쪽.

김학이, 「서독인들의 공포와 새로운 감정 레짐」, 『역사와 세계』 62권, 2022, 71~112쪽.

맥앨리스터, 데이비드(David McAllister), 「헬무트 콜 총리의 통일 리더십」, 『한독워크숍자료집』, 2014.

문수현, 「독일 정치자금 관련 법규들과 기민련의 재무 구조」, 『이화사학연구』 52집, 2016, 131~169쪽.

문수현, 「1949~1969 기민련(Christliche Demokratische Union)의 선거 캠페인 분석」, 『사림』 61권, 2017, 403~430쪽.

민유기, 「독일 재통일과 프랑스의 탈냉전 세계질서 구상」, 『역사비평』 133, 2020, 39~68쪽.

박혜정, 「유럽 통합의 반자유주의적 기원」, 『한국사학사학보』 35권, 2017, 165~196쪽.

방준식, 「독일 공동결정 제도의 성립과 발전」, 『법학논총』 24-1, 2007, 217~237쪽.

송석윤, 「바이마르헌법과 경제민주화」, 『헌법학연구』 19권 2호, 2013, 29~68쪽.

송석윤, 「독일 바이마르헌법에서의 연방대통령」, 『세계헌법연구』 28권 1호, 2022, 1~39쪽.

신진욱, 「헌법국가에 착근된 민주주의—독일 기본법의 형성과 체계를 중심으로」, 『한독사회과학논총』 26(3), 2016, 82~113쪽.

신종훈, 「서독과 서방통합의 문제—콘라드 아데나워의 외교 정책」, 『독일연구』 15권, 2008, 141~168쪽.

신종훈, 「통합과 통일 사이에서—아데나워 정부의 유럽 정치와 독일 정치 사이의 긴장」, 『EU 연구』 33, 2013, 403~445쪽.

신종훈/김지영, 「경제통화동맹 창설과 독일통일의 동시성을 중심으로 고찰한 유럽통합과 독일 문제」, 『통합유럽연구』 12권 3호, 2021, 1~29쪽.

안병억, 「1960년대 초 유럽주의와 대서양주의—드골의 '유럽' 대 미국의 '유럽'」, 『유럽연구』 26-1, 2008, 101~123쪽.

유진숙, 「독일의 수상 리더십과 정당—제도와 전략」, 『국제정치논총』 48집, 2008. 6,

217~237쪽, 293~318쪽.

유진숙, 「국고 보조금 제도 형성과 담론」, 『국제정치논총』 52-1, 2012, 249~269쪽.

이동기, 「보수주의자들의 '실용주의'적 통일 정책」, 『역사비평』 83호, 2008, 350~373쪽.

이동기, 「분단 시기(1949~1989) 동독과 서독 간 대화와 협상—남북한 대화 평가를 위한 관점들과 관련하여」, 『사림』 30호, 2008, 71~99쪽.

이동기, 「더 나은 통일안은 없었는가?—1989/90년 헬무트 콜, 국가연합, 그리고 독일통일」, 『독일연구』 20호, 2010. 12, 77~115쪽.

이동기, 「빌리 브란트, 민주사회주의와 평화의 정치가」, 『역사비평』 102, 2013, 210~241쪽.

이병련, 「독일 역사 교과서에 나타난 나치 독재와 홀로코스트」 (1), 『독일연구』 10권, 2005, 81~118쪽.

이병철, 「프라이부르크 서클의 나치즘에 대한 저항과 전후 새 질서안」, 『역사학보』 172권, 2001, 279~306쪽.

이승근, 「유럽 안보와 확장 억지—NATO에서의 경험과 정책적 함의」, 『국방연구』 56-2, 2013. 6, 23~45쪽.

이정언, 「독일 공동결정 제도 30년—효율성 논의와 개선 노력」, 『국제노동브리프』 5(2), 2007, 74~80쪽.

이재원, 「공감의 연설문—앙겔라 메르켈의 경우」, 『독어교육』 64, 2015, 27~48쪽.

이진모, 「전후 독일의 탈나치화와 과거청산」, 『독일연구』 5권, 2003, 59~89쪽.

이진일, 「'4차 산업혁명'—일종의 독일적 자본주의 모델?」, 『인문과학』 68집, 2018, 33~ 60쪽.

전진성, 「현충과 추모 사이」, 『독일연구』 49권 1호, 2022, 289~336쪽.

정대성, 「독일 68운동의 전주곡 '슈피겔 사건'—언론 자유의 문제와 동원 연습」, 『대구사학』 117, 329~355쪽.

정대성, 「민주주의 위기와 독일 68운동—APO(의회외부저항운동)의 '위대한 거부'」, 『서양사론』 134집, 2017, 116~149쪽.

정용교, 「기업 내 공동결정권을 둘러싼 쟁점과 핵심 내용—독일의 사업장평의회를 중심으로」, 『담론 201』 9권 3호, 2006, 81~108쪽.

정용숙, 「1957년 연금 개혁—서독 복지 국가와 노인 정책의 전환점」, 『서양사론』 114권, 2012, 83~111쪽.

정용숙, 「전후 서독의 가족과 가족 정책—1950~60년대 서독 가족 정책 '탄생'의 역사적 배경」, 『서양사론』 125권, 2015. 6, 64~91쪽.

정웅기, 「독일의 이사회 차원에서의 공동결정 제도와 수용 가능성 검토」, 『법과기업연구』 10-2, 2020, 137~164쪽.

최영태, 「W. 브란트의 동방 정책에서 평화의 문제」, 『독일연구』 34권, 2017, 161~196쪽.

최재호, 「68운동 이후 보수정당의 젊은 세대—기민당 청년 조직의 반항과 순응」, 『역사와 경계』 117권, 2020, 423~452쪽.

최형식, 「독일 재무장에 대한 언론의 동향—한국전쟁을 중심으로」, 『서양사론』 52권, 1997, 65~100쪽.

한운석, 「기획: 동서독의 통일 정책에서 무엇을 배울 것인가—서독 정부의 대동독 화해 정책 1949~1989」, 『역사비평』 38, 1997, 219~238쪽.

한지은/정성혜, 「독일 총리 앙겔라 메르켈의 패션 스타일—패션 정치와 이미지 전략을 중심으로」, 『복식』 68-4, 2018, 112~127쪽.

2) 단행본

그레빙, 헬가, 이진일 역, 『독일노동운동사』, 길, 2020.

김학이, 『감정의 역사』, 푸른역사, 2023.

김황식, 『독일의 힘, 독일의 총리들』 1, 21세기북스, 2022, Ebook.

랑구트, 게르트, 이수연 외 역, 『앙겔라 메르켈—통일 독일의 선택 최초의 여성 총리』, 이레, 2005.

레징, 폴커, 조용석 역, 『앙겔라 메르켈』, 한들출판사, 2010.

문수현, 『주택, 시장보다 국가』, 이음, 2022.

미헬스, 로베르트, 김학이 역, 『정당론』, 한길사, 2015.

슐라이, 니콜, 서경홍 역, 『독일 첫 여성 총리 앙겔라 메르켈』, 문학사상, 2006.

스콧, 줄리어스, 권윤경 역, 『모두의 바람』, 서울대학교 출판문화원, 2022.

올로, 디트리히, 문수현 역, 『독일현대사』, 미지북스, 2021.

이동기, 『비밀과 역설—10개의 키워드로 읽는 독일통일과 평화』, 아카넷, 2020.

캠프터, 존, 박세연 역, 『독일은 왜 잘하는가—성숙하고 부강한 나라의 비밀』, 열린책들, 2020.

크로트럽, 매슈, 임지연 역, 『앙겔라 메르켈—유럽에서 가장 영향력 있는 리더』, 한경BP, 2017.

펄브룩, 메리, 김학이 옮김, 『분열과 통일의 독일사』, 개마고원, 2000.

푼, 앨리스, 조성찬 역, 『홍콩의 토지와 지배계급—도시국가를 뒤흔드는 부동산 헤게모니』, 생각비행, 2021.

3. 외국어 자료

1) 논문

(von) Alemann, Ulrich, "Flick-Affäre", *Skandale in Deutschland nach 1945*, Kerber, 2007, pp. 114~119.

Bannas, Günter, "Helmut Kohl - der CDU-Vorsitzende", in: Norbert Lammert (ed.), *Christlich Demokratische Union*, Siedler, 2020, pp. 27~52.

Bawn, Kathleen, "The logic of institutional preferences", *American Journal of Political Science*, Vol. 37, No. 4, 1993, pp. 965~989.

(von) Beyme, Klaus, "Partei", in: Otto Brunner/Werner Conze/Reinhart Koselleck (eds.), *Geschichtliche Grundbegriffe* Bd. 4, Klett-Cotta, 1978, pp. 677~734.

Bösch, Frank/Brandes, Ina, "Die Vorsitzenden der CDU. Sozialisation und Führungsstil", in: Daniela Forkmann/Michael Schlieben (eds.), *Die Parteivorsitzenden in der Bundesrepublik Deutschland 1949~2005*, VS Verlag für Sozialwissenschaften, 2005, pp. 23~63.

Bösch, Frank, "Christlich Demokratische Union Deutschlands (CDU)", in: Frank Decker/Viola Neu (eds.), *Handbuch der deutschen Parteien*, Opladen 2007, pp. 201~219.

Bösch, Frank, "German's Christian Democrats: Survivors in a Secular Society", in: Kay Lawson/Peter H. Merkl (eds.), *When parties prosper: The uses of electoral success*, Lynne Rienner, 2007, pp. 141~160.

Bösch, Frank, "Die Krise als Chance: Die Neuformierung der Christdemokraten in den siebziger Jahren", in: Konrad Jarausch (ed.), *Das Ende der Zuversicht? Die Strukturkrise der 1970er Jahre als zeithistorische Zäsur*, Göttingen 2008, pp. 288~301.

Bösch, Frank "Die Intellektuellen und die Pressefreiheit in der frühen Bundesrepublik", in: Dominik Geppert/Jens Hacke (eds.), *Streit um den Staat: Intellektuelle Debattten in der Bundesrepublik 1960~1980*, V&R, 2008, pp. 78~99.

Bösch, Frank, "Die Spiegel-Affäre und das Ende der Ära Adenauer", in: Martin Dörry/Hauke Janssen (eds.), *Die Spiegel-Affäre: Ein Skandal und seine Folgen*, DVA, 2013, pp. 215~232.

Bösch, Frank, "Die CDU-Vorsitzenden und -Generalsekretäre", in: Norbert Lammert (ed.),

Christlich Demokratische Union, Siedler, 2020, pp. 53~80.

Bösl, Ulrich, "Entwurf einer christlichen Volkspartei: Vor einhundert Jahren entwickelte der Gewerkschafter Adam Stegerwald den interkonfessionellen Unionsgedanken", *Die Politische Meinung* Jg. 65, No. 565, November/Dezember 2020, pp. 112~116.

BVerfG, 9. 4. 1992~2 BvE 2/89. "Zur Parteienfinanzierung", *Juristen Zeitung*, Vol. 47, No. 15/16, 1992, pp. 794~801.

Cary. Noel D., "Reassessing Germany's Ostpolitik. Part I: From Detente to Refreeze", *Central European History*, Vol. 22, No. 2, 2000, pp. 235~262.

Clemens, Clay, "Party management as a Leadership Resource; Kohl and the CDU/CSU", in: Clay Clemens/William E. Paterson (eds.), *The Kohl Chancellorship*, Routledge, 1998.

Conze, Werner, "Kaiser, Jakob", *Neue Deutsche Biographie* 11, 1977, pp. 41~43.

Corman, Gilbert, "Arbeit und Recht in der Enzyklika „Mater et Magistra"", *Arbeit und Recht*, Vol. 10, No. 1, 1962, pp. 1~6.

Craig, Gordon A., "Did Ostpolitik work? The Path to German Reunification", *Foreign Affairs*, Vol. 73. No. 1, 1994, pp. 162~167.

Dostal, Jörg Michael, "The German Federal Election of 2017: How the Wedge Issue of Refugees and Migration took the Shine off Chancellor Merkel and transformed the Party System", *Political Quarterly*, Vol. 88, No. 4, 2017, pp. 589~602.

Dostal, Jörg Michael, "From Merkel to Kramp-Karrenbauer: Can German Christian Democracy Reinvent Itself?", *Political Quarterly*, Vol. 90, No. 2, 2019, pp. 286~296.

Edelmann, Heidrun "Privatisierung als Sozialpolitik. 'Volksaktien' und Volkswagenwerk", *Jahrbuch für Wirtschaftsgeschichte*, Vol. 40, No. 1, 1999, pp. 55~72.

Falter, Jürgen W., "Die Bundestagswahl vom 19. November 1972", *Zeitschrift für Parlamentsfragen*, Vol. 4, No. 1, 1973, pp. 115~132.

Falter, Jürgen , "Kontinuität und Neubeginn: Die Bundestagwahl 1949 zwischen Weimar und Bonn", *Politische Vierteljahresschrift*, Vol. 22, No. 3, 1981, pp. 236~263.

Falter, Jürgen W., "Die Bundestagswahl von 1987: Ursachen und Auswirkungen des Wahlergebnisses", in: Peter Haungs/Eckhard Jesse (eds.), *Parteien in der Krise?, Wissenschaft und Politik*, 1987, p. 258, pp. 257~264.

Ferree, Myra Marx, "Angela Merkel: What Does it Mean to Run as a Woman?", *German Politics & Society*, Vol. 24, No. 1, Spring 2006, pp. 93~107.

Forkmann, Daniela, "Rainer Barzel. Der tragische Held", in: Daniela Forkmann/Saskia Richter (eds.), *Gescheiterte Kanzlerkandidaten: Von Kurt Schumacher bis Edmund Stoiber*, Verlag für Sozialwissenschaften, 2007, pp. 141~173.

Friedel, Mathias, "Die Bundestagswahl 1953", in: Nikolaus Jackob (ed.), *Wahlkämpfe in Deutschland*, VS Verlag für Sozialwissenschaften, 2007, pp. 112~136.

Gassert, Philipp, "Die Klarsfeld-Ohrfeige", in: Stiftung der Geschichte der Bundesrepublik Deutschland (ed.), *Skandale in Deutschland nach 1945*, Kerber, 2007, pp. 86~93.

Geppert, Dominik, "The Crisis of the Welfare State: Thatcherism as a Model for German Christian Democracy", in: Arnd Bauerkämper, *Britain as a model of modern society*, Wissner Verlag, 2006, pp. 168~183.

Glaab, Manuela, "Political Leadership in der Großen Koalition. Führungsressourcen und -stile von Bundeskanzlerin Merkel", in: Christoph Egle/Reimut Zohlnhöfer (eds.), *Die zweite Große Koalition: Eine Bilanz der Regierung Merkel 2005~2009*, VS Verlag für Sozialwissenschaften, 2010, pp. 123~155.

(von der) Goltz, Anna, "Eine Gegen-Generation Von 1968? Politische Polarisierung und Konservative Mobilisierung an Westdeutschen Universitäten", in: Massimiliano Livi/ Daniel Schmidt/Michael Sturm (eds.), *Die 1970er Jahre Als Schwarzes Jahrzehnt: Politisierung Und Mobilisierung zwischen Christlicher Demokratie Und Extremer Rechter*, Campus, 2010, pp. 74~91.

Granieri, Ronald J., "Politics in C Minor: The CDU/CSU between Germany and Europe since the Secular Sixties", *Central European History*, Vol. 42, No. 1, 2009, pp. 1~32.

Green, Simon, "Chapter 11. Towards an Open Society? Citizenship and Immigration", in: Stephen Padgett/William Paterson/Gordon Smith, *Developments in German Politics 3*, Palgrave, 2003, pp. 227~247.

Hardach, Gerd "Krise und Reform der Sozialen Marktwirtschaft", in: Axel Schildt et.al. (eds.), *Dynamische Zeiten: die 60er Jahre in den beiden deutschen Gesellschaften*, Hans Christians Verlag, 2000, pp. 197~217.

Haushofer, Heinz, "Hermes, Andreas", *Neue Deutsche Biographie* 8, 1969, pp. 670~671.

Heidegren, Carl-Göran, "Transcendental Theory of Society, Anthropology and the Sociology of Law: Helmut Schelsky: An Almost Forgotten Sociologist", *Acta Sociologica*, Vol. 40, No. 3, 1997, pp. 279~290.

Helms, Ludger , "Is there Life after Kohl? The CDU Crisis and the Future of Party Democracy in Germany", *Government and Opposition*, Vol. 35, No. 4, 2000, pp. 419~438.

Henke, Klaus-Dietmar "Die Auseinandersetzung mit der NS-Vergangenheit", in: Norbert Lammert (ed.), *Christlich Demokratische Union*, Siedler, 2020, pp. 277~300.

Henninger, Annette/Angelika von Wahl, "Drei Schritte vor und zwei zurück? Familien- und Gleichstellungspolitik 2009~2013", in: Reimut Zohlnhöfer/Thomas Saalfeld (eds.), *Politik im Schatten der Krise*, Springer, 2015, pp. 361~379.

Hertner, Isabelle, "Germany as 'a country of integration'? The CDU/CSU's policies and discourses on immigration during Angela Merkel's Chancellorship", *Journal of Ethnic and Migration Studies*, Vol. 48, No. 2, 2022, pp. 461~481.

Hesse, Jan-Otmar, "Abkehr vom Kartelldenken?", in: Hans Günter Hockerts/Günther Schulz (eds.), *Der Rheinische Kapitalismus in der Ära Adenauer*, Brill, 2016, pp. 29~49.

Himmelmann, Gerhard, "Zur Problematik der Neuen Sozialen Frage", *Gewerkschatliche Monatshefte* 2, 1976, pp. 65~76.

Hoeres, Peter, "Von der Tendenzwende zur geistig-moralischen Wende", *Vierteljahreshefte für Zeitgeschichte*, Vol. 61, No. 1, 2013, pp. 93~119.

Hohmann, Harald, "Reviewed Work: Funktionäre - Gefährden sie das Gemeinwohl? by Helmut Schelsky", *Der Staat*, Vol. 24, No. 2, 1985, pp. 287~290.

Holz-Bache, Christina, "Wahlkämpfe in Deutschland", in: Andreas Dörner/Ludgera Vogt (eds.), *Wahl-Kämpfe*, Suhrkampf, 2002.

Höpfinger, Renate, "Die Gründung der Bayerischen Volkspartei. Anmerkungen zu Sebastian Schlittenbauer", *Zeitschrift für bayerische Landesgeschichte* 63, 2000, pp. 185~197.

Jäger, Wolfgang, "Helmut Kohl setzt sich durch", in: Hans-Peter Schwarz (ed.), *Die Fraktion als Machtfaktor*, Pantheon, 2009, pp. 141~160.

Jäger, Wolfgang, "Die CDU und das Ziel der deutschen Einheit", in: Norbert Lammert (ed.), *Christlich Demokratische Union*, Siedler, 2020, pp. 301~334.

Klingemann, Hans D., "The 1969 Bundestag Election in the Federal Republic of Germany: An Analysis of Voting Behavior", *Comparative Politics*, Vol. 2, No. 4, 1970, pp. 523~548.

Koberski, Wolfgang, "Chapter 4. Errichtung Wahl, Amtszeit und Geschäftsführung des Betriebsrats", in: Heinz-G. Dachrodt et.al. (eds.), *Praxishandbuch Human Resources: Management-Arbeitsrecht-Betriebsverfassung*, Srpinger Gabler, 2014, pp. 285~460.

Koch-Wegener, Anette, "Der Bundestagswahlkampf 1949 von CDU und SPD", in: Nikolaus Jackob (ed.), *Wahlkämpfe in Deutschland*, VS Verlag für Sozialwissenschaften, 2007, pp. 97 ~111.

Koß, Michael, "Scheitern als Chance. Helmut Kohl und die Bundestagswahl 1976", in: Daniela Forkmann/Saskia Richter (eds.), *Gescheiterte Kanzlerkandidaten: Von Kurt Schumacher bis Edmund Stoiber*, Verlag für Sozialwissenschaften, 2007, pp. 174~201.

Körfer, Daniel, "Vor 70 Jahren: Generalstreik gegen Ludwig Erhard und die Einführung der Marktwirtschaft". https://www.ludwig-erhard-zentrum.de/fileadmin/user_upload/ Veranstaltungen/Koerfer-wissenschaftliche-Artikel/daniel-koerfer-generalstreik-ludwig-erhard-zentrum.PDF.

Kramp-Karrenbauer, Anngret, "Grußwort der Vorsitzenden der CDU Deutschlands", in: Norbert Lammert (ed.), *Christlich Demokratische Union*, Siedler, 2020, pp. 9~12.

Laubenthal, Barbara, "Spillover in der Migrationspolitik. Die Asylpolitik der dritten Merkel-Regierung und der Wandel Deutschlands zum Einwanderungsland", in: Reimut Zohlnhöfer/Thomas Saalfeld (eds.), *Zwischen Stillstand, Politikwandel und Krisenmanagement. Eine Bilanz der Regierung Merkel 2013~2017*, Springer, 2018.

Lohse, Eckart, "Helmut Kohl als Oppositionsführer 1976~1982", in: Reinhard Appel (ed.), *Helmut Kohl im Spiegel seiner Macht*, Bouvier, 1990.

Marx, Stefan, "In der ersten Grossen Koalition, 1966~1969", in: Hans-Peter Schwarz (ed.), *Die Fraktion als Machtfaktor*, Pantheon, 2009, pp. 87~114.

McAdams, A. James, "Germany after Unification Normal at last", *World Politics*, Vol. 49, No. 2, 1997, pp. 282~308.

Mertes, Michael, "Helmut Kohl's legacy for Germany", *Washington Quarterly*, Vol. 25, No. 4, 2002, pp. 67~82.

Mintzel, Alf, "Der Fraktionszusammenschluß nach Kreuth: Ende einer Entwicklung?", *Zeitschrift für Parlamentsfragen*, Vol. 8, No. 1, 1977, pp. 58~76.

Moses, Dirk, "Die 45er: Eine Generation zwischen Faschismus und Demokratie", *Neue Sammlung*, Vol. 40, 2000, pp. 233~263.

Mushaben, Joyce Marie, "Against All Odds: Angela Merkel, Ursula von der Leyen, Anngret Kramp-Karrenbauer and the German Paradox of Female CDU Leadership", *German Politics*, Vol. 31, No. 1, 2021, pp. 20~39.

Nassmacher, "Structure and impact of public subsidies to political parties in Europe: the examples of Austria, Italy, Sweden and West Germany", in: Alexander, Herbert. E. (ed), *Comparative Political Finance in the 1980s*, Cambridge University Press, 1985, pp. 236~267.

Nicholls, A.J, "Ludwig Erhard and German Liberalism", in: Konrad Jarausch/Larry Eugene Jones (eds.), *In Search of Liberal Germany*, Berg, 1990, pp. 379~398.

Nocker, Isabel, "Der Wahlkampf für Ludwig Erhard 1965", in: Nikolaus Jackob (ed.), *Wahlkämpfe in Deutschland*, VS Verlag für Sozialwissenschaften, 2007, pp. 151~163.

Penzlin, Carsten, "Rainer Barzel als Kanzlerkandidat im Bundestagswahlkampf 1972", *Historisch-Politische Mitteilungen*, Heft 14, 2007, pp. 121~136.

Petersen, Thomas, "Helmut Kohls Wahlkämpfe", in: Nikolaus Jackob (ed.), *Wahlkämpfe in Deutschland*, VS Verlag für Sozialwissenschaften, 2007, pp. 191~211.

Ranko, Annette, "Vom Zuwanderungsgesetz zum migrationspaket", *Informationen & Recherchen*, Konrad Adenauer Stiftung, 2020. 12. 11, pp. 1~13.

Reutter, Werner, "Who's afraid of Angela Merkel?", *International Journal*, Vol 61, No. 1, Winter 2005~2006, pp. 214~226.

Richter, Saskia, "Wenn politische Führung scheitert. Eine Einleitung", in: Daniela Forkmann/ Saskia Richter (eds.), *Gescheiterte Kanzlerkandidaten: Von Kurt Schumacher bis Edmund Stoiber*, Verlag für Sozialwissenschaften, 2007, pp. 15~26.

Richter, Saskia, "Franz Josef Strauß. Das Scheitern eines Siegers", in: Daniela Forkmann/Saskia Richter (eds.), *Gescheiterte Kanzlerkandidaten: Von Kurt Schumacher bis Edmund Stoiber*, Verlag für Sozialwissenschaften, 2007, pp. 202~235.

Roberts, Geoffrey K., "The German Bundestag Election 2005", *Parliamentary Affairs*, Vol. 59, No. 4, 2006, pp. 668~681.

Schildt, Axel, "Materieller Wohlstand-pragmatische Politik-kulturelle Umbrüche: Die 60er Jahre in der Bundesrepublik", in: Axel Schildt et.al. (eds.), *Dynamische Zeiten: die 60er Jahre in den beiden deutschen Gesellschaften*, Hans Christians Verlag, 2000, pp. 21~53.

Schmid, Josef, "Mehrfache Desillusionierung und Ambivalenz: Eine sozialpolitische Bilanz", in: Göttrik Wewer (ed.), *Bilanz der Ära Kohl*, VS Verlag für Sozialwissenschaften, 1998, pp. 89~111.

Schmidt, Daniel, ""Die geistige Führung verloren". Antworten der CDU zur die Herausforderung "1968"", in: Franz-Werner Kersting, *Die zweite Gründung der Bundesrepublik:*

Generationswechsel und intellektuelle Wortergreifungen 1955~1975, Franz Steiner Verlag, 2009, pp. 85~111.

Schmidt, Manfred G., "Sozialstaatliche Politik in der Ära Kohl", in: Göttrik Wewer (ed.), *Bilanz der Ära Kohl*, VS Verlag für Sozialwissenschaften, 1998, pp. 59~87.

Schmidt, Ute, "Von der Blockpartei zur Volkspartei? Die Ost-CDU im Umbruch 1989~1994", *German Studies Review*, Vol. 20, No. 1, 1997, pp. 105~137.

Schneider, Hans-Peter, "The new German system of party funding: the Presidential committee report of 1983 and its realization", in: Alexander, Herbert. E. (ed.), *Comparative Political Finance in the 1980s*, Cambridge University Press, 1985, pp. 220~235.

Schoen, Harald/Greszki, Robert, "Gemeinsames Regieren, getrennte Rechnungen Bürgerurteile über die Regierung Merkel II und Wahlverhalten 2013", in: Reimut Zohlnhöfer/Thomas Saalfeld (eds.), *Politik im Schatten der Krise*, Springer, 2015, pp. 25~48.

Scholtyseck, Joachim "Ludwig Erhards Soziale Marktwirtschaft als radikale Ordnungsinnovation und die Realitaet des bundesrepublikanischen "Wirtschaftswunders"", in: Werner Plumpe/Joachim Scholtyseck (eds.), *Der Staat und die Ordnung der Wirtschaft*, Franz Steiner Verlag, 2012, pp. 101~118.

Schomburg, Alena et.al., "Angela Merkel", in: T. Birkner (ed.), *Medienkanzler*, Springer, 2016, pp. 263~301.

Schwarz, Hans-Peter, "Die neueste Zeitgeschichte", *Vierteljahrshefte für Zeitgeschichte*, Vol. 51, No. 1, 2003, pp. 5~28.

Schwarz, Hans-Peter, "Die CDU/CSU -Fraktion in der Ära Adenauer, 1949~1963", in: Hans-Peter Schwarz (ed.), *Die Fraktion als Machtfaktor*, Pantheon, 2009, pp. 9~37.

Steber, Martin, "A better Tomorrow. Making sense of Time in the Conservative party and the CDU/CSU in the 1960s and 1970s", *Journal of Modern European History*, Vol. 13, No. 3, 2015, pp. 317~337.

Wachs, Philipp-Christian, "Theodor Oberländer", in: Stiftung der Geschichte der Bundesrepublik Deutschland (ed.), *Skandale in Deutschland nach 1945*, Kerber, 2007, pp. 30~39.

Wewer, Göttrik, "Vom Modell Deutschland zur Standortdebatte", in: Göttrik Wewer (ed.), *Bilanz der Ära Kohl*, VS Verlag für Sozialwissenschaften, 1998, pp. 7~58.

Wiliarty, Sarah Elise, "Chancellor Angela Merkel-A sign of hope or the exception that proves the rule?", *Politics & Gender*, 4-3, 2008, pp. 485~496.

Zimmer, Matthias "Wohlstand für alle durch Miteigentum? Die Adenauer-Jahre", in: Heinrich Beyer/Hans-Jörg Naumer, *CSR und Mitarbeiterbeteiligung: Die Kapitalbeteiligung Im 21. Jahrhundert – Gerechte Teilhabe Statt Umverteilung*, Springer, 2018, pp. 37~46.

Zolleis, Udo/Bartz, Julia, "Die CDU in der Großen Koalition – Unbestimmt erfolgreich", in: Christoph Egle/Reimut Zohlnhöfer (eds.), *Die zweite Große Koalition*, VS Verlag für Sozialwissenschaften, 2010, pp. 51~68.

Zolleis, Udo/Schmid, Josef, "Die Christlich Demokratische Union Deutschlands(CDU)", in: Oskar Niedermayer (ed.), *Handbuch Parteienforschung*, Springer, 2013, pp. 415~438.

Zolleis, Udo, "Auf die Kanzlerin kommt es an", in: Reimut Zohlnhöfer/Thomas Saalfeld (eds.), *Politik im Schatten der Krise: Eine Bilanz der Regierung Merkel 2009~2013*, Springer, 2015, pp. 73~92.

2) 단행본

Adamy, Wilhelm/Steffen, Johannes, *Handbuch der Arbeitsbeziehungen*, Westdeutscher Verlag, 1985.

(von) Alemann, Ulrich/Erbentraut, Philipp/Walther, Jens, *Das Parteiensystem der Bundesrepublik Deutschland*, Springer VS, 2018.

Ash, Timothy Garton, *In Europe's Name: Germany and the Divided Continent*, Vintage Books, 1993.

Baring, Arnulf, *Machtwechsel: Die Ära Brandt – Scheel*, DVA, 1982.

Becker, Winfried/Buchstab, Günter/Döring-Manteuffel, Anselm/Morsey, Rudolf (eds.), *Lexikon der Christlichen Demokratie in Deutschland*, Schöningh, 2002.

Biermann, Werner, *Konrad Adenauer: Ein Jahrhundertleben*, Rowohlt, 2022.

Biggeleben, Christof, *Das "Bollwerk des Bürgertums": die Berliner Kaufmannschaft 1870~1920*, C.H.Beck, 2006.

Bock, Hans Manfred et.al. (eds.), *Das evangelische Intellektuellenmilieu in Deutschland, seine Presse und seine Netzwerke(1871~1963)*, Peter Lang, 2008.

Bollmann, Ralph, *Angela Merkel: Die Kanzlerin und ihre Zeit*, C.H.Beck, 2021.

Bösch, Frank, *Adenauer-CDU: Gründung, Aufstieg und Krise einer Erfolgspartei (1945~1969)*, DVA, 2001.

Bösch, Frank, *Macht und Machtverlust: Die Geschichte der CDU*, DVA, 2002.

Bösch, Frank (ed.), *A History: Shared and Divided East and West Germany since the 1970s*, Berghahn, 2018.

Braun, Bernd, *Die Reichskanzler der Weimarer Republik*, Kohlhammer Verlag, 2012.

Buchhaas, Dorothee, *Die Volkspartei*, Droste, 1981.

Buchstab, Günter et.al. (eds.), *Die Ära Kohl im Gespräch*, Böhlau Verlag, 2010.

Cary, Noel D., *The Path to Chrisitan Democracy*, Harvard University Press, 1996.

Collings, Justin, *Democracy's Guardians*, OUP, 2015.

Daniel, Ute, *Postheroische Demokratiegeschichte*, Hamburger Edition, 2020.

Dörner, Andreas et.al., *Wahl-Kämpfe*, Suhrkampf, 2002.

Ebbinghausen, Rolf, et.al., *Die Kosten der Parteiendemokratie*, Springer, 1996.

Fink, Carole, *West Germany and Israel*, Cambridge University Press, 2019.

Fritton, Matthias, *Die Rhetorik der Deutschlandpolitik*, M&P: Verlag für Wiss. und Forschung, 1998.

Gabriel, Oscar W. et.al. (eds.), *Parteiendemokratie in Deutschland*, Westdeutscher Verlag, 1997.

Gassert, Philipp, *Kurt Georg Kiesinger 1904~1988*, DVA, 2004.

Geppert, Dominik, *Die Ära Adenauer*, WBG, 2012.

Geppert, Dominik et.al., *Konrad Adenauer, Ludwig Erhard und die Soziale Marktwirtschaft*, Brill, 2019.

Geppert, Dominik, *Geschichte der Bundesrepublik Deutschland*, C.H.Beck, 2021.

Gerstl, Doris, *Wahlplakate der Spitzenkandidaten der Parteien*, Böhlau, 2020.

Gester, Heinz/Koubekl, Norbet/Wiedemeyer, Gerd R. (eds.), *Unternehmensverfassung und Mitbestimmung in Europa*, GABLER, 1991.

(von der) Goltz, Anna, *The Other '68ers*, Oxford University Press USA, 2021.

Goschler, Constantin, *Schuld und Schulden: Die Politik der Wiedergutmachung für NS-Verfolgte seit 1945*, Wallstein Verlag, 2005.

Görtemaker, Manfred, *Geschichte der Bundesrepublik Deutschland*, Fischer Taschen Verlag, 1999.

Green, Simon/Paterson, Willam E. (eds.), *Governance in Contemporary Germany: The Semisovereign State Revisited*, Cambridge University Press, 2005.

Gruner, Paul-Hermann, *Die inszenierte Polarisierung*, Peter Lang, 1990.

Grünbacher, Armin, *The Making of German Democracy*, Manchester University Press, 2010.

Herbert, Ulrich, *Geschichte Deutschlands im 20. Jahrhundert*, C.H.Beck, 2014.

Hetterich, Volker, *Von Adenauer zu Schröder: Der Kampf um Stimmen*, Springer, 2000.

Hofmann, Robert, *Geschichte der deutschen Parteien. Von der Kaiserzeit bis zur Gegenwart*, Verlag R. Piper, 1993.

Irving, Ronald, *Adenauer: Profiles in Power*, Pearson, 2002.

Jackob, Nikolaus (ed.), *Wahlkämpfe in Deutschland*, VS Verlag für Sozialwissenschaften, 2007.

Jarausch H. Konrad, *The Rush to German Unity*, Oxford University Press, 1994.

Kaltenbrunner, Gerd-Klaus (ed.), *Das Elend der Christdemokraten*, Herder, 1977.

Katzenstein, Peter J., *Policy and Politics in West Germany*, Temple University Press, 1987.

Kempski, Hans Ulrich, *Um die Macht*, Fischer, 2000.

Kißler, Leo et.al., *Die Mitbestimmung in der Bundesrepublik Deutschland*, Verlag für Sozialwissenschaften, 2011.

Klecha, Stephan, *Bundeskanzler in Deutschland*, Budrich, 2012.

Kleinmann, Hans-Otto, *Geschichte der CDU*, DVA, 1993.

Konrad Adenauer Stiftung (ed.), *Kleine Geschichte der CDU*, DVA, 1995.

Koss, Michael, *Staatliche Parteienfinanzierung und politischer Wettbewerb*, Verlag für Sozialwissens, 2008.

Krögel, Dirk, *Einen Anfang finden!*, R. Oldenbourg Verlag, 1997.

Kuhn, Yvonne, *Professionalisierung der deutschen Wahlkämpfe*, Deutscher Universitätsverlag, 2007.

Landfried, Christine, *Parteifinanzen und politische Macht: Eine vergleichende Studie zur Bundesrepublik Deutschland*, Nomos, 1990.

Langguth, Gerd, *Das Innenleben der Macht*, Ullstein, 2001.

Löttel, Holger, *Konrad Adenauer, Ludwig Erhard und die Soziale Marktwirtschaft*, Ferdinand Schöningh, 2019.

Major, Patrick, *Behind the Berlin Wall*, Oxford University Press, 2010.

Mergel, Thomas, *Propaganda nach Hitler*, Wallenstein Verlag, 2010.

Mierzejewski, Alfred C., *Ludwig Erhard: Der Wegbereiter der sozialen Marktwirtschaft*, Pantheon, 2006.

Mitchell, Maria D., *The Origins of Christian Democracy*, University of Michigan Press, 2012.

Mommsen, Wolfgang J., *The Emergence of the Welfare State in Britain and Germany*, Crom Helm, 1981.

Müller, Uwe/Hartmann, Grit, *Vorwärts und vergessen! Kader, Spitzel und Komplizen: Das gefährliche Erbe der SED-Diktatur*, rowohlt, 2009.

Müller, Jan-Werner, *Constitutional Patriotism*, Princeton University Press, 2007.

Nicholls, A. J, *Freedom with Responsibility*, Clarendon Press, 2004.

Niclauss, Karlheinz, *Kanzlerdemokratie*, UTB, 2004.

Niclauss, Karlheinz, *Kanzlerdemokratie: Regierungsführung von Konrad Adenauer bis Angela Merkel*, Springer, 2015.

Orlow, Dietrich, *A History of Modern Germany*, Pearson, 2011.

Patch, William L., *Christian Democratic Workers and the Forging of German Democracy, 1920~1980*, Cambridge University Press, 2018.

Plumpe, Werner, *German Economic and Business History in the 19th and 20th Centuries*, Palgrave Macmillan, 2016.

Pridham, Geoffrey, *Christian Democracy in Western Germany*, Routledge, 1977.

Quint, Peter E., *The Imperfect Union*, Princeton University Press, 1997.

Ramge, Thomas, *Die großen Polit-Skandale: Eine andere Geschichte der Bundesrepublik*, Campus, 2003.

Ramge, Thomas, *Die Flicks*, Campus, 2004.

Recker, Marie-Luise, *Konrad Adenauer: Leben und Politik*, C.H.Beck, 2010.

Ritter, Gerhard A./Niehuss, Merith, *Wahlen in Deutschland, 1946~1991*, Beck, 1991.

Rogers, Daniel. E, *Politics after Hitler*, MacMillan, 1995.

Rosumek, Lars, *Die Kanzler und die Medien*, Campus, 2007.

Sarotte, Mary Elise, *1989: the Struggle to create post-cold war Europe*, Princeton University Press, 2009.

Schildt, Axel (ed.), *Deutsche Geschichte im 20. Jahrhundert: Ein Lexikon*, C.H.Beck, 2005.

Schönbohm, Wulf, *Die CDU wird moderne Volkspartei*, Klett-Cotta, 1985.

Schwarz, Hans-Peter, *Das Gesicht des Jahrhunderts*, Goldmann, 2001.

Schwarz, Hans-Peter, *Helmut Kohl*, DVA, 2012.

Schwarz, Hans-Peter, *Von Adenauer zu Merkel*, Deutsche Verlags-Anstalt, 2018.

Spicka, Mark E., *Selling the economic Miracle*, Berghahn Books, 2007.

Stützle, Peter, *Auf den Spuren der CDU*, Aktuell, 1995.

Toman-Banke, Monika, *Die Wahlslogans der Bundestagswahlen 1949~1994*, DUV, 1996.

Tsatsos, Dimitris Th. (ed.), *Parteienfinanzierung im europäischen Vergleic*, Nomos, 1992.

Walter, Franz (et.al.), *Die CDU*, Nomos, 2011.

Wambach, Kai, *Rainer Barzel: Eine Biographie*, Ferdinand Schöningh, 2019.

Wehler, Hans-Ulrich, *Deutsche Gesellschaftsgeschichte 1949~1990*, C.H.Beck, 2008.

Weidenfeld, Ursula, *Die Kanzlerin*, rowohlt, 2021.

Wesel, Uwe, *Der Gang nach Karlsruhe*, Blessing, 2004.

Wiliarty, Sarah Elise, *The CDU and the Politics of Gender in Germany: Bringing women to the party*, Cambridge University Press, 2010.

Wilke, Jürgen/Reinemann, Carsten, *Kanzerkandidaten in der Wahlkampfberichterstattung*, Böhlau, 2000.

Wolfrum, Edgar, *Die Bundesrepublik Deutschland 1949~1990*, Klett-Cotta, 2005.

Wolfrum, Edgar, *Die geglückte Demokratie*, Pantheon, 2007.

Zolleis, Udo, *Die CDU: Das politische Leitbild im Wandel der Zeit*, VS Verlag für Sozialwissens-chaften, 2008.